会計監査人の業務の理解に役立つ

監査役のための Q&A

住田清芽 [監修・著]

清水康成 [著]

弥永真生 [企画]

●● 信頼の力を未来へ

jicpa

日本公認会計士協会
出版局

はじめに

　本書の企画が最初に持ち上がったのは、2018年の夏頃でした。資本市場を揺るがすような不正事案の発覚を受けて2013年に制定された不正リスク対応基準では、会計不正に対応するためには監査役等と監査人の連携の重要性が強調されました。続いて2015年に制定されたコーポレートガバナンス・コードにおいても、適正な監査を確保するための対応の一つとして、監査人、監査役等及び内部監査人との十分な連携を図ることが示されました。また、2018年は、国際監査基準（ISA）に導入された監査上の主要な検討事項（KAM）を日本の監査基準に導入することが決まった年でもあり、監査役等と監査人の連携の重要性が一層高まることが予見されていました。

　このような連携強化の流れの中で、企業会計審議会の委員などを歴任されている弥永真生教授より、監査役等と監査人との間のコミュニケーションを深めるためには、監査役等に監査人の監査の実務をより知ってもらう必要があるのではないかという問題提起があり、本企画が始まりました。企画の趣旨は、監査役等が監査人から監査計画や監査結果などの説明を受ける際に抱くであろう疑問に対して、公認会計士監査と社外監査役等の両方の経験を有する公認会計士により分かりやすく説明しようというものです。ただ、社内・社外を含め、監査役等に就任される方々のバックグラウンドや監査に対する関心の程度は様々であるため、どのようなQを設定するかはかなり難しい作業でした。弥永教授からは、監査人とは異なる視座からのQや解説しづらい領域のQの提案を含め、多大な助言をいただきました。また、公認会計士監査と社外監査役等の両方の経験を有する立場から、日本公認会計士協会の社外役員会計士協議会のメンバーである角田朋子氏から、Qの選定及び回答案の骨子の作成に当たってご協力いただきました。この場を借りて御礼申し上げます。

　本書は、当初、監査人による監査を理解してもらうための入門書のイメージから出発しましたが、執筆作業を進めるうちに、監査の基準だけでなく、品質管理基準や倫理規則、さらには大元になる公認会計士法の改正など、いくつかの大きな改正が次々と行われることが明らかになり、執筆を一時中断せざるを得ませんでした。共同執筆者である清水氏（日本公認会計士協会の社外役員会

計士協議会のメンバー）との間で執筆担当や執筆方針を見直し、一連の改正が一段落するのを待って執筆活動を再開しましたが、従前からの改正点を説明しようとすると詳細な説明が必要となり、全体としては入門書の域を超えた詳細な説明も含まれています。詳細でややマニアックな説明部分は、例えば監査事務所において監査実務に従事した経験のある社外監査役等が監査の基準等の改正状況をキャッチアップする必要が生じたときなど、読者の関心と必要性に合わせて適宜ご参照いただければと思います。

　なお、本書において、「監査役等」は、監査の基準に従い、監査役若しくは監査役会、監査等委員会又は監査委員会の総称として使用しています。同様に、「監査人」は、独立の第三者として財務諸表の監査を行う公認会計士又は監査法人を指しており、会社法等の用語である「会計監査人」を含んでいます。そのほか、品質管理の局面では、品質管理の基準に従い、「監査事務所」を使用していますが、これには公認会計士法に基づき登録された監査法人のほかに個人事務所が含まれています。また、本書において、日本公認会計士協会の監査実務指針の中核をなす監査基準報告書（監基報）や品質基準報告書（品基報）の概要を説明するに当たっては、原文をそのまま引用するのではなく抜粋・要約して記載しているため、項番号は示さず監基報の番号のみを示しています。監基報の体系については報告書一覧（P.iv）をご参照ください。

　本書の内容は、基本的には2024年8月末時点の状況に基づき執筆されていますが、今後、サステナビリティ情報の保証など大きな制度変更も見込まれており、監査を含む開示制度全体が大きく変わっていくことが予想されます。ただ、どんな改正が行われたとしても、監査役等と監査人の連携の重要性はますます高まっていくことが想定されます。本書が、監査役等による監査人の監査に対する理解を深める際の参考となり、連携の一助となれば幸いです。

　最後に、本書の企画から出版に至るまでに長い期間を要したにもかかわらず、本企画の完遂に向けてご尽力いただいた日本公認会計士協会の関係者の方々に感謝申し上げます。

2024年10月

住田 清芽

凡例

金商法	金融商品取引法
開示府令	企業内容等の開示に関する内閣府令
開示ガイドライン	企業内容等開示ガイドライン（企業内容等の開示に関する留意事項について）
監査証明府令	財務諸表等の監査証明に関する内閣府令
内部統制府令	財務計算に関する書類その他の情報の適正性を確保するための体制に関する内閣府令
内部統制府令ガイドライン	「財務計算に関する書類その他の情報の適正性を確保するための体制に関する内閣府令」の取扱いに関する留意事項について
内部統制基準	財務報告に係る内部統制の評価及び監査の基準・同実施基準

日本公認会計士協会 品質管理基準報告書・監査基準報告書一覧

報告書	番号	名称
品質管理基準報告書	第1号	監査事務所における品質管理
品質管理基準報告書	第2号	監査業務に係る審査
監査基準報告書	序	監査基準報告書及び関連する公表物の体系及び用語
監査基準報告書	200	財務諸表監査における総括的な目的
監査基準報告書	210	監査業務の契約条件の合意
監査基準報告書	220	監査業務における品質管理
監査基準報告書	230	監査調書
監査基準報告書	240	財務諸表監査における不正
監査基準報告書	250	財務諸表監査における法令の検討
監査基準報告書	260	監査役等とのコミュニケーション
監査基準報告書	265	内部統制の不備に関するコミュニケーション
監査基準報告書	300	監査計画
監査基準報告書	315	重要な虚偽表示リスクの識別と評価
監査基準報告書	320	監査の計画及び実施における重要性
監査基準報告書	330	評価したリスクに対応する監査人の手続
監査基準報告書	402	業務を委託している企業の監査上の考慮事項
監査基準報告書	450	監査の過程で識別した虚偽表示の評価
監査基準報告書	500	監査証拠
監査基準報告書	501	特定項目の監査証拠
監査基準報告書	505	確認
監査基準報告書	510	初年度監査の期首残高
監査基準報告書	520	分析的手続
監査基準報告書	530	監査サンプリング
監査基準報告書	540	会計上の見積りの監査
監査基準報告書	550	関連当事者
監査基準報告書	560	後発事象
監査基準報告書	570	継続企業
監査基準報告書	580	経営者確認書
監査基準報告書	600	グループ監査における特別な考慮事項
監査基準報告書	610	内部監査人の作業の利用
監査基準報告書	620	専門家の業務の利用
監査基準報告書	700	財務諸表に対する意見の形成と監査報告
監査基準報告書	701	独立監査人の監査報告書における監査上の主要な検討事項の報告
監査基準報告書	705	独立監査人の監査報告書における除外事項付意見
監査基準報告書	706	独立監査人の監査報告書における強調事項区分とその他の事項区分
監査基準報告書	710	過年度の比較情報－対応数値と比較財務諸表
監査基準報告書	720	その他の記載内容に関連する監査人の責任
監査基準報告書	800	特別目的の財務報告の枠組みに準拠して作成された財務諸表に対する監査
監査基準報告書	805	個別の財務表又は財務諸表項目等に対する監査
監査基準報告書	810	要約財務諸表に関する報告業務
監査基準報告書	900	監査人の交代
監査基準報告書	901	中間監査

参考

日本公認会計士協会 監査基準報告書及び関連する公表物の体系

企業会計審議会	日本公認会計士協会				
基準	報告書	実務指針 （解釈指針を含む。）	実務ガイダンス	周知文書	研究文書
監査基準／不正リスク対応基準／中間監査基準	監査基準報告書（監基報）	監基報●●実務指針	監基報●●実務ガイダンス	監基報●●周知文書	監基報●●研究文書
品質管理基準	品質管理基準報告書（品基報）	品基報●●実務指針	品基報●●実務ガイダンス	品基報●●周知文書	品基報●●研究文書
期中レビュー基準	期中レビュー基準報告書	レ基報●●実務指針	レ基報●●実務ガイダンス	レ基報●●周知文書	レ基報●●研究文書
財務報告内部統制基準	財務報告内部統制監査基準報告書	内基報●●実務指針	内基報●●実務ガイダンス	内基報●●周知文書	内基報●●研究文書
		レビュー業務実務指針（ISRE2400 等）	レビュー業務実務ガイダンス	レビュー業務周知文書	レビュー業務研究文書
		保証業務実務指針（ISAE3000 等）	保証業務実務ガイダンス	保証業務周知文書	保証業務研究文書
		専門業務実務指針（ISRS4400 等）	専門業務実務ガイダンス	専門業務周知文書	専門業務研究文書

出所：日本公認会計士協会 監査基準報告書（序）付録 1 を基に作成

1　総　論

2 リスク・アプローチの監査

3 品質管理

4　最近の監査をめぐる動き

序章　公認会計士等による監査と監査役等

1　監査役等による会計監査に対する影響

　我が国の会社法は、明示的に、一方では、公認会計士等による監査（会計監査人監査）の実効性を確保することを監査役等に期待し、他方で、監査役等による監査の実効性確保に会計監査人監査が寄与することを期待している。金融商品取引法の下での公認会計士等による監査については明示的な規定が法令に設けられているわけではないが、監査人である公認会計士・監査法人に対する金融商品取引法・公認会計士法上の要求事項や会計監査人監査と金融商品取引法監査との実質的一体性を考慮するとやはり監査役等の役割及び監査役等の責任との関係で公認会計士等による監査の意義は大きい。

　会社法上、会計監査人設置会社は（監査範囲が限定されていない）監査役を置くか、指名委員会等設置会社若しくは監査等委員会設置会社でなければならないとされているが、これは監査役等が言わば取締役会・株主総会と会計監査人との間にあって一定の役割を果たすことを期待しているからにほかならない。現在の会社法は、会計監査人が取締役会に出席する権利も義務も定めておらず、会計監査人が株主総会に出席する権利を負い、又は義務を負う場合も極めて限定的であり（398条・345条）、これは、会計監査人と監査役等とのコミュニケーションの結果に対応して、監査役等が取締役会や株主総会に対して必要な報告等をしたり、経営者に働きかけるなどの一定の措置をとることが想定されているということである。

　そして、会計監査人設置会社では、監査役等は原則として自ら計算関係書類の監査を行うことを要せず、会計監査人の監査の方法及び結果の相当性について意見を述べることで足りる（相当と認めることが適切である限り、会計監査人の監査の結果に依拠できると考えられている）。このことは、会計監査人とのコミュニケーションによって会計監査人の監査の方法及び結果を把握する必要があることを意味する。また、監査役等は会計監査人の選任、解任及び不再任の議案の内容を決定し、会計監査人の報酬等についても同意を与えることとされている。このような権限を的確に行使するためには、やはり、会計監査人とのコミュニケーションが欠かせない。とりわけ、会計監査人は、監査役等へ

の会計監査報告の内容の通知に際して、会計監査人としての職務の遂行に関する事項を通知しなければならないとされているが（会社計算規則131条）、受けた通知を踏まえた行動をとる上でも会計監査人とのコミュニケーションが必要となる。

　金融商品取引法の下でも、どのような場合に監査役等が有価証券報告書等の虚偽記載について「相当な注意を用いたにもかかわらず知ることができなかつた」（21条2項1号・22条2項・24条の4・24条の5第5項）と言えるのかは必ずしも明確ではないが、監査役等が虚偽記載の存在を知らなかった場合において、監査人との十分なコミュニケーションに基づいて、監査人の監査報告に依拠するという判断を監査役等が行ったのであれば、原則として、財務計算に関する部分についてはそのように言えると考えられている。

2　監査役等による業務監査に対する影響

　会社法は、会計監査人は、その職務を行うに際して取締役又は執行役の職務の執行に関し不正の行為又は法令若しくは定款に違反する重大な事実があることを発見したときは、遅滞なく、これを監査役等に報告しなければならないと定めており（397条）、金融商品取引法の下でも、法令違反等事実を発見したときは、当該事実の内容及び当該事実に係る法令違反の是正その他の適切な措置をとるべき旨を、遅滞なく、被監査会社の監査役等に通知しなければならない（金融商品取引法193条の3、監査証明府令7条）。のみならず、監査基準報告書240および250は、監査人が不正や違法行為又はその疑いについて監査役等とコミュニケーションを行うことを求めている。また、監査基準報告書720はその他の記載内容に重要な誤りがあると判断したが、経営者が修正に同意しない場合に、監査人に監査役等に当該事項を報告することを要求している。これらのことは、公認会計士等による監査は違法行為等を発見することを目的とするものではないにせよ、監査人からのコミュニケーションが監査役等による業務監査に対するインプットとなり、監査役等が適切な対応をとる端緒となることがあることを示している。

3　監査の基準及び倫理規則

　金融商品取引法は明示的に一般に公正妥当と認められる監査の基準に従った

監査を求めているが、日本公認会計士協会の会員である公認会計士及び監査法人は一般に公正妥当と認められる監査の基準（日本公認会計士協会が策定公表している監査基準報告書等を含む）及び日本公認会計士協会の倫理規則に従うことが求められている。このことは、公認会計士又は監査法人の監査を依頼するに当たっては監査人が一般に公正妥当と認められる監査の基準に従うのみならず、倫理規則にも従わなければならないことを前提としなければならないことを意味している。そして、監査基準報告書260や倫理規則は（監査人である）公認会計士又は監査法人に対して監査役等とのコミュニケーションを要求し、また、倫理規則は社会的影響度の高い事業体の監査人に対しては被監査会社等に対する非保証業務の提供に当たって監査役等の事前の了解を得ることなどを求めている。このような事前の了解との関係でも監査役等と監査人との間のコミュニケーションが当然の前提となっている。

4　本書の意義

　ここまで見てきたことから明らかになったように、監査役等が自らの任務を的確に果たし、不要な賠償責任を負わされることがないようにするために監査人との十分なコミュニケーションを行うことが重要であることは言うまでもないが、監査人が適切に監査を実施する上で監査役等との協働が必要とされ、また、監査役等から監査人へのインプットによって監査人による監査の実効性を高めることができる場合がある。

　ところが、公認会計士等としては監査に従事したことがない（弥永もその一人であるが）監査役等にとっては、監査人からのコミュニケーションに含まれている専門用語（ジャーゴンかもしれないが）やそもそも公認会計士監査が実際にどのように行われているのかというような前提についての知識を有しないために、監査人にどのような質問をすれば意味があるのか、監査の方法や結果の相当性を判断するポイントはどのあたりなのかなどについて迷いを覚えることがあり得る。そこで、本書では、そのような専門用語はもちろんのこと、公認会計士等による監査についての前提知識、公認会計士・監査法人が従わなければならないとされている現在の監査の基準及び日本公認会計士協会の倫理規則の要点（とりわけ、監査役等にとって影響がある部分）について丁寧な説明を加えている。

　本書を読んでいただくことによって、監査法人・公認会計士からコミュニケーションされたことが腑に落ち、適切に監査の方法及び結果を評価できるようになることが期待され、また、限られた時間でのコミュニケーションを実効的・効率的に行うヒントが得られるのではないかと思われる（一方的に、監査人によるプレゼンテーションを聞いているのではなく、鋭い質問が監査役等からなされることによって監査人も刺激を受け、適度の緊張感をもって監査を実施するよう仕向けられるはずである）。また、例えば、会計監査人の報酬等に対して同意を与えることを検討する場合や監査人の交代を検討するため監査法人等にプレゼンテーションしてもらうような場合にも的確な質問を現任又は候補となる監査法人等に対して行うことができるようにもなりそうである。さらに、監査人がコミュニケーションを必要としている事項を把握できることによって、監査役等から監査人への有効なインプットを実現でき、その結果、監査人による監査の実効性が高まり、財務情報の虚偽記載等を未然に防ぐことができるということすらあり得る。そして、このことは、結果的には監査役等が損害賠償責任等を負うリスクを引き下げることになる。

　現在の日本の制度の下では、監査役等が適切にその任務を果たすことによって（会計）監査人による監査の実効性（及び効率性）並びに（会計）監査人の独立性・適格性が担保され、逆に（会計）監査人が適切に監査を行うことが監査役等による監査の実効性（及び効率性）に良い影響を与え、監査役等が問題を識別・認知し、的確に対処することが可能となり、また、監査役等の損害賠償責任リスクを低下させるという関係が想定されている。このことを踏まえ、監査役等と監査人との間のコミュニケーションの実質化・高度化に本書が寄与できることを心から期待している。

弥永　真生

1　総論

 **公認会計士の行う財務諸表監査の目的は何ですか。**

> **A** 財務諸表監査の目的は、財務諸表が、適用される財務報告の枠組み（財務諸表の作成の基礎となる会計・報告基準）に準拠して作成されているかどうかについて、被監査会社と利害関係のない監査人が自ら入手した監査証拠に基づいて判断した結果を監査意見として表明することにより、財務諸表の信頼性を確保することにあります。

解説

(1) 監査のニーズ

　財務諸表は、会社の一定期間における経営成績や財政状態及びキャッシュ・フローの状況を表したものであり、会社の経営者は、業務執行の一環として財務諸表を適切に作成し、外部のステークホルダーに報告する責任を負っています。法令及び適用される財務報告の枠組みによりどのような情報を外部に開示するかの大枠は定められていますが、その範囲内で、どこまでの情報をどのように開示するかは経営者の判断に委ねられています。一方、外部のステークホルダーは基本的には経営者により提供される情報に基づきそれぞれ意思決定を行いますので、できるだけ多くの正しい情報を適時に提供してほしいという要求を有しています。

　このように、経営者と外部のステークホルダーの間には、本質的には情報開示に関する利害の対立及び会社の状況に関する情報格差が存在しています。加えて、財務諸表の理解には会計に関する専門的な知識が必要です。そのため、外部のステークホルダーに、経営者の提示する財務諸表が信頼できるかどうかについて、独立した立場からの専門家の意見を聞きたいというニーズが生まれます。このニーズに対応したのが公認会計士による財務諸表監査であり、誤った財務諸表により誤った意思決定が行われることのないように、会計及び監査の専門家による監査が行われます。

(2) 適正性意見と準拠性意見

　監査意見は、監査人が、全体としての財務諸表に重要な虚偽表示がないかどうかについて合理的な保証を得て表明されます。「合理的な保証（reasonable assurance）」とは、「絶対的ではないが相当程度の心証」を意味するとされています。つまり、「合理的な保証」は、財務諸表に重要な虚偽表示がないことを100％保証するものではありませんが、一般に公正妥当と認められる監査の基準に準拠して監査を実施した結果、監査人が相当程度高い確信が得られたと判断したことを意味しています。

　2014年の監査基準の改正により、監査意見には、「適正性意見」と「準拠性意見」の二つのタイプがあると整理されました。どちらの監査意見も、全体としての財務諸表に重要な虚偽表示がないかどうかについて合理的な保証を得て表明されます。つまり、保証水準（監査人の確信のレベル）に差はありません。両者の違いは、監査対象の財務諸表の作成のよりどころとなっている財務報告の枠組みの分類から生じます。財務報告の枠組みにおける明示的な要求事項を遵守するだけでなく、適正表示の達成を求める財務報告の枠組みに基づき財務諸表が作成されている場合は「適正性意見」が表明されます。「適正表示の達成」は、財務諸表の利用者が財務諸表を適切に理解できるように追加情報の注記を求める条項又は明示的な要求事項から離脱の必要がある場合に離脱することを求める条項の有無により一義的には判断されます。それに対して、明示的な要求事項を遵守することのみを求める財務報告の枠組みに基づいて財務諸表が作成されている場合は、「準拠性意見」が表明されます。

(3) 一般目的の財務報告の枠組みと特別目的の財務報告の枠組み

　我が国においては、長年、監査基準において幅広い利用者を想定する証券取引法（現金商法）を前提として、監査意見は「財務諸表は……経営成績や財政状態及びキャッシュ・フローの状況を全ての重要な点において適正に表示している」という、いわゆる適正性意見のみが示されてきました。これは、上場会社や一定規模以上の会社の場合、多様な情報ニーズをもった利用者が多数存在しているため、財務諸表は幅広い利用者の共通のニーズを反映したものである必要があり、そのような前提で監査意見も整理されてきたためです。

　そのような汎用性を有する財務報告の枠組みを「一般目的の財務報告の枠組

み」と言います。「一般目的の財務報告の枠組み」は、利用者の共通ニーズに基づいて「枠組み」で定めた要求事項に準拠するのみでは、個々の状況において財務諸表の利用者の理解に必要と思われる情報が不足する可能性があるため、通常、追加情報の注記を求める包括条項が付されています。つまり、財務諸表を作成するに当たり、明示的に求められている表示や注記の要求事項に準拠するだけでなく、財務諸表の利用者が会社の財政状態や経営成績等の状況に関して適切な判断を行うために必要な情報が不足していないかどうかの観点から、追加情報の注記の必要性を検討し、「適正に表示されている」状態が達成されているかを検討することが求められています。

「一般目的の財務報告の枠組み」は、策定の権威や権限が認められた設定主体が、多数の利用者の共通のニーズを反映するために一定のデュー・プロセスを経て策定されます。我が国で一般に公正妥当と認められる企業会計の基準や、国際財務報告基準（IFRS）、米国会計基準などが該当します。これらの財務報告の枠組みに基づき作成された財務諸表を監査する場合は、監査人は、財務報告の枠組みで想定されているように、財務諸表が適正表示を達成しているかどうかの検討が必要となり、適正性に関する意見を表明します。

一方、財務報告の枠組みには、特定の利用者のニーズに適合するように策定されるものがあり、「特別目的の財務報告の枠組み」と呼ばれています。「特別目的の財務報告の枠組み」は、特定の利用者のニーズに合わせてテーラーメードで策定されるものであるため、個々の状況に照らして追加情報を求める必要性は高くありません。したがって、特別目的の財務報告の枠組みの場合は準拠性の枠組みである場合が多いと言えます。

監査人は、財務諸表が準拠性の枠組みに基づき作成されているのか、適正表示の枠組みに基づき作成されているのかを検討し、財務報告の枠組みの分類に従って準拠性意見又は適正性意見のいずれかのタイプの監査意見を表明することになります（**図表1**）。

現在、公認会計士による法定監査は、金商法や会社法に基づくものだけでなく、一定規模以上の社会福祉法人や医療法人等の非営利法人にもその対象は広がっています。それぞれの組織の特性により、監査対象となる財務諸表の構成は異なります。しかし、そのような財務諸表の違いや監査を求める根拠法令を問わず、また、法定監査であるか任意監査であるかを問わず、監査人が会計及

図表1　財務報告の枠組みと監査意見

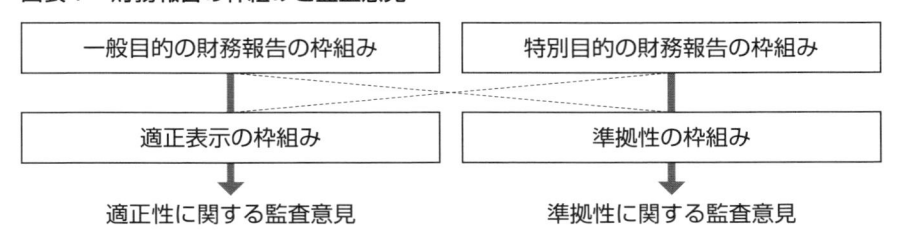

出所：日本公認会計士協会　監査基準報告書800実務ガイダンス第1号「監査基準報告書800及び805に係るQ&A」Q7 の図を基に作成

び監査の専門家として独立の立場から監査意見を述べることにより、財務諸表の信頼性を確保するという監査の本質は同じです。

 2023年の金商法改正後の四半期開示制度の概要を教えてください。

A 上場会社に適用される四半期開示については、金商法の四半期報告制度と取引所規則に基づく四半期決算短信が重複しているとの指摘がありました。それを解消するため、2023年11月の金商法の改正により金商法に基づく四半期報告制度が廃止され、金商法の期中開示は半期報告制度に集約されました。ただし、改正により作成負担が重くならないように、従前の非上場の有価証券報告書提出会社に対する半期報告とは別に、上場会社の半期報告の内容が新たに定められました。したがって、半期報告書の内容は、上場区分や銀行・保険等の業種区分ごとに規定され、その区分に応じて半期報告書に含まれる中間財務諸表（期首から6か月間の財務諸表）に対して、年度の監査人によりレビュー又は中間監査が行われます。

第1四半期及び第3四半期については、上場会社は、取引所規則に基づいて、従前より情報量が拡充された四半期決算短信（サマリー情報及び添付資料）の提出が求められます。第2四半期（中間期）の決算短信は基本的に従前のまま維持されます。決算短信に添付される財務諸表については、速報値であるため原則監査人によるレビューは不要ですが、第1四半期及び第3四半期については金商法に基づく四半期レビューが廃止されたため、財務諸表の信頼性担保が必要と考えられる一定の場合に監査人によるレビューが義務付けられます。その場合は、四半期決算短信に監査人によるレビュー報告書の添付が必要となります。

解 説

(1) 金商法に基づく半期報告制度の概要（図表1）

金商法の半期報告制度では、上場しているかどうか、及び銀行・保険等の特定事業者に該当するかどうかにより、半期報告書の内容が異なっています。半期報告書には財務諸表も含まれますが、要請される財務諸表や監査人の保証の形態も異なります。

事業年度の途中で公表する財務諸表を期中財務諸表と言いますが、期中財務

図表1　金商法の半期報告制度（2024年4月1日以降）

会社区分 / 開示要請	上場会社等*1		③　非上場会社*4
	①　②の特定事業者以外	②　銀行・保険等の特定事業者	
半期報告書の内容	半期報告書共通記載事項（第四号の三様式）	半期報告書共通記載事項＋内閣府令で定める事項（第四号の三様式）	半期報告書共通記載事項＋内閣府令で定める事項（第五号様式）
提出期限（中間期末日から起算）	45日以内	60日以内	3か月以内
半期報告書に含まれる財務諸表	連結のみ*2 第1種中間連結財務諸表（従前の四半期連結財務諸表とほぼ同等）*3	連結＋個別 第2種中間連結財務諸表 第2種中間財務諸表	連結＋個別 第2種中間連結財務諸表 第2種中間財務諸表
財務諸表の作成基準	企業会計基準第33号「中間財務諸表に関する会計基準」、適用指針第32号「中間財務諸表に関する会計基準の適用指針」*3	企業会計審議会から公表されている「中間連結財務諸表作成基準・同注解」「中間財務諸表作成基準・同注解」（1998年10月）（従前からの変更なし）	
監査人による保証の形態	期中レビュー	中間監査	中間監査

筆者作成

* 1　株式を上場している会社のほか、店頭登録している会社（現在該当なし）及び優先出資証券を上場している共同組織金融機関が含まれる。
* 2　連結財務諸表を作成していない場合は第1種中間財務諸表となる。
* 3　企業会計基準委員会（ASBJ）より、第1種中間（連結）財務諸表の作成基準として、従前の四半期財務諸表に関する会計基準等をベースに、新たに企業会計基準第33号「中間財務諸表に関する会計基準」及び企業会計基準適用指針第32号「中間財務諸表に関する会計基準の適用指針」が公表された（2024年3月22日）。
* 4　非上場会社のうち、銀行・保険等の特定事業者は②の半期報告書を60日以内に提出すること、特定事業者以外の会社は①の半期報告書を45日以内に提出することも選択できる（金商法第24条の5第1項ただし書）

　諸表のうち半期の財務諸表を我が国では中間財務諸表と呼んでいたため、新制度下においても中間（連結）財務諸表と呼称されます。ただし、既存の中間財務諸表と区別するため、特定事業者以外の上場会社に求められる財務諸表を「第1種中間（連結）財務諸表」、既存のものを「第2種中間（連結）財務諸表」と呼び、区別しています。「第1種中間（連結）財務諸表」は、従前の四半期

財務諸表と同水準の開示レベルが想定されています。

　2023年改正金商法に基づく半期報告制度は、2024年4月1日以後開始する事業年度に係る中間会計期間のほか、同日以後に第2四半期が開始する中間会計期間（12月、1月又は2月決算会社）から適用されます。また、従前の四半期報告書は2024年4月1日以後開始する四半期会計期間に係るものから提出不要です。

(2)　取引所規則に基づく四半期開示の概要

　上場会社は取引所規則に基づき、四半期ごとに決算短信の提出が義務付けられます。第2四半期（中間期）決算短信は従前からの変更はありませんが、第1四半期及び第3四半期の四半期決算短信については、金商法に基づく法定開示がなくなったことから一部情報の拡充（セグメント情報及びキャッシュ・フローに関する注記の追加）が図られました。また、監査人によるレビューは、従来どおり、原則不要ですが、第1四半期及び第3四半期については、一定の要件に合致した場合は監査人によるレビューが義務付けられます（**図表2**）。

図表2　第1四半期及び第3四半期の四半期決算短信の概要

項　目	概　要
サマリー情報	従前の四半期決算短信のサマリー情報に、監査人によるレビューを受けているかどうかの項目を追加
添付資料	
定性的情報	・当四半期連結累計期間の経営成績及び財政状態の概況 ・継続企業の前提に関する重要事象等 （従前は記載が求められていなかったが、金商法上の四半期報告書が廃止されたことに伴い、定性的な情報の記載を求めることとされた。なお、第2四半期の決算短信は従前どおり不要）
財務諸表の本表	四半期連結貸借対照表、四半期連結損益計算書及び四半期連結包括利益計算書 （IFRS又は米国会計基準に準拠している場合も同様）
注記事項	・継続企業の前提に関する注記 ・株主資本の金額に著しい変動があった場合の注記 ・会計方針の変更、会計上の見積りの変更、修正再表示に関する注記 ・四半期連結財務諸表の作成に特有の会計処理に関する注記 ・セグメント情報等の注記 ・キャッシュ・フローに関する注記（任意に四半期連結キャッシュ・フロー計算書を開示する場合を除く）

項　目	概　要
財務諸表の作成基準	四半期財務諸表等の作成方法については、「四半期財務諸表等の作成基準」を有価証券上場規程施行規則の別添として規定。基本的には、企業会計基準委員会（ASBJ）が公表している企業会計基準第12号「四半期財務諸表に関する会計基準」等に準拠することを求めるが、注記事項については上記以外の項目は省略できる。
監査人によるレビュー	原則任意。ただし、以下のいずれかの要件に該当した場合には、要件該当以後に開示する四半期累計期間（第2四半期を除く）に係る四半期財務諸表等に対し、公認会計士等によるレビューを受けなければならない。 ・直近の有価証券報告書、半期報告書又は四半期決算短信（レビューを受ける場合）において、無限定適正意見（無限定の結論）以外の監査意見（レビューの結論）が付された場合 ・直近の内部統制監査報告書において、無限定適正意見以外の監査意見が付された場合 ・直近の内部統制報告書において、内部統制に「開示すべき重要な不備」が識別された場合 ・直近の有価証券報告書又は半期報告書が当初の提出期限内に提出されなかった場合 ・当期の半期報告書の訂正を行う場合であって、訂正後の財務諸表に対してレビュー報告書が添付される場合

出所：東証「四半期開示の見直しに関する実務の方針」及び「決算短信・四半期決算短信作成要領等」を基に作成

コラム	**四半期開示制度の見直しの議論**

　四半期開示は、1999年に、取引所規則に基づきマザーズ市場の上場会社に義務付けられたことに始まりましたが、2003年に全ての上場会社に第1四半期及び第3四半期の売上等の開示が求められるようになりました。さらに、2004年に要約貸借対照表及び要約損益計算書の添付が求められるようになったことから、未整備であった四半期財務諸表の作成基準や信頼性を担保する手段の必要性が指摘されるようになり、2006年の金商法の改正により四半期報告制度が導入されました。この改正により、上場会社は、2009年3月期から、それまでの半期報告書に代わり四半期報告書の提出が求められるようになりました。

　それ以降、上場会社は、取引所の規則に基づく四半期決算短信に加え、金商法に基づき、年度財務諸表の監査人によるレビュー報告書が付された四半期報告書を公表してきました。四半期決算短信は速報値と位置付けられているため、監査人によるレビューは不要ではあるものの、四半期財務諸表（注記事項は速報性が求められる事項に限定）の添付が要請されていることから、両者の内容にはかなりの重複がありました。また、公表時期の差異も数日にとどまってい

る会社が大半でした。このため、両者の重複を解消するための議論はこれまで繰り返し行われ、四半期報告書及び四半期決算短信の簡素化が行われてきました。

　2021年度及び2022年度に行われた金融庁の金融審議会「ディスクロージャー・ワーキング・グループ（DWG）」において、再び四半期開示制度の改正の方向性について議論が行われました。四半期ごとに業績を公表する四半期開示が経営者のマインドを短期指向に向かわせているのではないかという点と、取引所規則に基づく四半期決算短信と金商法に基づく四半期報告の間の重複を解消できないかという二つの観点から議論が行われました。DWGでは、主に利用者の立場から四半期開示の重要性が指摘され、一つ目の四半期開示と短期指向との関連性は明確には認められないということで、主に二つ目の開示の重複の解消に向けた議論が行われました。

　議論の結果、第1四半期と第3四半期は金商法に基づく四半期報告を廃止し、四半期決算短信のみの提出を求めることとなりました。ただし、これまでも重複解消のため決算短信の簡素化を図ってきた経緯があるため、利用者からは、利用者のニーズの高いセグメント情報やキャッシュ・フローに関連する情報を追加するなど、四半期決算短信の開示内容の見直しの必要性が指摘されました。

　また、従前から、四半期決算短信は監査人のレビュー完了前の数値が記載されていましたが、四半期短信への一本化に伴い、第1四半期と第3四半期の四半期決算短信に監査人のレビューを求めるかどうかが論点の一つとなりました。議論の結果、レビューの義務付けはしないこととなりましたが、四半期決算短信に添付される財務諸表の信頼性確保が必要と考えられる一定の場合（例えば、直近の有価証券報告書・半期報告書・レビュー済四半期決算短信において監査人により除外事項付の意見又は結論が表明された場合など）には、取引所の規則により監査人によるレビューを義務付けることとなりました。そのほか、会社の判断で任意で四半期財務諸表についてレビューが実施されることもあり得るため、レビューの有無を義務か任意かの区別とともに四半期決算短信のサマリー情報において記載することになりました。

　また、第1四半期と第3四半期の四半期決算短信の虚偽記載が生じた場合のエンフォースメント（規則の執行、実効性の確保）について、金商法の罰則や課徴金の対象にするための方策（具体的には短信の公表を臨時報告書の提出要件とすること）も検討されました。この点については、四半期報告書のみを対象とした虚偽記載はごく少数にとどまり、第2四半期の半期報告書と年次の有価証券報告書に対する金商法のエンフォースメントは従来のままであることから、

第1四半期と第3四半期の四半期決算短信については取引所の規則に基づくエンフォースメントに委ねられることとなりました。これを受けて、上場規則の実効性を確保するため、会計不正等の疑義が生じた場合など取引所が必要と認める場合に、上場会社に対して必要な調査及び調査結果の報告を求めたり、監査人に対して事情説明を求める際に上場会社はそれに協力することなどが上場規則に追加されています。

なお、DWGの議論の過程において、四半期決算短信を上場会社に一律に求めるのではなく、任意化すべきという意見も聞かれましたが、当面は、全ての上場会社に第1四半期と第3四半期の四半期決算短信の提出を義務付けることとされました。四半期決算短信の任意化は、現状の日本企業の開示の状況を踏まえると開示の後退につながる懸念が指摘されており、今後の適時開示に対する企業の開示姿勢の変化や開示情報の拡充の状況、適時開示と定期開示の関係の整理など、幅広い観点からの継続的な検討を行うこととされています。

コラム　半期報告制度の歴史

　金商法に四半期報告制度が導入される前の2008年3月期までは、上場会社は半期報告書を提出していました。半期報告書の歴史は古く、1974年の商法改正により中間配当が認められたことを契機に1年決算を採用する会社が増えたことから、1977年に証券取引法の開示制度として導入されました。

　半期報告書は、年度の有価証券報告書よりは簡略化されているものの、その後導入された四半期報告書に比べると多くの情報が要求されています。半期報告書に含まれる中間財務諸表（新制度下での第2種中間財務諸表）は「中間連結財務諸表等の作成基準」に準拠して作成する必要があり、連結と個別、両方の財務諸表の作成が求められています。またそれら中間（連結）財務諸表に対しては、監査人による「中間監査の基準」に準拠した中間監査を受けることが求められています。

　中間監査は、我が国特有の合理的保証業務であり、保証水準（財務諸表に重要な虚偽表示がないことに関する監査人の確信のレベル）は年度の監査と期中レビューの間に位置付けられています。したがって、中間監査において実施する手続も、年度の監査手続と同じ手続を実施する必要はないものの、分析手続

と質問を起点としながらも、中間監査リスクに適合する手続を実施することが求められています。

　このような作成負担や監査の負担を考慮して、半期報告書の提出期限は中間期末日後3か月以内とされています（四半期報告書は四半期末日後45日以内）。四半期報告制度導入後は、四半期報告制度の対象外である金商法の適用を受ける非上場会社にのみ半期報告書の提出が求められていました。

　2024年4月以降は、金商法に基づく定期の開示制度として、第2四半期の半期報告書と年次報告書である有価証券報告書の二つになり、開示頻度が少なくなります。2022年度のディスクロージャー・ワーキング・グループ（DWG）において、新制度下で提出する第2四半期の半期報告書について、既存の半期報告書に戻すのか、四半期報告制度下の第2四半期報告書と同等レベルのものとするのかについても議論が行われました。議論の結果、後者を踏襲することとされ、監査人による保証も中間監査ではなく、レビューが実施されることになりました。

　これに伴い、非上場会社の場合も、上場会社と同様の半期報告書の提出を選択することができることになりました。この制度改正により、非上場会社においても上場会社と同様の半期報告書の枠組みを採用する会社が増えると、今後、「中間連結財務諸表等の作成基準」や「中間監査の基準」を維持する必要性が乏しくなるものと思われます。特に中間監査については、我が国特有の保証形態であり、監査やレビューとの違いが分かりにくいことから、廃止を望む声が根強くあります。

金商法に基づく半期報告書や取引所規則に基づく四半期決算短信に含まれる期中財務諸表に対して、監査人により行われる保証の概要及び財務諸表監査との違いを教えてください。

A 金商法の半期報告制度においては、期中財務諸表に対して、年度の財務諸表の監査人によりレビュー又は中間監査を実施することが求められます。また、取引所規則に基づく第1四半期及び第3四半期の四半期決算短信に含まれる四半期財務諸表に対して、一定の条件に合致する場合は年度の財務諸表の監査人によるレビューが義務付けられ、その他、会社が任意でレビューを受けることもあります。レビューも中間監査も、経営者の作成した期中財務諸表に対して、監査人が自ら入手した証拠に基づいて判断した結果を結論として表明します。いずれも、期中財務諸表の信頼性を確保するために行われるものです。

期中財務諸表のレビュー又は中間監査は、年度の財務諸表の監査人により行われるため、年度の財務諸表の監査のために行う手続の実施から得た監査人の知識を活用しながら行われます。しかし、レビューも中間監査も、監査に比べ監査人が得ている確信のレベル（保証水準）は低く、以下のような明確な違いがあります。

- レビューは、質問と分析的手続を主体とする限定的な手続を実施することが想定されており、監査に比べ保証水準が相対的に低く、そのため監査意見とは異なり、消極的形式による結論が表明される。
- 中間監査は、監査とレビューの間に位置付けられており、要求される手続は質問と分析的手続を起点としながらも年度監査のリスク評価に基づき評価したリスクに応じた手続の実施が求められ、中間監査特有の有用性の意見が表明される。

解 説

(1) 期中財務諸表に対するレビューの目的と保証水準

期中財務諸表に対するレビュー（「期中レビュー」という）の目的は、経営者が作成した期中財務諸表について監査人が結論を表明することにより信頼性を付与することにあります。適用される財務報告の分類により、金商法に基づ

く期中財務諸表（中間財務諸表）のレビューの場合は適正性に関する結論、取引所規則に基づく期中財務諸表（四半期財務諸表）のレビューの場合は原則として準拠性に関する結論が表明されます。両者の保証水準に差はありません（**図表1**）。

図表1　レビューの結論

	無限定の結論の文言
金商法に基づく期中財務諸表（中間財務諸表）のレビュー	適正性に関する結論 中間財務諸表は、［適用される財務報告の枠組み］に準拠して、企業の財政状態及び経営成績等を適正に表示していないと信じさせる事項が全ての重要な点において認められなかった。
取引所規則に基づく期中財務諸表（四半期財務諸表）のレビュー	準拠性に関する結論 四半期財務諸表は、［適用される財務報告の枠組み］に準拠して作成されていないと信じさせる事項が全ての重要な点において認められなかった。

筆者作成

　いずれの結論とも、「……適正に表示していない（……準拠して作成されていない）と信じさせる事項が……認められなかった」という二重否定の文章で表明されます。「財務諸表は……適正に表示している（準拠して作成されている）ものと認める」とストレートに肯定的な文章で表明される監査意見と比較すると、期中レビューの結論が「消極的」であることが分かります。

　この結論の文言には、監査人が得る確信の想定レベル（保証水準）が監査の場合より低いことが反映されています。つまり期中レビューでは、年度の財務諸表の監査で想定されている合理的な保証（reasonable assurance）と同様の保証を得ることまでは求められておらず、それより低い保証水準が想定されています。レビューで想定されている保証水準は、「合理的保証」との対比で、「限定的保証（limited assurance）」と呼ばれています。

(2)　期中レビュー手続

　財務諸表監査と期中レビューの目的の違いを反映して、期中レビューにおいて実施される手続は限定的です。

　財務諸表監査は、リスク・アプローチに基づき、リスク評価を行い、評価したリスクに対応する監査手続を実施します。例えば、財務諸表を構成する各項目に対して、実在性、網羅性、評価の妥当性等の監査要点（アサーション）ごとにリスク評価を行い、関連する内部統制の整備・運用状況を評価した上で、実証手続を実施します。監査人が行う手続には、実査、立会、確認、質問、閲覧、査閲、証憑突合、帳簿突合、再実施、分析的手続等がありますが、財務諸表に重要な虚偽表示がないことについて合理的な保証を得たと判断できるまで、監査人は手続を様々に組み合わせて実施します。そして、入手した監査証拠を評価し、財務諸表全体に対する監査意見を形成します。

　一方、期中レビューにおいては、年度の財務諸表監査のために行われるリスク評価を考慮して、期中レビュー手続を実施しますが、実施する手続は、質問、分析的手続その他に限定されています。レビューでは、通常、内部統制の運用評価手続や、実査、立会、確認、証憑突合などの実証手続を実施することは要求されておらず、監査に比べると実施する手続はかなり限定されます。ただし、監査人が重要な虚偽表示が存在する可能性が高いと判断した場合（不正による重要な虚偽表示を示唆する状況を識別した場合を含む）は追加的な質問や関連書類の閲覧等の手続を実施します。

　期中財務諸表のレビューは、年度の財務諸表の監査を前提として実施されるものですので、レビュー手続と平行して年度の監査手続の一部を実施することがあります。レビューにおいて、質問や分析的手続以外にどのような手続をどこまで実施するかは、年度監査を念頭において決定されることが多いように思われます。例えば、四半期又は半期に発生した重要な取引又は通例でない取引については、期中レビュー手続の実施と同時期に監査手続を実施することは、年度の監査の実効性及び効率性の観点からも有用です。どこまでがレビュー手続でどこからが年度の監査手続かの区分は概念的には可能ですが、区分自体にあまり益はなく、期末監査で期中の会計処理を修正することのないように、期中において検討しておくことは会社及び監査人双方にとってメリットがあります。

(3)　期中レビューの結論及び期中レビュー報告書

　期中レビューの結論は、(1)で記載したとおり、消極的な形式で表明されます。監査人は、一般に公正妥当と認められる期中レビューの基準に準拠して期中レ

ビュー手続を実施した結果、重要な虚偽表示がなかった場合、「適正に表示していない（又は、……に準拠して作成されていない）と信じさせる事項が全ての重要な点において認められなかった」という無限定の結論を表明します。無限定の結論のほかに、結論の類型としては、無限定の結論を表明できないと判断する除外事項の内容及び程度に応じて、限定付結論の表明、否定的結論の表明、結論の不表明があります（**図表2**）。

- 除外事項を付した限定付結論（重要な虚偽表示が認められるが、期中財務諸表全体に対して否定的な結論を表明するほどではない場合、当該事項を除いて、適正に表示していない（又は、……に準拠して作成されていない）と信じさせる事項は認められなかった旨）
- 否定的結論（重要な虚偽表示が認められ、その影響が広範で期中財務諸表全体として虚偽の表示にあたる場合、重要な点において適正に表示していない（又は、……に準拠して作成されていない）と信じさせる事項が認められた旨）
- 除外事項を付した限定付結論（重要な期中レビュー手続を実施できなかったが、その影響は広範ではなく、期中財務諸表全体に対する結論の表明ができないほどではない場合、当該事項を除いて、適正に表示していない（又は、……に準拠して作成されていない）と信じさせる事項は認められなかった旨）
- 結論の不表明（重要な期中レビュー手続を実施できなかったことによる影響

図表2　レビューの結論

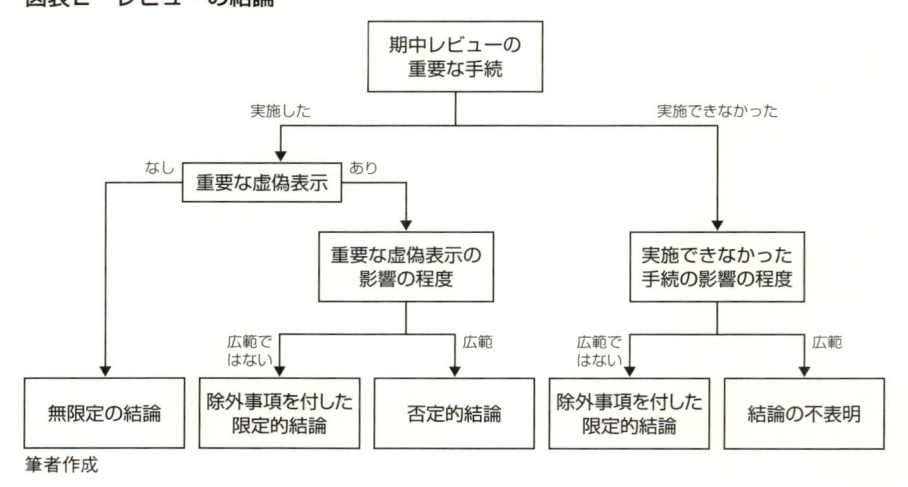

筆者作成

が、四半期財務諸表全体に対する結論の表明ができないほど広範である場合、結論を表明しない旨）

　期中レビュー報告書は、監査報告書と同様の区分構成になっています。2019年に監査報告書の記載内容の見直しに合わせた改正が行われ、監査人の結論を冒頭に記載し、経営者の財務諸表の作成責任に加え監査役等の監視責任などが記載されます。なお、「監査上の主要な検討事項（KAM）」及び「その他の記載内容」の区分は監査報告書にいてのみ記載が求められており、期中レビュー報告書には記載されません。

⑷中間監査の保証水準及び手続の概要

　中間監査の目的は、「経営者の作成した中間財務諸表が、一般に公正妥当と認められる中間財務諸表の作成基準に準拠して、企業の中間会計期間に係る財政状態、経営成績及びキャッシュ・フローの状況に関する有用な情報を表示しているかどうかについて、監査人が自ら入手した監査証拠に基づいて判断した結果を意見として表明すること」とされています（中間監査基準）。「有用性意見」といわれるもので、「投資者の判断を損なうような重要な虚偽表示がないということについて合理的な保証を得た」という監査人の判断に基づき表明されます。中間監査は、我が国特有の合理的保証業務であり、保証水準（監査人の確信のレベル）は年度の監査よりは低く、期中レビューよりは高い業務として位置付けられています。

　中間監査において実施する手続は、年度の監査計画の一環として評価した重要な虚偽表示リスクの評価に基づき、中間監査リスクに適合する手続を実施することが求められています。中間監査では、分析手続と質問は必ず実施し、必要に応じて追加手続を実施します。年度の監査手続と同じ手続を実施する必要はありませんが、特別な検討を必要とするリスクやその他重要な虚偽表示をもたらす可能性のある事項に関しては、実証手続も実施します。

| コラム | レビューの結論 |

　レビューの結論は二重否定で表現されるため、まさに「消極的」で、日本語としての意味が分かりにくいというのが一般的な感想ではないかと思われます。このような「消極的な結論」を述べる文言については、利用者からの評判があまり良くないため、国際監査・保証基準審議会（IAASB）においてもより良い表現はないかと検討されたことがあります。しかし、肯定的な表現をとると監査の保証水準との相違が伝わらないというジレンマが生じ、結局、他の表現の開発には至りませんでした。

　なお、米国基準のレビューの結論は、「財務諸表に加えるべき重要な修正は認識していない」という文言になっています。二重否定ではないものの、否定形であり、やはり「消極的な」表現です。

国際レビュー業務基準（ISRE2410）	米国基準（PCAOB基準　AS4105）
Based on our review, <u>nothing</u> has come to our attention that causes us to believe that the accompanying interim financial information <u>does not</u> present fairly, in all material respects, …in accordance with [applicable financial reporting framework].	Based on our review, we <u>are not</u> aware of any material modifications that should be made to the condensed financial statements referred to above for them to be in conformity with accounting principles generally accepted in the United States of America.
我々の実施したレビューにおいて、期中財務情報が［適用される財務報告の枠組み］に準拠して…を適正に表示していないと信じさせる事項が全ての重要な点において認められなかった。 （適用される財務報告の枠組みが適正表示の枠組みの場合）	我々の実施したレビューにおいて、我々は、要約財務諸表が米国において一般に公正妥当と認められる企業会計の基準に準拠するために加えるべき重要な修正は認識していない。

筆者作成

　日本の期中レビュー報告書では国際レビュー業務基準（ISRE2410）の文言をベースにしていますが、国際レビュー業務基準では、財務諸表の作成基準である財務報告の枠組みが適正表示の枠組みか、準拠性の枠組みかにより、結論の

文言が変わります。期中財務諸表に関しては、年度の財務諸表に比べ簡略的に作成することを認める財務報告の枠組みに基づき作成されていることが多いと思われます。そのような場合、年度の財務諸表で達成されている適正表示の目的が期中財務諸表では満たされていないということになりますので、簡略化された期中財務諸表に対するレビューの結論は準拠性の枠組みの文言が用いられています。

　例えば、国際財務報告基準（IFRS）の場合、IAS34号「期中財務報告」において、期中財務諸表としてIFRSに準拠した完全な一組の財務諸表（つまり年次財務諸表と同じ水準の財務諸表）を作成するか、IAS34号で最低限必要なものとして指定された要約財務諸表を作成するかは会社が選択できます。要約財務諸表には最低限必要な注記事項が指定されていますが、利用者の誤解を招かないために追加の表示や注記事項が必要な場合は記載することが求められています。国際レビュー業務基準（ISRE2410）では、期中財務諸表が適正表示の枠組みに基づく完全な一組の財務諸表の場合、レビューの結論は適正性に関する結論を、財務報告の枠組みによって許容されている要約財務諸表の場合は準拠性の結論を記載したレビュー報告書の文例が示されています。2021年に改正された英国の期中財務諸表のレビューの基準（ISRE2410（UK））では、ロンドン証券取引所の上場会社がIAS34号に基づき半期の要約財務諸表を作成している場合のレビュー報告書の文例が示されており（Appendix 9）、準拠性の結論となっています。

　我が国の期中財務諸表（従来の四半期財務諸表）も年度の財務諸表より簡略化されていますので、それに対するレビューの結論はISRE2410に基づけば、準拠性の結論になると思われます。ただし、我が国では四半期レビュー制度導入時には監査基準に「適正性」「準拠性」の概念が導入されておらず、それ以来、監査証明府令により、レビュー報告書に記載するレビューの結論は適正性の結論を記載することが求められてきましたので、2023年の改正においても同じ文言が使用されています。一方で、取引所規則に基づく第1四半期及び第3四半期の期中財務諸表は、金商法で求められる第1種中間財務諸表より一層簡略化されますので、準拠性の結論が記載されます。

**Q4 金商法で求められている財務報告に係る
内部統制の監査制度の目的は何ですか。**

A 内部統制監査の目的は、会社の作成する内部統制報告書の監査を通じて、会社の財務報告の信頼性を担保することにあります。財務諸表を適切に作成するためには、適切な内部統制が整備及び運用されていることが不可欠です。そのため、金商法では、株式を上場している会社の経営者は、毎事業年度ごとに期末日現在の財務報告に係る内部統制の有効性を評価し、その結果を記載した内部統制報告書を有価証券報告書と併せて提出することが求められています。さらに、この経営者が作成した内部統制報告書の記載内容に重要な虚偽表示がないかどうかについて、財務諸表監査と同一の監査人による監査が求められています。

このように、内部統制監査は、財務諸表監査とともに、会社の公表する財務報告の信頼性を確保することを目的として行われています。

解 説

(1) 財務報告に係る内部統制報告制度の概要

内部統制報告制度は、2000年代中頃に有価証券報告書の不適切な開示事例が相次いで発覚したことから、財務報告の信頼性を確保するための制度として2006年の金商法改正により導入されました。内部統制報告書は、日本国内で株式を上場している会社に対して2009年3月期より提出が義務付けられています。我が国の内部統制報告制度は、米国の内部統制報告制度（制度を導入した法令（Sarbanes-Oxley Act of 2002）の条文をとって、「SOX404」又は「US-SOX」と呼ばれている）を参考に設計されたことから、「J-SOX」と称されることがあります。

内部統制報告制度においては、経営者が作成した内部統制報告書について、財務諸表監査と同一の監査人により財務諸表監査と一体的に監査することが求められています。そのため、財務諸表監査と内部統制監査を併せて「一体監査」と呼ばれることがあります。

制度導入当初は、株式を上場する全ての会社に対して内部統制監査が義務付

けられていましたが、新規上場を促進する観点から、2014年の金商法改正により、一定規模未満（上場直前期の資本金の額が100億円未満及び（連結）負債総額1000億円未満）の新規上場会社は、上場後３年以内に提出する内部統制報告書については監査が免除されています。

(2) 財務報告に係る内部統制報告及び監査の基準並びに同実施基準

金商法における内部統制報告制度の創設に当たり、金融庁は企業会計審議会に内部統制部会を設置し、2007年２月に「財務報告に係る内部統制の評価及び監査の基準・同実施基準」（以下、「内部統制基準」と言う）が公表されました。内部統制基準は、以下の三つのパートから構成されています（**図表１**）。

図表１　内部統制基準の構成

Ⅰ. 内部統制の基本的枠組み	内部統制の目的や基本的要素、内部統制に関係する者の役割と責任、内部統制の限界など、内部統制の概念的な基本的枠組みを説明している。
Ⅱ. 財務報告に係る内部統制の評価及び報告	金商法に基づいて内部統制を評価する際に、経営者が準拠すべき「我が国おいて一般に公正妥当と認められる財務報告に係る内部統制の評価の基準」を構成する。
Ⅲ. 財務報告に係る内部統制の監査	金商法に基づいて内部統制監査を実施する際に、監査人が準拠すべき「我が国おいて一般に公正妥当と認められる財務報告に係る内部統制の監査の基準」を構成する。

出所：企業会計審議会「財務報告に係る内部統制の評価及び監査の基準・同実施基準」を基に作成

Ⅰ. 内部統制の基本的枠組み

「Ⅱ」及び「Ⅲ」は金商法に基づく財務報告に係る内部統制報告制度のための基準ですが、「Ⅰ」は、財務報告に限らず、内部統制の概念的な枠組みを示しており、世界中で広く受け入れられている米国のCOSO（Committee of Sponsoring Organizations of the Treadway Commission）の内部統制の枠組みをベースに策定されています。

内部統制基準では、内部統制は「基本的に、業務の有効性及び効率性、報告の信頼性、事業活動に関わる法令等の遵守並びに資産の保全の四つの目的が達成されているとの合理的な保証を得るために、業務に組み込まれ、組織内の全

ての者によって遂行されるプロセス」と定義されています。また、内部統制は、「統制環境、リスクの評価と対応、統制活動、情報と伝達、モニタリング（監視活動）及び「IT（情報技術）の6つの基本的要素から構成される」としています。このような内部統制の概念は、会社法に基づく内部統制（財務報告目的に限定しないあらゆる目的の内部統制）の基本方針の策定に当たっても有用な指針になります（**図表2**）。

図表2 内部統制の枠組みの概念図

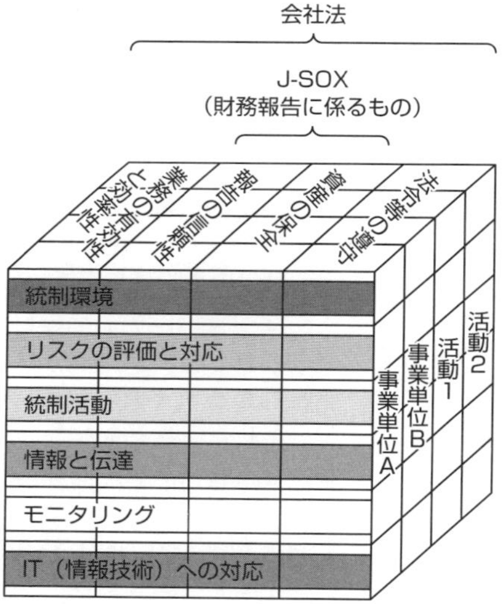

出所：COSOの「内部統制の統合的枠組み」の図を基に作成

Ⅱ. 経営者による財務報告に係る内部統制の評価

経営者は、内部統制基準の「Ⅱ」に従って、期末日現在の財務報告に係る内部統制の整備及び運用状況を連結ベースで評価します。財務諸表は事業年度中に発生した取引や事象を反映したものですので、それを支える内部統制も事業年度にわたり整備及び運用されるべきものですが、金商法では、評価作業の負担を考慮して期末日現在の有効性を評価することを求めています（US-SOXも同様）。

期末日時点の有効性を評価するためには、会社は、毎期初に財務報告に係る内部統制の評価範囲や評価方針を決定し、決定に至る根拠を文書として記録し

ておく必要があります。また、全社的な内部統制と評価対象となる業務プロセスの内部統制の整備及び運用状況の評価には、キーとなる内部統制の整備及び運用状況を記録し保存しておかなければなりません。業務プロセスの整備状況の評価に当たっては、例えば、業務記述書、業務の流れ図（フローチャート）及びリスクと統制の対応表（リスク・コントロール・マトリックス）の作成が有用ですが、特定のフォーマットの文書化が必要というわけではありません。

Ⅲ．監査人による内部統制の監査

　監査人は、内部統制基準の「Ⅲ」に従って、内部統制報告書が適正に表示されているかどうかを監査し、財務諸表監査意見とは別に内部統制に関する監査意見を表明します。監査人は、経営者の行った内部統制の評価範囲及び評価手続の妥当性について検討し、経営者による内部統制の有効性に関する評価結果が適切かどうかについて監査手続を実施し、内部統制報告書に重要な虚偽表示がないかどうかを検討します。その結果、内部統制報告書の記載に不適切なものがある場合又は重要な手続を実施できないなど監査範囲に制約がある場合は、その程度に応じて除外事項を付した内部統制査意見を表明します（内部統制監査の意見類型についてはQ48参照）。

(3)　内部統制の不備の評価

　内部統制の整備又は運用が不適切で財務諸表の虚偽表示を適時に防止又は発見・是正できないと考えられる場合、内部統制の不備として取り扱われます。内部統制の不備の程度は、軽微なものから深刻なものまで様々ですが、不備が財務諸表に及ぼす影響度（財務諸表の潜在的な虚偽表示の大きさ）と虚偽表示の発生可能性の2軸で評価します。

　内部統制基準の「Ⅱ」は、識別された不備が財務報告に重要な影響を及ぼす可能性が高い場合に「開示すべき重要な不備」として取扱い、内部統制は有効ではないと結論付けることを求めています。不備の評価に当たっては、一つ一つの不備の影響だけでなく、識別された複数の不備の影響を複合的に評価する必要があります。また、不備の評価において重要な点は、不備により財務諸表に虚偽表示が実際に生じたかどうかではなく、当該不備により、どのくらいの大きさの虚偽表示がどの程度起こり得るかという潜在性に基づく考察であると

いう点です。

　なお、内部統制報告制度は期末日現在の内部統制の有効性を評価することが求められていますので、期中で識別された内部統制の整備又は運用状況の不備が期末日までの間に適切に是正されていることが確認できた場合は、期末日時点の内部統制は有効と判断されます。

(4)　監査役等の視点

　監査役等は、業務監査の一環として、内部統制が適切に整備及び運用されているかどうかに関して監視する責任を負っています。また、財務報告に係る内部統制は適切な財務報告を目的としたものであり、金商法だけでなく会社法上の財務報告を適切に行うために不可欠です。そのため、監査役等は、経営者による内部統制の評価及び監査人による内部統制監査の状況について期中から留意して監査に当たる必要があります。主な留意点は以下のとおりです。

• 内部統制の評価範囲の妥当性

　内部統制基準では、経営者が評価範囲を決定した前後又は期中において状況の変化があったときに、経営者と監査人との間で評価範囲の決定方法及びその根拠等について協議することが求められています。また、監査人は監査役等に対して、一体監査の計画の概要（内部統制監査の範囲や実施時期、内部監査等の作業の利用に関する計画など）を協議することとされています。監査人との協議により評価範囲が適切でないと判断された場合、新たに評価対象を追加する必要が生じ、時間的制約から評価及び監査が完了しないことも想定されるため、適時にコミュニケーションを行うことが重要です。

　監査役等は、経営者及び監査人とのコミュニケーションを通じて、経営者により決定された評価範囲が財務諸表に重要な虚偽表示が生じるリスクを勘案して適切に決定されているかどうかについて評価します。その際、事業環境の変化や、情報システムを含む業務プロセスなどの変更や内部統制上重要な役割を担っている者の交代などが適切に考慮されているか、又は長期間にわたり評価範囲外としてきた特定の事業拠点や業務プロセスを評価対象に加えるかどうか等について、どのような検討が行われたかについても留意する必要があります。

• 経営者による内部統制の無効化の可能性

　経営者は不正を防止又は発見する責任を負っており、組織内に誠実で倫理的な行動を尊重する健全な企業文化を創出することが求められています。一方で、経営者は、組織上、あらかじめ定めた内部統制を無視したり無効化したりすることが可能な特別な立場にも立っています。そのため、監査役等は、経営者が不当な目的のために内部統制を無視又は無効化する可能性があることに留意する必要があります。このような監査役等の監視機能は、取締役会の監督機能とともに、経営者への規律付け及び健全な企業文化の醸成に重要な役割を担っており、全社的な内部統制（統制環境）の評価項目とされています。

コラム　US-SOX404に基づく内部統制評価制度

　企業会計審議会の内部統制部会における内部統制基準の審議は2005年初頭から始まりましたが、丁度その頃、米国では内部統制報告制度の適用後レビューの結果に基づく見直しが行われていました。米国における見直しの議論を踏まえた上で日本の基準作りも行われましたが、日米の制度には幾つかの相違点があります。その一つに、経営者及び監査人の双方にとって過度な負担にならないようにするための方策の一つとして、米国で併用されているダイレクト・レポーティング（直接報告業務）は不採用としたこと、その結果、日本においては、監査人は経営者の評価結果を監査するための監査手続の実施と監査証拠等の入手を行うこととしたことが内部統制基準の前文において記されています。以下、米国の内部統制監査基準の変遷をたどることを通じて、「ダイレクト・レポーティングの不採用」の意味を考えてみたいと思います。

●PCAOB監査基準No.2からNo.5へ

　米国の財務報告に係る内部統制の監査基準として、2004年3月に公開会社会計監督委員会（Public Company Accounting Oversight Board：PCAOB）より監査基準No.2が公表されました。監査基準No.2はかなり詳細な規定により構成され、適用前から過度な負担になるのではないかという懸念が指摘されていました。基準適用1年目及び2年目のレビューや関係者による円卓会議における議論の結果、内部統制報告制度の導入はガバナンスや内部統制への関心が

高まり高品質な財務報告に大きな便益をもたらしてはいるものの、会社及び監査人の双方に当初の想定を上回る負荷が生じていることが指摘されました。そこで、費用対効果が見合う内部統制報告制度とするため、2006年12月に、監査基準No.2に代わる監査基準No.5と、それと平仄を合わせた経営者向けガイダンスの公開草案がPCAOB及び米国証券取引委員会（SEC）よりそれぞれ公表され、2007年6月に最終化されました。

● **経営者による内部統制の評価プロセスの評価**

　監査基準No.2においては、監査人は経営者の内部統制の評価プロセスを評価することが求められており、評価に当たって監査人が考慮すべき点がかなり詳細に含まれていました。この規定と経営者の評価結果に関する監査意見が結合して、経営者の評価プロセスを監査人が必要以上に詳細に評価することにつながっていると指摘されていました。そこで、監査基準No.5は、財務諸表に重要な虚偽表示を実際に引き起こす前に監査人が内部統制の重大な欠陥（Material Weakness：MW）を発見する可能性を高めることに焦点を絞ることとし、そのために必要でない手続は廃止することとしました。その結果、経営者による内部統制の評価プロセスの評価を監査人に求める規定は削除されました。

● **内部統制の評価範囲**

　監査基準No.2においては、複数の事業拠点の場合、カバレッジの考え方に基づいて個別に財務的に重要な事業拠点を評価範囲として選定するという方法をとっていました。監査基準No.5ではそれを改め、リスク評価に基づき「重要な勘定または注記事項」と「関連するアサーション」を識別し、それに対応する内部統制を選んで評価するというリスクベースの原則を全面的に採用しました。「重要な勘定または注記事項」とは、財務諸表に重要な影響を及ぼす虚偽表示を含む合理的な可能性（reasonable possibility）がある勘定や注記事項を言い、また「関連するアサーション」とは、財務諸表に重要な虚偽表示を生じさせる合理的な可能性があるアサーションを言うとされました。これらは、財務諸表監査のリスク評価で用いられている概念です。評価範囲に関するこの考え方はSECの経営者向けガイダンスにおいても強調され、監査基準No.5と平仄を合わせています。

　なお、「重要な勘定または注記事項」と「関連するアサーション」の概念は、財務諸表監査におけるリスク・アプローチの精緻化を図る目的で、2019年改正の国際監査基準（ISA）315及び2021年6月改正の監基報315「重要な虚偽表示リスクの識別と評価」（2023年6月期より適用）にも取り入れられおり、日本にお

いても財務諸表監査で既に適用されています。

● 経営者の評価作業の利用

　PCAOBは、監査基準No.2から一貫して、経営者の評価結果について監査意見を述べるためには、監査人は経営者の評価プロセスを評価するだけでなく、自ら内部統制をテストする必要があるという考え方をとっていました。監査基準No.5において監査人は、経営者の内部統制の評価プロセスを評価する必要はないものの、内部統制の理解の一環として、また、経営者の行った作業の利用の可否及び利用の程度を決定するために、引続き理解することとされています。監査人は、内部統制が対応するリスクの程度と、評価を担っている者の能力と客観性に応じて、経営者の行った作業の利用の可否及び程度を決定します。

● 監査意見の様式

　監査基準No.2では、監査人は経営者の内部統制報告書が適切に作成されているかどうかを評価することが求められていました。その上で、監査意見として経営者の内部統制報告書が適正に表示されているかどうかに関する意見だけでは内部統制が有効なのかどうかが利用者に分かりにくいため、内部統制の有効性についての意見も併記し、二つの意見が表明されていました。これに対して、監査基準No.5では、内部統制が有効かどうかを直接報告する意見のみを表明することとなりました。PCAOBは、監査基準No.2下の二つの意見は、本来、互換性があり（interchangeable）、実質的には同じ情報を伝達しているものの、内部統制監査の結果が利用者により明確に伝わるように内部統制の有効性に関する意見のみを残すことにしたと説明しています。

　そのほか、経営者の評価プロセスや内部統制報告書の記載状況が監査意見に及ぼす影響について、監査基準No.2とNo.5における相違は次ページの表のとおりです。

　このように、日本の制度は、評価範囲の決定方法、経営者の内部統制評価プロセスの監査人による評価が求められている点、及び経営者の評価範囲や評価プロセスに関する監査人による妥当性の判断が内部統制意見に影響を及ぼす点については、監査基準No.2と共通するところが多いように思われます。2005年当時の内部統制部会の資料からは、「ダイレクト・レポーティング」という用語は、PCAOBの監査基準No.2で求められていた二つ目の監査意見（財務報告に係る内部統制が有効であるかどうかについての意見）を指して使用されていたことがうかがえます。「ダイレクト・レポーティング」に一本化された監査基準No.5の下では、経営者による評価プロセスを監査人が詳細に評価する必要がなくな

	PCAOB監査基準No.2	PCAOB監査基準No.5
経営者の文書化が不十分な場合の取扱い（重要な勘定の関連するアサーションに対応する内部統制のデザイン又は運用状況の評価に関する文書化）	・内部統制の不備に該当する ・不十分な文書化は、監査範囲の限定になる場合もある（経営者が評価責任を果たしていないと判断した場合は意見不表明とする）。	規定なし
経営者の評価プロセスが不十分な場合の監査報告書における取扱い	監査範囲の限定として取り扱う（監査意見に影響する）	規定なし
経営者の内部統制報告書の記載内容が不適切な場合の取扱い	少なくとも、説明パラグラフにおいて不適切と判断した根拠を説明する。	説明パラグラフにおいて不完全又は不適切と判断した根拠を説明する。
内部統制監査意見	以下の二つの意見を表明する。 ・内部統制報告書における経営者の内部統制の有効性に関する評価結果が適正に表示されているかどうかの意見 ・財務報告に係る内部統制が有効であるかどうかについての意見 内部統制の重大な欠陥（MW）がある場合は、説明パラグラフにおいて、その旨及び経営者の内部統制報告書に記載されているMWの内容を記載する。	財務報告に係る内部統制が有効であるかどうかについての意見を表明する。 内部統制の重大な欠陥（MW）がある場合は、その旨及び経営者の内部統制報告書に記載されているMWの内容を記載する。監査人がMWを識別したが、経営者の内部統制報告書においてMWが記載されていない場合、又はMWの記載はあるものの記載が不十分な場合は、その旨とMWの内容を監査報告書に記載する。

出所：PCAOB監査基準No.2及びNo.5を基に作成

ったため、財務報告に係る内部統制の有効性を評価するという目的に対して、経営者と監査人との間で評価範囲や評価方法が異なることも想定されます。おそらく、日本では、評価範囲が乖離する可能性がある点が会社と監査人双方の負担を増やす結果につながると考えられたものと思われます。

　一方で、監査基準No.2とNo.5の両方において、関連するリスクや会社の行った内部統制の評価作業の信頼性の評価に基づき、監査人が内部監査人などの会社の行った作業を利用することは認められています。この点に関して日米間の相違はありません。また、日本の内部統制基準は、「ダイレクト・レポーティングの不採用」であっても、意見表明に当たり、「監査人は自ら、十分かつ適切な監査証拠を入手し、それに基づいて意見表明すること」が求められており、「その限りにおいて、監査人は、企業等から、直接、監査証拠を入手」するとされ

ています。つまり、経営者の内部統制の有効性に関する結論が妥当かどうかを確かめるためには、監査人は、結論の裏付けとなる経営者の評価手続の妥当性を検討する必要があり、さらに、評価手続の妥当性の検討のためには、状況に応じて、経営者がテスト対象としたものとは別のサンプルに対して監査手続を実施する必要が生じます。内部統制が対応しているアサーション・レベルの重要な虚偽表示リスクの程度が高いほど、また、内部統制の実施自体に個人の判断が伴うものであるほど、監査人は自ら選んだサンプルで検証する必要性が高まります。経営者による内部統制評価の実施を前提とする限り、「ダイレクト・レポーティング」と会社及び監査人の負荷の間の相関関係は高くないのではないかと思われます。

　2023年の内部統制基準の改訂の前文に記載されているとおり、改訂審議の過程において、「ダイレクト・レポーティングを採用すべきかどうかについては内部統制監査の在り方を踏まえ、検討すべきではないか」という問題提起がありました。将来どのような議論がなされるかはわかりませんが、「ダイレクト・レポーティング」の定義も曖昧で、それに対する理解が一様ではないため、「ダイレクト・レポーティングの採用・不採用」ということではなく、内部統制報告制度の何を変えるべきなのかという中身の議論をしっかり行うことが重要と思われます。例えば、経営者による評価範囲や評価方法の妥当性を監査人が検討することにより、経営者及び監査人の双方に評価又は監査の自由度が失われているという点が問題なのか、経営者による評価範囲や評価方法が妥当でない場合に、経営者の内部統制の有効性に関する結論には問題がなくとも内部統制監査意見に影響があることが問題なのかなど、論点を明確にすることが有益と思われます。

| コラム | 国際保証業務基準（ISAE）3000における直接報告業務 |

　2013年に公表された国際保証業務基準（ISAE）3000の改正版では、「直接報告業務（direct engagement）」は、保証業務実施者が適用される規準（criteria）に基づき主題（例えば、内部統制の有効性）を測定又は評価し、その結果である主題情報（例えば、内部統制の有効性に関する情報）を保証報告書において報告する業務と定義されています。直接報告業務においては、業務実施者以外の者によって主題情報は作成されない、又は想定利用者に対して保証報告書とともに提示されないとされています。他方、業務実施者以外の者が適用される規準（criteria）に基づき主題を測定又は評価し、その結果である主題情報を報告書などの形にまとめて提示し、業務実施者が当該報告書に重要な虚偽表示がないかどうかについて結論を表明する業務を「主題情報の提示を受ける保証業務（attestation engagement）」と定義しています。「主題情報の提示を受ける保証業務（attestation engagement）」における結論の表明方式は、①主題について直接報告する方式と、②主題情報を記載した報告書について結論を述べる方式と、③報告書に含まれる見解について結論を述べる方式の三つがあるとされています。選択する意見表明の方式により、保証業務実施者の作業内容に相違は生じません。

　この定義からは、US-SOX404に基づく内部統制監査は、経営者による内部統制報告書が内部統制監査報告書とともに提示されますので、ISAE3000上においては、直接報告業務ではなく、「主題情報の提示を受ける保証業務（attestation engagement）」に分類され、結論の表明方式については①の「主題（内部統制）について直接報告する様式」を選択した業務と考えられます。同様に日本の内部統制監査は、「主題情報の提示を受ける保証業務（attestation engagement）」ですが、③の「報告書に含まれる見解について結論を述べる方式」がとられていると考えられます。

Q5 2023年に行われた財務報告に係る内部統制基準の改訂の概要を教えてください。

「財務報告に係る内部統制の評価及び監査の基準・同実施基準」（以下、「内部統制基準」と言う）は、2007年の制定以降15年余り経過していますので、まず、その間に進展のあった内部統制やリスクマネジメントの考え方が「Ⅰ．内部統制の基本的枠組み」（Q4(1) 図表1参照）に反映されました。

内部統制報告制度の実効性に関しては、当初の評価対象外の事業拠点や業務プロセスから「開示すべき重要な不備」があったとして事後的に訂正内部統制報告書が提出されるケースが一定数あり、内部統制の評価範囲の検討に際して財務報告の信頼性に及ぼす影響の重要性を適切に考慮していないのではないかという指摘がありました。この指摘に対応するため、内部統制の評価範囲についての考慮点等が「Ⅱ．財務報告に係る内部統制の評価及び報告」「Ⅲ．財務報告に係る内部統制の監査」に追加され、訂正内部統制報告書の記載内容の見直しも行われました。

なお、2023年改訂の内部統制基準は、2024年4月1日以後開始する事業年度から適用されています。

解説

2023年の内部統制基準の改訂は、内部統制報告制度の大枠を変更するものではありませんが、概念の更新や実効性を高めるための原則的な考え方の整理が行われています。

(1) 「Ⅰ．内部統制の基本的枠組み」

2007年に制定された内部統制基準の「Ⅰ」が参考にした米国のCOSOの内部統制の枠組み（1992／1994年版）は、経済社会の構造変化やリスクの複雑化に対応するため、2013年に改正版が公表されています。また、COSOは、全社的リスクマネジメント（Enterprise Risk Management：ERM）に関する枠組みを2004年に公表していましたが、組織の価値創造や維持に向けて、リスクマネ

ジメントが戦略の選択と精緻化の一環として経営の意思決定プロセスにしっかり組み込まれるように、2017年に改正版を公表しています。そのほか、内部監査人協会（Institute of Internal Auditors：IIA）は、内部統制における第1線（事業部門）、第2線（管理部門）及び第3線（内部監査部門）の役割に関する考え方を示した従来の「三つのデイフェンスライン」を2020年に改正し、ガバナンス機関と三つのラインが効果的に連携・協働することにより、価値の保全だけでなく、組織の目標達成と価値創造に貢献する「3ライン（線）モデル」を公表しています。

　2023年の内部統制基準の改訂は、経済社会の進展に合わせて改正されたこれらの内容を参考に、以下の項目が追加されました。いずれも、「守り」だけでなく、価値創造に向けたガバナンスの重要性を説いており、コーポレートガバナンス・コードにも既に反映されている内容でもあります。内部統制基準の改訂は、自社の内部統制（特に全社的な内部統制）の評価においてこれらの点が考慮されているかどうかを点検する良い機会になると思われます。

- 内部統制の目的の一部変更

  内部統制の目的の一つである「財務報告の信頼性」は「報告の信頼性」に変更されました。「報告」には組織内及び対外的な報告の両方が含まれますが、近年の非財務情報の重要性の増大に対応して、財務報告だけでなく非財務情報を含めて内部統制を整備・運用する必要があることが明示されました。

- リスク評価の対象に不正リスクを明示

  内部統制の基本的要素の「リスクの評価と対応」において、リスク評価に際して不正リスクを検討することが明示されました。その際、いわゆる不正のトライアングルといわれている「動機及びプレッシャー、機会、姿勢・正当化」（Q29(3)図表2参照）について考慮することが示されました。

- 進化したITへの対応

  内部統制の基本的要素の「情報と伝達」において、業務が高度に自動化されたシステムに依存している場合に情報の信頼性を確保することが重要であること、「ITへの対応」において、情報システムの開発・運用・保守などITに関する業務を外部委託している場合の委託業務に係る統制の重要性や、サイバーセキュリティへの対応の重要性が追加されました。

- 経営者による内部統制の無効化リスクへの対応

  適切な内部統制は、経営者が不当な目的のために内部統制を無効化するリスクを抑止する効果があること、適切な職務分離、取締役会による監督、監査役等による監視、内部監査人による取締役会及び監査役等に対する直接報告も経営者の内部統制の無効化への対応となることが追加されました。

- 内部統制に関係を有する者の役割と責任

  取締役会及び監査役等は経営者による内部統制の無効化リスクに留意する必要があること、監査役等は内部監査人や監査人等と連携し能動的に情報を入手することが重要であること、内部監査人は熟達した専門的能力と専門職としての正当な注意をもって職責を全うすること、などが明示されました。

- 内部統制とガバナンス及びリスクマネジメントとの関係

  内部統制は、組織の持続的成長のために必要不可欠なものであり、ガバナンスやリスクマネジメントと一体的に整備・運用されることが重要であることが追加されました。一体的な考え方の例として「3線モデル」が紹介されています。また、リスクマネジメントにおいて、組織が事業計画達成のために進んで受け入れるリスクの種類と総量を示す「リスク選好」の考え方も紹介されています。

(2) 「Ⅱ．財務報告に係る内部統制の評価及び報告」「Ⅲ．財務報告に係る内部統制の監査」

　内部統制報告制度の実効性については、内部統制の重要性に対する認識が高まり、財務報告の信頼性の向上に一定の効果はあったものの、時間の経過とともに形骸化しているのではないかという指摘があります。このような指摘に対応するため、以下の点が改訂されています。

① 内部統制の評価範囲

　内部統制報告書において、経営者が「開示すべき重要な不備」があるため事業年度末の内部統制が有効でないと結論づける件数（a）は、2015年以降で見ると30〜40件程度で推移しており、その割合は全上場会社の1％前後です。そのほかに、不適切な会計処理の発覚により有価証券報告書の訂正報告書が提出

されることになった場合、訂正対象年度の内部統制に「開示すべき重要な不備」があったとして訂正内部統制報告書が提出されるケースがあります。訂正内部統制報告書の件数（b）は、2015年以降で見ると80件程度から30件程度に減少していますが、aの件数を超える傾向にあります。

2023年の改訂に至る議論の過程で問題視されたのは、bの訂正内部統制報告書において当初の内部統制の評価範囲に含まれていなかった事業拠点や業務プロセスから「開示すべき重要な不備」が報告されるケースがかなり含まれている点です。このことは、評価範囲の決定にあたり、内部統制基準で例示されている重要な事業拠点を選定するための数値基準（売上高のおおむね3分の2程度など）や重要な事業拠点の事業目的に大きく関わる勘定として例示されている3勘定（売上、売掛金、棚卸資産）が機械的に適用され（評価範囲の決定方法の詳細は　Q36参照）、財務諸表に重要な虚偽表示が行われるリスクについて十分な検討が行われていないのではないかという懸念が指摘されました。そこで、内部統制基準が本来求めている原則に立ち返り、財務報告に及ぼす影響の重要性を評価して評価範囲を決定すべきことが改めて強調されました。審議の過程において、数値基準や3勘定については、内部統制報告制度の形骸化を招く原因の一つであるため廃止すべきという意見と、安定的な制度運営の観点から残すべきという意見の両方があったため廃止には至らず、これらの例示を機械的に適用すべきではないことが強調されるにとどまりました。今後、これら例示の取扱いについては、段階的削除を含め、継続して検討を行うこととされています。

評価範囲の決定に関するこれらの例示は、内部統制報告制度の導入当初は経営者及び監査人の双方にとって重要な指針として役立ってきましたが、15年以上経過するうちに、数値基準をキープするために事業拠点の多少の入替は行うものの、毎年ほぼ同じ評価範囲を同じように評価すればよいという慣行を招いている点は否めないと思われます。内部統制の基本的枠組みでも示されているとおり、内部統制は、リスク評価に基づき、リスクに対応するために設計されているはずです。したがって、評価範囲は財務諸表に重要な虚偽表示が生じるリスクに基づき決定するという原則のみとし、この原則に基づき、毎年、リスク評価に基づき評価範囲の見直しをすべきであると思われます。

2023年の改訂では、リスクに基づき評価範囲を決定すべきという原則の適用

に資するように、以下の留意事項が追加されました。

- 全社的な内部統制及び業務プロセスの内部統制の評価範囲の決定に際しては、長期間にわたり評価範囲に含まれない事業拠点や業務プロセスを評価範囲に含める必要性の有無を考慮すること

- 全社的な内部統制のうち良好でない項目がある場合は、それに関連する事業拠点を重要な事業拠点又は個別に追加する業務プロセスに加えるなど、評価範囲に含めること

- 後日、評価範囲外から「開示すべき重要な不備」が識別された場合、当該不備が識別された事業年度の評価範囲に当該不備が生じた事業拠点又は業務プロセスを含めることが適切であること

- 財務報告への影響の大きさに基づき、個別に追加する業務プロセスの選定に際して以下の点に留意すること

  - リスクが大きい取引を行っている事業又は業務に係る業務プロセスの選定に当たり、複雑又は不安定な権限や職責及び指揮・命令の系統（例えば、海外に所在する事業拠点、企業結合直後の事業拠点、中核的事業でない事業を手掛ける独立性の高い事業拠点）の下での事業又は業務を行っている場合には、当該事業又は業務に係る業務プロセスは、追加的に評価対象に含めることを検討すること

  - リスクは、組織内外の様々な変化（例えば、規制環境や経営環境の変化による競争力の変化、事業の大幅で急速な拡大、新たなビジネスモデルや新規事業の採用又は新製品の販売開始、リストラクチャリング、海外事業の拡大又は買収、情報システムの重要な変更、生産プロセス及び情報システムへの新技術の導入、新しい会計基準の適用や会計基準の改訂など）により新たに発生したり、変化する可能性があることに留意すること

　リスクベースの評価範囲の決定を促す観点から、内部統制の評価範囲の決定方法及びその根拠については、計画段階や状況の変化があったときに、適宜、監査人と協議を行うことが改めて注意喚起されています。また、内部統制報告書の記載内容も見直され、内部統制基準において以下を記載することが加えられ、内部統制府令及び同ガイドラインも改正されました。

- 評価範囲の決定方法及び根拠の記述を充実することとし、特に以下の事項について決定の判断事由を含めて記載すること

- −重要な事業拠点の選定において利用した指標とその一定割合
- −重要な事業拠点において事業目的に大きく関わるものとして選定した勘定科目
- −個別に評価対象に追加した事業拠点及び業務プロセス
- 前年度に「開示すべき重要な不備」を報告した場合、当期の内部統制報告書において、当該「開示すべき重要な不備」に対する是正状況を付記事項として記載すること

　さらに、リスクベースで評価範囲を決定するという原則に照らせば、評価範囲の決定方法や根拠は各社により異なるべきものであるため、金融庁は「内部統制報告制度Q&A」に含まれていた内部統制報告書の文例を削除しました。文例は、円滑な制度導入のために実務上の要請に応えて2009年4月に「例」としてQ&Aに追加されたものですが、これにより内部統制報告書の内容がボイラープレート化しているとの指摘もあり、文例は削除されました。ただし、従来の記載を否定するものではないとされており、投資家との建設的な対話に役立つように、内部統制基準や内部統制府令の改正趣旨に沿って各社の状況を適切に反映した記述にすることが期待されています。

　そのほか、内部統制の評価方法に関して、ITを利用した内部統制の評価に関する留意事項（IT全般統制の評価頻度、IT全般統制と業務処理統制の関係性など）が追加されています。

② 訂正内部統制報告書

　内部統制報告書の提出後に内部統制の「開示すべき重要な不備」が判明した場合には、訂正内部統制報告書を提出しなければなりません。不適切な会計処理の発覚等により有価証券報告書に含まれる財務諸表に関する訂正報告書が提出される場合、訂正対象年度の内部統制報告書についても併せて訂正報告書を提出する必要があるかどうかを検討することになります。重要とはいえない程度の財務諸表の訂正にとどまる場合を除いて、過年度の財務諸表の重要な虚偽表示を内部統制により防止・発見できなかったという事実に基づき、通常は、「開示すべき重要な不備」があったという判断が導かれます。

　従前、訂正内部統制報告書においては、新たに識別された「開示すべき重要な不備」が当初の内部統制報告書で報告されなかった理由や当該不備の是正状

況について特段の記載は求められていませんでした。2023年改訂の前文でも示されているとおり、審議の過程において具体的な訂正の経緯や理由等の開示を求めることが適当とされたことから、内部統制府令及び同ガイドラインが改正され、訂正内部統制報告書に訂正理由や訂正箇所及び訂正内容を記載することが明示されました。当初の内部統制報告書において「内部統制は有効である」と結論づけていたものの、「開示すべき重要な不備」があり、内部統制は有効でないという結論になった場合は、訂正の理由として以下を記載することとされました。この規定は、訂正対象となる事業年度にかかわらず、2024年4月1日以降に提出される訂正内部統制報告書から適用されます。

- 「開示すべき重要な不備」の内容
- 当該不備を是正するために実施された措置がある場合は、当該措置の内容及び是正状況
- 内部統制の評価結果を訂正した経緯
- 当初の内部統制報告書に当該「開示すべき重要な不備」の記載がない理由（当初の内部統制報告書における評価範囲が適切であったかどうか、当該不備が当初の評価範囲に含まれていたかどうかを含めて記載する）

　現状、不適切な会計処理が発覚した場合、調査委員会が設置され、訂正報告書の提出に先立って、経緯や原因（内部統制の不備が含まれることが多い）、財務諸表に及ぼしている影響金額のほか、再発防止策などが記載された調査委員会報告書が適時開示などにより公表される実務が定着しています。これまでも調査委員会報告書の内容を踏まえて訂正内部統制報告書が作成されてきたと思われますが、訂正内部統制報告書の作成に当たっては、利用者の立場に立って、できるだけ簡潔明瞭でかつ具体的な記載になるよう一層心掛ける必要があります。訂正の経緯は、訂正理由と重複することも考えられ、また同時に提出されている場合の有価証券報告書の訂正報告書の訂正理由とのバランスも考慮する必要があると思われます。2023年の改正で最も留意すべき点は、当初の内部統制報告書に当該「開示すべき重要な不備」の記載がない理由として、当初の評価範囲が適切であったかどうかの記載が求められた点です。従前より、「開示すべき重要な不備」が識別された場合、内部報告書に当該不備の内容とともに期末日までに是正されない理由を記載することが求められているため、訂正内部統制報告書においては、是正されない理由として「期末日後に当該不備を

判明したため」と記載されていました。今後は、評価範囲に踏み込んだ記載が求められることになりますので、適切なリスク評価に基づいて評価範囲を決定しているかどうか、その決定方針や根拠について分かりやすく記述されているかどうかについて一層注意を払う必要があります。

　なお、訂正内部統制報告書に対しては監査人の監査証明は要求されていませんが、監査人は、過年度の財務諸表が訂正される場合は訂正財務諸表に対する監査を実施します。監査役等は、訂正監査の進捗状況や、新たに識別された「開示すべき重要な不備」が当年度の監査に及ぼす影響について、監査人と緊密なコミュニケーションが必要になります。

コラム　過去の内部統制基準の改訂

　内部統制基準は、2007年2月に制定された後、2011年及び2019年にも一部改正が行われています。2011年の改訂は、制度導入2年経過し、実際の導入状況を踏まえて見直しが行われたもので、内部統制報告制度が過度な負担とならないようにするための簡素化・明確化が行われました。2019年の改訂は財務諸表監査報告書の記載内容の変更に伴う内部統制監査報告書の記載順序や文言の変更であり、実質的な変更ではありません。

改訂年	主な改訂点
2011年	・主として会社側からの要望・意見等を分析し、監査人に対して監査人側の監査手法等を画一的に強制することのないよう、ただし、監査人は経営者からの相談に適切に応じるなど指導的機能の発揮に努めるべきことが明記された。 ・内部統制評価が過度な負担とならないように、全社的な内部統制の評価範囲の目安（いわゆる連結売上の95％）や前年度の評価結果の利用、経営者の評価手続において対象としたサンプルの監査人による利用、持分法適用会社の取扱いなどの考え方が示され、簡素化が図られた。 ・内部統制の「重要な欠陥」という用語を「開示すべき重要な不備」に改称した。
2019年	・財務諸表監査報告書の記載内容の見直しに伴い、内部統制監査報告書の記載順序（意見区分を冒頭に移設）や記載内容（監査役等の財務報告に係る内部統制の整備・運用状況の監視責任の追加）の見直しを行った。

出所：企業会計審議会の意見書の前文等を基に作成

Q6 我が国において一般に公正妥当と認められる監査の基準は、どのように策定されているのですか。国際監査基準とは同等なのですか。

A 「我が国において一般に公正妥当と認められる監査の基準」は、金融庁に設置された企業会計審議会が公表する監査基準と、日本公認会計士協会が公表する監査の実務指針から構成されます。

企業会計審議会は、財務報告に係る様々な立場の利害関係者から構成されており、監査の基本となる部分や改正の影響が大きいと考えられる事項の審議が行われます。また、監査基準を改正する際には、公開草案の公表により一般に広く意見募集を行うこととされています。企業会計審議会における監査基準の改訂を踏まえ、日本公認会計士協会は詳細な監査の実務指針を策定しますが、実務指針も公開草案の公表により一般に広く意見募集を行った上で公表されています。

2000年以降、企業活動及び資本市場のグローバル化に伴い、世界各国で採用されている国際監査基準（ISA）と同等の監査の基準を整備する必要があることから、我が国の監査の基準は頻繁に改正されています。その結果、適用時期の相違はあるものの、我が国の監査の基準は国際監査基準（ISA）とほぼ同等な基準となっています。

解説

(1) 「我が国において一般に公正妥当と認められる監査の基準」の位置付けと構成

「我が国において一般に公正妥当と認められる監査の基準」は、財務諸表監査において監査人が準拠すべき基準を言い、金商法や会社法に基づく監査だけでなく、公認会計士が行う全ての監査に適用されます。企業会計審議会は、第2次世界大戦後に証券取引法に基づく開示制度を創設する際に当時の大蔵省に設置されたものですが、企業会計審議会から公表される監査基準は、当初より証券取引法の監査だけでなく公認会計士が行う全ての監査に適用されるものと位置付けられてきました。このような監査基準の位置付けは、2002年の監査基準の改訂の前文において「財務諸表の種類や意見として表明すべき事項を異に

する監査も含め、公認会計士監査の全てに共通するもの」と明示されました。

　証券取引法に基づく開示制度は当時の米国の開示制度を範としており、我が国の監査の基準も米国の監査基準を参考に策定されましたが、粉飾事件の発覚や国際的な調和の必要性の増大を背景に、監査の向上に向けた改訂が幾度となく行われています。2002年の監査基準の改訂までは、抽象度の高い監査基準を補足するものとして監査実施準則及び監査報告準則が企業会計審議会から公表されていました。しかし、より具体的で実務的な指針の必要性と改正頻度の高まりから、1993年の監査基準の改訂時に、監査基準を補足する具体的な指針を示す役割は日本公認会計士協会に委ねられることとなり、2002年に監査実施準則及び監査報告準則は廃止されました。2002年の監査基準の前文において、監査基準とこれを具現化した日本公認会計士協会の実務指針により「我が国において一般に公正妥当と認められる監査の基準」が構成されることが明確化されました。

(2)　監査の基準の策定プロセス

　公認会計士による財務諸表の監査は、財務諸表の信頼性を確保するための制度ですが、これらの制度が社会的な信認を得るためには、財務諸表監査を実施する際の規範となる監査基準及び日本公認会計士協会の実務指針の策定プロセスの透明性を高める必要があります。監査人が準拠する基準には、監査人の視点からだけでなく、財務報告に係る様々な立場の関係者の意見を反映する必要があるためです。

　そのため、基準の基本となる部分や改正の影響が大きいと考えられる事項の審議を行う企業会計審議会の委員は、監査報告書の利用者、財務諸表の作成者、会社の監査役等、学者、監査人などで構成されており、会議も公開会議で行われています。日本公認会計士協会の実務指針を検討する委員会自体は非公開ですが、品質管理や監査の中核的な実務指針を策定する監査・保証基準委員会には外部の有識者から構成される懇談会が設置されており、その議事要旨が日本公認会計士協会のホームページにおいて公表されています。

　さらに、企業会計審議会及び日本公認会計士協会は、基準や実務指針の策定に当たっては公開草案を公表し、広く一般に意見を募集する手続を踏んでいます。公開草案に寄せられた主なコメントとそれに対する考え方は、最終版の公

表時に金融庁又は日本公認会計士協会のホームページにそれぞれ公表されています。

(3) 国際監査基準等との関係

　2000年代以降、各国で発覚した大型の不正会計を契機として、監査の有効性を高めるためにはグローバルで共通の高品質の監査基準が必要であるという認識が主要国の監督当局の間で合意されました。それ以降、国際監査・保証基準審議会（IAASB）が公表する国際監査基準（ISA）の改正が急ピッチで進められ、今では、国際監査基準は多くの国で広く受け入れられています。なお、国際監査・保証基準審議会（IAASB）は、従来、国際会計士連盟（IFAC）に設置されていましたが、監査の担い手である会計士団体からの独立性を高め、国際監査基準や国際倫理基準の設定プロセスの一層の透明性の向上を図るため、2023年に設立された国際倫理・監査財団（International Foundation for Ethics and Audit：IFEA）に国際会計士倫理基準審議会（International Ethics Standards Board：IESBA）とともに移管されています。

図表1　「我が国において一般に公正妥当と認められる監査の基準」の構成と国際監査基準等との対応関係

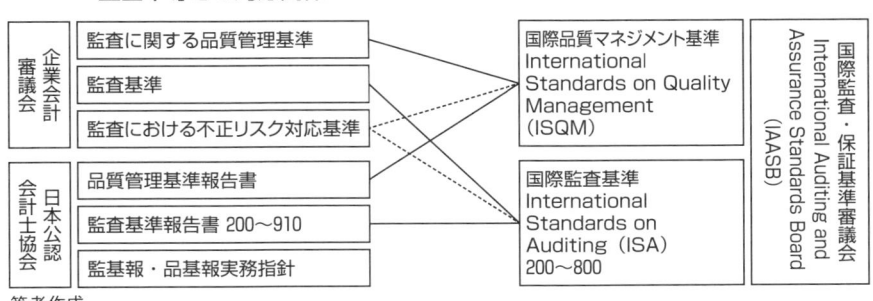

筆者作成

　日本においては、国際監査基準をそのまま我が国の監査基準としているわけではありませんが、国際監査基準や米国の公開会社向け監査基準（公開会社会計監督委員会（PCAOB）が公表していることからPCAOB監査基準と呼ばれている）の改正動向などを踏まえ、国際的な基準と比して遜色のない基準となるように改訂されています。「監査上の主要な検討事項（KAM）」のように日本における導入の検討に時間を要し、適用時期が遅れたり、細かい点が相違す

ることはありますが、我が国の監査の基準は、総体としては国際監査基準
（ISA）と同等の監査の基準です（**図表1**）。

| コラム | **財務諸表監査以外の業務の実施の基準** |

　監査法人又は公認会計士は、財務諸表監査以外にも専門家としての様々な業務（専門業務）を行っています。専門業務は、大別すると以下の三つに分類できます。
　①独立の第三者として意見又は結論を表明する業務（保証業務）
　②契約の相手との間で合意した手続の結果を報告する業務
　③それ以外の業務
　①には、金商法の開示制度として導入されている、期中レビュー、中間監査、財務報告に係る内部統制の監査が含まれます。これらはいずれも、投資家保護を目的に年度の財務諸表の監査人により行われるものであるため、業務実施の基準は、財務諸表監査の基準と同様に企業会計審議会において核となる基準が策定され、より詳細な実務指針が日本公認会計士協会から公表されています。

財務諸表監査以外の業務の主な実務指針と国際基準との対応関係

筆者作成

　このうち、期中レビューの基準は、年度財務諸表の監査人が実施する期中財務諸表のレビューに関する国際基準（International Standard on Review Engagement：ISRE2410「Review of Interim Financial Information Performed by the Independent Auditor of the Entity」）や米国の四半期レビュー基準を参考に策定されていますが、中間監査は我が国独自の制度です。

　そのほか、法定・任意を問わず、様々な業務のニーズに応えられるよう、①に関しては（対象を期中財務諸表に限定しない）財務諸表のレビュー業務や財務諸表以外の情報を対象とする保証業務の実務指針、②に関しては合意された手続業務の実務指針が日本公認会計士協会から公表されています。これらは、国際基準と同等になるように整備されています。

コラム　世界における国際監査基準（ISA）等の適用状況

　国際会計士連盟（IFAC）は、IFACに加盟している130か国強の会計士団体から得た情報を基に、国際基準の各国における適用状況に関する報告書を公表しています。2025年１月に公表された報告書（International Standards: 2024 Global Adoption Status Snapshot）によると、「適用」と「部分的に適用」を合わせると、国際監査基準（ISA）も、国際会計士倫理基準審議会（IESBA）の公表するIESBA倫理規程も９割を超える国において採用されています。

2023年12月31日時点の国際基準の適用状況

	Adopted 適用	Partially Adopted 部分的に適用	Not Adopted 非適用
国際監査基準 （ISA）	72%	25%	1%
国際倫理基準 （IESBA倫理規程）	42%	53%	4%

出所：IFAC「International Standards: 2024 Global Adoption Status Snapshot」から抜粋

　また、国際基準の自国への適用方法は、国際監査基準（ISA）をそのまま直接自国の監査基準としている国（法的効力をもたせるため、公式の翻訳や要求事項の追加又は修正を行う場合を含む）が８割、自国基準のコンバージェンスによる方法をとる国が２割となっていますが、国際倫理基準はコンバージェンス

による方法が約4割となっています。我が国は、監査基準も倫理基準も、コンバージェンスによる方法により国際基準との整合性を図っています。

| コラム | **複雑でない事業体（LCE）向け国際監査基準** |

　2023年12月に、国際監査・保証基準審議会（IAASB）は、複雑でない事業体のための国際監査基準（International Standard on Auditing for Audits of Less Complex Entities、以下「LCE向け国際監査基準」と言う）を公表しました。LCE向け国際監査基準は、複雑でない事業体の財務諸表監査のために、国際監査基準（ISA）とは別の完結した一つの監査基準として策定されました。

　従来、国際監査基準（ISA）はあらゆる組織の財務諸表監査に適用可能な基準として、原則主義に基づいて適用の柔軟性（scalability）に配慮しながら開発されてきましたが、全体として大部で複雑な構成となり、小規模な組織の監査に適用するには困難という声がIAASBに寄せられていました。特に小規模な会社に法定監査を義務付けている国々からの要望は強く、2019年からLCE向け監査基準の策定に向けた取組みが開始されました。

　LCE向け国際監査基準は、複雑でない事業体の財務諸表監査に特化した監査基準ですので、上場会社やそのほか銀行又は保険会社などの社会的影響度の高い事業体（PIE）の監査に適用することは禁止されています。また、基準において、適用対象は規模だけではなく様々な質的側面（事業内容やビジネスモデル、組織構造、資本構成、利用しているIT、又は適用される財務報告の複雑性など）を考慮して決定することが想定されています。規模規準に関しては、それぞれの国の状況が異なるため各国に委ねられています。

　LCE向け国際監査基準の適用対象については、順次各国において明確になると思われますが、各国の法令で適用が禁止されている場合は当然適用できません。我が国においても適用可能な対象に関して、議論の開始が待たれるところです。

監査人は、年間を通じて大体どのようなスケジュールで監査を実施するのでしょうか。

 監査人の行う作業は、大きく分けて以下の三つのフェーズに分けて考えることができます。

- 【監査計画】リスク・アプローチに基づく監査を実施するため、期中のできるだけ早い時期に、監査人はリスク評価手続を実施して監査計画を策定します。
- 【期中監査】策定した監査計画に基づき、内部統制の整備・運用状況を評価するための手続や、発生した取引が適切に記帳されているかどうかを確かめる手続を期中に実施します。
- 【期末監査】期末日後に、年度末に必要な決算仕訳（連結財務諸表を作成している場合は連結決算仕訳を含む）の状況や財務諸表の表示や注記事項が適切に行われているかどうかを確認し、加えて、監査済みの財務諸表が含まれる開示書類の財務諸表以外の部分（その他の記載内容）を通読・検討します。その上で、実施した手続の結果に基づき監査意見を形成し、監査報告書を作成します。

　監査は期末日後一定の期間内に終了することが求められるため、通常、期末日後の作業負荷を軽減するため、期中において実施可能な手続はできる限り期中において実施するように年間スケジュールが策定されます。

解説

　会社の業種、規模、事業拠点の数や分布、使用している情報システムを含む内部統制の状況などにより、監査の年間スケジュールは様々です。また、監査の年間スケジュールは、監査の有効性や効率性の観点からだけでなく、被監査会社の決算スケジュールや監査対応の受入れ体制、さらには監査チームメンバーの日程上の都合など、実務的な要因も考慮して決定されます。

(1)　金商法に基づく監査

　金商法に基づく開示制度においては、上場会社等の場合、期中レビューと財

務報告に係る内部統制監査も義務付けられています。上場会社等以外の場合は、半期報告書に含まれる中間財務諸表に対して中間監査が義務付けられています。

期中レビュー、財務報告に係る内部統制監査及び中間監査は、いずれも、年度の財務諸表の監査人により実施されますので、年度の監査計画と一緒に、期中レビュー及び財務報告に係る内部統制監査又は中間監査の計画が策定され、年間監査スケジュールの中に組み込まれます。監査役等とのコミュニケーションは、監査計画時や監査報告書又はレビュー報告書を発行する前など、年間を通じて行われます。

(2) **会社法に基づく監査**

会社法は、資本金5億円以上又は負債総額200億円以上の会社（会社法上の大会社）に会計監査人による監査を義務付けています。したがって、会社法上の大会社である上場会社等は、金商法に基づく監査に加え会社法に基づく監査も受ける必要があります。会社法の監査の対象となる計算書類及び連結計算書類（作成している場合）は、金商法上の監査対象の財務諸表及び連結財務諸表とは別の一組の財務諸表として作成されています。しかし、どちらも同一の会計基準に従って会計上の認識・測定は行われており、財務諸表の表示や開示が異なっているにすぎません。したがって、金商法に基づく監査と会社法に基づく監査は、実態としては一体として行われており、財務諸表の表示及び開示のチェックやその他の記載内容の通読・検討の作業のみ、それぞれ行われています。

金商法の監査の適用を受けない会社法上の大会社の場合は、会社法監査のみを受けることになります。その場合は、期中レビュー又は中間監査、及び財務報告に係る内部統制監査は行われませんので、金商法の監査の適用を受ける場合に比べ、監査計画の策定や期中監査の時期が遅くなることがあります（**図表1**）。

図表1　3月決算の製造業の上場企業の場合の年間監査スケジュールの例

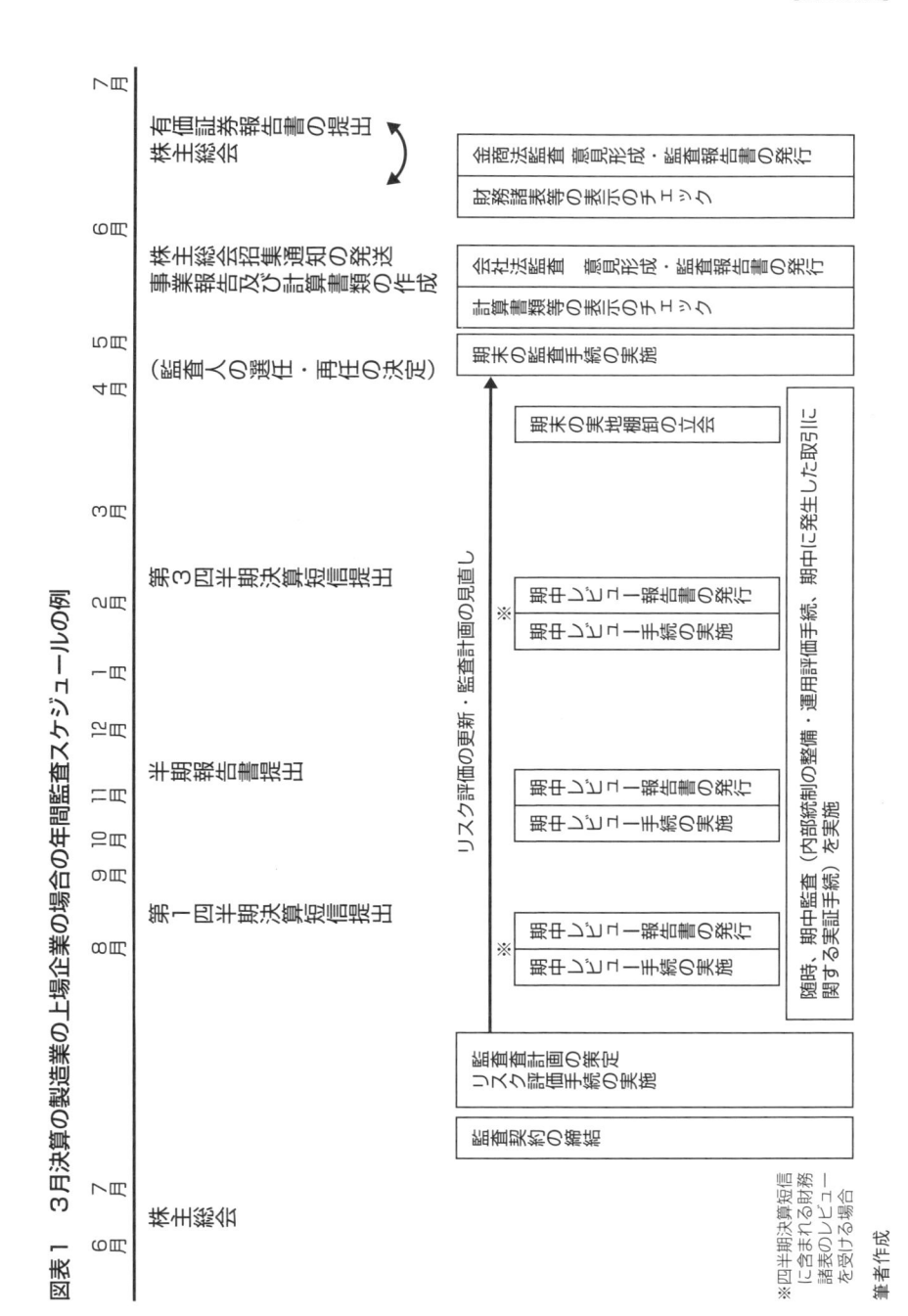

※四半期決算短信に含まれる財務諸表のレビューを受ける場合

筆者作成

〈前ページの図表1の説明〉

- 監査人を再任するかどうかは株主総会前の例えば3月〜4月にかけて検討・決定され、監査人が確定する株主総会後に新年度の監査契約を締結する。見積監査時間数に基づく監査報酬については別途協議事項として扱われることも少なくない。

- リスク・アプローチに基づく監査を実施するため、監査人は、期中レビュー手続開始までにリスク評価手続を実施し、監査計画を策定する。監査計画は年度を通じて更新される。継続監査の場合、前年度のリスク評価を基礎として、事業環境や事業内容、組織体制、内部統制などの変更点の有無に焦点が当てられる。第1四半期のレビューが行われる場合は、前年度の期末監査終了から間もないため、前期の期末監査時点でのリスク評価をベースに大きな変更点の有無を確認した暫定的な監査計画でスタートすることもある。

- 監査計画については、監査事務所内で審査担当者とリスク評価とリスクに対応する主たる監査手続の実施方針などについて協議される。また監査役等にも監査の重点項目についてコミュニケーションが行われる。

- 提出期限までに半期報告書が提出できるように、会社側のスケジュールと調整の上、期中レビュー手続が実施され、レビュー報告書が発行される。期中レビュー手続の実施時に、リスク評価手続（経営者とのディスカッション、分析的手続など）が行われることもある。期中レビューの実施状況及び結論については、監査法人内で審査担当者と協議が行われる。また、監査役等にもコミュニケーションが行われる。

- 期中監査は、会社側と調整の上、随時実施される。工場や事業拠点、連結財務諸表監査上必要な子会社への往査を実施する。

- 実地棚卸の方法や時期は、会社の方針により様々であるが、監査人は、期末日に近い時期に行われる実地棚卸に立会い、会社の実施棚卸の状況や棚卸資産の保管状況を観察する。

- 期末日現在の銀行との取引（預金残高、借入契約やその他金融取引に係る債権債務等）や、顧客等に対する売上債権の確認手続を実施する（会社の内部統制の状況により決算日以外の日を基準日とすることもある）。必要に応じて、貸付金などの金銭債権、預け在庫、有価証券、仕入債務についても確認手続を実施する。重要な訴訟案件がある場合は担当の弁護士にも照会する。

- 期末監査において、会計上の見積項目（各資産の評価、税金計算、引当金など）、会社にとって通例でない取引、そのほか財務諸表における虚偽表示リスクが相対的に高い項目の会計処理の妥当性を確かめる手続を実施する。
- 会計上及び監査上、慎重な判断が必要となった項目がある場合は、監査人は、期中及び期末において適時に経営者と協議し、その内容は監査役等にもコミュニケーションが行われる。
- 財務諸表の表示・注記の妥当性を検討する。また、財務諸表以外の記述情報（その他の記載内容）を通読・検討する。
- 監査事務所内で、監査の過程で識別された誤りの有無を含む、監査の実施状況及び監査意見について、審査担当者（及び必要に応じて監査法人の定める上位の審査機関の審査員）と協議が行われ、監査役等にもコミュニケーションが行われる。

コラム | 四半期報告制度廃止による影響

　2023年の金商法改正により、上場会社は第1四半期及び第3四半期は四半期報告書の提出義務がなくなり、取引所規則に基づく四半期決算短信のみの提出となりました。

　第1四半期及び第3四半期の財務諸表について監査人によるレビューは原則任意となりました。取引所規則によりレビューを義務付けられる場合や任意でレビューを継続する場合を除いて、四半期報告制度の廃止は、年間の監査スケジュールに一定の柔軟性がもたらされると思われます。例えば、監査人は年間の監査計画は、これまで第1四半期のレビューの作業が始まる前までに通常策定していましたが、理屈の上では第2四半期のレビュー開始までに策定すればよいことになります。また、年度の監査のために行う期中監査の実施時期を期中レビューと切り離してより柔軟に選択することも可能かもしれません。さらに、これまで期中レビューの報告を中心に監査役等とのコミュニケーションの時期を設定している場合は、制度対応のためのコミュニケーションの頻度は単純に考えると減少することになります。

　しかしながら、例えば、第1四半期で財務諸表に重要な影響を及ぼす取引又は事象が発生した場合や、会計基準の改正があり期首から適用する場合など、

第2四半期のレビューまで監査人に何の相談又は確認をしないということは、会社側及び監査人側の双方にとって好ましいことではありません。金商法上の四半期報告制度が廃止になるとはいえ、会社は四半期決算短信を公表しなければなりませんので、会計上重要な取引又は事象については、できるだけ事前に監査人に相談し、会計上の取り扱いやインパクトを確認しておくことが適切と考えられます。そのため、第1四半期及び第3四半期の財務諸表についてレビュー報告書の発行までは求めないにしても、監査人に従来どおりの手続を依頼している会社も少なくないと思われます。また、監査人と監査役等とのコミュニケーションにおいても、重要な取引又は事象に関する適時のコミュニケーションが望ましいことは言うまでもありません。さらに、制度対応中心のコミュニケーションから、より深度のあるリスクや開示全般に関する意見交換に時間を割くなど、コミュニケーションの内容を見直す契機になるかもしれません。

　いずれにしても、四半期報告制度の廃止により監査人と会社の執行側（経理・財務など）や監査役等とのコミュニケーションの頻度が単純に減ることにならないように工夫が必要と思われます。制度改正によりもたらされる柔軟性のメリットを、監査人とのコミュニケーションの質的向上に最大限生かせるよう監査役等としては取り組むべきと思われます。

Q8 監査役等は、金商法に基づく開示制度にどのように関わればよいのでしょうか。

A 金商法に基づく開示制度における監査役等の役割について、金商法に具体的な規定はありませんが、監査役等は取締役又は執行役の職務執行を監査する業務監査の一環として、金商法に基づく開示が適切に行われているかどうかを監視する責任があります。金商法で開示が求められる期中財務諸表は年度の財務諸表の一部を構成しており、また、財務報告に係る内部統制は、年度の財務諸表である計算書類を適切に作成するためのものでもあります。さらに、監査人は会社法に基づく監査と金商法に基づく監査を一体的に行っていることから、会社法上、監査役に求められる監査人による会計監査の相当性の判断は、監査人の金商法の監査の相当性の判断でもあります。したがって、監査役等は、金商法に基づく開示制度にも十分注意を払って監視責任を果たすことが期待されています。

解 説

(1) 会社法の規定との関係

　会社法において、監査役等は、取締役又は執行役の職務の執行を監査する業務監査と計算書類等が正しく表示されているかどうかについて監査する会計監査の責任を負っています。ただし、会計監査人が設置されている場合、監査役等は、監査人の監査の方法及び結果の相当性について評価することを通じて会計監査を行います。

　有価証券報告書に含まれる財務諸表は、会社法上、会計監査の対象として指定されているわけではありませんので、監査役等は、業務監査の一環として金商法に基づく開示書類に関する監査を実施することになります。ただし、有価証券報告書に含まれる財務諸表は、構成や表示に差異はあるものの、実質的には計算書類等と同じ財務情報と言うことができます。また、金商法上の開示書類である期中財務諸表は年度の財務諸表に含まれること、金商法で上場会社に義務付けられている財務報告に係る内部統制は会社法の計算書類の適正性を担保するための内部統制でもあることから、監査役等による会計監査にも密接に

関係しています。

公益社団法人日本監査役協会の監査役監査基準等では、監査役等は、「有価証券報告書その他会社が法令等の規定に従い開示を求められる情報で会社に重大な影響のあるものに重要な誤りがなくかつ内容が重大な誤解を生ぜしめるものでないことを確保するための体制」（内部統制システム）の整備・運用状況を監視することとされており、この監視責任には、法令や取引所規則による開示のほか、会社が任意で作成し外部に公表する重要な情報（例えば統合報告書）の作成に関する内部統制も含まれると解説されています（監査役監査基準第45条、監査等委員会監査等基準第27条、監査委員会監査基準第26条、2021年12月改正時のコメント対応表参照）。

(2) 金商法の規定との関係

金商法には、有価証券報告書の虚偽記載に関して、「重要な事項について虚偽の記載があり、又は記載すべき重要な事項若しくは誤解を生じさせないために必要な重要な事実の記載が欠けている場合」、取締役又は執行役及び監査役等の役員の損害賠償責任の規定があります（金商法第24条の4）。ただし、金商法の開示制度において、監査役等がどのような役割を担っているかの具体的な規定はありませんので、監査役等の果たすべき役割については、会社法やコーポレートガバナンス・コード等に基づき、監査役等に期待されている監視責任をベースに考えるのが適切と思われます。

(3) 会社法と金商法の一体的開示の流れ

近年、会社法に基づく事業報告及び計算書類（以下「事業報告等」）と金商法に基づく有価証券報告書の一体的開示を進める取組が進められており、二つの法令による開示内容の共通化が図られてきました。財務情報に関しては表示の差異はあるものの、決算の数字は後発事象の影響がある場合を除いて一致しており、非財務情報に関しても、事業報告に記載する内容と有価証券報告書に記載する内容を共通化しているケースが多いと思われます。

2019年の会社法の改正により、2022年9月1日から施行された株主総会資料の電子提供制度に伴い、会社法で作成が求められる事業報告及び計算書類の内容を有価証券報告書に記載した「事業報告兼有価証券報告書」を作成し、

　EDINET（金商法に基づく有価証券報告書等の開示書類に関する電子開示システム）を通じて提出することができることが明文化されました。

　健全なコーポレートガバナンスにおいて適切な情報開示は不可欠です。監査役等は、金商法に基づく開示制度においても積極的に監視機能を果たしていくことが今後ますます重要になると考えられます。

コラム　有価証券報告書の監査役等による監査

　上場会社における有価証券報告書の取締役会への付議の状況や、監査役等による監査の状況については、日本監査役協会が行っているインターネット・アンケートの結果が参考になります。アンケートは、同協会の会員企業に対して機関設計ごとに実施されており（回答率は4割から6割）、一定の傾向を把握することができます。2023年においては、有価証券報告書においてサステナビリティ情報の開示が始まったことなどを契機として、有価証券報告書の作成プロセスに対する監査役等の関与に関するアンケート調査を別途実施し、2023年12月にその結果が公表されています。

有価証券報告書の取締役会における付議状況（数字は回答社数）

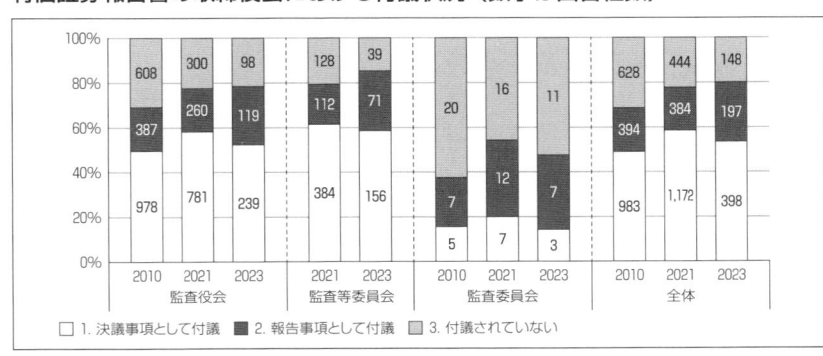

注）2023年のアンケート結果には非上場会社が1社含まれている。
出所：日本監査役協会「有価証券報告書の作成プロセスに対する監査役等の関与について─実態調査に基づく現状把握と事例紹介─（監査法規委員会報告書）」（2023年12月）、「役員等の構成の変化などに関する第22回インターネット・アンケート集計結果」（2022年5月公表）及び「役員等の構成の変化などに関する第11回インターネット・アンケート集計結果」（2010年10月公表）より集計・作成

　監査役会又は監査等委員会設置会社においては、約8割の会社が有価証券報告

書を取締役会の決議事項又は報告事項として付議しており、2010年の回答と比較すると、約10%増加しています。一方、指名委員会等設置会社においては、2010年から約17%増加しているものの、有価証券報告書を取締役会の付議事項としている会社は約半数にとどまっています。この傾向は2023年のアンケート結果においても継続しています。なお、2023年のアンケートでは、取締役会に付議していない会社は、取締役会以外の会議体による承認が行われている会社と稟議による承認が行われている会社に大別されるという結果も報告されています。

　有価証券報告書と監査役等の関わり方については、2024年のアンケートでは7割強の会社において監査役等は有価証券報告書の監査を実施したと回答しています。監査方法については、作成又は承認プロセスを監査したという回答が多く、また財務情報より非財務情報の監査を実施したと回答した割合が高くなっています。

（2024年）上場会社の監査役等による有価証券報告書の監査の状況

	監査役会		監査等委員会		監査委員会	
1．監査している	755	78.7%	447	72.9%	24	70.6%
2．監査していない	204	21.3%	166	27.1%	10	29.4%
回答社数	959	100.0%	613	100.0%	34	100.0%

（2024年）上場会社の有価証券報告書の監査内容（複数回答可）

	監査役会		監査等委員会		監査委員会	
1．有価証券報告書作成の業務プロセスを監査した	348	46.1%	179	40.0%	14	58.3%
2．有価証券報告書に関する取締役会決議などの承認プロセスを監査した	426	56.4%	241	53.9%	9	37.5%
3．有価証券報告書のうち財務情報を監査した	439	58.1%	264	59.1%	18	75.0%
4．有価証券報告書のうち非財務情報を監査した	535	70.9%	318	71.1%	22	91.7%
回答社数	755		447		24	

出所：日本監査役協会「2024年監査役制度の運用実態調査・第25回定時株主総会後の監査役等の体制に関する年次調査の集計結果」（2024年12月公表）を基に作成

　2023年には、有価証券報告書の記述情報（財務諸表以外の情報）の重要性が高まっていることに伴い、有価証券報告書について監査役等はどのような対応をすべきかについて検討する一環として、有価証券報告書の監査に関するアン

ケートが実施されています。監査役会等への付議状況を問う設問に対しては、「付議されていないが適宜共有されている」が全体で約57%と最多となっており、約9割の会社において監査役等は有価証券報告書のドラフトを検討していることがうかがえます。

　有価証券報告書に含まれる記述情報に対する監査役等の確認方法については、自由記載形式の質問項目が用意されています。記述情報は、会社法の事業報告の記載内容と重複する部分も多く、また、新規に開示が要請されるサステナビリティ情報も含まれているため、監査役等としては適切な記述情報の作成を担保する内部統制の整備・運用状況に留意する必要があると思われます。

（2023年）有価証券報告書の監査役会等への付議状況

	監査役会		監査等委員会		監査委員会		全体	
1．決議事項として付議されている※	49	10.8%	39	14.7%	0	0%	88	11.9%
2．報告事項として付議されている	90	19.8%	51	19.2%	6	28.6%	147	19.8%
3．付議されていないが適宜共有されている	267	58.7%	141	53.0%	12	57.1%	420	56.6%
4．付議されておらず特段の共有もされていない	49	10.8%	35	13.2%	3	14.3%	87	11.7%
回答社数	455	100%	266	100%	21	100%	742	100%

※有価証券報告書の原案に対する監査役会等としての意見やコメント（特に異議や指摘事項がない場合を含む）を決議するという趣旨を想定している。

（2023年）有価証券報告書における財務情報（経理の状況）についての監査役等の確認方法

	監査役会		監査等委員会		監査委員会		全体	
1．数値等の記載内容を含めた確認を行っている	197	43.3%	112	42.3%	9	45.0%	318	43.0%
2．プロセスについてのみ確認を行っている	165	36.3%	91	34.3%	7	35.0%	263	35.5%
3．特に確認は行っていない	84	18.5%	54	20.4%	2	10.0%	140	18.9%
4．その他	9	2.0%	8	3.0%	2	10.0%	19	2.6%
回答社数	455	100%	265	100%	20	100%	740	100%

出所：日本監査役協会「有価証券報告書の作成プロセスに対する監査役等の関与について─実態調査に基づく現状把握と事例紹介─（監査法規委員会報告書）(2023年12月)を基に作成

Q9 監査人の独立性はどのような内容ですか。

A　監査人による監査の目的は、被監査会社から独立した立場から、財務諸表に批判的な検討を加えて職業的専門家として意見を述べることにあります。そのため、監査人が被監査会社から精神的に独立していることが何より重要であり、独立性を欠いた監査人の監査報告は利用者からは信頼されません。しかし、監査人が精神的に独立しているかどうかは外部からは分からないため、外部の第三者から見て精神的な独立性に疑義が生じるような状況は避けなければなりません。外観的独立性と呼ばれるもので、監査人は精神的独立性と外観的独立性の両方を保持することが求められています。なお、監査人の独立性を保持できない状況が見込まれる場合、監査契約は締結又は継続できません。

解説

(1)　監査人の独立性が求められる理由

　財務諸表に添付された監査報告が利用者から信頼されるためには、監査人が被監査会社から独立していることが必要です。監査人の独立性に疑義が生じる場合、監査意見が被監査会社の意向により影響を受けているのではないかという疑義を生み、財務諸表の信頼性を確保するという監査の目的は達成されないこととなります。

　監査人の独立性は、監査が社会制度として機能するために求められる必要条件です。したがって、監査人が独立性を保持しているか否かは、監査契約の締結時だけでなく、監査期間中においても、最も基本的な事項として監査人と被監査会社（経営者と監査役等）の双方で注意を払う必要があります。

(2)　監査人の独立性の内容

　監査人の独立性は、精神的独立性と外観的独立性から構成されます。日本公認会計士協会の定める倫理規則では、それぞれ次のように説明されています。

> - **精神的独立性**：職業的専門家としての判断を危うくする影響を受けることなく、結論を表明できる精神状態を保ち、誠実に行動し、客観性と職業的懐疑心を堅持できること
> - **外観的独立性**：事情に精通し、合理的な判断を行うことができる第三者が、会計事務所等又は監査業務チームの構成員の精神的独立性が堅持されていないと判断する状況にないこと

　外観的独立性は、まさに「李下に冠を正さず」ということであり、監査人の独立性に疑義が生じるような状況に監査人を置かないためにかなり詳細な要件が長年の監査の歴史の中で積み上げられてきました。被監査会社と監査人という監査契約の当事者が監査人の独立性は保持されていると主張しても、肝腎の監査報告書の利用者（監査済財務諸表の利用者）が独立性を疑うようでは監査の目的は果たせず、監査制度の存在意義が失われることになります。したがって、外観的独立性の要諦は、「事情に精通し、合理的な判断を行うことができる第三者」の目にどう映るかということにあります。外観的独立性の様々な要件（制限事項）は、それを遵守することにより、監査人に第三者の目線を意識した独立性の重要性を再認識させ、精神的な独立性をより確かなものにしています。

　外観的独立性を保つための要件は多岐にわたっていますが、制限の主な内容は以下のとおりです。

- 被監査会社の役員等への就任又は雇用関係（例えば、監査法人の社員又は業務執行社員等（その配偶者又は親族を含む）の被監査会社の役員等への就任又は雇用関係がある場合の制限、監査法人の社員が退任後被監査会社の役員等に就任することの制限など）
- 経済的・金銭的利害関係（例えば、被監査会社の株式の購入・保有の制限、融資取引を含む債権・債務関係の制限、経済的利益供与に当たる取引の制限、贈答・接待の制限など）
- 被監査会社との業務上の関係（例えば、業務執行社員及び審査担当者等のローテーションの実施、監査チームメンバーの長期関与の制限、監査事務所が特定の被監査会社からの報酬に依存しているとみなされる場合の制限、利害

を共有することになるビジネス上の関係の制限、被監査会社に対する非保証業務の提供に関する制限など)

　被監査会社が「社会的影響度の高い事業体 (PIE)」(Q10コラム参照) に該当する場合は、利害関係者が広範にわたることから監査により高い透明性が必要と考えられており、より厳しい独立性の要件が適用されます。

(3)　監査人の独立性の阻害要因の検討

　監査人の独立性は、明らかに法令や倫理規則において禁止されている状況のみに注意していればよいというわけではありません。法令や倫理規則で示されている独立性の考え方を踏まえ、明確に禁止されている状況ではない場合も、第三者の目を意識して、監査人の独立性を阻害する要因が生じていないかどうかの検討は常に必要となります。「概念的枠組み」アプローチと呼ばれているもので、監査人は倫理規則においてその適用が義務付けられています。

　「概念的枠組み」では、**図表1**のいずれかの独立性を阻害する要因が生じていないか、生じている場合はその程度を検討し、許容可能な水準にあるかどうかを評価することが求められています。

図表1　独立性の阻害要因

自己利益	金銭的その他の利害を有することにより、監査人の判断又は行動に不当な影響を与える可能性
自己レビュー	自己、監査事務所又はネットワーク・ファームが過去に行った判断又は活動の結果に依拠し、適切に評価しない可能性
擁護	客観性が損なわれるほど、被監査会社の立場を支持する姿勢を示す可能性
馴れ合い	被監査会社と長期又は密接な関係をもつことにより、会社の利害に過度に捉われたり、会社の行った作業を安易に受け入れたりする可能性
不当なプレッシャー	現実に起きている、又は予見されるプレッシャーにより、被監査会社から不当な影響を受け客観的に行動できなくなる可能性

出所：日本公認会計士協会「倫理規則」を基に作成

　阻害要因を識別した場合は、監査人は阻害要因を生じさせている状況を除去

するか、阻害要因の影響を軽減するためのセーフガードを講じる必要があります が、セーフガードを講じても阻害要因の影響を許容可能な水準に抑えること ができないと判断される場合は契約を終了することが求められています。

コラム　IESBA倫理規程と日本公認会計士協会の倫理規則

　日本公認会計士協会は、「会員が職業的専門家としての社会的役割を自覚し、 自らを律し、かつ、社会の期待に応え、公共の利益に資することができるよう、 その職責を果たすために遵守すべき倫理の規範」として倫理規則を定めています。 公認会計士及び監査法人は、公認会計士法により、日本公認会計士協会に会員 として登録し、日本公認会計士協会の会則を遵守することが義務付けられてい ます。さらに、日本公認会計士協会の会則は、会員に対して会則及び規則の遵 守を求めており、会員は職業倫理を定める倫理規則の遵守が義務付けられてい ます。

　日本公認会計士協会の倫理規則は、2000年以降、加盟している国際会計士連 盟（IFAC）の国際会計士倫理基準審議会（IESBA）が公表する倫理規程 （「IESBA倫理規程」という）をベースに定められています。2004年にIFACが「加 盟団体が遵守すべき義務に関するステートメント（Statement of Membership Obligations：SMO）」を公表し、職業倫理を扱うSMO4におい て、各国の法令により遵守できない部分を除いてIESBA倫理規程より緩やかな 倫理基準を認めないとする方針を明確にしました。これにより、IESBA倫理規 程は、従来のIFAC加盟団体の倫理規程のモデルから国際基準へと位置付けが強 化されました。

　IESBA倫理規程は、監査の基準と同様に、資本市場のグローバル化や各国で 生じた不正会計の発覚等を背景に監査の強化を図るために頻繁に改正されてい ます。特に、監査人の独立性の強化は世界共通の最重要テーマの一つであり、 継続的な見直しが行われています。また、会計事務所や監査法人以外の企業等 の組織で働く会計士人口の増加を受け、組織内会計士（英語では、Public Accountants In Businessの頭文字をとってPAIBと呼ばれている）を対象と した規定の策定や、テクノロジーの発達の影響をいかに反映するかなど、経済 社会の変化に対応するための様々な検討が加えられています。日本公認会計士

協会の倫理規則も、IESBA倫理規程の改正を踏まえ、日本の法令や監査環境を勘案した改正が重ねられています。

2022年改正倫理規則（2023年4月1日から適用）は、形式面からも内容面からも大幅な改正となりました。形式面では、倫理規則の体系をIESBA倫理規程に合わせることとし、従前は倫理規則とは別に定めていた独立性に関する指針、利益相反に関する指針及び違法行為に関する指針を倫理規則に取り込み、また、要求事項と適用指針に分けて記載するなど、構成が大きく変わりました。内容面においても、監査人の外観的独立性に関して、非保証業務の提供と報酬関連の規定に大きな変更が加えられました。

職業倫理の規範体系

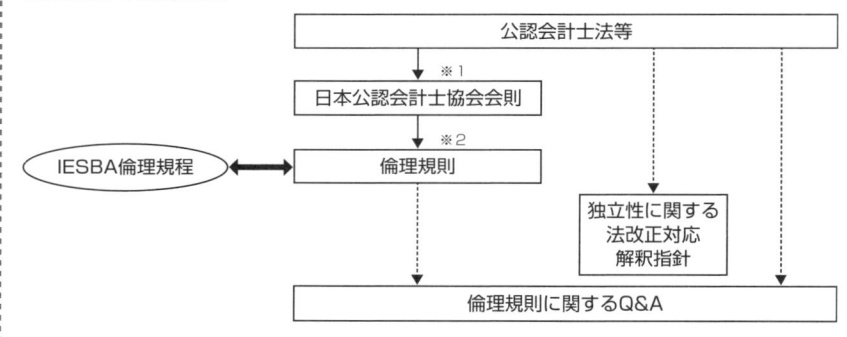

出所：日本公認会計士協会 倫理規則「倫理規則に関する手引」の付録

注）国際会計士倫理基準審議会（IESBA）は、従来、国際会計士連盟（IFAC）に設置されていましたが、監査の担い手である会計士団体からの独立性を高め、国際監査基準や国際倫理規程の設定プロセスの一層の透明性の向上を図るため、2023年に設立された国際倫理・監査財団（International Foundation for Ethics and Audit：IFEA）に国際監査・保証基準審議会（IAASB）とともに移管されています。

 **監査人による非保証業務の提供には
どのような制限があるのでしょうか。**

A 　監査人による被監査会社に対する非保証業務の提供に関しては、公認
会計士法によりその提供が禁止されている業務があります。加えて、
日本公認会計士協会の定める倫理規則において、非保証業務により生じる可
能性のある独立性の阻害要因や識別された阻害要因への対応策の有効性など
が具体的に示されています。

　非保証業務に関する制限は、被監査会社が上場会社等の「社会的影響度の
高い事業体（Public Interest Entity：PIE）」に該当する場合、より厳し
くなります。例えば、監査人（監査人が所属するネットワーク・ファームを
含む）が被監査会社、その親会社又は子会社に対して非保証業務を提供する
場合、監査人は非保証業務の契約締結前に被監査会社の監査役等の了解を得
る必要があります。

　監査人が独立性を保持しているかどうかは、一義的には監査人が自ら判断
すべき問題ですが、監査役等は監査人の監査の相当性を判断する責任を有し
ていることから、公認会計士法や倫理規則の考え方を理解し、監査人の説明
を注意深く聞く必要があります。

解 説

(1) 非保証業務

　監査人の独立性を阻害する可能性があるのは、独立性の保持を要求されない
保証業務以外の業務（つまり、非保証業務）です。

　保証業務とは、他者の作成した情報の信頼性を高めるために、独立の第三者
として何らかの結論を述べる業務のことを言い、財務諸表監査も保証業務の一
つです。保証業務の対象になる情報には様々なものが想定され、例えば、内部
統制の有効性やサステナビリティ情報も保証業務の対象となります。保証業務
は、業務の性質上、独立性が求められているため、財務諸表監査以外の保証業
務を提供しても監査人の独立性が阻害されることはありません。例えば、重要
性が乏しいため、グループ監査目的では個別には監査対象としていない子会社

について、子会社管理目的で会社が任意で当該子会社の財務諸表のレビュー契約を監査人と締結している場合、レビュー契約は独立性が要求される保証業務ですので、監査人の独立性の問題は生じません（**図表1**）。

図表1　保証業務と非保証業務

保証業務（独立性が必要な業務）	非保証業務（独立性が不要な業務）
例）・財務諸表の監査業務／レビュー業務 ・内部統制の保証業務（合理的保証／限定的保証） ・サステナビリティ情報の保証業務（合理的保証／限定的保証）ほか	例）・記帳代行、財務諸表の作成支援 ・税務業務 ・内部統制・ビジネスプロセスの構築支援 ・情報システムの導入支援 ・内部監査の委託・高度化支援 ・その他様々なコンサルティング業務
監査人が財務諸表監査以外の保証業務を実施する場合は、監査人の独立性として検討済みであるため、新たに独立性の検討は必要ない。	非保証業務の提供により、監査人の独立性の阻害要因が生じないかどうかの検討が必要となる。

筆者作成

(2)　公認会計士法上の制限

エンロン事件などを契機とする米国の企業改革法（いわゆるSOX法）の制定などの国際的な動向を踏まえ、2003年の公認会計士法の改正により、我が国において初めて非保証業務の制限に関する明文規定が置かれました（公認会計士法第24条の2、第34条の11の2）。

公認会計士法では、被監査会社が公認会計士法上の大会社等（上場会社のほか、非上場の銀行・保険会社などが含まれる。コラム参照）に該当する場合、同法施行規則で定める業務により継続的な報酬を受けているときは、財務諸表の監査業務を提供することが禁止されています。監査を軸に言い換えると、監査人は、監査業務と同時に同法施行規則で定める業務を提供することが禁止されているということです。

監査との同時提供が禁止されている業務は、自己レビューとなる業務及び経営判断に実質的に関与する業務であり、以下の六つが規定されています（公認

会計士法施行規則第6条）。①～④は自己レビューとなるおそれがある業務として、⑤は経営判断に関与するおそれがある業務として禁止されていますが、公認会計士業務は、2003年当時において一層多様化することが想定されており、禁止業務を限定列挙することは困難であることから、⑥において包括規定が設けられています。

① 会計帳簿の記帳の代行その他の財務書類の調製に関する業務
② 財務又は会計に係る情報システムの整備又は管理に関する業務
③ 現物出資その他これに準ずるものに係る財産の証明又は鑑定評価に関する業務
④ 保険数理に関する業務
⑤ 内部監査の外部委託に関する業務
⑥ 監査又は証明をしようとする財務書類を自らが作成していると認められる業務又は被監査会社等の経営判断に関与すると認められる業務

(3) 日本公認会計士協会の倫理規則に基づく制限

　日本公認会計士協会の倫理規則では、ますます多様化する非保証業務に対応するため、非保証業務の提供により生じる可能性のある独立性の阻害要因を識別・評価し、適切な対処を求める基本的な考え方（疑念的枠組みの適用）が詳細に示されています。独立性の阻害要因は、自己利益、自己レビュー、擁護、馴れ合い、不当なプレッシャーの五つが挙げられており（Q9(3)参照）、監査人は、非保証業務の締結前に阻害要因の検討が求められています。

　まず、非保証業務全体に関連する包括的な留意点として、監査人が被監査会社の経営者の責任を担うことになるような非保証業務の提供は禁止されています。非保証業務の提供を通じて経営者の責任を担う場合、自己レビュー、自己利益、馴れ合いという阻害要因が生じ、さらに擁護という阻害要因も生じる可能性があるためです。具体的には、非保証業務の提供を通じて、被監査会社の組織の方針や戦略的指針を設定したり、代替的な選択肢のいずれを選択するかを決定したりすることは、非保証業務の実施者が経営者の責任の一端を担うことになります。また、従業員の採用や解雇の決定をしたり、従業員への業務上の指示や取引の承認をしたり、会社資産を管理することも同様です。さらに、経営者の責任には、適切な財務諸表を作成すること、内部統制をデザインし、

実際に適用し、維持すること、又は内部統制の監視機能（内部監査機能）を担うことも含まれていますので、これらを含む非保証業務の提供も禁止されます。

　さらに、倫理規則では、非保証業務の提供は、独立性の阻害要因のうち主に自己レビューと擁護の阻害要因が生じる可能性があるため、独立性が阻害される可能性のある具体的な非保証業務それぞれについて概念的枠組みに基づき阻害要因が生じる可能性が考察され、制限が設けられています。公認会計士法で禁止されている業務と同じものも含まれていますが、国際基準であるIESBA倫理規程をベースに、より広い範囲の業務が取り上げられています。

　被監査会社が社会的影響度の高い事業体ではない（非PIE）場合は、一定のセーフガード（監査業務に関わらない人員により非保証業務を実施すること（チームの分離）や、監査業務及び非保証業務に関与していない者により監査業務又は非保証業務をレビューすること（非関与者によるレビュー）など）を講じることで、阻害要因の影響を許容可能な水準に抑えることができると判断し、例外的に許容される場合もあります。一方、被監査会社が社会的影響度の高い事業体（PIE）である場合は、より厳格な制限内容となっており、自己レビューの阻害要因が生じる可能性のある業務は提供が禁止されています。擁護のみの場合は一定のセーフガードを講じることで例外的に許容される場合もあります。

(4)　自己レビューという阻害要因が生じる可能性─二つの要素テスト

　監査人は非保証業務の提供により自己レビューという阻害要因が生じる可能性があるかどうかを事前に判断する必要がありますが、その判断にバラツキが生じないように、自己レビューという阻害要因が生じる可能性は、以下の二つのリスクの有無により判断することとされています。「二つの要素テスト」と呼ばれるもので、両方のリスクがある場合に、自己レビューの阻害要因が生じる可能性があると判断されます。

- 非保証業務の結果が、会計記録、財務報告に係る内部統制又は監査対象の財務諸表の一部を形成するか、又はそれらに影響を及ぼすことになるリスク
- 財務諸表の監査の過程において、監査人が、非保証業務のチームが行った判断又は実施した活動を評価し、又はそれらに依拠することになるリスク

　「自己レビューという阻害要因が生じる可能性がある（might create）」とは、僅かでも生じる可能性（any possibility）があるということであり、非保証業

務の結果が会計記録、財務報告に係る内部統制又は財務諸表に及ぼす影響度（重要性）や監査手続の対象とならない可能性（監査における依拠の程度）を考慮することなく、二つのリスクの有無に基づき、自己レビューの阻害要因を識別することが求められています。

　二つのリスクは常に連動して存在するとは限りませんが、一方のリスクが識別された場合はもう一方のリスクも存在することが多いと考えられています。両方のリスクがあると判断された場合、「自己レビューという阻害要因が生じる可能性がある」ということになりますので、社会的影響度の高い事業体（PIE）である被監査会社に対しては、そのような非保証業務の提供は禁止されています。

(5) 複数の非保証業務の提供による複合的影響

　監査人（ネットワーク・ファームを含む）が被監査会社及びその子会社等に複数の非保証業務を提供する場合、監査人は、個々の業務により生じる阻害要因に加えて、業務の複合的影響により独立性の阻害要因が生じるかどうか、又は阻害要因の水準に影響を与えるかどうかを検討することが求められています。

　複数の非保証業務を提供する場合、例えば、監査人と被監査会社の間で馴れ合いという阻害要因が生じる可能性や非保証業務の報酬が増加するにつれ自己利益という阻害要因が生じる可能性があります。

コラム　社会的影響度の高い事業体（PIE）とは

　「社会的影響度の高い事業体（Public Interest Entity：PIE）」の概念は、2000年代初頭に、国際会計士倫理基準審議会（IESBA）の倫理規程（IESBA倫理規程）において導入されました。被監査会社が社会的影響度の高い事業体（PIE）の場合、広範な利害関係者が監査結果に依拠して意思決定を行う可能性があるため、より厳しい独立性を求めるべきという考え方に基づくものです。社会的影響度の高い事業体（PIE）に該当する場合は、以下に関する規制が設けられています。

・非保証業務の提供

- 担当者の長期関与とローテーション
- 被監査会社への就職
- 報酬依存度、報酬関連情報に関する監査役等とのコミュニケーション、報酬関連情報の開示

　社会的影響度の高い事業体（PIE）には、株式又は社債を上場している上場会社のほか、銀行や保険会社などが含まれていますが、具体的にどこまでをPIEとして扱うかは、各国の当局等の判断に委ねられていました。

　日本においては、2003年の公認会計士法の改正時に、IESBA倫理規程のPIEを念頭において、より厳しい監査人の独立性の規定（監査業務と一定のその他業務の同時提供の禁止規定や業務執行社員のローテーションなど）を適用する被監査会社の範囲が定められました。この適用範囲の会社は、「会社法上の大会社」と区別して、「公認会計士法上の大会社等」と呼ばれていますが、2007年に一定規模未満の非上場の金商法監査の会社を除外する規定が加えられ、現在は以下のように定められています（公認会計士法第24条の2）。

- 会計監査人設置会社（ただし、資本金100億円未満かつ負債総額1000億円未満の会社を除く）
- 金商法193条の2第1項又は第2項に基づく監査が義務付けられている者（ただし、特定有価証券のみの発行者と、資本金5億円未満（又は売上高10億円未満）かつ負債総額200億円未満の非上場会社を除く）
- 銀行法第2条第1項に規定する銀行
- 長期信用銀行法第2条に規定する長期信用銀行
- 保険業法第2条第2項に規定する保険会社
- 上記に準ずる者として公認会計士法施行令で定める者（全国を地区とする信用金庫連合会、労働金庫連合会及び信用協同組合連合会、農林中央金庫、独立行政法人通則法により会計監査が義務付けられている独立行政法人、国立大学法人及び大学共同利用機関法人、地方独立行政法人法により会計監査が義務付けられている独立行政法人）

　日本公認会計士協会の倫理規則では、社会的影響度の高い事業体（PIE）は、「公認会計士法上の大会社等」が該当するとされており、その他、監査事務所はそれ以外の事業体を自主的に社会的影響度が高い事業体として扱うかどうかを検討し決定することが推奨されています。

| コラム | 社会的影響度の高い事業体(PIE)と上場事業体の定義の見直し |

　国際会計士倫理基準審議会（IESBA）は、国又は法令管轄地域によりPIEの範囲が異なることや、クラウドファンディングなどの新しい資金調達手段が発達してきたことを背景に、より厳しい独立性の要件を適用するPIEの範囲を決める際の基礎となる考え方を明確にするため、2019年にPIEと上場事業体の定義を見直すプロジェクトを開始しました。

　2022年4月に公表された新しいIESBA倫理規程では、PIEの監査により厳しい独立性の要件を適用するのは、PIEの財務的健全性が利害関係者に与える潜在的な影響が大きく、PIEの財務状態（financial condition）が社会的に及ぼす影響度が高いためと説明されています。PIEに該当するかどうかは、事業体の主要な事業内容や規制の状況（銀行業や保険業のように、主たる事業が一般公衆から返済義務のある資金の提供を受けるか、監督官庁から監督を受ける規制業種かなど）、事業体の規模、事業体が破綻した場合の経済や社会に及ぼす影響度（同一セクター内での事業体の重要性、システミックリスクなど）、ステークホルダー（投資家、顧客、債権者、従業員など）の数及び性質などを考慮して判断されるとしています。また、これまでの「上場事業体（listed entities）」を「公に取引されている事業体（Publicly Traded Entities）」に拡大し、「公開市場メカニズム（金融商品取引所における上場を含む）を通して取引されている譲渡可能な金融商品を発行している事業体」と定義しました。株式又は債券を取引所に上場している会社、預金を取り扱う金融機関、保険会社は引き続きPIEに含まれます。それ以外にも各国の状況に応じて、年金基金や集団投資ビークル、投資家以外の利害関係者が多数存在する非公開の事業体や非営利活動団体などをPIEに含める可能性があるとしており、金額基準も各国の状況に応じて決定することとされています。また、被監査会社がPIEに該当する場合は、PIEの財務諸表の監査に適用される独立性を保持していることを開示することが求められます。改正IESBA倫理規程は、2024年12月15日以後開始される事業年度から適用されます。

　IESBA倫理規程の改正を受けて、日本においてもPIEに追加すべき事業体があるかどうかの検討が行われました。その結果、「公認会計士法上の大会社等」は引き続きPIEに該当することとされ、その他の事業体について監査事務所が倫理規則の規定に照らしてPIEに該当するかどうかを決定することが推奨されてい

ます（2024年6月28日公表の倫理規則）。また、監査報告書において、PIEの財務諸表の監査に適用される独立性を保持していることを記載することになりました（2025年4月1日以後開始事業年度より適用）。

〔参考〕倫理規則による被監査会社に対する非保証業務の制限の概要

非保証業務の内容	阻害要因		制限の内容	
	自己レビュー	擁護	非PIEの場合	PIEの場合
• 会計帳簿の記帳代行及び財務諸表の作成業務	✓		• 原則、不可 • 定型的又は機械的な業務内容である場合など、一定のセーフガード（チームの分離など）により例外的に許容される。	• 原則、不可 • グループ財務諸表の監査報告書発行後に、一定の条件（財務諸表の基礎となる会計記録を作成しないなど）を満たす場合のみ、関連会社の法定財務諸表を作成することが例外的に許容される。
• 定型的・機械的な事務代行に関する業務			• 専門家としての判断をほとんど必要としない業務であれば提供可能	
• 評価業務（企業価値、事業価値の算定、合併比率等の算定又はそれらに関する業務など）	✓	✓	• 自己レビュー又は擁護の阻害要因の識別・評価に当たっては、以下を検討する。 　– 評価報告書の利用目的、公表の有無 　– 評価方法が確立されているかどうかの程度、評価方法及びその他の重要な判断事項の決定及び承認における会社側の関与の程度、標準的な確立された評価方法を採用する場合、評価業務に含まれる主観性の程度 　– 評価結果が財務諸表に及ぼす影響の程度、注記の範囲、将来事象に左右される評価結果のボラティリティ	
			• 評価に相当程度の主観性が含まれ、かつ、監査対象の財務諸表に当該評価が重要な影響を与える場合は不可	• 自己レビューの阻害要因が生じる可能性がある場合は不可 • 擁護の阻害要因に対しては一定のセーフガード（チームの分離）により許容可能な水準まで軽減できれば提供可
• 税務業務			• 公認会計士、監査法人の社員又は補助者が税理士業務により継続的な報酬を受けている場合は、公認会計士法上の「著しい利害関係」に該当するため、不可	

非保証業務の内容	阻害要因		制限の内容	
	自己レビュー	擁護	非PIEの場合	PIEの場合
			・これまで見解が示されていない税務上の取扱いを含み、その重要な目的が租税回避である税務業務の提供や取引の提言は不可	
－ 税務申告書の作成			・当該業務は、過去の情報を税法や確立した税務慣行等に照らして分析し、申告書として提示し、法の定める手続に従い税務当局によるレビューを受ける業務であるため、提供可	
－ 会計処理目的の税額計算	✓		・税額計算が財務諸表に及ぼす重要性等を考慮して、セーフガードの適用により例外的に許容される。	・不可
－ 税務に関する助言及びタックス・プランニング	✓	✓	・業務内容が以下のいずれかに該当する場合は、自己レビューの阻害要因は生じないため、提供可 －税務当局又は他の事例により支持されている。 －確立された実務に基づいている。 －適用が認められる可能性が高いと確信する税法等の根拠を有している。 ・税務に関する助言の有効性が財務諸表における特定の会計処理又は表示に依存している場合で、監査チームが当該会計処理又は表示の適切性に疑義を抱いているときは、提供不可 ・自己レビュー又は擁護の阻害要因の識別・評価に当たり、以下を考慮する。 －税務に関する助言について財務諸表における適切な取扱いを決定する際の主観性の程度 －助言に含まれる税務処理が過去の事例、慣行及び個別通達等に基づいているか、又は財務諸表作成前に税務当局により事前に確認されているかどうか －助言の結果が財務諸表に重要な影響を及ぼす可能性のある範囲	
			・チームの分離、非関与者によるレビュー、税務当局に対する事前確認手続の実施などのセーフガードの適用により提供可能	・自己レビューの阻害要因が生じる可能性がある場合は提供不可 ・擁護の阻害要因のみの場合は、チームの分離や税務当局に対する事前確認手続の実施などのセーフガードにより提供可能

非保証業務の内容	阻害要因		制限の内容	
	自己レビュー	擁護	非PIEの場合	PIEの場合
− 税務上の評価業務（合併及び買収取引、グループ・企業再編、移転価格調査、株式報酬制度などに関連する税務上の評価結果が税務関連の会計処理を通じてのみ会計記録又は財務諸表に影響する業務。資産再評価につながる等税務関連の会計処理に限定されない形で会計記録又は財務諸表に影響を与える場合は、「評価業務」に該当）	✓	✓	• 業務内容が以下のいずれかに該当する場合は、自己レビューの阻害要因は生じないため、提供可能 　− 評価の基礎となる仮定が法令等で確立されているか、広く受け入れられている。 　− 評価に使用される手法及び方法が一般に広く認められている基準又は法令等により規定されており、評価が税務当局等によるレビューの対象となっている。	
			• 財務諸表への影響が重要でない場合又は税務申告書等の法定書類に記載された評価が税務当局によるレビューの対象となっている場合は、通常、阻害要因は生じないため、提供可 • 財務諸表への影響が重要で、税務当局によるレビューの対象となっていない場合は、評価方法が確立された方法と言えるかどうか、評価における主観性の程度、評価に利用するデータの信頼性や範囲などを考慮し、自己レビュー又は擁護の阻害要因を検討する。チームの分離、非関与者によるレビュー、税務当局に対する事前確認手続の実施などのセーフガードの適用により提供可	• 自己レビューの阻害要因が生じる可能性がある場合は提供不可 • 擁護の阻害要因のみの場合は、チームの分離や税務当局に対する事前確認手続の実施などのセーフガードにより提供可
− 税務訴訟等の支援業務	✓	✓	• 当該業務の結果が会計記録又は監査対象の財務諸表に影響を与えるリスクがある場合、自己レビューの阻害要因が生じる可能性がある。 • 自己レビュー又は擁護の阻害要因の識別・評価に当たり、以下を考慮する。 　− 経営者が訴訟等の解決に果たす役割 　− 訴訟等の結果が財務諸表に重要な影響を及ぼす範囲 　− 争点となっている事項について税務に関する助言を提供していたかどうか 　− 争点となっている事項の税法や過去の事例、税務慣例等への準拠の程度 　− 訴訟手続等が公開で行われるかどうか	

| 非保証業務の内容 | 阻害要因 | | 制限の内容 | |
	自己レビュー	擁護	非PIEの場合	PIEの場合
			・チームの分離、非関与者によるレビューなどのセーフガードの適用により提供可 ・争点となっている金額が財務諸表にとって重要であり、かつ、裁判所等で被監査会社を擁護する立場で関与する業務は提供不可	・自己レビューの阻害要因が生じる可能性がある場合は提供不可 ・擁護の阻害要因のみの場合は、チームの分離や税務当局に対する事前確認手続の実施などのセーフガードにより提供可 ・裁判所等で被監査会社を擁護する立場で関与する業務は提供不可
・内部監査に関する業務	✓		・被監査会社の経営者の責任を担うことがないように、内部監査に関する業務を提供する際は、監査役等に報告する内部監査の責任者として、内部監査や内部統制に対する責任を認識している適格性を備えた者が任命されており、被監査会社が内部監査の範囲や発見事項の評価、改善策などを決定する態勢が整っているかなどを確認する必要がある。	
			・チームの分離などのセーフガードの適用により提供可	・自己レビューの阻害要因が生じる可能性がある場合は提供不可。財務報告に係る内部統制、会計記録又は財務報告システム、財務諸表の金額や開示に関連する内部監査業務は、提供不可
・情報システムに関する業務（ハードウェアやソフトウェアのシステムの設計又は導入など）	✓		・被監査会社の経営者の責任を担うことがないように、被監査会社が内部統制に対する責任を認識し、適格性を備えたシステムの設計・導入の意思決定を行う責任者が任命されており、被監査会社がシステムの設計・導入プロセスの全ての経営上の判断を行う態勢が整っているかなどを確認する必要がある。 ・財務報告に係る内部統制と関連しない情報システムや会計記録又は財務諸表の一部を形成する情報を生成しない情報システムの設計又は導入、カスタマイズ部分に重要性がない既製の会計パッケージソフトの導入は、自己レビューが生じる可能性がないため、提供可 ・自己レビューの識別・評価に当たっては、業務内容が会計記録、財務報告に係る内部統制又は財務諸表に与える影響又は相互作用の程度、監査の過程で特定のシステムに依拠する程度を考慮する。	

非保証業務の内容	阻害要因		制限の内容	
	自己レビュー	擁護	非PIEの場合	PIEの場合
			・チームの分離などのセーフガードの適用により提供可	・自己レビューの阻害要因が生じる可能性がある場合は提供不可。財務報告に係る内部統制の一部を形成する情報システム、会計記録又は財務諸表の情報を生成する情報システムに関連する業務は、提供不可
・訴訟支援に関する業務（文書管理や判例等の検索支援、証人又は鑑定人、損害賠償額その他の金額の見積り、フォレンジック業務又は調査など）	✓	✓	・業務の結果が会計記録又は財務諸表に影響を与えるリスクがある場合、自己レビュー及び擁護の阻害要因が生じる可能性がある。 ・阻害要因の識別・評価に当たっては、法令等の環境、業務内容及び特質、業務の結果が財務諸表に重要な影響を及ぼす可能性のある損害賠償額その他の金額の見積りに関連する可能性又は影響を及ぼす程度を考慮する。 ・被監査会社に係る事項に関連して、事実に関する証人として、事実に関する証拠を提供する過程における質問に対して個人の専門分野の範囲内で意見を述べる場合は、独立性に対する阻害要因は生じない。 ・被監査会社のための鑑定人（個人の専門知識に基づき、裁判所等に対して案件に関する意見を含め証拠を提供する）となる場合に擁護という阻害要因が生じるが、裁判所等により鑑定人として選任された場合、又は集団訴訟又は代表訴訟等において、監査人が監査する被監査会社の占める割合が20%未満であり、被監査会社が訴訟を主導していないことなどの条件が満たされている場合のみ、擁護の阻害要因は許容可能な水準にあるとみなされる。	
			・チームの分離などのセーフガードの適用により提供可 ・証人又は鑑定人の業務の場合は、現在だけでなく過去においても当該被監査会社の監査に関与したことのない者により実施するなどのセーフガードの適用により提供可能	・自己レビューの阻害要因が生じる可能性がある場合は提供不可。財務諸表に計上される引当金その他の金額の算定に影響を及ぼすリスクがある場合は、提供不可 ・鑑定人の業務で許容可能な水準とみなされる条件が満たされている場合以外は、提供不可

非保証業務の内容	阻害要因		制限の内容	
	自己レビュー	擁護	非PIEの場合	PIEの場合
• 法律業務				
－ 法律に関する助言（企業法務、契約関連を含む）	✓	✓	• 法律に関する助言が、財務諸表に引当金として計上する目的で訴訟から生じる潜在的な損失額を見積もることや、財務諸表に反映される負債を生じさせる可能性のある契約条項を解釈することが含まれる場合、自己レビューの阻害要因が生じる可能性がある。 • 被監査会社に代わって交渉をすることにより擁護という阻害要因が生じる可能性や、経営者の責任を担う結果となる可能性がある。	
			• チームの分離、非関与者によるレビューなどのセーフガードの適用により提供可	• 自己レビューの阻害要因が生じる可能性がある場合は提供不可
－ 法務顧問			• 法務顧問等は、通常、企業の法務に関して広範な責任を負っているため、法務顧問としての業務の提供は不可	
－ 擁護する役割（裁判所等における紛争又は訴訟の解決のために被監査会社を擁護する役割）としての行動	✓	✓	• 関係する金額が財務諸表に重要な影響を及ぼす場合は提供不可 • 重要性がない場合、チームの分離、非関与者によるレビューなどのセーフガードの適用により提供可	• 提供不可
• 採用に関する業務			• 被監査会社の経営者の責任を担うことがないように、採用に関する決定を行う責任者が任命されており、被監査会社が候補者の適性、選抜、雇用条件の交渉など採用プロセスに関する経営上の意思決定を行う態勢が整っているかなどを確認する必要がある。 • 経営者の責任を担わない限り、複数の応募者の専門的資質の審査や募集した業務に対する適性に関する助言、経理・財務業務の候補者とのインタビューや資質についての助言の提供により、阻害要因は生じない。 • 採用に関する業務は、自己利益、馴れ合い、不当なプレッシャーの阻害要因が生じる可能性があるが、チームの分離などのセーフガードにより提供可 • 採用に関する業務において、被監査会社の代理人として交渉を行ってはならない。 • 被監査会社の役員若しくはこれに準ずるもの又は被監査会社の会計記録若しくは財務諸表の作成に重要な影響を与える上級管理職の採用に関して、候補者のサーチや経歴調査、推薦、雇用条件等に関する助言を提供してはならない。	

非保証業務の内容	阻害要因		制限の内容	
	自己レビュー	擁護	非PIEの場合	PIEの場合
・コーポレート・ファイナンス（CF）に関する業務	✓	✓	・自己レビュー及び擁護の識別・評価に当たっては、助言の結果に関する財務諸表における適切な取扱いを決定する際の主観性の程度や、助言の結果が財務諸表に計上される金額に直接的な影響を及ぼす程度及び財務諸表に重要な影響を及ぼす可能性を考慮する。 ・CF業務を通じて、被監査会社の発行する株式、債券その他の金融商品の売却支援、ディーリング、引受けや、それら株式等の金融商品への投資に関する助言を提供してはならない。 ・助言の有効性が財務諸表における特定の会計処理又は表示に依存しており、財務報告の枠組みに照らして、監査チームが会計処理又は表示の適切性に疑義を抱いている場合は、CFに関する業務を提供してはならない。	
			・チームの分離、非関与者によるレビューなどのセーフガードの適用により提供可能	・自己レビューの阻害要因が生じる可能性がある場合は提供不可 ・擁護の阻害要因のみの場合は、チームの分離などのセーフガードにより提供可能

出所：日本公認会計士協会「倫理規則セクション600」を基に作成

注）タックス・プランニング業務に関しては、企業の過度な租税回避に対する社会的批判の中で、アグレッシブな税務戦略への職業会計士の関与の在り方が問われていた。そのような批判を背景として、2024年4月に国際会計士倫理基準審議会（IESBA）は倫理規程を改正し、タックス・プランニング業務に関するセクションを新たに追加した（セクション280及び380）。それを受けて2024年11月に日本公認会計士協会から同様の改正を織り込んだ倫理規則の公開草案が公表された（適用予定時期は2026年4月1日）。改正の趣旨は、タックス・プランニング業務の提供に際しては、法令等に照らして「信頼できる根拠」があるかどうかを判断することを求めるなど、タックス・プランニング業務に倫理的な行動の枠組みを提供することにあり、同業務が監査人の独立性に及ぼす影響についての従来の指針を変更するものではない。

 **Q11** 監査人の独立性を判定する対象と期間は、どのように考えられているのですか。

A 監査人が独立性を保持すべき対象には被監査会社だけでなくその「関連事業体」が含まれますが、「関連事業体」の範囲は被監査会社が上場会社を含む「公に取引されている事業体」である場合とそうでない場合とで異なります。「公に取引されている事業体」でない場合は、「関連事業体」は子会社に限られていますが、「公に取引されている事業体」の場合は、「関連事業体」は子会社に加え、一定の重要性を有する親会社や兄弟会社、持分法適用会社等の関連会社が含まれます。

　また、独立性の保持が求められる期間は、基本的には、監査対象となる財務諸表の対象事業年度の期首から監査報告書の発行日までとなります。

解　説

(1)　独立性が求められる対象

　倫理規則では、独立性を保持すべき被監査会社の「関連事業体」の範囲が、上場会社を含む「公に取引されている事業体」の場合とそれ以外の場合とで異なるので注意が必要です（倫理規則　セクション400及び用語集）。他方、監査人側も、監査事務所（監査法人又は公認会計士の個人事務所）だけでなく、出資や経営その他の手段を通じて監査事務所が支配している事業体（子会社）や監査事務所を支配している事業体（親会社、ただし日本では監査法人への出資は社員に限られているため、該当するケースはないと考えられる）を含めます。さらに、監査人がネットワークに属している場合は、国内外を問わず、ネットワーク・ファーム（コラム参照）も含めて判定する必要があります。

　非保証業務の制限を例にとると、被監査会社が上場会社の場合は、監査人（子会社等を含む）及び監査人が所属するネットワークの他のネットワーク・ファームが、被監査会社自身及びその子会社、重要性がある場合は親会社、持分法適用会社などの関連会社に対して提供される非保証業務について検討し、独立性が保持されているかどうかの判定を行います。被監査会社が上場会社以外の場合は、監査人側は変わりませんが、被監査会社自身及びその子会社に対して

提供される非保証業務について検討し、独立性を保持しているかどうかの判定を行います（**図表1**）。

図表1　独立性が求められる範囲

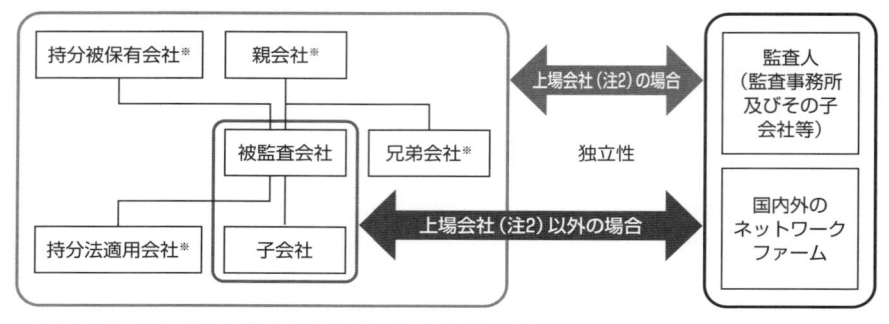

※子会社以外は重要性の概念が適用される。概略は以下のとおり。
- 親会社……被監査会社が親会社にとって重要である場合
- 持分被保有会社……被監査会社に対して重要な影響力を有し、被監査会社が持分被保有会社にとって重要である場合
- 持分法適用会社……被監査会社及びその子会社が重要な影響力を有し、被監査会社及びその子会社にとって重要である場合
- 兄弟会社……兄弟会社と被監査会社が共に親会社にとって重要である場合

（注1）持分被保有会社及び持分法適用会社は、関連事業体の定義の「直接的な金銭的利害を有する事業体」の典型的な例として記載している。
（注2）2024年6月28日付の倫理規則の改正により、「上場会社」は「公に取引されている事業体」に概念が拡張されている（2025年4月1日以降適用）。「公に取引されている事業体」は、「公認会計士法上の大会社に該当する、公開市場メカニズムを通して取引されている譲渡可能な金融商品を発行している事業体」等と定義されており、株式又は債券を金融商品取引所に上場している会社が含まれる。

出所：日本公認会計士協会「倫理規則」を基に作成

(2)　独立性が求められる期間

　監査人の独立性は、監査対象である財務諸表の対象期間と業務期間（監査契約締結時から監査報告書の発行時までの期間）にわたり保持することが求められています。継続監査の場合は、監査人交代により業務が終了したことを相手方に通知した時点又は最終の監査報告書の発行時点までの間は、監査人の独立性を保持する必要があります。

　監査人が交代する場合、後任の監査人との監査契約の締結が財務諸表の対象期間の期中又は終了後になることがあります。このような場合、監査契約締結前の被監査会社との金銭的利害関係やビジネス上の関係のほか、提供してきた

非保証業務により監査人の独立性に対する阻害要因が生じていないかを検討する必要があります。

被監査会社が社会的影響度の高い事業体（PIE）である場合、監査人として選任される前に非保証業務を提供しており、当該非保証業務から自己レビューの阻害要因が生じる可能性があるときは、以下の全ての条件が満たされない限り、監査人としての独立性は保持されていないため、監査契約は締結できません。

- 業務期間の開始前（監査契約締結前）に非保証業務の提供が終了していること
- 監査人は独立性に対する全ての阻害要因に対処するための対応策を講じること
- 事情に精通し、合理的な判断を行うことができる第三者の観点から、監査人の独立性に対する全ての阻害要因が除去又は許容可能な水準まで軽減されている（されるであろう）と監査人が判断していること

コラム　ネットワーク・ファーム

倫理規則の独立性に関する指針にネットワーク・ファームの概念が導入されたのは、2006年の改正時からとなります。ネットワークは、「監査事務所よりも大きな組織体であって、所属する事業体の相互の協力を目的としており、かつ以下のいずれかを備えている組織体」と定義され、ネットワークに所属する監査事務所又は事業体を「ネットワーク・ファーム」と呼んでいます（倫理規則、品質管理基準報告書第1号「監査事務所における品質管理」）。

- 利益の分配又は費用の分担を目的にしていること
- 共通の組織により所有、支配及び経営されていること
- 品質管理の方針及び手続を共有していること
- 事業戦略を共有していること
- ブランド名を共有していること
- 事業上のリソースの重要な部分を共有していること

ネットワーク・ファームは、業務上の必要性から契約関係で結ばれているものであり、資本関係に基づくものではありません。したがって、ネットワーク・ファーム間の関係は、いわゆる親会社─子会社の関係や兄弟会社関係ではなく、ネットワークの結び付きや管理スタイルは、それぞれのネットワークの契約条件により様々です。

　ネットワークというと、グローバル企業の監査に必要なグローバルなネットワーク（例えば、BIG4と呼ばれるEY、Deloitte、KPMG、PwC）が真っ先に思い浮かぶかもしれませんが、国内で展開しているネットワーク（例えば税理士法人とのネットワーク）もあります。

コラム　**グループ監査における構成単位の監査人の独立性**

　グループ監査において、構成単位の監査人（グループ監査人から指示を受けて構成単位の財務情報について作業を実施する監査人）には、独立性の基準を含め、グループ監査業務に適用される職業倫理の規程が適用されます。つまり、構成単位の監査人は、構成単位の監査人の所在国における監査人の独立性に関する基準ではなく、グループ監査に適用される独立性の基準の遵守が求められることになります。したがって、グループ監査人は、構成単位の監査人に対して、独立性を含め、どの職業倫理の規程の遵守が求められるのかを適切に伝達し、遵守状況を確認することが求められています（Q42⑴②参照）。

　国際監査・保証基準審議会（IAASB）による国際品質マネジメント基準（International Standard on Quality Management：ISQM）及び国際監査基準（ISA）600「特別考慮事項─グループ財務諸表の監査（構成単位の監査人の業務を含む）」の改正により、監査チーム（Engagement Team）の定義が変更され、監査意見を表明する監査事務所又はそのネットワーク・ファームに属しているかどうかにかかわらず、監査手続を実施する者は全て監査チームに含まれるとされました。これに伴い、グループ監査において構成単位の監査人が保持すべき独立性の範囲を明確にする必要が生じていました。そこで、国際会計士倫理基準審議会（IESBA）は、IESBA倫理規程に新たに「セクション405　グループ監査業務」を設けることとし、2023年2月に、グループ監査における監査人の独立性に関する詳細な規定を織り込んだ改正が行われました（適用は、ISA600と同じく、2023年12月15日以後開始時事業年度から）。このIESBA倫理規程の改正を受けて、日本公認会計士協会の倫理規則も同様の改正が行われ、2024年6月28日付で公表されています（適用は2025年4月1日以後開始時事業年度から）。

　「セクション405　グループ監査業務」では、構成単位の監査人がグループ監

査人と同一のネットワークに所属している場合と所属していない場合に分けて、独立性を保持する範囲が整理されています。

●グループ監査人と同一のネットワークに所属している場合

　グループ監査人と同一のネットワークに所属する構成単位の監査人は、グループ監査人と同様に、「グループ監査業務の依頼人」に対して独立性を保持することが求められます。「グループ監査業務の依頼人」は、グループ財務諸表の作成会社（P）とその「関連事業体」及び「監査作業を実施するその他の構成単位（OC）」で構成されますが、「関連事業体」の範囲は、グループ財務諸表の作成会社（P）が「公に取引されている事業体」であるかどうかにより異なります（(1)参照）。

●グループ監査人と同一のネットワークに所属しない場合

　グループ監査人と同一のネットワークに所属しない構成単位の監査人が保持すべき独立性は、構成単位の監査人として組成された監査チームメンバー等の個人の独立性と、法人としての独立性に分けて整理されています。構成単位（子会社（SS））自体が「公に取引されている事業体」でない場合の独立性の概要を示すと、以下のようになります。

P社が「公に取引されている事業体」である場合の構成単位の監査人が保持すべき独立性の範囲

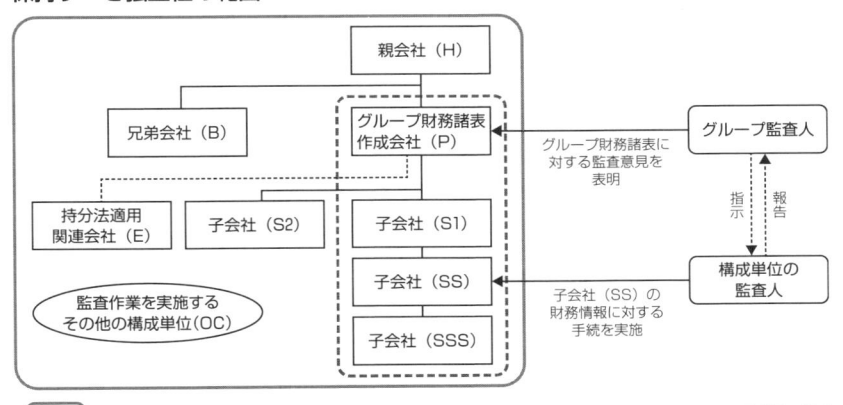

出所：日本公認会計士協会 倫理規則実務ガイダンス第1号「倫理規則に関するQ&A（実務ガイダンス）」（2024年5月23日最終改正）のQ405-4-9に含まれる図を基に作成

－構成単位の監査人（構成単位の監査チームメンバーなど）の個人の独立性

　手続を実施する構成単位（子会社（SS））及びその子会社（子会社（SSS））並びにその（中間）親会社（子会社（S1））及びグループ財務諸表作成会社（P）を対象に、金銭的利害（投資）の保有や融資関係、就職・雇用関係等が制限されます。改正により、独立性を保持すべき対象に、構成単位（子会社（SS））より上位の（中間）親会社（子会社（S1））及びグループ財務諸表作成会社（P）が追加されています。

－構成単位の監査人である監査事務所としての独立性

　グループ監査人と同一のネットワークに所属しない構成単位の監査人である監査事務所に対して、グループ監査人のネットワークに所属する場合と同じ制限を設けることについては、費用対効果が見合わず、現実的でもないと考えられています。そのため、当該監査事務所及びそのネットワーク・ファームは、基本的には、グループ財務諸表の作成会社（P）やグループ全体に対して独立性を保持することは求められていません。したがって、手続を実施する構成単位（子会社（SS））及びその子会社（子会社（SSS））に対して独立性を保持することが求められますが、グループとの関係が構成単位（子会社（SS））への独立性の阻害要因を生じさせることを知っている又はそう信じるに足る理由がある場合は、阻害要因の評価及び対処が求められます。

　ただし、グループ財務諸表の作成会社（P）が社会的影響度の高い事業体（PIE）である場合は、PIEの規定のうち、非保証業務（少しでも自己レビューの恐れがある業務の提供は禁止など）及び業務執行社員等の主要な担当社員等のローテーションや就職制限に係る規定が構成単位の監査人にも適用になります。加えて、構成単位の監査人である監査事務所は、グループ財務諸表の作成会社（P）に対する金銭的利害（投資）の保有や融資取引が制限されます。

Q12 非保証業務の提供に関して、監査人と監査役等との間でどのようなコミュニケーションが求められているのですか。

A 監査役等が監査人の監査の相当性の評価の一環として監査人の独立性を検討する際、非保証業務の提供状況は重要な情報となります。特に、被監査会社が社会的影響度の高い事業体（PIE）である場合、より厳しい監査人の独立性が社会から期待されていると考えられています。

そこで、被監査会社が社会的影響度の高い事業体（PIE）の場合、監査人は、非保証業務の契約を締結する前に監査役等に対して、提供しようとしている非保証業務は提供が禁止されている業務には該当しないこと、監査人の独立性に対する阻害要因が生じない、又は許容可能な水準であると判断していることを伝えるとともに、監査役等が独立性に及ぼす影響を適切に評価できる情報を提供することが求められています。監査役等が独立性に関する監査人の判断及び非保証業務の提供について了解しない限り、監査人は非監査業務を提供することはできません。

解説

(1) 監査人からの事前通知の内容

2022年の倫理規則の改正により、監査役等が監査人の独立性を効果的に評価できるよう、独立性に関する監査人と監査役等とのコミュニケーションの強化が図られました。被監査会社が社会的影響度の高い事業体（PIE）である場合、被監査会社、その親会社及び子会社に対して監査人及びネットワーク・ファームが非保証業務を提供する場合、監査人は非保証業務の契約締結前に以下を実施することが求められています（倫理規則　セクション600）。

- 監査人の独立性を損ねるものではないという監査人の判断を通知すること
  - 提供しようとしている非保証業務は提供が禁止されている業務には該当しないこと
  - 被保証業務の提供により監査人の独立性に対する阻害要因は生じない業務である、又は識別された阻害要因は除去されるか、又はセーフガードにより許容可能な水準まで軽減可能な業務であると判断していること

- 監査役等が独立性に及ぼす影響を適切に評価できる情報を提供すること
  - 非保証業務の内容及び範囲
  - 非保証業務の報酬の算定根拠及び金額
  - 独立性の阻害要因の識別・評価の状況、阻害要因を許容可能な水準までに軽減するために講じるセーフガードがある場合はその内容
  - 複数の非保証業務の提供による複合的な影響（馴れ合いや自己利益などの阻害要因が新たに生じないかどうか、以前に識別した阻害要因の水準が変化するかどうかの検討状況）

(2)　監査役等の事前了解

　監査人から非保証業務に関する事前通知を受けた監査役等は、監査人による独立性に対する阻害要因の識別・評価の状況を理解し、監査人の判断が適切と考えられる場合は非保証業務の提供を了解し、その旨を監査人に伝達します。

　非保証業務に関する独立性の規定は詳細にわたっていますので、監査役等が当該規定を完全に理解することまでは必要ないと思われますが、監査役等には、監査人の独立性について適切に評価できる情報に基づいて評価すること（英語では、「informed assessment」と呼ばれている）が期待されています。

　したがって、監査人から提供された情報や説明が不十分と思われる場合は、監査役等は監査人に対して追加的な情報や説明を求めることができます。例えば、非保証業務の内容が不明瞭な場合、監査人がどのように阻害要因の識別・評価を行ったかについての理解も困難になりますので、プロポーザルや過去に同様の業務を依頼したことがある場合はエンゲージメントレター（契約書）のコピーなどの資料を求めることも考えられます。非保証業務の目的や範囲、想定されている作業や成果物の内容を把握した上で、五つの阻害要因、その中でも自己レビューの阻害要因が生じる可能性がないかどうかという点については、監査役等は注意深く監査人の説明に耳を傾けることが適切と思われます。

　また、複数の非保証業務が提供される場合、非保証業務の報酬水準と監査業務を含む保証業務の報酬水準との比較などを通じ、馴れ合いや自己利益という阻害要因が許容可能な水準を超えているという疑念を抱かせないかという外観上の検討も有益と考えられます。

⑶ **独立性の判定対象と監査役等とコミュニケーションが必要とされる非保証業務の提供先**

　監査人の独立性の判定対象（Q11参照）と、監査役等とコミュニケーションが必要とされる非保証業務の提供先には以下の違いがあります（**図表１**）。

図表１

PIEである被監査会社の属性	独立性の判定に含まれる関連事業体	監査役等とコミュニケーションが必要とされる非保証業務の提供先
公に取引されている事業体※1	・被監査会社 ・子会社（連結・非連結を問わない） ・親会社（重要性の適用あり） ・持分被保有会社※2（重要性の適用あり） ・持分法適用会社※2（重要性の適用あり） ・兄弟会社（重要性の適用あり）	・被監査会社 ・子会社（連結・非連結を問わない） ・親会社
公に取引されている事業体以外※1	・被監査会社 ・子会社	

※1　2024年６月改正により、「上場事業体」を拡張した「公に取引されている事業体」に変更されている。
※2　厳密な定義は、それぞれ、「被監査会社に対し直接的な金銭的利害を有する事業体」、「被監査会社及びその子会社が直接的な金銭的利害を有することにより重要な影響力を及ぼす事業体」であるが、ここでは、典型的な直接的金銭的利害である持分の被保有又は保有で記載している。
出所：日本公認会計士協会「倫理規則」を基に作成

　重要性により独立性の判定には含まれない被監査会社の親会社に提供される非保証業務についても、監査役等とのコミュニケーションの対象に含まれる場合があることに注意が必要です。ただし、親会社に対して提供される非保証業務に関する情報を子会社である被監査会社の監査役等への通知に関しては、そのような情報伝達が法令等により禁止されている場合や機微情報もしくは機密情報の開示につながる可能性がある場合の例外的な取扱いも認められています（倫理規則）。

⑷ **コミュニケーションの方法**

　非保証業務の提供が予想される場合は、監査人と監査役等との間で、いつ、誰に対してコミュニケーションを行うかについて、想定される非保証業務の件

数や被監査会社の企業グループやガバナンスの構造等に応じて、効果的な方法をあらかじめ合意しておくことが適切です。その際の考慮点としては、以下が含まれています。

- 了解を得る単位：個々の契約ごとか、又は都度の個別了解を得ずに提供可能な非保証業務を識別し、包括的に了解する方法を取り入れるか。例えば、国内外の子会社に対して同様の業務（例えば、税務申告書作成業務など）が提供される場合、監査人と監査役等が事前に阻害要因について分析し、独立性を損なわないことに同意しているときは、包括的に了解するなどの簡便的な方法をとることも許容されている。ただし、包括的了解の対象となる契約の範囲が不明瞭にならないよう、過去の実績等に基づき、対象となる会社や業務内容、想定される報酬を具体的にリスト化することが適切と考えられる。
- 了解の伝達方法：事後的に監査役等が了解したかどうかの認識に齟齬が生じないように、監査人に対して文書による回答とするか、又は口頭による回答をどのように記録に残すか。
- 監査役等の間での了解に至るプロセス：監査役等の間でどのようなプロセスで結論付けるか。例えば、監査役会、監査等委員会又は監査委員会として協議の上、了解の可否を結論付けることとするか、又は特定の監査役、監査等委員又は監査委員（例えば、監査役会議長若しくは委員長、又は常勤者など）に了解の権限を割り当て、監査役会、監査等委員会又は監査委員会に対して定期的に報告することとするか。
- 企業グループ内での調整方法：企業グループ内に複数の社会的な影響度の高い事業体（PIE）がある場合、どのようなプロセスで結論付けるか。例えば、親会社（P社）と子会社（S1社）が共に社会的な影響度の高い事業体（PIE）に該当し、グループで監査人が統一されている場合（**図表2**）、親会社（P社）と子会社（S1社）の監査役等はそれぞれの監査チームからの通知に基づき、事前了解するかどうかを検討することが原則となる。ただし、両社の監査役等に共通して伝達される親会社（P社）、子会社（S1社）及び孫会社（SS1社）に対する非保証業務に関する監査役等としての判断に相違が生じないように、親会社（P社）又は子会社（S1社）のいずれか一方の監査役等から了解を得る方法も許容されている。両社の監査役等及び監査人との間でどのように調整・集約するかを整理し、合意しておくことが適切と考えられる。

図表2　グループ内での調整

<前提>
- 親会社（P社）と子会社（S1社）は社会的な影響度の高い事業体（PIE）であるが、子会社（S2社）は社会的な影響度の高い事業体（PIE）ではない。
- 親会社（P社）、子会社（S1社）、子会社（S2社）の財務諸表は監査法人Aにより監査されている。
- 子会社（S2社）は社会的な影響度の高い事業体（PIE）ではないため、S2社監査チームは子会社（S2社）の監査役等に非保証業務に関する通知し了解を得る必要はない。

- 子会社（S1社）及び孫会社（SS1社）に対して提供される非保証業務
  親会社（P社）の監査役等が子会社（S1社）及び孫会社（SS1社）に対して提供される非保証業務についても集約して了解し、子会社（S1社）の監査役等に報告することとするか、子会社（S1社）の監査役等は自社（S1社）及び自社の子会社（SS1社）に対して提供される非保証業務について了解の可否を検討し、親会社（P社）の監査役等に報告することとするか。

- 親会社（P社）に対する非保証業務
  親会社（P社）に対する非保証業務については、親会社（P社）の監査役等が判断することになるが、親会社（P社）と子会社（S1社）の監査役等の間、子会社（S1社）の監査役等と監査人（S1社監査チーム）との間のコミュニケーションをどのように行うか。

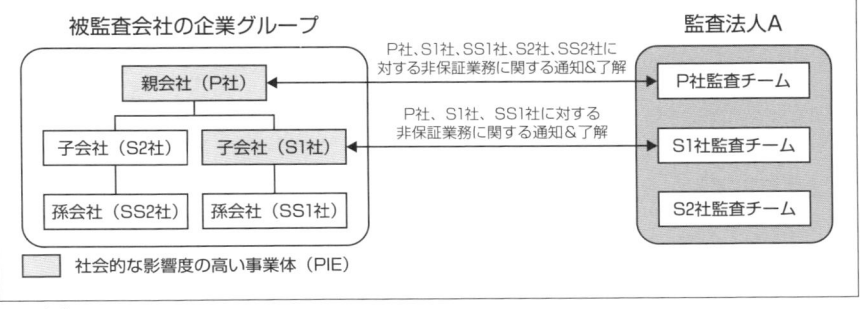

筆者作成

　加えて、法令等により監査役等への情報開示が制限されている場合又は機微情報・機密情報の開示につながる場合に従うべき手順や、あらかじめ取り決めたプロセスの対象とならない事項が生じた場合の対処方法を確立しておくことも必要です。

　なお、非保証業務に関する監査役等の事前了解は2023年4月1日以降求められていますが、事前通知・了解のプロセスは、企業グループの体制や監査人とのやり取りの中でより有効で効率的なプロセスを模索しながら適宜改善していけばよいと思われます。

> **Q13** 監査人の独立性に関連して、倫理規則で設けられている報酬関連の規定の内容はどのようなものでしょうか。

A 監査報酬は、監査人と被監査会社との間の交渉により決定され、被監査会社が負担します。被監査会社から監査報酬を受領するモデルには監査人の判断又は行動に不当な影響を与える可能性が内在しており、「自己利益」という監査人の独立性の阻害要因があると考えられています。また、被監査会社からの「不当なプレッシャー」という阻害要因が生じる可能性もあります。

このため、倫理規則では、このような監査報酬モデルに起因する阻害要因を許容可能な水準に抑えるため、監査報酬と監査以外の業務の報酬との関係や、特定の被監査会社に対する報酬依存度が高い場合の規制、社会的影響度の高い事業体（PIE）の報酬関連情報（監査人に支払われる監査報酬及びその他の報酬）の透明性に関する規定（監査役等とのコミュニケーション及び開示）が設けられています。

解 説

(1) 監査報酬及びそれ以外の業務報酬

監査人が被監査会社と監査報酬について交渉し、受領する現行のモデルは、古くから受け入れられている慣行ではありますが、一方で、そのような報酬モデルはそもそも監査人の独立性を損ねているのではないかという指摘も根強くあります。2022年の改正倫理規則では、現行の監査報酬モデルには自己利益又は不当なプレッシャーという阻害要因が内在することが明記されました。

このような認識に基づき、監査報酬の水準によって生じる自己利益及び不当なプレッシャーという阻害要因を許容可能な水準に抑えるために、倫理規則では以下の規定が設けられています。

• 監査以外の業務提供による監査報酬への影響の排除

監査報酬及びその他の専門業務の報酬は、技術的及び職業的専門家としての基準並びに業務を実施する個々の状況を勘案して決定される監査人の経営判断ですが、過度に低い又は高い報酬水準は、自己利益という阻害要因の水準

に影響を及ぼす可能性があります。例えば、監査以外の業務報酬を得るために低廉な監査報酬を設定する場合、自己利益の水準は高まるものと考えられます。したがって、監査人は、監査報酬が監査以外の業務提供により影響を受けることがないようにしなければなりません。

- 監査報酬に対する監査以外の業務の報酬の割合

  監査以外の業務報酬が高い割合を占める場合、監査業務又は監査以外の業務のいずれかを失うことへの懸念により、自己利益という阻害要因の水準が影響を受ける可能性があります。また、不当なプレッシャーという阻害要因も生じる可能性もあります。さらに、監査人が監査業務以外の関係を重視しているという外観にもつながりかねません。これら阻害要因の水準を検討するに当たっては、監査報酬に対する監査以外の業務の報酬の割合、監査報酬に対して監査以外の業務の報酬が高い割合を占めている期間の長さ、監査以外の業務の内容、範囲及び目的（継続的な業務か、法令等により監査人が実施することが義務付けられている業務かなど）を考慮します。

(2) 特定の被監査会社に対する報酬依存度（図表１）

　特定の被監査会社から得る報酬（監査報酬及びそれ以外の報酬）が監査人の総収入（監査事務所の売上高）の一定割合を超えている場合、報酬依存度の高さ及び被監査会社からの報酬を失うことへの懸念が自己利益という阻害要因の水準に影響を与え、また被監査会社からの不当なプレッシャーを生じさせる可能性があると考えられています。

　2022年の倫理規則の改正により、社会的影響度の高い事業体（PIE）とそれ以外の場合に分けて、それぞれ報酬依存度が一定水準を超える（超える可能性が高い場合を含む）場合の規定が以下のように強化されました。

　被監査会社が社会的影響度の高い事業体（PIE）の場合で、報酬依存度が15％を超える、又は超える可能性が高いとき、監査役等に対して、事実の内容と当該状況が継続する可能性、監査意見表明前のレビューなどの対応策の状況、5年経過後も監査契約を継続する案がある場合はその状況（公共の利益の観点からやむを得ない理由がある場合にのみ、日本公認会計士協会の同意を得ることを条件に極めて限定的に継続が認められることがある）を監査役等にコミュニケーションを行うことが求められています。加えて、2年連続して報酬依存度

図表1　報酬依存度が高い場合に求められる対応

被監査会社の 区分	依存割合	対　応
社会的影響度の 高い事業体 （PIE）	15％超	• ２年連続して15％を超える場合又は超える可能性が 高い場合、監査意見表明前に監査事務所外の者によ る審査と同様のレビューを実施することにより、独 立性の阻害要因による影響を許容可能な水準まで軽 減できるかどうかを判断する。軽減できると判断し た場合は、当該対応策を実施しなければならない。 • ５年連続して15％を超える場合又は超える可能性が 高い場合、５年目の監査意見の表明後、監査人を辞 任しなければならない（代替監査人がいないなど、 公共の利益の観点からやむを得ない事情がある場合 を除く）。
PIE以外の事業 体	30％超	• ５年連続して30％を超える場合又は超える可能性が 高い場合、以下のいずれかの対応策の実施により、 独立性の阻害要因による影響を許容可能な水準まで 軽減できるかどうかを判断し、軽減できると判断し た場合は、当該対応策を実施しなければならない。 　－　５年目の監査意見を表明する前に、監査事務所 　　　外の者によるレビューを実施する。 　－　５年目の監査意見を表明した後に、監査事務所 　　　外の者によるレビューを実施する。 • 報酬依存度が継続的に30％を超える場合、毎年、上 記の対応策により阻害要因による影響を許容可能な 水準まで軽減できるかどうかを判断し、軽減できる と判断した場合は、当該対応策を実施しなければな らない。

出所：日本公認会計士協会「倫理規則」を基に作成

　が15％を超える場合又は超える可能性が高い場合は、監査人は、その事実と当該状況が最初に生じた年を外部に開示することが求められています。

　この規定は、2023年４月１日以後開始する事業年度の監査から適用となりますが、年数については新規定の適用初年度から起算することとされています。ただし、被監査会社が社会的影響度の高い事業体（PIE）の場合、適用初年度において２期連続して15％を超えている時は、従前の規定に基づくセーフガード（監査意見表前に監査事務所外の者による審査と同様のレビュー又は監査意見表明後のレビューのいずれか）の適用を行うこととされています。

(3)　社会的影響度の高い事業体（PIE）である被監査会社の監査役等との報酬関連情報のコミュニケーション

　有価証券報告書や事業報告において監査報酬等の開示が求められてきことからも分かるように、監査人に支払っている監査報酬及びそれ以外の業務報酬の水準は、監査済財務諸表の利用者が監査人の独立性や監査品質を判断する際の重要な情報となっています。監査役等にとっても、それら報酬関連の情報は、監査人の独立性を含む、監査の相当性を判断する際の重要な情報と言えます。

　2012年以降、監査人は被監査会社の監査役等と監査人の独立性に関してコミュニケーションを行うことが求められており、上場会社の場合は、監査報酬とそれ以外の報酬についてもコミュニケーションを行うことが求められてきました（監基報260）。

　加えて、2022年の改正倫理規則では、被監査会社が社会的影響度の高い事業体（PIE）の場合に、報酬関連情報について監査役等と適時にコミュニケーションを行うことと、監査の透明性を高める観点から報酬関連情報の外部開示を求める規定が設けられました（開示についてはQ14参照）。

　倫理規則で監査役等とのコミュニケーションに含めるべきとされた報酬関連情報は**図表2**のとおりです。

　被監査会社が社会的影響度の高い事業体（PIE）の場合、非保証業務については事前に監査人と監査役等との間でコミュニケーションを行うことが求められていますので、報酬関連情報については期中において定期的（例えば、四半期ごととか半年ごと）に監査人と監査役等との間で事前了解した内容と実績を相互に確認しておくとよいと思われます。また、監査やそれ以外の業務で当初の予定から大きな変更があった場合は、その都度コミュニケーションを行うことも必要と思われます。また、年度末の開示資料の作成や期末監査を円滑かつ効率的に作成するためには、監査人と監査役等とのコミュニケーションだけでなく、監査役等と経理部門などの執行側（監査報酬やそれ以外の報酬を管理している部署）との間におけるコミュニケーションも重要です。

　なお、親会社及び連結子会社（完全子会社に限る）ともに社会的影響度の高い事業体（PIE）に該当し、当該子会社の監査人と同じ監査事務所又はネットワーク・ファームが親会社の連結財務諸表の監査意見を表明している場合は、当該子会社の監査人は当該子会社の監査役等に対して報酬関連のコミュニケー

図表2　監査役等との報酬関連情報のコミュニケーション

	金　額	阻害要因の分析状況
監査報酬	①監査人が意見を表明する財務諸表の監査に対して、監査人又はネットワーク・ファームに支払われた、又は支払われるべき報酬	・報酬の水準によって生じる阻害要因が許容可能な水準にあるかどうか ・許容可能な水準ではない場合、そのような阻害要因を許容可能な水準にまで軽減するために監査人が講じた対応策又は計画している対応策
監査以外の業務報酬	②監査対象である財務諸表の対象期間において、監査人又はネットワーク・ファームが被監査会社及び連結子会社に対して請求する報酬で、①以外のもの ③監査人が、独立性の評価に関連すること知っているか、又はそのように信じるに足る理由がある場合は、非連結子会社に対して請求する報酬で、①以外のもの	監査報酬に対する監査以外の業務報酬の割合によって、自己利益という阻害要因の水準に影響が生じる、又は不当なプレッシャーという阻害要因が生じると判断している場合 ・阻害要因が許容可能な水準にあるかどうか ・許容可能な水準にない場合、そのような阻害要因を許容可能な水準にまで軽減するために監査人が講じた対応策又は計画している対応策

出所：日本公認会計士協会「倫理規則」を基に作成

ションは行わないことができるとされています。完全子会社に限定されるのは、子会社の監査役等として非支配株主（少数株主）の利益を考慮する必要がないためです。そのような場合、グループ・ガバナンス上、子会社レベルで当該コミュニケーションを行う必要性に乏しい場合も想定されますので、親会社の監査役等に判断を委ねることも可能とされたものです。

Q14 倫理規則で求められる報酬関連情報の開示の概要と監査実務に及ぼす影響を教えてください。

A 2022年の倫理規則の改正により、被監査会社が社会的影響度の高い事業体（PIE）である場合、報酬関連情報（監査人やネットワーク・ファームに支払っている監査報酬及びそれ以外の報酬）の開示が求められています。それに伴い、2024年3月期以降、監査報告書において報酬関連情報の記載が求められることとなりました。

倫理規則で求められている報酬関連情報と、有価証券報告書や事業報告においてこれまでガバナンス情報として開示されてきた監査人に対する報酬関連情報とは差異が生じる可能性があるため、被監査会社と監査人との間で開示対象となる範囲や集計方法などをあらかじめ協議しておくことが適切です。

解説

(1) 報酬関連情報の開示に関する倫理規則の規定

IESBA倫理規程は、被監査会社が社会的影響度の高い事業体（PIE）である場合、監査人と被監査会社との間の業務上の関係を示す報酬関連情報の開示は監査人の独立性の評価にとって有益であるとし、被監査会社が報酬関連情報の開示を行っていないときは、監査人に当該情報の開示を求めています。日本においても、IESBA倫理規程の改正を受け、2022年の改正倫理規則において、報酬関連情報の開示が求められています（**図表1**）。

図表1　開示が求められる報酬関連情報

監査報酬	①監査人が意見を表明する財務諸表の監査に対して、監査人及びネットワーク・ファームに支払われた、又は支払われるべき報酬
監査以外の業務報酬	②監査対象である財務諸表の対象期間において、監査人又はネットワーク・ファームが被監査会社及び連結子会社に対して請求する報酬で、①以外のもの ③監査人が、独立性の評価に関連すること知っているか、又はそのように信じるに足る理由がある場合は、非連結子会社に対して請求する報酬で、①②以外のもの

筆者作成

　なお、以下の場合は、情報が重複することになるため、報酬関連情報の開示を省略することができます。

- 連結財務諸表と個別財務諸表の監査を行っており、連結ベースでの開示が行われている場合、個別財務諸表の監査人としての報酬関連情報の開示
- 親会社とその連結子会社（完全子会社に限る）が共に社会的影響度の高い事業体（PIE）に該当し、同じ監査人又はネットワーク・ファームが監査を実施している場合、当該子会社監査人としての報酬関連情報の開示

　倫理規則で外部開示が求められている報酬関連情報は、開示府令や会社法施行規則に基づき、被監査会社のガバナンス情報として有価証券報告書や事業報告において開示されてきた報酬関連情報の対象とは必ずしも一致しない可能性があります。それぞれ法令で要求されている開示内容との主な相違は**図表2**のとおりです。

図表2　報酬関連情報の範囲の相違点

倫理規則上の開示対象と	相違点		
	重要性の概念の適用	非連結子会社の扱い	ネットワーク・ファームの扱い
有価証券報告書における開示との差異	あり	あり	なし
事業報告における開示との差異（会計監査人設置会社）	－	あり	あり

筆者作成

- **【重要性の概念の適用】**　開示府令では、ネットワーク・ファームに支払う報酬の集計において重要性の乏しいものは省略することが許容されている。倫理規則上はこのような重要性の概念の適用はない。
- **【非連結子会社の扱い】**　開示府令及び会社法施行規則では、報酬の集計対象は被監査会社とその連結子会社が支払った報酬に限られている。倫理規則上は、監査人が独立性の評価に関連することを知っている場合などは非連結子会社も集計対象に含まれる。
- **【ネットワーク・ファームの扱い】**　会社法施行規則では、監査人に対して支払われる報酬のみが集計の対象であり、ネットワーク・ファームに対する支

払は集計対象に含まれない。

重要性の概念により除外されているものや非連結子会社から受領する報酬がない場合は、有価証券報告書における開示対象の報酬と倫理規則で求める報酬とは一致することになります。一方、会社法の事業報告では、監査人に対して被監査会社及び連結子会社から支払われる監査・非監査報酬のみが対象となっており、ネットワーク・ファームに対して支払われる報酬は開示が要求されていませんので、大きく異なることが多いと思われます。

(2) 金商法監査及び会社法監査における対応

IESBA倫理規程は、世界各国で報酬関連情報の開示が様々な形で行われていることから、具体的な開示方法についてはいくつかの方法を例示するにとどまっています。日本においては、有価証券報告書や事業報告での開示状況を踏まえ、以下のアプローチが想定されています。

- 有価証券報告書又は事業報告の報酬関連情報と倫理規則で開示が求められている報酬関連情報との間に相違があるかどうかを検討する。
- 相違がある場合は、有価証券報告書又は事業報告の報酬関連情報の金額に追加するかどうかについて、被監査会社の利害関係者にとってのベネフィットと、報酬と監査人の独立性に関する利用者の理解の促進という観点から監査役等と協議する。
- 監査報告書において「報酬関連情報」という見出しを付して、以下のいずれかを記載する。
  - 監査報酬とそれ以外の報酬金額をそれぞれ記載する。
  - 有価証券報告書又は事業報告の報酬関連情報と倫理規則で要請されている報酬関連情報との間に相違がない場合は、有価証券報告書又は事業報告書に報酬関連情報が記載されている旨を記載する。

社会的影響度の高い事業体（PIE）が会社法監査のみを受けている場合は、上記のアプローチに基づき、会社法監査報告書においても報酬関連情報の記載が行われます。

一方、社会的影響度の高い事業体（PIE）が金商法監査と会社法監査の両方の監査を受けている場合は、日本公認会計士協会の「倫理規則に関するQ＆A（実務ガイダンス）」において、「いずれかの監査報告書において報酬関連情報

を開示することで足りる」（Q410-13-4）とされています。2023年3月末の監査証明府令の改正により、金商法に基づく監査の監査報告書（特定有価証券に係るものや一定規模未満の非上場会社を除く）においては報酬関連情報の記載を要することになりましたが、会社計算規則の改正は行われていませんので、会社法監査報告において省略可能ということになります。ただし、あくまで省略してもよいということですので、会社法監査報告書においても記載することも可能です。その場合は、事業報告と有価証券報告書の報酬関連情報の記載を共通化し、複数の種類の報酬関連情報の開示を避けるのが利用者にとっては最も分かりやすい対応と思われます。

報酬関連情報に関して監査証明府令（2023年3月27日公表）で追加された項目の概要

- 追加された監査報告書の記載事項
  - 監査を実施した公認会計士又は監査法人（これらの者と同一のネットワークに所属する者を含む）が被監査会社等又はその連結子会社若しくは非連結子会社から受け取った、又は受け取るべき報酬（当該非連結子会社から受け取った、又は受け取るべき報酬にあっては、監査を実施した公認会計士又は監査法人の独立性の保持に影響を与えると認めるに足りる相当の理由があるものに限る）に関する事項
- 監査報告書における報酬関連情報の記載を省略できる場合
  - 連結財務諸表の監査報告書に報酬関連情報の記載がある場合、個別財務諸表の監査報告書においては連結財務諸表の監査報告書に報酬関連情報の記載がある旨を記載し、重複して記載しなくてよい。
  - 完全親会社の連結財務諸表の監査報告書に報酬関連情報の記載がある場合、同一監査人が発行する完全子会社の財務諸表の監査報告書において、完全親会社の連結財務諸表の監査報告書に報酬関連情報の記載がある旨を記載し、重複して記載しなくてよい。

 **監査役等、内部監査人及び監査人の三者間での
どのような連携が効果的・効率的でしょうか。**

A 　監査役等、内部監査人及び監査人による監査は、それぞれ役割や権
限、監査対象は異なりますが、モニタリング機能を果たすことが期待
されているという点は三つの監査に共通しています。それぞれの監査の目的
の違いを踏まえつつも、それぞれに期待されている役割を全うするために、
リスク認識の共有を図り、それぞれの監査に役立てる補完関係を築いていく
のが効果的であり効率的と考えられます。

解　説

(1)　監査役等と監査人の連携

　監査役等と監査人の監査は、それぞれ法令で義務付けられています。そのた
め、会社法や金商法などの法令及び監査の基準において両者の連携を想定した
種々の規定が設けられています。両者の連携は開示制度に組み込まれており、
近年はますます連携の重要性が指摘されています。

　会社法では、監査役等は、会計監査に関しては会計及び監査の専門家である
監査人による監査の相当性を判断することにより行うこととされています。そ
のため、監査役等は、自らの責任を果たすために監査人が適切に監査を実施し
ているかどうかを評価し、その結果に基づき監査人の選任・解任・不再任の議
案を決定し、監査報酬に対する同意権を行使します。このことは同時に、監査
役等は、適切な監査の確保のために監査人をサポートする立場に立つことがあ
ることも示しています。他方、監査人は、監査役等に自らの監査を適切に評価
してもらうために監査の状況について監査役等に報告することが求められてい
ます。加えて、監査の過程で取締役又は執行役の不正行為や法令定款違反の重
大な事実を発見したときや内部統制の重要な不備を発見したときには、監査役
等に対して報告又は通知をし、是正を促すこととされています。

　監査役等と監査人との連携については、監査計画段階から、リスク評価につ
いて積極的に意見交換をすることが双方にとって有益になります。一方にとっ
てそれほど重要でないことが他方にとっては実は重要であることもあるため、

定期的な（例えば、月1回）情報交換を実施している会社は少なくありません。また、監査計画についても、監査人から監査役等に説明するだけでなく、監査役等からも監査役等の監査計画を監査人に説明して議論することが深度ある監査活動につながります。

　なお、監査役等による監査人監査の相当性を判断するためには、一定の会計や監査に知見が必要であることから、そのような知見のある監査役が少なくとも一人選任されていることが実効性ある連携につながると考えられます。

(2)　内部監査人と監査人の連携

　内部監査はその設置が法令で義務付けられているわけではなく、会社によって体制も様々です。このため、内部監査人と監査人との連携の程度は、内部監査の対象領域や確保されている客観性の程度などの影響を受けます。

　監査人による監査においては、リスク評価の一環として監査人は内部監査人とコミュニケーションを行うことが求められています（監基報315）。また、内部監査の対象や組織における位置付けなどの状況を評価した上で内部監査の業務を利用できると判断した場合は利用することとされており、その利用は必須ではありません（Q44参照）。しかしながら、両者がリスク認識や監査結果について相互に情報交換を行い、適切に連携することは双方の業務にとって有益です。特に内部監査の対象範囲や活動目的が財務報告に係る内部統制に直接関係している場合には、重要な虚偽表示リスクに関連する情報を交換して、双方の監査活動に活用することが期待されます。そのほか、監査人と内部監査人とのコミュニケーションにより、監査人が入手した監査証拠の信頼性に疑念を抱かせるような情報が内部監査人からもたらされることがありますし、監査人の体系だった監査活動から得られる情報が内部監査に役立つこともあります。例えば、監査人の監査のプロセスで検出された不正（の疑い）や誤謬、内部統制の不備について、内部監査人は会社の内部者であるために豊富な関連情報を有していることが多く、それらの情報を総合的に勘案して問題を深く理解して内部監査に役立てることも想定されます。

(3)　内部監査人と監査役等の連携

　監査役等と内部監査人の連携には、業務監査について双方にメリットがある

ことはもちろんのこと、会計監査の中で監査人が必ずしも重要とは捉えていないリスクで監査役等から見て重要なリスク（例えば、現時点で重要でなくても、新規事業などで将来重要になり得るリスク）があれば、内部監査と連携してモニタリングを続けることは有益と考えられます。監査人の監査において指摘された問題点について、その根本原因を監査役等と内部監査人とで連携して継続調査することもできますし、再発防止策の策定や改善状況を社内の目で詳しく追うこともできます。会計上の問題として顕在化していない懸念事項があれば、これを業務監査における課題として早期に執行側に進言しやすいなど、監査役等と内部監査人との連携は、適切な財務報告にも大いに貢献するものと言えます。

| コラム | **監査役等と監査人のコミュニケーションを深めるポイント** |

　監査役等と監査人の連携強化が強調されるようになって久しいですが、監査役等と監査人とのコミュニケーションを深めるためのポイントとして、例えば以下が考えられます。

- 監査人とのコミュニケーションにおいて、相手方が本当に何を知りたいかを適切に把握し、知りたいことを互いに引き出すようにする。
- 監査人とのコミュニケーションにおいて、リスク情報の共有を十分に行うようにする。
- 監査人から監査役等への情報提供だけでなく、監査役等から監査人への情報提供を十分に行うようにする。
- どのような監査意見が表明されるかについてのコミュニケーションだけではなくて、どのような監査手続をしているかについてのコミュニケーションを行う。
- 監査人の監査内容を適切に評価できる知見を有する者を監査役等に加える。

　その他、監査の実効性確保と強化のために、グループ内の監査人との連携を深めることも考えられます。業種業態にもよりますが、グループ会社、特に海外については情報不足に陥りやすいので、できるだけ親会社の監査人と同じネットワークに所属する監査人に揃えるよう執行側に働きかけ、グループ監査のコミュニケーションの円滑化を図ることも考えられます。また、海外往査のときにもできるだけ現地の監査人と面談を行い、生の情報を引き出して意見交換

をすることは大変有益な活動と言えます。その上で、個々の会計処理の課題のみならず、監査役等の懸念（例えば、内部統制について気付いたこと）を伝え、ささいなことでも伝えてほしい旨を現地監査人に話しておくと、連結ベースでのリスクを適切に評価することにつながっていきます。

コラム　監査役等と監査人との連携に資する実務指針

　日本公認会計士協会から、監査役等と監査人とのコミュニケーションに関する監査の実務指針（監査基準委員会報告書第25号「監査役若しくは監査役会又は監査委員会とのコミュニケーション」）が初めて公表されたのは、2004年に遡ります。25号報告は、金融庁に設置されている金融審議会の公認会計士制度部会の報告書（2002年12月公表）において、コーポレートガバナンスと監査の関係が取り上げられたことに対応して策定されました。公認会計士制度部会の報告書では、モニタリング機能を有する監査役等の監査及び内部監査は監査人による監査と相互補完的な関係にあると位置付けられ、監査人が監査の過程で得た情報を監査役等へ報告するなどの相互連携の強化に積極的に取り組んでいくことが促されていました。25号報告は、2011年に監基報260「監査役等とのコミュニケーション」及び265「内部統制の不備に関するコミュニケーション」に引き継がれ、改正を繰り返しながら現在に至っています。「コミュニケーション」という用語には、監査人からの一方的な報告・情報伝達の関係ではなく、相互補完の関係に基づき、互いの監査に資するように双方向に意見交換をすべきという意図が込められています。

　監基報260は、監査役等にコミュニケーションを行う項目を詳細に規定しています。財務諸表監査における監査人の責任に始まり、監査計画の概要、監査上の重要な発見事項、監査人の独立性、品質管理システムの整備・運用状況について、毎期、コミュニケーションを行うこととしています。財務諸表監査における監査人の責任は普遍的な内容ですが、他の項目は、毎期変化する要素を含んでいます。

　これらの項目は、会社法の会社計算規則で監査役等に報告が求められている項目と重複する部分もあり、各監査チームがこれら項目を抜け漏れなくコミュニケーションを行うことを担保するため、標準テンプレートを用意している監

査法人もあります。標準テンプレートを利用した文書は、一見すると毎年ほぼ同じ内容の情報を監査人から受け取っているという印象を与えかねませんが、コミュニケーションがマンネリ化しないように、変化に着目して形式的・表面的にとどまらない協議を双方で心掛けるとよいと思われます。

　このほかに、日本監査役協会と日本公認会計士協会の共同研究報告「監査役等と監査人との連携に関する共同研究報告」があります。初版は、有価証券報告書の「コーポレートガバナンスの状況」の項に両者の連携の状況の記載が求められたことや会社法において監査役等への監査報酬の同意権が付与されたことなどを背景に2005年7月に公表されました。初版公表以来、金商法の開示制度に関する改正や会社法及び公認会計士法の改正、監査人側の監査基準や実務指針及び倫理規則の改正、コーポレートガバナンス・コードの制定・改正などを反映して、研究報告も数度の改正が行われています。研究報告は、連携強化が求められる背景の基本的な説明や監査の進行に合わせた協議事項の例示のほか、両協会から公表されている連携に関連する実務指針等の一覧も添付されており、より深く両者の連携に関して学びたい人にとっての参考になるように工夫されています。また、共同研究報告と整合する形で、2006年以降、日本監査役協会から監査役等向けにより詳細な「会計監査人との連携に関する実務指針」が公表され、都度改正されています。

Q16 会計監査人から提示された監査計画をチェックするときには、どのような点に留意するとよいのでしょうか。

A 監査人は、計画した監査の範囲とその実施時期の概要について監査役等にコミュニケーションを行うことが求められています（監基報260）。リスク・アプローチの監査において、監査人が財務諸表のどの部分（勘定科目）にどのようなタイプの虚偽表示が生じる可能性が相対的に高いと評価しているか、評価したリスクに対応するためどのような手続の実施を計画しているかに監査役等は留意する必要があります。

解 説

(1) 監査上の重点領域・重点項目

　監査人の監査計画の説明は、「特別な検討を必要とするリスク」を含む、監査上の重点領域・重点項目の内容及びそれへの対応が中心となります。当期に以下のような変化が想定される場合は、それらが財務諸表へ及ぼす影響及び監査上の対応について、監査人と協議することが考えられます。監査役等は会社の動向に関する情報を豊富に有していますので、当期に計画又は発生が想定される事象について積極的に監査人に伝え、財務諸表にどのような影響を及ぼすのかについて互いの理解を深めることは有益と考えられます。

- 経済環境や市場の変化・動向
- 重要な顧客や仕入先の変動、契約条件の変更
- 事業運営に重要な影響を及ぼす規制の改正
- 新たな地域でのビジネスの開始、新規ビジネスの開始、既存事業からの撤退
- 買収、組織再編、重要な子会社の異動
- 重要な人事異動
- 新しい会計基準の適用
- 重要な会計方針の変更
- 財務報告に係る情報システムの入替え・更新

　また、上場会社の場合は、監査計画の説明時に「監査上の主要な検討事項（KAM）」の候補についての説明が含まれることが多いため、前年からの変更

の可能性や、関連する開示の状況（財務諸表の注記及び財務諸表以外のセクションにおける記述）についても計画段階から忌憚のない意見交換を重ねていくとよいと思われます。さらに、過年度の監査結果報告において重要事項として監査人から報告を受けた事項（例えば、固定資産の減損の要否などの会計上の論点や内部統制の重要な不備など）について、当期の監査計画において監査上の重点項目に入っているかどうかに留意し、重点項目として識別されていない場合はその理由などを質問することも有益です。

(2)　グループ監査

　監査計画には、グループ監査の計画も含まれていますので、監査役等がグループにおいて重要と考える子会社のほか、連結財務諸表において相対的に重要な虚偽表示リスクが高い勘定科目について多額の残高を有する子会社がグループ監査の範囲に含まれているかどうかにも注意を払うとよいと思われます。全体として連結財務諸表の監査が十分に行われているかどうかについて検討する際、リスクの観点に加え、連結売上高又は連結総資産に占めるグループ監査の対象となっている拠点の売上高や総資産の割合、勘定科目の残高に占める割合など定量的な観点からの検討が有益なこともあります。

(3)　監査日程、見積監査時間、監査チーム編成等

　監査計画には、事業所や子会社等の往査先、その時期及び監査時間数、監査チームメンバー、重要な実証手続の内容及び実施時期、内部統制の評価及び実施時期、監査スケジュールが記載され、総監査時間の見積り及び監査報酬なども含まれています。監査時間については、前年からの変更点のほか、リスク評価、期中監査、期末監査へのおおよその時間配分、職位別（パートナー、マネジャー、シニアスタッフ、スタッフなど）の監査時間の構成割合、特別な検討を必要とするリスク等監査の重点項目にかける時間数、IT、資産評価、年金又は税務などの専門家の関与時間数などを確認するとよいと思われます。

　なお、最近では、大手監査法人を中心に、テクノロジーを活用したデータ分析手法の導入が進められており、従来と監査手続の内容や時間配分が異なる場合もありますので、新しい監査手法の内容や効果について監査人に説明を求めることも有用と考えられます。

⑷ 監査役等とのコミュニケーションの計画

　監査人は、監査役等とのコミュニケーションの内容や実施時期等について、あらかじめ監査役等とコミュニケーションを行うことが求められています。監査計画の説明時に、年間を通じて、どの時期にどのような内容のコミュニケーションを行うかを明確にすることは、監査役等及び監査人の双方にとって有益と考えられます。

　実務上、監査役等とのコミュニケーションの時期を定例化している会社が多いと思われますが、監査役等から実施時期や内容について積極的に要望を伝えることももちろん可能です。例えば、会計上又は監査上の重要論点や改善を要する指摘事項等が生じた場合は、定例会議を待たずに監査役等にタイムリーに伝達してほしい旨を監査チームに伝達することも考えられます。

　監査役等から監査人に要望を伝える際は、監査役等が期待している重要性の目安を示すと、監査役等と監査人とのコミュニケーションをより効果的に行うことができます。監査人による監査活動は年間を通じて行われており、監査人は、会社の担当者から会計処理に関する相談を随時受けていますし、監査業務を通じて気付いた事項（例えば、内部統制の不備）について執行側と是正策についての議論もしています。その中には、会社の担当者に伝えてその場で解決できる程度の重要性の乏しいものから、社長又は最高財務責任者（CFO）との議論を要するほどの金額的又は質的に重要なものもあります。監査役等のニーズは会社によりそれぞれ異なるため、監査チームにとって、どこまで伝達することが望ましいかを判断することが、難しいこともあります。そこで、例えば「改善指導内容や監査の進行状況をタイムリーに把握したいので、部門長に直接話すような内容は監査役等にも随時共有してほしい」など、重要性の目安を示しつつ、監査チームに伝えるのがよいと思われます。

| コラム | 「ガバナンスに責任を有する者」 |

　監査人がコミュニケーションを行うべき「ガバナンスに責任を有する者」は、国際監査基準（ISA）では、「those charged with governance」という用語が使われています。ここでいう「those charged with governance」とは企

業の構成員のうち、誰のことを示しているのでしょうか。

　監基報260「監査役等とのコミュニケーション」では、国際監査基準（ISA）260の定義を踏まえ、「ガバナンスに責任を有する者」を、「企業の戦略的方向性と説明責任を果たしているかどうかを監視する責任を負う者又は組織をいう。これには、財務報告プロセスの監視が含まれる。」と定義しています。国際監査基準は世界各国で様々な組織形態の財務諸表監査に適用されますので、様々なガバナンスの構造を包摂できるような定義になっています。例えば、監督機関としての取締役会の下に監査委員会（Audit Committee）が設置されている場合は監査委員会が「those charged with governance」に該当しますが、監査委員会が設置されていない場合は取締役会全体が該当します。さらに、定義には、「国によっては、ガバナンスに責任を有する者には、経営者を含むことがある。」とも記載されています。これは、例えば、小規模な組織の場合など執行と監督が未分離な状況である場合を想定して加えられていますが、その場合は、監督の役割を兼務している経営者に対して監査人はコミュニケーションを行うことが求められます。

　我が国では、会社法上の機関の役割を前提に、監査人が日頃コミュニケーションを行うべき「ガバナンスに責任を有する者」は、監査役等とされています。これは、会社法において、監査役等は業務監査と会計監査を行うことが求められており、会計監査人設置会社においては、監査役等は（会計）監査人の監査の相当性を判断することが求められているためです。そのような関係を踏まえ、監査役等は監査人から、監査人の適格性や監査の相当性の判断に必要な情報を入手する必要がありますし、監査人も監査の有効性を高めるために監査役等の知見やサポートを得る必要があります。

　加えて、監査人がコミュニケーションを行うべき「ガバナンスに責任を有する者」は、必要に応じて、ガバナンス上それぞれが担う役割や責任に基づき、取締役等の職務執行を監督する取締役会や社外取締役その他の非業務執行取締役に拡大することもあります。経営者による不正が疑われる場合など、状況によって、監査人は監査役等に加え、取締役会又は社外取締役と重層的にコミュニケーションを図ることがあります。

Q17 監査人が監査の際にチェックしているポイントにはどのようなものがありますか。

A 監査人は、財務諸表の重要な虚偽表示につながる兆候について、常にアンテナを張っています。それには、監査の基準で示された要求事項や具体的な例示、そして各監査事務所において追加されている事項が含まれますが、過去に問題のあった監査事例や基本的な経験則にも留意しています。

これらに関して、監査人は、監査役等から重要な虚偽表示リスクの把握に役立つインプットを得たり、意見交換を通じて新たな気付きを得ることを期待しています。

解 説

(1) 監査人が監査の過程でチェックするポイント

監査人は、財務諸表の重要な虚偽表示につながる要因がないかどうかについては、監査の全過程を通じて常に情報を収集しています。監査人がチェックするポイントとしては、例えば、以下があります。

- 過去に問題のあった監査事例

「監査事務所検査結果事例集」(公認会計士・監査審査会(CPAAOB))や「品質管理レビュー事例解説集」(日本公認会計士協会)には問題のあった監査事例が掲載されており、監査人に留意を促しています。掲載されているチェックポイントや留意点は、監査役等にも有益と考えられます。

- 異常増減への着目

損益計算書項目であれば月次推移、貸借対照表項目であれば期別比較を行い、大きな変動があればその内容を確認します。監査人は会社の担当者にヒアリングするとともに、関連証憑(内部の決裁書類だけでなく、契約書や請求書、見積書などの外部資料)と照らし合わせて、適切に会計処理が行われていることを確認します。この作業により会社の動きもよく分かります。ごく基本的な手法ではありますが、例えば「非中核的な事業において売上が急増していた」ものが、循環取引であったことが、後日、判明した事例もありますから、欠かせないチェックポイントであると考えられます。

- 滞留項目、資産の評価の妥当性及び実在性

  典型的には売掛金、棚卸資産に滞留項目があるのであれば、その評価の妥当性及び実在性を検討します。回収可能性があるのか、販売可能性はどのくらいあるのかなどを、案件別に（重要なものについて）確認していきます。資産の実在性については、例えば、ソフトウエア資産などの無形資産の簿価にも着目します。費用を過少計上するために、資産に計上する典型的な不正パターンにも注意します。

- 資料間の整合性

  異なる作成過程を経たデータにおいて本来は整合するはずの数字が整合しない場合、その内容や原因を掘り下げることにより、多くのことが分かることがあります。また、開示書類における整合性がとれていないことがあれば、（原因がケアレスミスであるとしても）信頼性に直接大きく影響してしまうことがあるため、資料間の相互チェックは大変重要と言えます。

- あるべき姿からの乖離（違和感）

  「特定の部門で売上が急増している」「このような将来予測があり得るのか」、あるいは「連番が付されている資料であるにもかかわらず、ファイリングの順番がランダムになっている」など、監査人が複数の会社を見て体得してきた「あるべき姿」の感覚とは異なる「違和感」をもつことがあります。これは様々な場面であり得るのですが、日々の監査手続や書類作成が膨大であっても、違和感は監査チーム内で共有し、確認していく姿勢が大切と考えられています。

- 基本的な内部統制への着目

  会社ぐるみの巧妙な不正事案は大きく報道されますが、（報道の対象にならないような）不正や誤謬は日常的に発生する可能性があり、そのほとんどは基本的な内部統制の不備から生じていると考えられます。営業又は購買担当と在庫管理や経理担当の職務の分離が不十分である、現物管理や情報管理が杜撰である、通常の承認ルートを通らないことが容認されている、内部監査人が監査しづらい部署がある、担当者や責任者の業務知識が十分でない、などの基本的な内部統制上の問題が、不正や誤謬につながることは少なくありません。体制が脆弱なのであれば、脆弱性が顕在化するリスクを想定した監査を実施する必要がありますし、改善に向けて現状を変更するように働きか

けることが肝要と言えます。

- リスクへの感度

担当者と話していて要領を得ない（隠し事があるように感じる）、部門責任者が非常にやり手で異論を許さない雰囲気がある、ガバナンスがあまり機能していないように見える、といった直感が意外と正しいことがあります。リスク・アプローチの監査において、監査人は不正シナリオの想定を含め、リスクを想定した様々な仮説に基づいて検証を進め、監査の基準への形式的な準拠にならないように、常にリスクへの感度を高めることが大変重要となります。

(2)　監査人の監査役等への期待

監査役等（特に常勤監査役等）は、業務監査を通じて、経営陣の言動や現場業務から多くを感じ取れる立場にあり、監査人が触れることの難しい情報も豊富に有しています。監査人にとって監査役等とのコミュニケーションは、監査人のリスク評価の適切性を確かめるためにも、とても重要な情報交換の場です。

> **コラム**　**会計実務の質的側面のうち重要なものについての監査人の見解**
>
> 　監基報260「監査役等とのコミュニケーション」で監査人にコミュニケーションを行うことが求められている項目に「会計実務の質的側面のうち重要なものについての監査人の見解」があります。この項目には、適用される財務報告の枠組みの下では受け入れ可能である（したがって、重要な虚偽表示ではない）が、会社の特定の状況においては最適ではないと監査人が考える事項も含まれます。実務上は、「会計実務の質的側面のうち重要なもの」は該当なしとしているケースがほとんどと思われますが、監査人との協議を深めるきっかけになるかもしれませんので、以下に監基報260の付録２で例示されている項目を紹介します。
>
> 《会計方針》
> - 情報提供に要する費用と財務諸表利用者が得られる便益とを勘案した上での、個々の企業の状況に応じた会計方針の適切性
>   受入可能な代替的な会計方針が存在する場合、重要な会計方針の選択によって影響を受ける財務諸表項目の識別に加えて、類似の企業が用いる会計

方針に関する情報を含めることがある。

- 新会計基準の適用時の選択と重要な会計方針の変更
会計方針の変更の時期とその方法が現在と将来の損益に与える影響、及び今後公表が予想される新会計基準に関連した会計方針を変更する時期を含めることがある。
- 議論がある又は新たな領域における重要な会計方針（又は、確立された指針等がない、業界特有の会計方針）の影響
- 取引の発生時期が期間帰属に与える影響

《会計上の見積り及び関連する注記事項》⇒ 監基報540 付録2 （Q40参照）

《財務諸表の表示及び注記事項》

- 特に慎重な検討を要する事項の財務諸表の表示及び注記事項（例えば、収益認識、継続企業の前提、後発事象、及び偶発事象に関連する表示及び注記事項）の作成における問題点や関連する判断
- 財務諸表の表示及び注記事項の全体的な中立性、一貫性及び明瞭性

《関連する事項》

- 係争中の訴訟等、財務諸表に開示されている重要なリスクやエクスポージャー、及び不確実性が財務諸表に与える影響の可能性
- 通常の取引過程から外れた重要な取引又は通例でないと思われる取引が財務諸表に与えている影響の程度
  - 会計年度中に認識された非経常的な金額
  - 当該取引が財務諸表に個別に開示されている程度
  - 当該取引の意図は、特定の会計上若しくは税務上の処理、又は法令上の目的を達成することにあるように見えるか。
  - 当該取引の形式が過度に複雑かどうか、又は取引の組成に関する外部のアドバイザー等からの広範な助言に基づくものかどうか。
  - 経営者が、取引の経済実態よりも、特定の会計処理の必要性を強調しているか。
- 有形固定資産及び無形固定資産の耐用年数の決定根拠などの、資産・負債の帳簿価額に影響を与える要因
帳簿価額に影響を与える要因がどのように選択されたか、及び代替的な方法が財務諸表にどのような影響を与えるかについて説明される場合がある。
- 利益が増加する効果のある虚偽表示は修正するが、利益が減少する効果のある虚偽表示は修正しない場合などの虚偽表示の選択的修正

Q18 監査事務所において、監査チームの選任はどのように行われるのでしょうか。

A 監査人は、監査契約の締結に当たり、概括的に企業及び企業環境、適用される財務報告の枠組みや内部統制の状況を理解し、リスク評価を行っています。監査チームは、チーム全体として評価したリスクに対応できるように編成されます。具体的には、監査チームは、被監査会社のビジネスの内容、業種、規模、拠点の数や分布状況等に基づき、業界知識や特定領域の専門知識、監査経験などを考慮して、チーム全体として監査業務の遂行に必要な経験や知識を有する者をアサインしています。

解 説

(1) 監査チームの構成

　監査チームは、監査報告書に署名する業務執行社員（監査責任者）、業務執行社員を補助し全体管理を行う者（マネジャー、主査などと呼ばれる）、監査スタッフ、監査事務所内部又は同一ネットワーク・ファームの税務、IT、資産評価又は年金数理などの専門家で構成されます。監査スタッフを、経験に応じて監査現場での下位者の指導監督に当たる者（シニアインチャージ、インチャージと呼ばれることもある）と、割り当てられた手続を実施する経験の比較的浅いメンバーに分類している監査事務所もあります。

　監査チームの規模やメンバー構成は、被監査会社の規模や事業内容、業種等により様々です。会社の事業内容の複雑性、規模や拠点数又は分布が増えるほど、一般的には、業務執行社員及びその他の監査チームの人員は多くなります。海外拠点のロケーションが多いグローバル企業の監査においては、グループ監査に必要な構成単位（子会社等）の海外の監査人との調整ややり取りが増えるため、英語のコミュニケーション能力も必要になります。また、適用される財務報告の枠組みがIFRS又は米国基準の場合や、銀行・保険など業界特有の知識が必要な場合は、必要な知識と経験を備えたメンバーを加えます。

　なお、監査に関する品質管理基準及びその実務指針である品質管理基準報告書の改正により、監査事務所又はネットワーク・ファーム外の者に監査手続の

一部を依頼している場合、当該者も監査チームの定義に含まれることとなりました。大規模監査法人の場合は2023年７月１日以後開始する事業年度から、大規模監査法人以外の場合は、2024年７月１日以後開始する事業年度から適用されています。個々の監査業務レベルの監査品質を確保するためには、監査事務所又はネットワーク・ファームに所属するかどうかにかかわらず、監査手続の一部を実施する者に対して適切な指揮・監督を行わなければならないことがより明確になりました。このことは、逆に言えば、適切な指揮・監督を及ぼすことができない者に監査手続の依頼はできないということになります。

(2)　パートナー・ローテーション制度

業務執行社員の選任は、監査事務所の品質管理方針及び手続に基づき行われます。業務執行社員については、2003年の公認会計士法の改正により、パートナー・ローテーション制度が導入されています。2007年の再改正により厳格化され、上場会社の監査においては一定期間（大規模監査法人の場合、筆頭業務執行社員及び審査担当者は最長５年、その他の業務執行社員は最長７年、大手監査法人以外の場合は一律７年）ごとに業務執行社員等は交代し、同一の監査業務に再度関与するまでの最低期間（クーリング・オフ期間）を設けることが求められています（公認会計士法第24条の３、第34条の11の４）。

さらに、日本公認会計士協会の倫理規則において、監査人の独立性に関する規則として、ローテーションに関する詳細な規定が設けられています（倫理規則　独立性に関する規則　パート４Ａ　セクション540）。ローテーション・ルールの導入当初の「７年（関与期間の上限）＋２年（クーリング・オフ期間）」を基本としつつも、被監査会社の区分や監査事務所の規模を勘案して関与期間やクーリング・オフ期間の厳格化が図られています。全ての監査において、長期関与による馴れ合いや自己利益の阻害要因が生じるおそれはありますので、監査事務所は阻害要因に対処するため一定のセーフガードを講じる必要があります。社会的影響度の高い事業体（PIE）の場合は、ローテーションに関する年数が細かく規定されていますが（**図表１**）、それ以外の監査業務については年数の規定はありません。

図表1　社会的影響度の高い事業体（PIE）※1の監査業務におけるパートナー・ローテーション・ルールの概要

ローテーション対象者	被監査会社の区分	関与期間の上限※2	クーリング・オフ期間の下限※2
a．筆頭業務執行社員※3	上場会社	大規模監査法人※4の場合は5年 それ以外は7年	5年
	その他のPIE	7年	5年
b．業務執行社員（a以外）	全てのPIE	7年	2年
c．審査担当者	上場会社	大規模監査法人※4の場合は5年 それ以外は7年	大規模監査法人※4の場合は5年 それ以外は3年
	その他のPIE	7年	3年
d．その他の監査業務の主要な担当社員等	全てのPIE	7年	2年

※1　社会的影響度の高い事業体（PIE）については、Q10コラム参照。
※2　会計期間が1年の場合の年数
※3　業務執行責任者のうち、その事務を統括する者として監査報告書の筆頭に署名する者（公認会計士法施行規則第23条）
※4　直近の会計年度において監査証明業務を行った上場会社等の総数が100以上の監査法人（公認会計士法施行規則第24条）
出所：公認会計士法及び日本公認会計士協会　「倫理規則」を基に作成

　監査事務所は、パートナー・ローテーション・ルールを踏まえ、個々の被監査会社の事業内容、規模、適用される財務報告の枠組み、ガバナンスの状況等を勘案し、当該会社の監査を適切に遂行できる知識や経験を備えた者を業務執行社員として任命します。業務執行社員の人数は、被監査会社の規模や業務の複雑性などにより変動しますが、上場会社を含む公認会計士法上の大会社の場合は2名から最大でも4名となっているケースが多いようです。

　加えて、監査事務所は、監査チームメンバーのローテーションにも配慮して監査チームの編成を行います。業務執行社員以外の監査チームメンバーの長期関与から生じる「馴れ合い」を軽減するため、監査事務所は、一定のセーフガードを講じること求められています。マネジャーやインチャージなど監査チームの主要メンバーが長期関与に該当する場合、一番望ましいのはメンバーを交代することですが、そのほかのセーフガードを講じることもあります。

　なお、強制的な監査法人のローテーションは社会全体で負担するコストも大きく、我が国では制度化には至っていませんが、チームメンバー交代により一時的に会社に関する知識が監査チームから失われるデメリットはあるものの、「新鮮な視点」（フレッシュ・アイ）をキープするメリットは広く指摘されているところです。そこで、2020年2月に発出された日本公認会計士協会の会長通牒「『担当者（チームメンバー）の長期的関与とローテーション』に関する取扱い」では、被監査会社の時価総額がおおむね5千億円を超えるような上場会社を社会的影響度が特に高い会社とみなし、監査補助者であった者が継続して業務執行社員として同一監査業務に関与する場合は、業務執行社員になる前の期間も考慮し、業務執行社員としての関与期間との合計が10年を超える場合は、阻害要因の重要性が高いものとして適切な対応をとることを促しています。

(3)　リスク評価と監査チームの編成

　監査事務所より選任された業務執行社員は、監査契約の締結時に入手した情報及び契約受嘱後に実施したリスク評価手続により入手した情報に基づき監査チームの中心的メンバー（マネジャーやインチャージなど）を決め、監査チームを組成していきます。

　リスク・アプローチの監査においては、評価した財務諸表全体レベルの重要な虚偽表示リスクに基づき、全般的な対応を図ることが求められていますが、全般的な対応のキーとなるのが監査チームの編成です。業務執行社員は個々の監査業務の品質に対して責任を負っていますので、リスク評価の結果に基づき、監査チーム全体として必要な監査遂行能力が備わっているかどうかという観点から、チーム編成を行います。

　具体的には、監査計画として監査の基本的な方針の策定のプロセスやリスク評価手続の進行により、特定の監査領域に配置すべき監査メンバーの経験や能力、配分すべき人数や監査時間の総枠、監査チームメンバーを配置すべき時期、監査チームの管理、指示、監督の方法を明確にします。次に、監査の基本的な方針で識別した事項に対応する詳細な監査計画の作成に着手しますが、その際に監査の目的を達成するために、必要な監査チームメンバーの経験、能力、監査時間等の効率的な利用を検討します。監査の進行に合わせて、必要に応じて専門家を追加したり、人員を追加することもあります。

　大規模監査法人といえども、人員には限りがありますので、監査事務所内の他の監査チームとの間でメンバーのアサインメントについて交渉をするのは日常的に行われています。

| コラム | **監査チームに対する不満** |

　会社の執行側又は監査役等が、監査チームに対して不満を抱くことがあります。不満の原因は様々ですが、その多くは監査チームとのコミュニケーション上の問題に起因して生じることが多いと思われます。例えば、日程調整などの事務連絡が滞りがちであったり、監査日程そのものが硬直的であったり、時間的な余裕なく資料の提出を要求されたりすると、監査対応の担当者に監査チームに対する小さな不満が蓄積されます。監査チームの主要メンバーが頻繁に交代し監査チーム内での引継ぎが不十分という不満も、典型的な不満として聞かれるところです。また、相談事項に対する監査人としての見解の回答が（会社側からすると）遅い場合、あるいは構成単位の監査人との調整を含め監査の進捗に関する説明が不足している又は適時に行われない場合などは、より本質的な不満につながりやすいと思われます。そのようなコミュニケーション上の問題は、監査チーム内で管理責任を負っている業務執行社員又はマネジャーにまずは率直に伝達し、執行側と監査チームの双方で改善に向けて協議するのが適切と思われます。

　より深刻な例としては、会社の事業内容や規模に照らし、監査チーム全体として自社の監査に必要な知識や経験が不足していると感じる場合があります。そのような場合も、まずは業務執行社員に伝達すべきですが、当事者でもある業務執行社員に伝達しにくいと感じる場合は、監査事務所の品質管理責任者や代表者に直接伝達することも考えらえます。

 **往査で来社する監査チームのメンバーは、ほとんどの時間、PCに向かって作業しているように見受けられますが、どのような作業をしているのでしょうか。**

A 監査人は、リスク評価から監査意見の形成に至るまで、監査の全ての局面で監査調書を作成し、監査チーム内の上位者は下位者の作成した監査調書を適時に査閲することが求められています。この監査調書の作成・閲覧にPCを利用するのが一般的です。また、会社の会計帳簿も電子的に作成・保存されることがほとんどですので、監査人は、印刷された帳票を閲覧するのではなく、電子的に保存された帳簿のデータにアクセスして閲覧することが多くなっています。さらに、ITに組み込まれた内部統制のテストや、会社の会計データを電子的に入手しITを利用して監査手続を実施するなど、監査手続の実施自体にPCの利用は不可欠となっています。

解 説

監査におけるPCの利用は、主として以下の二つの側面に分けられます。

(1) 監査調書の作成・閲覧

監査人は、実施した監査手続の内容（どのような手続を、いつ、どのような範囲で実施したか）、実施した手続の結果及び入手した監査証拠、監査の過程で生じた重要な事項とその結論及びその際になされた重要な判断を、「監査調書」として記録することが求められています。監査調書は、リスク評価から監査意見の形成に至るまで、監査のあらゆる局面で作成しますが、現在は、手書きで監査調書を作成することはまれで、ほとんどがPC（ワードやエクセル等）を利用して作成されています。監査法人によっては、監査の基準で求められる監査手続に漏れが生じないように、電子ワークフローや電子調書の機能を備えた独自の監査用ツールを利用しているところもあります。

監査は、通常、複数のメンバーで構成される監査チームにより行われます。また、監査手続は1年を通して、複数の拠点で実施されますので、各メンバーにより分担・実施された監査手続を適切に文書化することは、監査を組織的に行う上で非常に重要です。監査チームの上位者は、下位者の作成した監査調書

を適時に査閲して、必要な指示を出したり、監査チーム内での討議の必要性を判断したりしますが、監査調書の査閲や監査チーム内のコミュニケーションも、PCを利用して行うことが一般的になっています。PCを利用することにより、リモートで監査調書の査閲が可能になるため、監査調書の電子化は監査の有効性と効率性の双方に寄与します。

　このように、実施した監査手続等を監査調書としてきちんと文書化することは、監査の基本動作の一つであり、昔も今も重要であることに変わりはないのですが、高度な判断を伴う会計上の見積りや不正への対応強化を図る昨今の流れの中で、その重要性が一層強調されるようになっています。また、監査人は、後日、どのような監査を実施したかについて規制当局等から説明を求められることがあり、監査人の説明責任を果たす上でも監査調書は非常に重要です。そのため、監査調書の作成に当たっては、監査に直接関わっていない経験豊富な監査人が理解できるように作成することとされています（監基報230）。つまり、監査意見の基礎となる十分かつ適切な監査証拠を入手したことを、第三者である他の職業的専門家に説明可能な状態になっていることが監査調書から読み取れるよう、他者の目線を意識して作成する必要があるということになります。監査調書に文書化されていない場合、たとえ何らかの監査手続を実施していたとしても、何もしていない場合と区別がつかないため、監査手続を実施していないとみなされます。

(2)　監査手続の実施

　会社の総勘定元帳、補助元帳、仕訳帳などの会計帳簿は、簡易な会計ソフトの利用を含め、電子データとして保存されることがほとんどであり、その裏付けとなる請求書、納品書、契約書などの記録も電子データでの保存が増えています。会社の業務がどの程度ITに依存しているかは様々ですが、多くの会社の販売、購買、在庫管理、入出金等の業務プロセスにおいてITシステムが利用されています。

　したがって、監査人は、帳簿を閲覧したり、取引の流れやアプリケーションに組み込まれた自動化されている内部統制を理解したりする際にも、PCを利用することが多くなっています。さらに、監査用にダウンロードされた会社の取引データに対してコンピュータ利用監査技法（CATT）を適用して内部統制

の運用評価手続や実証手続を実施することも増えています。例えば、全ての監査で存在するとされている「経営者による内部統制の無効化リスク」への対応として、仕訳テスト（不正の兆候を示す通例でない仕訳が含まれていないかを確かめる手続）の実施が義務付けられていますが、仕訳テストにCATTを利用する頻度が増えています（Q33参照）。

なお、会社の業務においてIT利用が進むにつれ、監査プロセスにおけるITの利用も進化しています。今後、社会全体のデジタル化の進展が予想されますので、監査プロセスにおけるITの高度利用が監査品質の向上のための大きな課題となっています（Q70参照）。

 **Q20** **監査役等は、監査事務所の監査マニュアルや監査チームの作成した監査調書を閲覧できますか。**

A 監査事務所は、監査事務所の知的財産である監査マニュアルや監査意見の基礎となる監査調書そのものの開示には応じないのが一般的です。監査役等の閲覧要請の目的は、監査の相当性を判断するに当たって監査品質の確認にあると思われますが、監査人との連携を密にとり意見交換することでその目的は十分達成されると思われます。

解 説

(1) 監査マニュアル

　監査マニュアルは、一般に公正妥当と認められる監査の基準に準拠した監査をどの監査チームも実施できるように、監査事務所が監査の基準の要求事項に各監査事務所独自の手続や留意点などを加えて取りまとめたものです。ネットワークに属している監査事務所の場合、ネットワークで追加された手続なども加味されており、各監査事務所のノウハウが詰まった知的財産と言えます。したがって監査役等は、通常、監査事務所の監査マニュアルを閲覧することはできないと考えられます。

　グローバルに展開するネットワーク・ファームの監査マニュアルは、国際監査基準（ISA）やIESBA倫理規程などの国際基準をベースに、各国の法令や監査の基準に基づく要求事項を追加する形で策定されていますので、国際監査基準（日本公認会計士協会の公表する監査基準報告書がほぼ同内容）を読むことでおおむねは把握できると考えられます。

　昨今の会計基準や監査の基準の頻繁な改正や複雑化に伴い、監査マニュアルの改正頻度も高く、また肥大化する傾向にあり、電子的な手段で監査チームに提供されるようになってきています。

(2) 監査調書

　監査調書は、実施した監査手続とその結果、入手した監査証拠及びそれから導いた監査人の結論を文書化したものです。監査調書には会計事象に対する財

務報告の枠組み（会計基準）の当てはめから、監査手続の結果の判断、審査の記録など、職業的専門家としての重要な判断の過程が記載されており、監査調書の監査チーム外への開示は、品質管理上の要請がある場合を除いて行われないのが通常です。

　一方で、監査チームは監査計画や監査結果の報告に当たって重要事項を記載した文書を作成して監査役等に説明しているため、それにより監査役等は監査の状況を知ることができます。会計上の取扱いの判断が難しい事象などがある場合、より詳しい説明を監査チームに文書で求めることも可能です。

　いずれにしても、監査チームと緊密にコミュニケーションを行い、重点項目を含めて詳細な説明を受けることで、監査手続が適切に行われているかを判断することができると思われます。

2 リスク・アプローチの監査

||||||||||||||||||||||||||||||||||||||||||||||||||||||||||||||||||||||||||||||||||||||||||||||||||||||||||||

Q21 「リスク・アプローチ」の監査とは、どのようなものでしょうか。

A リスク・アプローチは、監査を効果的かつ効率的に進めていくために、財務諸表の重要な虚偽表示となる可能性が相対的に高い領域に対して重点的に監査資源を投入する監査手法です。監査に投入できる人員や時間に制約がある中で、監査人は、監査リスクを「合理的に低い水準」にまで抑えるため、財務諸表の重要な虚偽表示リスクを評価し、評価したリスクに対応した監査手続を立案し、実施することが監査の基準によって求められています。

リスク・アプローチの監査の成否は、財務諸表の重要な虚偽表示リスクをいかに適切に評価するかにかかっています。監査人は、監査の実施過程における様々な局面でリスク評価の更新が必要かどうかを考慮します。

解 説

(1) リスク・アプローチの意義と監査リスクモデル

監査人の監査の目的は財務諸表に対して監査意見を述べることにありますが、監査意見は、財務諸表に重要な虚偽表示が含まれていないことについて「100％保証する」という絶対的な保証ではなく、「合理的な保証」（社会制度として監査に期待されている高い水準の保証）を得たという監査人の判断に基づき表明されます。「合理的な保証」を得るためには、基礎となる十分かつ適切な監査証拠を入手する必要がありますが、監査報告書の提出期限内に投入できる監査資源には制約があるため、全ての財務諸表項目に対して同様の深度で監査手続を実施するのは現実的ではありません。そこで、重要な虚偽表示の起こりやすい領域を選定して、そこに重点的に監査資源を投入することにより、より効果的かつ効率的に監査リスクを許容可能な水準に抑えようとする考え方がリスク・アプローチの監査です。

リスク・アプローチの監査手法は、1980年代にアメリカで発達し、世界中の財務諸表監査で採用されており、我が国においても1991年の監査基準の改正によりその考え方が導入されました。それ以降、リスク・アプローチ監査の精緻化を図るべく様々な改訂が加えられ、現在に至っています。

　リスク・アプローチ監査の基本的な考え方は、以下の監査リスクモデルで説明されています（**図表1**）。監査リスク（重要な虚偽表示を見逃して誤った監査意見を表明してしまうリスク）は、重要な虚偽表示の発生可能性（重要な虚偽表示リスク）と、監査人が監査手続により重要な虚偽表示を発見できない可能性（発見リスク）から構成されます。重要な虚偽表示リスクは、被監査会社側に存在するリスクであり、監査人のリスク評価の対象となります。監査人は、重要な虚偽表示リスクが高ければ、発見リスクを低く抑える監査手続を実施することで、監査リスクをコントロールします。

図表1　監査リスクモデル

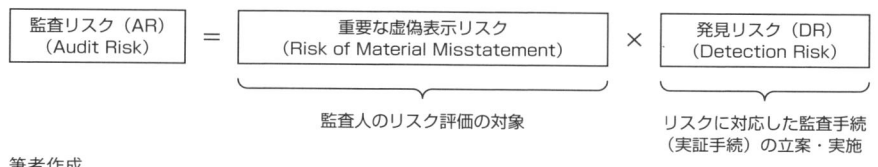

筆者作成

⑵　二つのレベルで評価する重要な虚偽表示リスクの評価

　重要な虚偽表示リスクは、財務諸表全体レベルと個々の財務諸表項目のアサーション・レベルの二つのレベルで評価されます（**図表2**）。

図表2　二つのレベルの重要な虚偽表示リスク

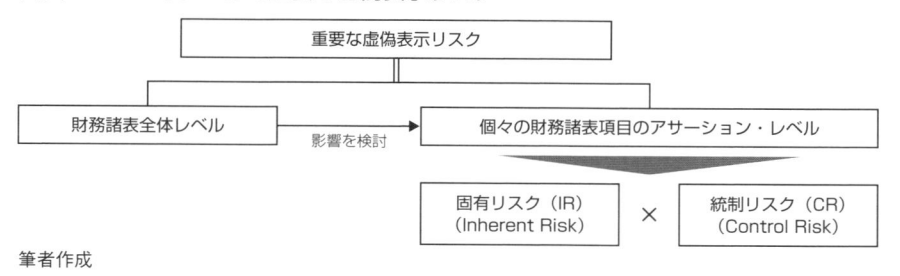

筆者作成

①　財務諸表全体レベルの重要な虚偽表示リスク

　財務諸表全体レベルの重要な虚偽表示リスクは、企業及び企業環境、内部統制の全般的な整備状況（主として統制環境や企業のリスク評価プロセス又は内部統制の監視プロセス）の理解などに基づき、財務諸表全体に関わる重要な虚

偽表示が生じる可能性を評価します。

　財務諸表全体レベルの重要な虚偽表示リスクは、企業が属する業界や経済状況などの外部環境の悪化や、継続企業の前提に重要な疑義が生じている中での業績の更なる悪化など、企業の置かれている状況の影響を受けます。また、誠実性と倫理的な行動を尊重する企業文化を醸成・維持しているかどうかに疑義が生じる場合や、情報システムの管理不全により会計記録の信頼性に重大な懸念がある場合、あるいは財務報告に関して能力のある人材の不足が継続している場合など、全社的な内部統制の状況の影響を受けます。これらは、特定の財務諸表項目の特定のタイプの虚偽表示というより、財務諸表を適切に作成できるかどうかに関わる問題として、監査役等と監査人とのコミュニケーションにおける重要テーマになる場合もあります。

　リスク・アプローチの監査が開発された初期の段階では、重要な虚偽表示リスクのレベルが未分離で個々の財務諸表項目に焦点が当てられていたため、財務諸表項目レベルのリスク評価（下記②）に監査人の関心が偏りがちになる可能性が指摘され、2005年に監査の基準が改正されました。監査役等は、監査人のリスク認識が「木を見て森を見ず」といった状態になっていないかという観点から俯瞰することも有益と考えられます。

②　アサーション・レベルの重要な虚偽表示リスク

　監査人は、個々の財務諸表項目（勘定科目）ごとにどのようなタイプの虚偽表示が生じる可能性があるか（例えば、実在しない取引が計上されるリスク、発生した取引が財務諸表に計上されないリスク、あるいは会計上の認識の時期を誤るリスクなど）をより詳細に評価しますが、これを、アサーション・レベルの重要な虚偽表示リスクと呼んでいます。この評価を適切に行うため、アサーション・レベルの重要な虚偽表示リスクは、関連する内部統制が存在していないと仮定した上で重要な虚偽表示が発生するリスク（固有リスク）と、企業の内部統制によって重要な虚偽表示が防止又は適時に発見・是正されないリスク（統制リスク）に分解して評価します。

　財務諸表項目を構成する取引種類や勘定科目には、それぞれに虚偽表示が起こりやすい性質があり、これを固有リスクと呼んでいます。例えば、業績が悪化すれば無理な売上計上が行われる可能性が高まると考えられますし、資産の

評価を甘くして翌期以降に損失計上を繰り延べたいという誘因が高まります。また、公正価値評価の必要な金融商品など計算が複雑なものについては誤りが発生する可能性が高くなります。一般に会計上の見積り項目については、将来事象に対する経営者の判断に依存する程度が高いほど、固有リスクは高いと考えられています。

　固有リスクによって生じ得る重要な虚偽表示を防止・発見するために業務プロセスにおいてどのような内部統制が整備されているかを評価します。これが統制リスクの評価です。これらのリスク評価を踏まえ、監査人は、企業の内部統制により重要な虚偽表示が防止・発見されるかどうか、内部統制のフィルターを潜り抜けるものがないかどうかを確認するために、監査手続を実施します（**図表3**）。

図表3　固有リスクが内部統制と監査手続によりろ過されるイメージ

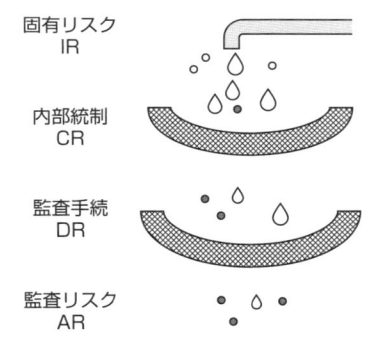

出所：日本公認会計士協会　JICPAジャーナル1995年6月号「監査基準委員会報告書第5号（中間報告）「監査上の危険性と重要性」をめぐって」P.14の図を基に作成

(3)　不正又は誤謬による重要な虚偽表示リスク

　財務諸表に重要な虚偽表示が行われる可能性は、それが意図的に行われる場合に格段に高まりますので、監査人は、不正による重要な虚偽表示リスク（不正リスク）に特に注意を払うことが求められています。不正リスクの評価及び対応については、Q29〜33で解説しています。

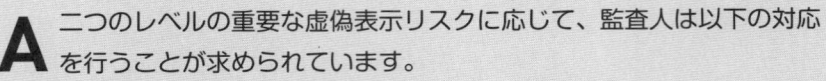

Q22 リスク・アプローチの監査において、監査人は評価した重要な虚偽表示リスクに応じてどのような対応をしているのでしょうか。

A 二つのレベルの重要な虚偽表示リスクに応じて、監査人は以下の対応を行うことが求められています。

- 財務諸表全体レベルの重要な虚偽表示リスク→ 全般的対応
  監査チームメンバーの構成、専門家の利用の有無及び利用の程度、業務執行社員やマネジャーなどによる監査チームメンバーに対する指示や監督の方針、リスク対応手続の全体的な方針などを決定
- 財務諸表項目のアサーション・レベルの重要な虚偽表示リスク→ リスク対応手続の決定
  財務諸表項目で生じ得る虚偽表示の種類に応じて、当該虚偽表示を発見できるようなリスク対応手続を決定

解 説

(1) 全般的対応

　財務諸表全体レベルの重要な虚偽表示リスクは、特定の財務諸表項目の特定のタイプの虚偽表示に焦点を絞ったものではありませんので、財務諸表全体レベルの重要な虚偽表示リスクの評価に応じて、監査チーム全体に係る対応能力を検討することになります。例えば、誠実性と倫理的な行動を尊重する企業文化の醸成・維持に疑義を抱いている場合や、会計記録の信頼性に重大な懸念がある場合、あるいは財務報告に関して能力のある人材の不足が継続している場合において、監査人は財務諸表全体レベルの重要な虚偽表示リスクが高いと評価することがあります。このような場合、特定の財務諸表項目に必ずしもリスクが集中する訳ではないため、例えば、以下のような対応が図られます。

- 監査チーム全体としてリスクに応じた対応が可能となるようなチーム編成（監査チームメンバーの増員、豊富な監査経験を有する者や特定分野における専門知識・技能を持つ者をチームに加える）
- 監査時間、監査作業の適切な割り振り（見積監査時間を増加したり、時間配分を見直したり、監査チームメンバーの上位者の分担を増やすなど）

- 監査チームメンバーに対する指示、監督及び監査調書の査閲方針の決定（一層の職業的懐疑心の発揮を促したり、チーム内の報告頻度や伝達方法を明確化したり、調書の査閲範囲を拡大したりする）
- リスク対応手続の基本的な方針の決定（内部統制に依拠するアプローチを採用できる範囲と程度を決定し、より証明力の強い監査証拠を得られる実証手続の種類、実施時期及び範囲の基本的な考え方を決定する、往査拠点を拡大したり、サプライズベースの監査手続を実施するなど）
- 重要性の基準値の引き下げ

(2) リスク対応手続

財務諸表項目のアサーション・レベルの重要な虚偽表示リスクは、個々の財務諸表項目ごとにどのような種類の虚偽表示が生じるかを具体的に想定して評価します。どのような種類の虚偽表示が生じるかは、適切な財務諸表が備えていなければならない要件である「アサーション」と関連付けて評価しています（図表1）。

図表1　アサーションの例

発生・実在性	財務諸表に計上・注記されている取引や会計事象が発生し、貸借対照表項目が実際に存在していること
網羅性	記録すべき取引、会計事象、貸借対照表項目が全て財務諸表に計上されていること
正確性	記録された取引や会計事象及び貸借対照表項目に関する金額や他のデータが正確に記録されていること
権利と義務	資産の権利を保有又は支配していること、負債は企業の義務であること
評価の妥当性	貸借対照表項目の評価が妥当であること
期間帰属	取引や会計事象が正しい会計期間に記録されていること
表示及び注記	取引及び会計事象、貸借対照表項目が適切に集計又は細分化され、明瞭に記述されていること、並びに適用される財務報告の枠組みに照らして、関連する注記事項が目的適合性を有し、理解しやすいこと

出所：日本公認会計士協会　監基報315を基に作成

　リスク対応手続は、具体的に想定される虚偽表示の種類に応じて、当該虚偽表示があった場合に監査人が特定できるようにするための手続です。企業に当該虚偽表示を防止・発見するための有効な内部統制（主として統制活動）が整備されている場合は、当該内部統制の運用状況を評価します。さらに、虚偽表示が内部統制のフィルターをくぐり抜ける可能性がありますので、監査人は虚偽表示がないかどうかを直接確認する実証手続を実施します。内部統制の運用評価手続と実証手続は、それぞれに利点と限界があるため、監査人はその両方もしくは片方（実証手続）を実施して発見リスクを調節して、監査リスクを一定水準に抑えます（詳細はQ34参照）。

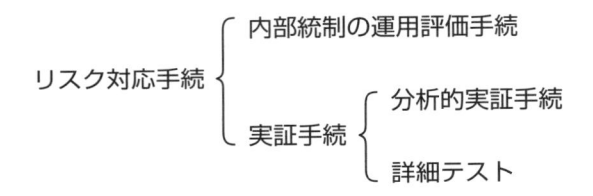

　例えば、売掛金の実在性に関連する虚偽表示リスクが高いと評価した場合は、財務諸表に計上されている売掛金の中に実在しないものが含まれていないかどうかを確かめるため、会社が残高確認の有効な内部統制を整備している場合はその運用状況を確かめるとともに、監査人も売掛金について顧客に直接残高確認をする手続を実施します。さらに、売上の取引記録を取引先の発行した証憑と突合します。これらの手続は会社にとっては外部資料ですので、相対的により強い監査証拠となります。

　現代の監査はリスク・アプローチによっているとはいえ、リスク評価や内部統制の運用評価手続だけでは監査を完了できません。また、特別な検討を必要とするリスクの場合は実証手続として詳細テストの実施が求められるなど、監査の基準において定められているリスク対応手続についての取り決めがいくつかあります。詳細テストには、売掛金の確認や、棚卸立会、取引記録をサンプリングしての証憑突合などがありますが、アサーション・レベルの重要な虚偽表示リスクが高いほど、より強い証明力を持つ監査証拠を入手するための手続が必要になります。

　リスク対応手続において監査役等が監査人とコミュニケーションを図るポイ

ントとしては、リスク評価とリスク対応手続との整合性が挙げられます。その
ほか、運用評価手続や詳細テストのサンプリング件数をどのように決めたか、
期中にリスク対応手続を実施した場合に、その実施日から期末までの残余期間
をどのように扱うかといったことが考えられます。

Q23 「重要な虚偽表示」とは何でしょうか。

A 財務諸表の虚偽表示には、財務諸表に記載されている金額や表示又は注記事項の記載誤りだけではなく記載すべき内容の脱漏も含まれます。虚偽表示は、意図的なもの（不正）とは限らず意図的ではないエラー（誤謬）により発生することもあります。また、会計上の見積りの前提となっている経営者の判断に対して、財務報告の枠組みに照らして監査人が合理的でないと判断することから虚偽表示となることもあります。

虚偽表示の重要性は、一つ一つの虚偽表示を個別に評価するだけでなく、複数の虚偽表示を集計して評価します。虚偽表示は、財務諸表の利用者の意思決定に影響を与えると合理的に見込まれる場合に重要な虚偽表示と判断されます。

解説

(1) 虚偽表示の定義

財務諸表の虚偽表示とは「報告される財務諸表項目の金額、分類、表示又は注記事項と、適用される財務報告の枠組みに準拠した場合に要求される財務諸表項目の金額、分類、表示又は注記事項との間の差異」と定義されています（監基報200）。虚偽表示は意図的なもの（不正）とは限らず意図的ではないエラー（誤謬）により発生します。

虚偽表示は、簡単に言えば、財務諸表が財務報告の枠組みに準拠していない事項ということになりますが、基礎データの処理や集計の間違いのほか、財務報告の枠組み自体の理解不足や、事実の見落としや状況に関する明らかな誤解から財務報告の枠組み（会計基準）の適用を誤った結果生じることがあります。また、注記事項に不適切又は不完全な記述が含まれていたり、財務報告の枠組みが適正表示の場合に適正表示の目的を達成するために必要な追加情報の注記が行われていない場合も虚偽表示となります。

多くの場合、虚偽表示は被監査会社と監査人との間で事実として確かめられますが、会計方針の選択（変更を含む）や会計上の見積り又は注記事項に関し

ては、経営者の判断に対して監査人が合理的でない又は適切でないと判断した
ことから生じる虚偽表示もあります。

(2) 重要であるかどうかの判断

　虚偽表示が個別に又は集計して重要であるかどうかは、金額的な重要性だけ
でなく、虚偽表示の内容や発生した状況を踏まえ、質的な側面を含めて様々な
角度から検討されます。

　金額的な重要性は、監査人は監査計画時にどの程度の大きさの虚偽表示の発
見を目指して監査を組み立てるかという観点から、重要性の基準値を設定して
います（Q24参照）。監査手続の結果識別された虚偽表示（会社が誤りに気付
くこともある）の金額的重要性の判断に当たっては、この基準値が参照されま
す。監査人はこの基準値に照らして、財務諸表全体において、あるいは、特定
の取引種類、勘定残高又は注記事項において、虚偽表示が重要であるかどうか
を判断します。この重要性の基準値は、監査計画の時点で会社の業績見込みを
参照して設定されることが多いため、業績の実績値に基づいて修正が必要にな
ることがあります。

　ただし、監査人は金額だけで重要性を判断するわけではなく、財務諸表の一
般的な利用者の意思決定に影響を与えると合理的に見込まれるかどうかにより
重要性を判断します。例えば、虚偽表示により赤字が黒字になる場合や、定性
的な注記事項に財務諸表利用者の判断を誤らせる可能性のある虚偽表示が含ま
れる場合などもありますので、識別された虚偽表示の内容や状況を踏まえて、
様々な角度から検討します。

　具体的には、監査人は、識別した複数の虚偽表示が一定の意図又は偏向を示
していないか、（利益の嵩上げ又は翌期への繰延べなどの）不正の兆候を示し
ていないか、借入契約や取引先との契約で定められている財務制限条項に影響
していないか、利用者が重視する財務指標・財務比率に影響を及ぼしていない
か、識別した虚偽表示は今年度のみに関係するものか、過年度の財務諸表にも
影響を及ぼすものか、数年間の業績のトレンドに影響を及ぼしていないかなど、
様々な面から重要性を検討します。また、監査人は、識別した虚偽表示のほか
に、まだ発見できていない虚偽表示がないかどうかも常に念頭において判断す
ることが求められています。

⑶ 監査役等とのコミュニケーション

　監査人は、明らかに僅少なものを除いて、監査の過程で識別した虚偽表示を集計しなければならず、全ての虚偽表示について、会社に修正するように求めなければなりません（監基報450）。会社が修正に応じない場合には、監査人はその理由を把握した上で、未修正の虚偽表示が及ぼす影響を評価します。

　監査人は、未修正の虚偽表示の内容とそれが個別に又は集計して監査意見に与える影響について、監査役等に報告しなければなりません（監基報450）。未修正の虚偽表示のうち重要なものについては、監査役等から経営者に修正を求めることができるタイミングで監査役等に報告することが求められています。重要な虚偽表示が経営者により修正されない場合は、監査役等はその内容と修正されない理由を経理部門と監査人に確認し、経営者と協議することが期待されています。

⑷ 経営者確認書

　経営者確認書は、経営者が作成して監査人に提出する書面であり、通常は監査人の監査報告書と同じ日付になります（Q45参照）。監査人が経営者に要請した経営者確認書の草案については、監査役等とコミュニケーションを行うことが監査人には求められています（監基報260）。

　経営者確認書には未修正の虚偽表示の要約を記載又は一覧を添付し、それらが財務諸表全体に対して重要性がないと判断しているかどうかについての経営者の見解を記載することが求められています。監査役等は、経営者確認書の草案により未修正の虚偽表示の内容及び経営者の判断についても確認することができます。

コラム 「虚偽表示」という用語

　「虚偽表示」（又は「虚偽の表示」）という用語は、英語の「misstatements」の訳語として、監査の基準において古くから用いられている専門用語の一つです。2002年の監査基準の改訂までは、証券取引法（現金商法）の用語と同じ「虚偽記載」という用語が用いられていました。「虚偽表示」は、財務諸表の「誤り」を指しており、意図的に行われたかどうかを問わず、結果的に「誤り」である状態を指す用語として使用されています。例えば、監査人の行うリスク評価において「不正又は誤謬による重要な虚偽表示リスク」を評価することが求められていますが、この用例からも分かるとおり、「虚偽表示」は「不正（意図的に欺く行為）」又は「誤謬（意図しないエラー）」から生じるものとしてニュートラルな「誤り」の意味で用いられています。

　この「虚偽表示」という用語に対しては、経営者確認書において「未修正の虚偽表示に重要性はありません」という経営者の認識の記載を求めるようになった頃から、被監査会社側から大きな反発を招いていました。日本語として「虚偽」には「うそ、偽り」という意味が含まれており、意図的ではないエラーによる誤りであるにもかかわらず、あたかも不正の意図があったかのように取り扱われることに大いなる違和感（不快感）を覚えるというものです。監査法人によっては、「虚偽表示」は意図性を含まないテクニカル・タームであることを説明することの煩雑さを避け、「未修正の虚偽表示」を「未修正事項」などの中立的な表記するなどの工夫をしています。

Q24 監査上の重要性の基準値はどのように決定されるのでしょうか。

A 監査人は、監査を計画し実施する際に重要性の概念を適用します。重要性の基準値とは、財務諸表全体において重要であると判断する虚偽表示の金額を言います。監査人は監査計画策定に当たって、企業の業績見込み等を参照して重要性の基準値を決定しなければなりません。具体的には、税引前利益や売上高、純資産といった指標に特定の割合を乗じて決定します。重要性の基準値は、監査計画策定時から監査の終了まで同じ値が必ずしも維持されるわけではなく、監査の進捗に伴い改訂されることがあります。

解 説

(1) 重要性の基準値の意義

　重要性の基準値は、監査計画、監査手続の実施、意見形成に当たって監査人が判断を行うための基準になります。監査人は、監査計画策定時に重要性の基準値を設定することが必須とされており（監基報320）、この基準値は、リスク評価手続及びリスク対応手続の種類、時期及び範囲を決定する際に考慮されます。言わば、重要性の基準値は、監査のメッシュの細かさを決める尺度と考えると分かりやすいと思います。またリスク対応手続の実施過程で虚偽表示が識別された場合、財務諸表に与える影響を評価するときのベースとなります。

(2) 重要性の基準値の設定

　重要性の基準値は、財務諸表全体に対して設定しますが、必要に応じて、特定の取引種類、勘定残高又は注記事項に対する重要性の基準値を併せて設定することがあります。さらに、監査人は、重要性の基準値に基づき手続実施上の重要性を決定します。

① 財務諸表全体に対する重要性の基準値

　重要性の基準値は、会社の状況に照らして適切と考える財務指標を選択し、一定割合を乗じて決定します。例えば、税引前利益に5％を乗じて決定します。

税引前利益が赤字のときや業績が不安定な状況があるなど、税引前利益を使うことが適切でない場合には、売上高や総資産、又は売上総利益などの指標を選択する場合もあります。また、指標に乗じる割合も被監査会社の状況に応じて設定します。重要性の基準値設定に使用する指標や割合の選択は、監査人の職業的専門家としての判断になります。

② 特定の取引種類、勘定残高又は注記事項に対する重要性の基準値

会社の置かれている状況や業界において、財務諸表の利用者が特に注目している項目（取引種類、勘定残高、注記事項）がある場合があります。そのような項目については、虚偽表示の金額が①で設定した基準値以下であっても、財務諸表の利用者の意思決定に影響を与えると合理的に見込まれる場合は、当該項目に対して、別途、重要性の基準値を設定することがあります。別途設定しているケースは多くはないと思われますが、例えば、関連当事者との取引、セグメント情報、企業結合に関する注記事項又は製薬会社における研究開発費などに設定されることがあります。

③ 手続実施上の重要性

監査人は、個々の監査手続においてどの程度の大きさの虚偽表示の発見を目指すかを決めるため、「手続実施上の重要性」を決定することが求められています。これは、個々には重要性の基準値以下の虚偽表示であっても、集計すれば重要性の基準値に達する可能性があることや、監査手続によって発見できない虚偽表示が存在する可能性があるため、「手続実施上の重要性」は「重要性の基準値」よりも小さい値に設定します。

手続実施上の重要性は、①で設定した重要性の基準値に一定割合を乗じて設定します。手続実施上の重要性の値が小さくなるほど、監査手続のメッシュが細かくなりますので、手続の実施範囲（サンプル件数）は拡大します。一定割合は、監査人の被監査会社に対する理解、過年度の監査で識別された虚偽表示の内容などを勘案して、職業的専門家として判断する事項とされています。また、手続実施上の重要性を財務諸表項目ごとに設定することもあり、その場合には手続実施上の重要性は複数になります。

④　「明らかに僅少」な虚偽表示の金額

　監査人は、監査の過程で識別した虚偽表示を集計し、個別に又は合計して重要な虚偽表示にならないかどうかを評価することが求められていますが、この集計対象から、「明らかに僅少」なものを除くことが認められています。「明らかに僅少」かどうかは、虚偽表示の金額、内容、発生した状況から明らかに些細であるかどうかで決定されますが、多くの場合、金額的な水準についてはあらかじめ設定されています。この「明らかに僅少」な金額水準以上の虚偽表示のうち最終的に修正されなかったものが経営者確認書に記載され、経営者と監査人の双方で重要性がないことが確認されます。

(3)　監査の進捗に伴う改訂

　監査の実施過程において、業績の実績値や企業再編等の状況の変化、新たな情報、リスク対応手続の結果として得られた事業の理解の更新などにより、監査人は、重要性の基準値を改訂することがあります。(2)②で解説した、特定の取引種類、勘定残高又は注記事項に対する重要性の基準値も（設定している場合には）改訂されることがあります。

> ### コラム　重要性の基準値は対外秘？
>
> 　ほとんどの監査人は、設定している重要性の基準値を外部に明確に伝えることには躊躇を覚えるものと思われます。重要性の基準値を伝えることは監査人の手の内を明かすようで、監査人を欺く不正の隠蔽に悪用されるのではないかという懸念が根強くあります。したがって、重要性の基準値をどのように設定しているのかをストレートに監査チームに質問しても、監査事務所の方針により対外秘とされているという回答が返ってくる可能性が高いと思われます。
>
> 　しかし、重要性の概念は、監査だけに適用される概念ではなく、財務諸表の作成において適用される概念です。したがって、監査人は財務諸表の一般的な利用者の財務諸表に対する共通のニーズを勘案して重要性の判断を行うこととされています。
>
> 　日本の会計基準には、明確に重要性の概念を定義付けたものはありませんが、

古くは企業会計原則（1982年最終改正）の注解1において、「……企業会計が目的とするところは、企業の財務内容を明らかにし、企業の状況に関する利害関係者の判断を誤らせないようにすることにあるから、重要性の乏しいものについては、本来の厳密な会計処理によらないで他の簡便な方法によることも、正規の簿記の原則に従った処理として認められる。重要性の原則は、財務諸表の表示に関しても適用される。」と記載されており、財務諸表の作成において重要性の概念が適用されてきました。また、金商法に基づく財務報告に係る内部統制の評価制度の導入以来、会社は、内部統制の不備が「開示すべき重要な不備」に該当するかどうかを判断することが求められています。「開示すべき重要な不備」は「財務報告に重要な影響を及ぼす可能性が高い不備」であり、会社はその判断に当たり、金額的な判断基準を設けていることが多いと思われます。

　したがって、監査チームと重要性について協議する際は、会社の置かれている状況下で利用者の関心がどの指標に向けられているのか、どのくらいの金額が利用者の意思決定に影響を及ぼすと考えられるかなどについて意見交換することから始めるとよいと思われます。また、経営者確認書に添付された未修正虚偽表示の重要性の判断の仕方や、内部統制の不備の評価方法などの議論を通じて、監査チームと重要性の考え方のすり合わせをしていくと、監査チームの考え方もだんだん理解できるようになると思われます。

コラム　イギリスの監査報告書

　重要性の基準値の設定方法は対外秘と考えてきた監査人を驚かせたのは、英国の監査報告書です。英国では、コーポレートガバナンス改革の一環として、2013年より監査の透明性を高めるために監査人の監査報告書の記載内容が拡張されました。「監査上の主要な検討事項（KAM）」もその一つですが、そのほかにも、監査計画や監査スコープの説明として、監査人が監査においてどのように重要性の概念を適用したかを監査報告書で説明することが求められています。

　当初は、コーポレートガバナンス・コードを適用するロンドン証券取引所のプレミアム市場に上場する会社の監査報告書において重要性の基準値の金額とその設定方法を記載することが求められていましたが、2019年以降は、全ての上場会社及び未上場の社会的影響度の高い事業体（PIE）の監査に対象が拡大さ

れています。また、記載内容も、財務諸表全体に対する重要性の基準値だけでなく、手続実施上の重要性も記載するように監査基準が改正されています。

　英国の監査規制当局である英国財務報告評議会（Financial Reporting Council：FRC）は、BIG4（EY、Deloitte、KPMG、PwC）を含む八つの監査法人が行った32社（2016年3月期〜2017年1月期）の監査を対象に、重要性の概念がどのように適用されているかの調査を実施しました。2017年に12月公表されたその報告書には、その当時の各監査法人の重要性の基準値等の設定に関するガイドラインの状況が要約されていたので紹介します。選択した指標に適用する割合は一定の幅で示されており、同一監査法人であっても監査チームにより適用する割合が異なる可能性があること、さらには監査法人によって（かなり）異なる可能性があることが分かります。また、税引前利益を指標としている場合も、それぞれの状況に応じて、前年度の税引前純利益、例外的な損益を調整した調整後の税引前利益、過去数年の平均値など、幾つかの方法がとられています。

　各監査法人の重要性のガイドラインはその後変更が加えられていると思われますが、大きな考え方は変わっていないと思われますので、一定の参考になると思われます。

	指標	監査法人A	監査法人B	監査法人C	監査法人D	監査法人E	監査法人F	監査法人G	監査法人H
重要性の基準値	税引前利益（PIE向け）	5-10%	3-5%	5-8%	3-5%	5-10%	5%以下	3-10%	5-10%
	税引前利益（非PIE向け）	0-10%	3-10%	5-10%	3-10%	5-10%	10%以下	3-10%	5-10%
	総収益・総費用（PIE向け）	0.8-5%	0.25%-2%	0.5-1%	0.5-1%	0.5-2%	1%以下	0.5-2%	0.5-2%
	総収益・総費用（非PIE向け）	0.8-5%	0.25%-3%	0.5-2%	0.5-3%	0.5-2%	2%以下	0.5-2%	0.5-2%
	純資産／株主資本（PIE向け）	0-3%	0.5-2%	1-2%	3-5%	1-5%	1%以下	2-5%	3-5%
	純資産（非PIE向け）	0-3%	0.5-3%	1-2%	3-10%	1-5%	2.5%以下	2-5%	3-5%
監査実施上の重要性		Max 70%	40-75%	50 or 75%	50-75%	50-80%	90,75 or 50%	50-75%	40-75%
「明らかに僅少」な金額		0-5%	0-5%	0-5%	0-5%	0-5%	0-5%	0-5%	0-5%

出所：UK FRC 'Audit Quality Thematic Review—Materiality'（2017年12月）P.15より抜粋

※PIEは、Public Interest Entityの略。社会的影響度の高い事業体であり、上場会社や非上場の銀行・保険会社などが含まれる。
※重要性の基準値の欄の割合（%）は、選択した指標に乗じる割合を、監査実施上の重要性及び「明らかに僅少」な金額の欄の割合は、重要性の基準値に乗じる割合を示す。

 **Q25** 監査人は、財務諸表の重要な虚偽表示リスクをどのように評価しているのですか。

A 重要な虚偽表示リスクを識別し評価するためには、監査人は、企業及び企業環境並びに内部統制を理解する必要があり、それらを理解するために以下の手続（リスク評価手続）を実施することが求められています。

- 経営者（CEOやCFO）、財務報告に責任を持つ者（経理部長など）、その他適切な者への質問
- 内部監査人への質問
- 分析的手続の実施
- 内部統制の実施状況の観察や工場等の視察、事業計画や予算、主要な会議の議事録など関連する文書の閲覧

　これらの手続により得られた理解を基に、監査人は財務諸表全体レベルと財務諸表項目のアサーション・レベルの重要な虚偽表示リスクを評価します。

解 説

(1) 企業及び企業環境等と内部統制の理解

　監査人は、財務諸表全体レベルと財務諸表項目のアサーション・レベルの重要な虚偽表示リスクを識別し評価するため、リスク評価手続を実施し、以下を理解します。

- 企業及び企業環境に関する事項
  - 組織構造と所有構造（企業集団の構造、株主関係、関連当事者など）
  - ガバナンス
  - ビジネスモデル（企業の採用するビジネスモデルにITをどの程度利用しているかを含む）→事業上のリスク
  - 企業が属する産業の状況、規制等の外部要因
  - 企業の内部又は外部で使用されている企業の業績を測定する指標
- 適用される財務報告の枠組み（会計基準）、会計方針及び変更がある場合の変更理由
- 内部統制の理解

　内部統制の各構成要素とアサーション・レベルの虚偽表示リスクとの関連を念頭に置いて、リスク評価に必要な範囲で内部統制を理解する（**図表1**）。

図表1　内部統制の各構成要素とアサーション・レベルの重要な虚偽表示リスクとの関係

構成要素	財務諸表項目のアサーション・レベルの虚偽表示の防止・発見・修正との関係
統制環境	間接的
企業のリスク評価プロセス（事業上のリスクの管理）	間接的
内部統制システムの監視プロセス	間接的
情報システムと伝達	直接的
統制活動	直接的

出所：日本公認会計士協会　監基報315を基に作成

(2)　重要な虚偽表示リスクの識別と評価

　監査人は、(1)の項目を理解するために、質問や分析的手続を実施し、得られた情報を確認したり、より幅広い情報を入手するために観察や関連文書の閲覧を実施します。質問は監査の基本となる手続ですが、リスク評価に用いる情報に偏りが生じないよう、企業内の様々な部署や階層の担当者に対して行います。リスク評価手続は期初の計画段階だけでなく、監査の実施期間中、反復的に行われます。

①　財務諸表全体レベルの重要な虚偽表示リスク

　監査人は、企業及び企業環境、適用される財務報告の枠組み及び内部統制に関する理解に基づき、財務諸表全体に広範な影響を及ぼすリスクを評価します。内部統制については、主として、特定の財務諸表項目のアサーション・レベルの虚偽表示の防止・発見・修正には間接的な性質を持つ構成要素（統制環境、企業のリスク評価及び内部統制システムの監視プロセス）の理解が財務諸表全体レベルの重要な虚偽表示リスクに反映されます。

②　財務諸表項目のアサーション・レベルの重要な虚偽表示リスク

　監査人は、企業及び企業環境、適用される財務報告の枠組み及び内部統制に

関する理解に基づき、個々の財務諸表項目でどのような種類の虚偽表示が生じる可能性があるかをアサーション（例えば、実在性、網羅性、正確性、評価の妥当性、期間帰属、表示の妥当性。Q22(2)参照）ごとに識別し、その程度を評価します。アサーション・レベルの重要な虚偽表示リスクの識別・評価は、固有リスクと統制リスクに分けて行います。

識別

重要な虚偽表示リスクの識別は、関連する内部統制による影響を考慮する前の固有リスクで行います。識別に当たっては、虚偽表示の発生可能性（likelihood）と発生した場合の虚偽表示の金額的及び質的な影響の度合い（magnitude）を考慮します。2020年〜2021年のリスク評価に係る監査の基準を改正した際に、重要な虚偽表示リスクの定義に説明が追加され、監査人がリスク評価の俎上に載せなければならない重要な虚偽表示リスクの範囲の明確化が図られました（監基報200の用語の定義）。虚偽表示が生じる発生可能性と発生した場合の影響が重要となる可能性の両方に合理的な可能性（reasonable possibility）がある場合に重要な虚偽表示リスクは識別されます（**図表 2** ）。

図表2　固有リスクの分布－リスクマップのイメージ

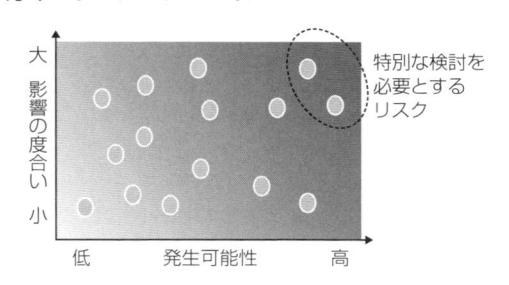

固有リスクレベルで、虚偽表示が生じる発生可能性と発生した場合に重要な虚偽表示となる可能性（影響の度合い）の両方に合理的な可能性があるものを識別し、リスク評価の対象とする。

出所：日本公認会計士協会「監査基準報告書（序）」付録５の用語集「固有リスクの分布」を基に作成

アサーション・レベルの重要な虚偽表示リスクが識別された取引種類、勘定残高又は注記事項を「重要な（significant）取引種類、勘定残高又は注記事項」

として取り扱います。換言すれば、重要な虚偽表示リスクとして識別されない
リスクは以後の監査プロセスにおいて監査手続は実施されませんので、重要な
虚偽表示リスクの識別がリスク・アプローチの監査の起点になります。

評価

　発生可能性と影響度の両方に「合理的な可能性（reasonable possibility）」
があると判断し、重要な虚偽表示リスクとして識別したものについて、監査人
はリスクの程度を「低」「中」「高」などに評価します。重要な虚偽表示リスク
の程度については、以下のように評価します。

▶固有リスクの評価

- 固有リスク要因を考慮する（**図表3**）。固有リスク要因とは、内部統制が
  存在しないとの仮定の下で、アサーションにおける虚偽表示の生じやすさ
  に影響を及ぼす状況又は事象の特性である。固有リスク要因は、複雑性、
  主観性、変化、不確実性、経営者の偏向（バイアス）又はその他の不正リ
  スク要因に分類されており、それぞれの要因が虚偽表示の発生可能性と発
  生した場合の影響の度合いに及ぼす影響を評価する。

- 財務諸表全体レベルの重要な虚偽表示リスクが個々の財務諸表項目のアサ
  ーション・レベルの重要な虚偽表示に与える影響を考慮する。

- 虚偽表示の発生可能性と発生した場合の質的・量的影響度合いは様々であ
  り、固有リスクの程度は無段階に連続的に分布しているものとして評価す
  る（これを「固有リスクの分布（spectrum of inherent risk）」と呼ぶ）。
  つまり、「低」「中」「高」とリスクの程度を分類したとしても、それぞれ
  の分類に含まれるリスクの程度は本来同じではないということを意味して
  いる。

- 評価した固有リスクに基づき、特別な検討を必要とするリスク（Q27参照）
  を特定する。

- 評価した固有リスクに基づき、実証手続のみでは十分かつ適切な監査証拠
  を入手できないリスク（つまり、企業の内部統制の整備・運用状況の有効
  性を確かめる必要があると判断するリスク）を特定する。

▶統制リスクの評価

- 内部統制の構成要素のうち、主として、アサーション・レベルの重要な虚

図表3　固有リスク要因とアサーション・レベルの重要な虚偽表示リスクを生じさせる可能性のある事象・状況の例

関連する 固有リスク要因	アサーション・レベルの重要な虚偽表示リスクの存在を示唆する 事象又は状況の例示	
複雑性	規制	・非常に複雑な規制を受ける事業運営
	ビジネスモデル	・複雑な業務提携及び合弁企業の存在
	適用される財務報告の枠組み	・複雑な計算プロセスを必要とする会計上の測定
	取引	・オフバランス化、特別目的事業体及びその他の複雑な財務上の契約の利用
主観性	適用される財務報告の枠組み	・会計上の見積りにおいて、適用され得る広範な測定規準（例えば、減価償却費や工事収益の経営者による認識） ・投資不動産のような非流動資産の評価技法やモデルに関する経営者の選択
変化	経済状況	・経済的に不安定な地域における事業運営（例えば、重大な通貨切下げや高いインフレーション経済にある国々）
	市場	・市場の不安定性にさらされている事業運営（例えば、先物取引）
	顧客喪失	・重要な顧客喪失等による事業継続と流動性の問題
	産業モデル	・企業が事業運営している産業の変化
	ビジネスモデル	・サプライチェーンの変更 ・新製品や新サービスの開発若しくは提供又は新規事業への参入
	地理	・新たな地域の新規開拓
	企業構造	・大規模な買収、組織変更又はその他の通例でない事象といった企業内の変化 ・売却の可能性のある関係会社又は事業セグメントの存在
	人材	・主要な役員の退任を含む重要な人事異動
	IT	・IT環境の変化 ・財務報告に関係する重要な新規ITシステムの導入
	適用される財務報告の枠組み	・新しい会計基準の適用
	資本	・資金調達に関する新たな制約
	規制	・企業の事業運営又は経営成績についての規制当局等による調査の開始 ・環境保護関連の新しい法律の影響
不確実性	財務報告	・会計上の見積り及び関連する注記事項に係る重要な測定の不確実性を伴う事象又は取引 ・係争中の訴訟と偶発債務（例えば、製品保証、保証債務、環境改善）
経営者の偏向又はその他の不正リスク要因が固有リスクに影響を及ぼす場合における虚偽表示の生じやすさ	財務報告	・経営者や従業員による不正な財務報告（重要な情報の省略、又は不明瞭な注記事項を含む。）の機会
	取引	・関連当事者との重要な取引 ・関係会社間取引及び期末日近くに計上された巨額の収益を含む、通例でない多額の取引 ・借入金の借換え、資産の売却予定及び市場性のある有価証券の分類のような経営者の意思に基づいて記録される取引

出所：日本公認会計士協会　監基報315　付録2を基に作成

偽表示リスクの防止・発見・修正に直接的な関係を有する「情報と伝達」と「統制活動」について以下を理解し、統制リスクを評価する。

情報と伝達

- 「重要な取引種類や勘定残高及び注記事項」に関連する情報の流れ（取引の開始から財務諸表に計上されるまでの情報の流れ、注記事項の元となる情報の流れ）
- 情報システムにおけるITの利用状況
- 財務諸表の作成に係る重要な事項及び報告責任についての企業内外への伝達の状況

統制活動

- 特別な検討を必要とするリスクや実証手続のみでは十分かつ適切な監査証拠を入手できないリスクなど、内部統制の運用評価手続の実施を計画しているリスクに関連する内部統制（方針及び手続）
- 仕訳入力に関連する内部統制（方針及び手続）
- その他監査人が評価することが適切であると判断した内部統制（方針及び手続）
- それら内部統制に関連するITアプリケーション（取引又は情報の開始、処理、記録及び報告に用いられるプログラム）及びIT環境の他の側面（ネットワーク、OS、データベースなど）を特定し、ITの利用から生じるリスクとそれに対応するIT全般統制の状況
- アサーション・レベルの固有リスクに対して統制活動が有効にデザインされているかを評価し、実際に業務に適用されているかを確かめる。

　アサーション・レベルの固有のリスクに対して、内部統制が有効にデザインされており業務に適用されているのであれば、監査人はその内部統制に依拠した監査手続を計画することができます。ただし、内部統制の運用状況を確かめる手続（運用評価手続）を実施していない段階では、統制リスクの評価は暫定的評価となります。運用評価手続を実施して運用状況の評価後に統制リスクを含めた、アサーション・レベルの重要な虚偽表示リスクは確定することになります。

　なお、監査人は、財務諸表項目のアサーションに対応する内部統制の整備状

図表4　リスク評価手続の実施による重要な虚偽表示リスクの識別及び評価の全体像

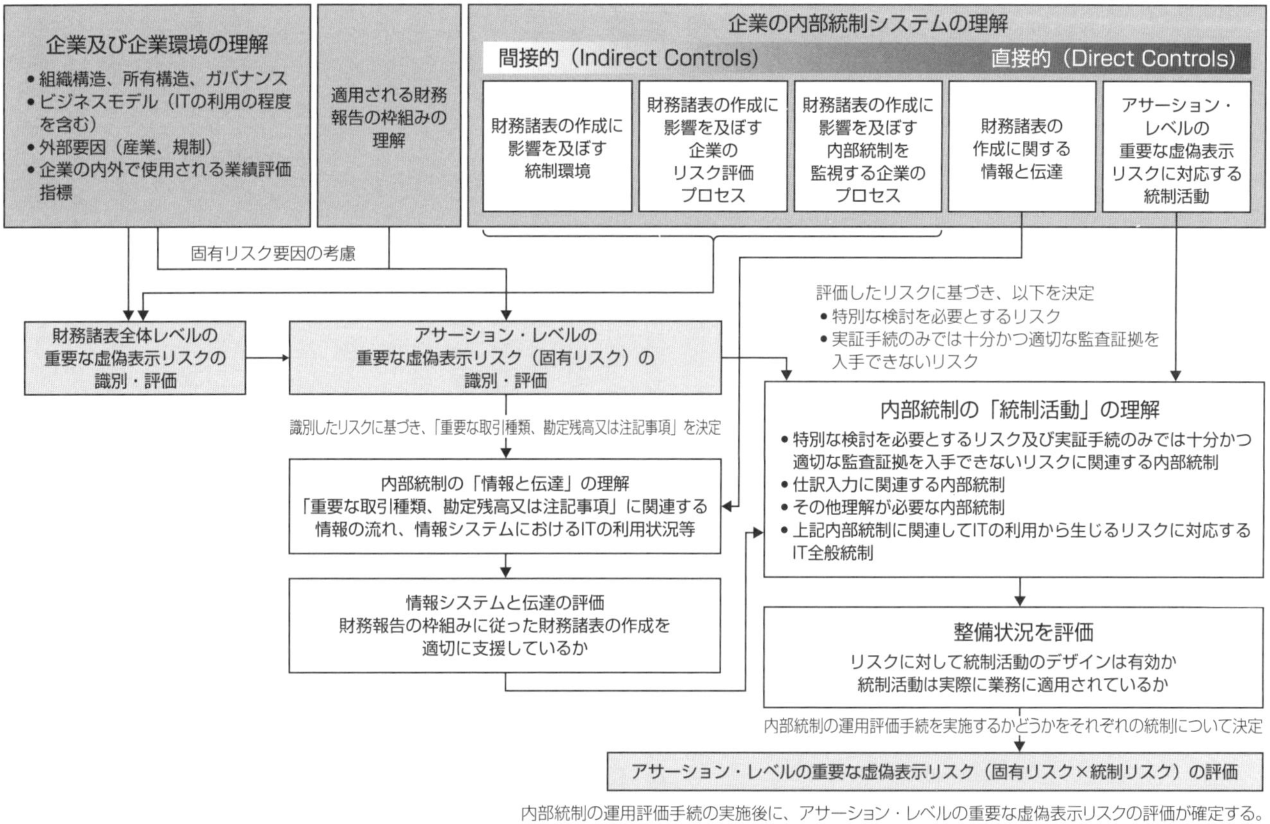

出所：日本公認会計士協会　監基報315を基に作成

況の程度や監査の効率性を勘案して内部統制に依拠しないアプローチ（つまり、監査人による実証手続のみを実施するアプローチ）を選択することがあります。その場合、監査人は、内部統制により重要な虚偽表示が防止・発見・修正されたかどうかの監査証拠は得られませんので、内部統制のフィルターにより重要な虚偽表示リスクは低減されていないとみなし、重要な虚偽表示リスクは固有リスクと同じ程度と評価します。

コラム　2020年～2021年の監査の基準の改訂

　リスク・アプローチに基づく監査の成否は、監査人のリスク評価にかかっていると言っても過言ではありません。そのため、監査人によるリスク評価の精度を向上させるため、これまで監査の基準は幾度となく改正されてきました。

　直近では、リスク評価に関する国際監査基準（ISA）315の改正（2019年12月公表、2022年12月期より適用）を受けて、企業会計審議会は2020年11月に監査基準の改訂を公表し、さらに日本公認会計士協会は、2021年6月に監基報315「重要な虚偽表示リスクの識別と評価」の改正を公表しました。改正後のリスク評価の基準は、2023年3月期の監査から適用されています。

　リスク・アプローチの監査の基本に変更はありませんが、監査人によるリスク評価をより的確に行い、監査法人又は監査チームによるリスク評価のバラツキが少なくなるよう、主に以下の変更が加えられました。

- 財務諸表項目のアサーション・レベルの重要な虚偽表示リスクの評価に当たり、従来は「固有リスク」と「統制リスク」を別々に評価することも、「固有リスク」と「統制リスク」を結合した「重要な虚偽リスク」として評価することも認められていたが、「固有リスク」と「統制リスク」とに分けて評価することが必須となった。
- 固有リスクが適切に評価されていることが極めて重要であるため、虚偽表示の生じやすさに影響を及ぼす事象又は状況を「固有リスク要因」として整理した（改正前は不正リスク要因のみ例示）。
- 固有リスクは、虚偽表示の発生可能性と発生した場合の影響度合いの両方に「合理的な発生可能性」がある場合に識別することを明確化し、両方に「合理的な発生可能性」がある「取引種類、勘定残高又は注記事項」を「重要な取引

種類、勘定残高又は注記事項」として特定することとした（リスク評価の範囲の明確化）。

- 固有リスクの程度に応じたリスク対応手続の実施が必要である。固有リスクの程度は、虚偽表示の発生可能性と発生した場合の影響度合いの組合せで評価されるが、重要度は連続したグラデーションとして捉えるべきである（「低」「中」「高」のカテゴリーで評価するとしても各カテゴリー内でリスクの程度は異なる）ため、「固有リスクの分布」の考え方を導入した。

- 「特別な検討を必要とするリスク」の定義を見直し、固有リスクの分布上、その重要度が最も高い領域に存在するリスクと、監査の基準により「特別な検討を必要とするリスク」として扱うこととされているリスクの二つから構成されることを明確化した。

- 財務諸表監査において内部統制を評価する目的と評価範囲を明確にするため、内部統制の五つの構成要素をアサーション・レベルの重要な虚偽表示リスクの防止・発見・修正に十分精度があるかどうかの観点から、「直接的なコントロール」（情報と伝達、統制活動）と「間接的なコントロール」（統制環境、リスク評価、監視プロセス）に分類した上で、五つの構成要素ごとに評価ポイントを明示した。

- 内部統制の構成要素の「情報と伝達」において、監査人は、「重要な取引種類、勘定残高又は注記事項」に関連する情報システムを理解する（監査人が理解すべき情報システムの範囲を明確化）。

- アサーション・レベルの重要な虚偽表示リスクに直接対応する「統制活動」について、監査人が識別しなければならない範囲を明確化した（IT全般統制の評価範囲を含む）。

- アサーション・レベルの重要な虚偽表示リスクに直接対応する「統制活動」については、デザインの有効性と業務への適用（整備状況）の評価が必要であることを明確にした。

| コラム | 「合理的な可能性（reasonable possibility）」のレベル感 |

　会計基準や監査基準で用いられる可能性（likelihood）を示す表現がどの程度の可能性を想定しているのかを正しく理解することは、基準を適切に適用するために不可欠です。しかしながら、英語を母国語としない者にとって、可能性を表す英語の表現がそれぞれどの程度の可能性を示しているのかを正確に理解するのはとても難しいと思われます。

　監査人がリスク評価の俎上に載せるべきリスクは、虚偽表示が生じる発生可能性とその影響が重要となる可能性の両方に合理的な可能性（reasonable possibility）があるリスクとされましたが、「合理的な可能性がある」とはどの程度の可能性なのかについては、国際監査基準上、特段の説明は加えられていません。ただ、2019年版ISA315の改正の審議過程では、「reasonable possibility」を重要な虚偽表示の定義に用いた理由として、「reasonably possible」は固有リスクの定義で用いられている重要な虚偽表示が行われる可能性を示す「could」の意味を明確にするために用いたものであること、重要な虚偽表示となる合理的な可能性がないリスクを含めて監査人が全てのアサーションについて重要な虚偽表示リスクを識別し・評価することを要求しているわけではないことをより明確にするためであると説明されていました。また、監査人のリスク評価の目的はリスクの程度に応じた監査手続を立案・実施するためであることから、「合理的な可能性」があるレベルは、監査人が何らかの手続を実施しない限り監査リスクを許容可能な水準に抑えることができないレベルということになります。つまり、監査人が何らの手続を実施しなくとも監査リスクが許容可能な低い水準にあるものは、リスク評価の俎上に載せなくてよいということになります。

　つまるところ、どこまで広くリスクを識別するかは、ある程度、職業的専門家としての監査人の判断に委ねられていると言えます。リスクを識別するバーを過度に低く設定すると監査の効率性を損ねますが、高めに設定するとリスクを見逃し監査の有効性を損ねることになります。監査人は、リスクの程度は常に変動するものという認識に立ち、広めにリスク評価の俎上に載せて複数事業年度にわたる推移を注視する姿勢が好ましいと考えられます。

Q26 事業上のリスクと財務諸表の重要な虚偽表示リスクは、どのような関係にあるのでしょうか。監査人は、事業上のリスクをどの程度評価しているのでしょうか。

A 「事業上のリスク（ビジネスリスク）」は、財務諸表の重要な虚偽表示リスクを含む、より広い概念です。「事業上のリスク」は、企業の置かれている状況や環境（それらの変化を含む）、企業のとる行動（又は行動しないこと）又は不適切な企業目的や戦略の設定に起因して、企業目的の達成や戦略の遂行に不利な影響を及ぼす可能性のあるリスクであり、企業経営に関連する様々なリスクが含まれます。「事業上のリスク」は、最終的には何らかの形で財務諸表に影響を及ぼす可能性がありますが、その影響の大きさや可能性の程度、影響が現れる時期は様々であり、全ての「事業上のリスク」が当期の財務諸表に影響を及ぼすとは限りません。

したがって、監査人は、毎期の監査において、リスク評価手続の一環としてビジネスモデルを理解しますが、その過程で、会社が直面している事業上のリスクを理解します。さらに、会社の内部統制を理解する際に、会社が実施しているリスク評価プロセス及びリスク評価の結果を含めて理解します。監査人はそれらの理解を踏まえ、財務諸表の重要な虚偽表示リスクになり得る「事業上のリスク」に着目し、財務諸表の重要な虚偽表示リスクの評価を行います。したがって監査人は「事業上のリスク」を網羅的に評価するわけではありません。

解 説

(1) 事業上のリスクを考慮した監査人のリスク評価

2005年の監査基準の改訂により、監査人は、財務諸表の重要な虚偽表示リスクを評価するに当たり、事業上のリスクが財務諸表の重要な虚偽表示に結び付く可能性を考慮することが求められています。財務諸表監査の目的は財務諸表について監査意見を表明することにありますので、監査人が評価すべき対象は、あくまで財務諸表に重要な虚偽表示をもたらすリスクであり、網羅的に「事業上のリスク」を評価するわけではありません。「事業上のリスク」が財務諸表に最終的にどのような形でいつ頃、どの程度影響を及ぼすことになるかを考慮

することにより、監査人のビジネスの理解が深まり、リスク・アプローチの基礎となるリスク評価がより的確になると考えられています。

　企業目的及び戦略並びにビジネスモデルに関連して財務諸表における重要な虚偽表示リスクとなる可能性を高める「事業上のリスク」は、例えば、以下から生じることがあります（監基報315）。

- 不適切な企業目的や戦略の策定、戦略の効果的でない実行、又は状況や環境の変化や複雑性
- 変化に対応する必要性の認識不足や欠如（例えば、新製品又はサービスの開発の失敗、市場動向の見誤り、法的責任の増加やレピュテーションの低下などが生じる可能性がある）
- 経営者に対するインセンティブやプレッシャー（意図的であるかどうかを問わず、経営者の思考に偏向が生じ、重要な仮定の合理性や将来の予測に影響する可能性がある）

　事業上のリスクが財務諸表にどのように影響を及ぼすかは様々ですので、個々の状況に即して検討することが重要です。監査人が検討する財務諸表の重要な虚偽表示リスクになり得る事業上のリスクには、例えば、以下があります（監基報315）。

- 産業の発展に追いつかず、変化に対処できる人材や専門性がない。
- 新しい製品やサービスが製造物責任を増加する可能性がある。
- 事業の拡大により、需要を正確に予測することが困難になる。
- 新しい会計基準の制定により、会計基準の適用が不完全又は不適切になる。
- 法的エクスポージャーが増加する。
- 現在又は将来の資金需要に対応できない。
- 業務及び財務報告の両方に影響が及ぶ新しいITシステムが導入される。
- 新たな会計上の対応が必要となるような戦略が導入される。

(2)　会社の内部統制としてのリスク評価

　会社は、内部統制の一環として、財務報告の信頼性に係るものだけでなく、業務の有効性及び効率性、法令等の遵守並びに資産保全に係るものを含め、事業上のリスクの識別と評価を行っています。

　監査人は、会社の内部統制を理解する際に、会社のリスク評価プロセスにお

いて財務諸表に影響を及ぼす「事業上のリスク」が適切に識別されているのか、識別されたリスクの重要度と発生可能性が適切に評価されているのかを評価します。また、会社のリスク評価プロセスが整備されている場合は、監査人は、会社のリスク評価の結果を入手します。

会社のリスク評価プロセスが整備されていなかったり、財務諸表に重要な虚偽表示をもたらす可能性のあるリスクが識別されていない場合は、会社の内部統制の重要な不備となるかどうかの判断が求められます。また、金商法上の内部統制報告制度の対象となる会社の場合は、リスク評価プロセスの不備が「開示すべき重要な不備」に当たらないかどうかの検討も必要となります。

(3) 有価証券報告書に開示されている「事業等のリスク」

有価証券報告書を提出している会社の場合、有価証券報告書に記載されている「事業等のリスク」には、経営者が財政状態、経営成績及びキャッシュ・フローの状況に重要な影響を及ぼすと判断したリスクを記載することが求められているため、監査人のリスク評価において大変重要な情報となります。

また、「事業等のリスク」が、取締役会や経営会議での議論を反映したより具体的な記述となっているかどうかは、監査役等が記述情報を閲覧する上での重要な視点になると考えられます。したがって、「事業等のリスク」を監査役等と監査人のリスク評価に関する意見交換のスタートラインとして活用されることが期待されます。

コラム　「事業上のリスク」の評価と「事業等のリスク」の開示

リスクマネジメントが注目されるようになってから、かなりの年月が経過しています。金商法の内部統制報告制度の基本的枠組みのベースとなった1992年版の米国COSO（Committee of Sponsoring Organizations of the Treadway Commission）の内部統制のフレームワークにおいて、内部統制の構成要素の一つに「リスク評価」が含まれていましたが、2004年にはCOSOより全社的リスクマネジメント（ERM）のフレームワークが公表され、2017年に改訂されています。

　「事業上のリスク」は、ERMの対象となる、いわゆるビジネスリスクです。経済社会の変化の度合いが激しくスピードが速くなればなるほど企業経営における不確実性が高まり、リスクマネジメントの重要性が増しています。不確実性の高まりは、企業経営にとって、新しいタイプのビジネス創出の機会にもなり得るため、昨今のリスクマネジメントは、不確実性のマイナスの側面（リスク）だけでなく、プラスの側面（機会）にも焦点を当てるようになってきています。

　有価証券報告書等への記載事項を規定している開示府令では、「事業の状況」として、「経営方針、経営環境及び対処すべき課題等」と並んで「事業等のリスク」を記載することとされています。「事業等のリスク」には、経営者が会社の財政状態、経営成績及びキャッシュ・フローの状況に重要な影響を与える可能性があると認識している主要なリスクについて、リスクが顕在化する可能性の程度や時期、リスクが顕在化した場合に会社の経営成績等の状況に与える影響の内容、リスクへの対応策を記載するなど、具体的に記載することが求められています（開示府令、第2号様式「記載上の注意」(31)a)。記載に当たっては、リスクの重要性や経営方針・経営戦略等との関連性の程度を考慮して、分かりやすく記載することとされており、これにより、財務諸表の利用者は、経営の方向性を理解し、将来の企業価値の予測に役立てることができます。

　しかしながら、これまでのリスク情報の記述は、総花的で一般的な記載にとどまっており、会社の固有の状況が十分に説明されていないと指摘されてきました。そこで、2019年3月に金融庁から公表された「記述情報の開示に関する原則」では、「翌期以降の事業運営に影響を及ぼし得るリスク・不確実性のうち、経営者の視点から重要と考えるもの」を説明することが促され、「経営に係る決定が行われる取締役会や経営会議における議論を適切に反映することが重要」とされています。

　「事業上のリスク」と有価証券報告書の「事業等のリスク」の関係を整理すると、会社のリスク評価プロセスにより識別・評価されている「事業上のリスク（ビジネスリスク）」のうち、経営者が将来の経営成績等（つまり将来の財務諸表）に重要な影響を及ぼすと考えているものをスクリーニングして「事業等のリスク」として開示することが想定されているということになります。

 **Q27** 「特別な検討を必要とするリスク」とは何ですか。「重要な虚偽表示リスク」とはどのような関係でしょうか。

> **A** 「特別な検討を必要とするリスク」は、監査人がリスク評価の過程で識別した「重要な虚偽表示リスク」のうち、固有リスクが最も高い領域に存在すると評価されたリスクと、監査の基準により特別な検討を必要とするリスクとして取り扱うこととされているリスクからなります。「特別な検討を必要とするリスク」は「重要な虚偽表示リスク」に包含される関係にあります。

解　説

(1)　特別な検討を必要とするリスクの定義

「特別な検討を必要とするリスク」は、以下のように定義されています（監基報315）。

- 固有リスク要因が、虚偽表示の発生可能性と虚偽表示が生じた場合の影響の度合い（金額的及び質的な影響の度合い）の組合せに影響を及ぼす程度により、固有リスクの重要度が最も高い領域に存在すると評価された重要な虚偽表示リスク
- 他の監査基準報告書の要求事項にしたがって特別な検討を必要とするリスクとして取り扱うこととされた重要な虚偽表示リスク

　一つ目は、監査人がリスク評価に基づき、選定したものです。監査人は、財務諸表項目のアサーション・レベルの重要な虚偽表示リスクを評価する際、虚偽表示の発生可能性（likelihood）と発生した場合の虚偽表示の金額的及び質的な影響の度合い（magnitude）に基づき、重要度を評価します。この発生可能性と影響度合いの組合せは様々であり、その結果、固有リスクの程度は、グラデーション状に連続的に分布していると考えられています。「特別な検討を必要とするリスク」は、固有リスクの分布において最も高い領域に存在すると評価されたリスクです（Q25(2)参照）。

　二つ目は、「特別な検討を必要とするリスク」として取り扱うことが指定されているものです。現時点では、次のリスクを「特別な検討を必要とするリス

ク」として取り扱うこととされています。

- 不正による重要な虚偽表示リスク（監基報240）（Q29参照）
- 企業の通常の取引過程から外れた関連当事者との重要な取引（監基報550）

　企業の通常の取引過程から外れた関連当事者との重要な取引は、過去の様々な不正事例により不正による虚偽表示の兆候を示しているものと監査の基準では考えられており、特別な検討を必要とするリスクとして取り扱われます。

(2)　リスク評価に基づき、特別な検討を必要とするリスクの例

　固有リスクが最も高い領域かどうかの判断は、監査人の職業的専門家としての判断によります。企業の事業内容と状況によって異なりますが、多くの場合、重要な非定型的取引や判断に依存している事項に関連しており、機械的に処理される定型的で単純な取引は、通常、特別な検討を必要とするリスクを生じさせないと考えられています。

　一般に、固有リスクが高く、特別な検討を必要とするリスクであると判断するリスクとしては、例えば以下があります（監基報315）。

- 複数の会計処理が認められる取引で、その選択に主観性が伴う取引
- 不確実性が高い又は複雑なモデルの会計上の見積り
- 勘定残高を記録するためのデータ収集と処理の複雑性が高いもの
- 複雑な計算を伴う勘定残高や定量的な注記事項
- 異なる解釈をもたらす可能性がある会計基準
- 会計処理の変更を伴う企業の事業の変化（例えば、企業結合）

(3)　特別な検討を必要とするリスクへの対応

　特別な検討を必要とするリスクに対しては、以下のように"特別に対応する"ことが求められています。

- 特別な検討を必要とするリスクに対応する統制活動を識別し、デザインの有効性と業務に適用されているかどうかを確かめる（整備状況の評価）。
- 特別な検討を必要とするリスクに対応する統制活動に依拠するため、運用評価手続を実施する場合は、当期において運用評価手続を実施しなければならない（つまり、過年度の監査証拠の利用はできない）。
- 特別な検討を必要とするリスクに対応するリスク対応手続として、リスクが

高いと判断した理由に個別に対応する実証手続（詳細テスト）を実施しなければならない。

特別な検討を必要とするリスクとしていない重要な虚偽表示リスクの場合は、重要な虚偽表示リスクの程度に応じて、内部統制の整備・運用状況を確かめるかどうか、実証手続として分析的実証手続のみを実施するかなど、リスク対応手続の設計は監査人の判断に委ねられています。それに対して、特別な検討を必要とするリスクの場合は、上記のように、リスク対応に一定の枠が設けられています。これは、リスクにより的確に対応した手続を実施し、相対的により証明力の強い監査証拠の入手を確実にするためです。

Q28 「特別な検討を必要とするリスク」として、「収益認識」や「経営者による内部統制を無効化するリスク」が毎年挙げられています。毎年同じような項目が挙がる場合、監査役等はどのように対応すればよいのでしょうか。

A 　監査人によるリスク評価の結果、「特別な検討を必要とするリスク」として「収益認識」と「経営者による内部統制を無効化するリスク」が毎期識別されるのは、監査の基準において、これら二つの項目については「特別な検討を必要とするリスク」として推定する旨又は取扱う旨の規定が置かれているためです。監査人により会社の状況に特有のリスク要因が適切に認識され、リスク評価に反映されているかどうかを確かめるため、監査役等は、当期におけるビジネスの変更（予定を含む）や産業・規制等の外部要因の変化、会計基準の改正などが当期のリスク評価及び「特別な検討を必要とするリスク」の識別にどのように反映されているかについて、監査人と意見交換することが有益と考えられます。

　監査人と監査役等との間で、財務諸表の重要な虚偽表示リスクに関する認識を常にアップデートし、共有することは、双方が不断に取り組むべき課題と言えます。

解　説

(1)　「収益認識」や「経営者による内部統制を無効化するリスク」の財務諸表監査における取扱い

　監査の基準では、過去の様々な不正事案において売上高の意図的な操作が行われてきたことを教訓として、「収益認識」には不正リスクがあるという推定がおかれています。この推定に基づき、監査人は、どのような種類の収益又は取引形態にどのような不正（例えば、翌期の売上の前倒計上、売上金額の水増し、架空売上の計上など）が起こり得るかを検討することが求められています（監基報240）。単に、収益認識全般に「特別な検討を必要とするリスク」があるということではなく、監査人は、会社の売上取引の種類ごとに、どのような不正が起こり得るかを検討し、「特別な検討を必要とするリスク」を具体的に識別する必要があります。例えば、物理的に目に見える物品の販売と目に見えないサービスの販売とでは、想定される不正の態様が異なります。また、架空

循環取引の例で見られるように、仕入先から顧客まで商品が直送される場合は、そうでない場合に比べ、不正に利用しやすいと考えられています。

監査役等は、監査人が識別している収益認識に係る「特別な検討を必要とするリスク」の具体的な内容と識別した理由を理解し、不正による重要な虚偽表示が生じる可能性について「当社では不正は起きない」という予断をもつことなく連携していくことは、双方の監査の有効性を高めるために大変重要と言えます。また、監査の基準では、売上の取引種類が単一でかつシンプルな場合など、例外的に収益認識に関して不正リスクを推定しないことがあるとされています。その場合は、そのような判断に至った理由を監査人に質問することが有益です。

なお、収益認識は、不正リスクだけでなく、誤謬による重要な虚偽表示のリスクが高いと評価されることも少なくありません。会社が新規の取引形態を採用したり、販売チャネルや市場を新規に開拓している場合や、取引条件が複雑であったり、顧客ごとに異なっているため適切な会計処理に細心の注意や高度な会計知識が必要である場合、又は売上金額に見積りの要素が含まれている場合などは、売上の計上誤りが起きる可能性は高くなります。収益認識に関する会計基準の改正時も、改正内容が複雑で多岐にわたるほど、新基準の理解不足や準備不足から適用誤りとなる可能性が高くなりますので注意が必要です。

一方、「経営者が内部統制を無効化するリスク」も、過去の不正事案の教訓に基づき、監査の基準において取扱いが定められています。ただし、収益認識と異なり、無効化リスクは全ての監査において常に「特別な検討を必要とするリスク」として取り扱われます。そのため、監査人のリスク評価にかかわらず、仕訳テストなどの一定の監査上の対応をすることが求められています（監基報240）。これは、経営者は、財務報告に係る内部統制を無効化することによって、会計記録を改ざんし不正な財務諸表を作成することができる特別な立場にあるためです。したがって、監査役等は会社特有の状況を踏まえ、「経営者が内部統制を無効化するリスク」についてどの程度のリスクがあると監査人が認識しているのかを質問し、意見交換することが有益と考えられます。

(2) (1)以外の項目への対応

「特別な検討を必要とするリスク」は、その名称が表すとおり、リスク評価

に基づき、監査人が、特に重点的に注意を払ってリスク要因に対応した手続を実施すべきと判断したリスクです。したがって、監査の基準で取扱いが規定されている「収益認識」や「経営者による内部統制を無効化するリスク」の他に、監査人は個々の会社の状況に応じて「特別な検討を必要とするリスク」として取り扱うべきリスクがないかどうかを検討します。

不正リスクは、想定される不正の態様に特に注意を払った手続が必要となることから、不正による重要な虚偽表示リスク（不正リスク）があると判断した場合には、「特別な検討を必要とするリスク」として扱うこととされています（監基報240）。他方、誤謬による重要な虚偽表示リスクの評価は、虚偽表示の発生可能性と潜在的な影響度合いに基づき、特に注意を払うべきかどうかを判断して「特別な検討を必要とするリスク」を識別することになります（監基報315）。「特別な検討を必要とするリスク」は、重要な非定型取引や判断に依存する事項に係るものであることが多く、会計上の見積りの不確実性が高いものや通常の取引過程を外れた関連当事者との重要な取引が識別されることもあります。

「特別な検討を必要とするリスク」は、内部統制によるリスクの軽減効果を考慮せずに、特定の取引種類や勘定残高又は注記事項に虚偽表示が行われやすくなるような特徴や状況（リスク要因）がないかどうかを考慮して、固有リスクの程度により判断します。考慮するリスク要因には、取引種類や勘定等の性質（複雑性や判断の介在する度合い等）だけでなく、産業・規制等の外部要因、事業活動（会社の事業目的と戦略、ビジネスモデル等）とともに、事業目的の達成を脅かす事業上のリスクが財務諸表にどのような影響を及ぼすかを考慮してリスク評価を行います。したがって、毎期、同じ項目が「特別な検討を必要とするリスク」に挙がっている場合には、外部要因や事業活動の変化が適切に考慮されていることを確認するために、監査チームと意見交換することが、監査役等の業務監査にも役立つと思われます。また、識別された個々の「特別な検討を必要とするリスク」については、監査人がどのような手続を計画・実施しているかについても監査役等は把握しておくことが適切と考えられます。

**Q29** リスク・アプローチの監査において、「不正による重要な虚偽表示リスク」と「誤謬による重要な虚偽表示リスク」の違いは何ですか。取扱いにどのような相違がありますか。

A 監査の基準において、不正による重要な虚偽表示リスク（不正リスク）とは、財務諸表の虚偽表示が意図的に行われる可能性を言います。それに対して、誤謬による重要な虚偽表示リスクは、意図的ではないものの虚偽表示が生じる可能性をいいます。不正による虚偽表示は人が意図をもって行う行為であることから誤謬による虚偽表示に比べ発見しづらいという特徴があります。したがって、不正リスクの識別・評価、リスク対応及び監査証拠の評価の全局面において、監査人は、より注意深く、批判的な姿勢で臨むことが必要とされています。

　また、識別した不正リスクは特別な検討を必要とするリスクとして取り扱うことや、経営者が内部統制を無効化するリスクは会社により程度は異なるものの全ての会社に存在するものとして取り扱うことが監査の基準で求められています。財務諸表項目のアサーション・レベルの不正リスクに対しては、誤謬による虚偽表示を発見するために有効な手続が不正による虚偽表示を発見するためには有効でない可能性を常に認識し、起こり得る不正シナリオを想定して手続を設計するなど、個々の状況に即した対応が求められています。

解　説

(1)　監査において不正リスクを区分する背景

　「不正」は、国語辞典によれば単に「正しくないこと」と説明されており、結果を表す言葉として説明されています。一方、財務諸表監査では、「不正」は「不当又は違法な利益を得るために他者を欺く行為を伴う、経営者、取締役、監査役等、従業員又は第三者による意図的な行為」と定義されており、人が意図をもって行う行為としています（監基報240）。

　財務諸表の虚偽表示は、意図をもって行われたかどうかにより、不正によるものか、誤謬から生じるものかに区別されます。不正は、巧妙かつ念入りなスキームを用いたり、社内又は社外の者との共謀を伴ったりするなど組織的に実行されることがあり、ほとんどのケースにおいて不正が発覚しないように文書

の偽造や記録の改ざんなどの隠蔽工作を伴います。監査の過程においても、監査人を欺くために偽造した証憑を提示したり、虚偽の説明がなされたりします。このため、不正による虚偽表示は、誤謬による虚偽表示よりも発見が困難になりますので、監査人は、財務諸表の重要な虚偽表示となる可能性がある不正に対して、一層注意して対応することが求められています。

　また、財務諸表の虚偽表示の原因となる不正は、会社資産の流用と、財務諸表を故意に歪める不正な財務報告（いわゆる粉飾）の二つに区分されています。資産の流用は財務諸表を歪めることを目的としたものではありませんが、結果的に流用された資産が会社の貸借対照表に資産として計上されますので、虚偽表示の原因となります。資産流用は個人的な理由から行われることが多いのに対し、不正な財務報告は売上や利益などを実態と異なる状況に見せる（通常、過大計上）を意図して行うため、金額が多額になる傾向があります。特に、不正な財務報告に経営層が関与している場合、その地位を利用して内部統制を無効化することにより組織的な不正の実行及び隠蔽が可能となるため、発見が非常に困難となり、かつ、虚偽表示の金額も多額になる傾向にあります。このため、監査人は、不正リスクに適切に対応するため、資産流用型の不正と不正な財務報告型の不正を区分し、さらに、経営者層により不正な財務報告が行われるリスクに特に注意を払うよう求められています（**図表1**）。

図表1　財務諸表の重要な虚偽表示となる可能性の一般的なイメージ

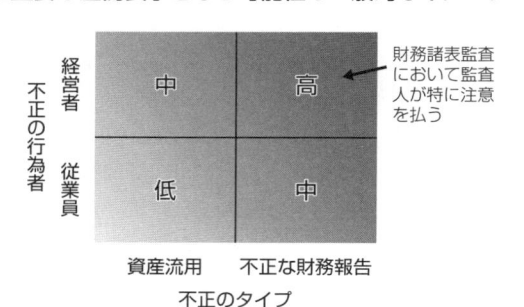

著者作成

(2)　不正リスクに対応する責任

　不正を防止・発見する基本的な責任は経営者にあり、取締役会や監査役等は監視する責任を有しています。財務諸表に関して言えば、適切な財務諸表を作

成する責任（そのために必要な内部統制を整備・運用する責任を含む）は経営者にあります。

　一方、監査人は、財務諸表に対して、不正か誤謬かを問わず、重要な虚偽表示がないかどうかについて監査意見を述べる責任を有しています。監査の歴史においては、長らく「財務諸表監査は不正の摘発を目的とするものではない」という点を強調し、不正に対しては消極的な姿勢にとどまっていました。しかし、周期的に発覚する粉飾事件を受けて、社会が期待する監査の役割との間に「期待ギャップ」が認識されるようになり、1990年頃より、リスク・アプローチの考え方の導入とともに、監査人は財務諸表に重要な影響を及ぼす不正が発生する可能性を考慮して監査を実施すべきという方向が示されるようになりました。現在の"監査人は、不正か誤謬かを問わず、重要な虚偽表示がないかどうかについて監査意見を述べる責任を有している"ということが明文化されたのは、2002年の監査基準の改訂以降となります。

(3)　不正リスクの識別・評価

　リスク・アプローチの監査において、不正リスクには特に注意を払う必要があるため、不正リスクの評価及び対応について扱った監基報240「財務諸表監査における不正」が整備されています。

　監基報240では、監査人は、財務諸表全体レベルと財務諸表項目のアサーション・レベルの不正リスクを識別・評価することが求められています。不正リスクの識別に必要な情報を入手するため、監査人は、リスク評価手続として以下を実施します。

- 経営者への質問
  - 財務諸表に不正による重要な虚偽表示が行われるリスクに関する経営者の評価
  - 経営者が構築している不正リスクの識別と対応のための管理プロセス
  - 上記の管理プロセスについて経営者と監査役等の間で協議が行われている場合はその内容
  - 経営者が従業員に対して伝達している経営方針や倫理的な行動に関する見解の内容
  - 不正又は不正の疑いの有無

- 内部監査人への質問
  - 不正又は不正の疑いの有無
  - 不正リスクに関する見解

　監査役等に対しても、不正又は不正の疑いの有無について質問することとされており、そのほかにも監査人と監査役等との間で不正リスクの管理プロセスや不正リスクに関する見解について協議することは有益と考えられます。

　これらの質問から得た情報と他のリスク評価手続で得た情報（企業及び企業環境、適用される財務報告の枠組み、及び内部統制の理解）に基づき、監査人は不正リスク要因を検討して不正リスクの識別を行います。不正リスク要因は、不正を実行する動機やプレッシャーと、不正の実行可能にする機会と、不正の正当化をもたらす状況の三つの条件が揃うと不正が行われる可能性が高いという不正に関する研究（米国の犯罪学者ドナルド・R・クレッシーによるもので、「不正のトライアングル」と呼ばれている）を踏まえたものです（**図表2**）。

図表2　不正のトライアングル

「不正のトライアングル」が成立したときに不正が起こる可能性は高くなる。
「機会」「動機」「正当化」に該当する不正リスク要因の有無を監査人は評価する。

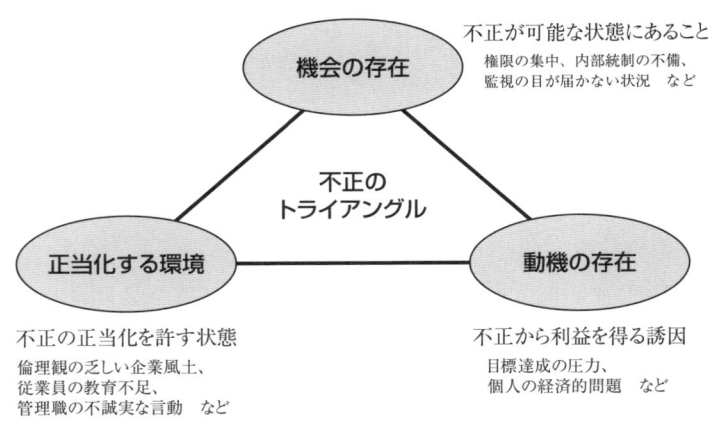

出所：日本公認会計士協会　監基報240を基に作成

　不正のトライアングルの考え方を監査に最初に取り入れたのは米国の監査基準ですが、国際監査基準（ISA）や日本の監査の基準にも取り入れられています。資産流用と不正な財務報告の過去の不正事例を基に、それぞれ、「動機・

プレッシャー」「機会」「正当化」に当てはまる事象や状況が不正リスク要因として例示されています（監基報240付録１）。例示されている不正リスク要因に当てはまる状況があったとしても、必ず不正が起きるわけではありませんが、過去の世界中の監査の失敗事例からの教訓として、不正リスク要因に当てはまる状況にある場合は、監査人は相当な注意をもって、不正による重要な虚偽表示リスクの識別を行わなければなりません。

⑷ 不正リスクへの対応

　識別した不正リスクについては、評価したリスクに応じて以下の対応が求められます。

① 全般的対応

- 監査チームメンバーの配置（不正調査の専門家を含む専門家のアサインの要否、業務の割当て）、チームメンバーの指導監督
- 会計方針の選択・適用（特に主観性、複雑性の高い取引）が経営者による利益調整を示唆していないかどうかの検討・評価
- 監査手続の種類、実施時期及び実施範囲に企業が想定していない要素の組み込み（毎年同じ手続を実施することにより、監査人の目が届かない領域で不正が起きる可能性を防止するため）

② 財務諸表項目のアサーション・レベルの不正リスクへの対応

- 不正は、人を欺く行為であり、誤謬の発見に役立つ手続が不正の発見に役立つとは限らないため、識別した不正リスクにより適合し、より証明力が強い監査証拠を、より多く入手できるように監査手続を立案・実施する。例えば、取引先への確認手続において、債権債務の残高だけでなく、一定期間又は特定の取引の取引条件を直接確かめたり、実施する手続の試査の範囲を決定する際は無作為抽出ではなく、起こり得る不正シナリオに沿ってテスト対象を選定する。
- 識別した不正リスク（＝特別な検討を必要とするリスク）に対応する統制活動の整備状況（デザインの有効性及び業務への適用状況）を評価する。
- 監査の過程で不正による重要な虚偽表示の兆候又は不正による重要な虚偽表

示を示唆する状況を識別した場合（例えば、監査人が会計記録や証憑又は説明の矛盾や文書の改ざんの痕跡に気付いたり、通例でない取引を行う事業上の合理性に対する疑問が生じた場合、通報により監査人に知らされていない情報を入手した場合、又は監査手続に対する制約が課せられた場合など）、重要な虚偽表示となる不正が存在していないかどうかを確かめるためのより踏み込んだ手続を実施する。

③　経営者による内部統制の無効化リスクへの対応

経営者は、組織において、資産流用や不正な財務報告を防止・発見するために自ら構築した内部統制を無効化することができる立場にあります。もちろん、倫理的行動を重視する組織文化や取締役会や監査役等によるモニタリングにより、経営者といえども簡単に不正を実行できるわけではありませんが、その程度は会社により異なります。過去の監査史に残るような不正な財務報告の事案では、経営者が内部統制を無効化していたケースが多いことから、監査においては、全ての会社・組織において経営者による内部統制の無効化リスクは、程度の差はあれ、存在するものとしています。したがって、監査人は、全ての監査において以下を検討することが求められています。

- イレギュラーな仕訳又は何らかの修正が（連結）財務諸表の作成プロセスで入っていないかどうかを確かめる。
- 会計上の見積項目における主要な仮定に経営者の偏向（バイアス）が見られないかどうかを検討する。
- 通常の取引過程から外れた重要な取引の有無（存在していた場合は取引の事業上の合理性）を確かめる。

Q30 不正リスク対応基準と監査基準はどのような関係にあるのですか。

A 不正リスク対応基準は、リスク・アプローチの考え方を前提にして、上場会社等の監査において、不正リスクに対応するために特に留意すべき監査手続や品質管理手続等を明確化したものです。

監査基準は公認会計士が行う全ての監査に適用されますが、不正リスク対応基準は、金商法に基づいて開示を行っている企業（非上場会社のうち資本金5億円未満又は売上高10億円未満かつ負債総額200億円未満の会社を除く。以下「上場会社等」）の監査に適用することとされており、監査基準や品質管理基準に加えて適用されます。

解 説

(1) 不正リスク対応基準策定の経緯

不正による重要な虚偽表示リスク（不正リスク）への対応は、財務諸表監査における重要なテーマです。「監査における不正リスク対応基準」（不正リスク対応基準）は、我が国において上場会社の有価証券報告書の不正による虚偽表示等の事例が相次いだことから、2013年に企業会計審議会から公表されました。不正による重要な虚偽表示への対応は監査基準でも記載されていますが、利害関係者の多い上場会社の場合に、より的確な不正リスクの識別・評価とそれへの対応がなされるように、追加的に不正リスク対応基準が定められました。

(2) 不正リスク対応基準の概要

不正リスク対応基準は、職業的懐疑心の協調、不正リスクに対応した監査の実施及び不正リスクに対応した監査事務所の品質管理の三つから構成されています。

① 職業的懐疑心の強調

監査人が不正リスクに対応するためには、誤謬による重要な虚偽表示リスクに対応するときよりも、注意深く、批判的に臨むことが必要であることから、

職業的懐疑心の保持及び発揮が特に重要とされています。監査人は職業的懐疑心を保持又は発揮しつつ具体的な監査手続を実施しなければなりません。その際に、経営者が誠実であるとも不誠実であるとも想定しない中立的な観点が必要とされています。

②　不正リスクに対応した監査の実施

不正リスクに対応する監査を実施するために、監査人は企業及び当該企業が属する産業における不正事例を理解するとともに、経営者や監査役等にも不正リスクに関連して把握している事実を質問しなければならないとされています。その上で監査人は不正リスク要因を考慮した監査計画を策定しなければなりません。

不正リスク要因は、不正リスク対応基準に例示されており、動機・プレッシャー、機会、姿勢・正当化といった、いわゆる「不正のトライアングル」に沿った形で会計上の不正リスク要因が示されています。さらに、財務諸表全体に関連する不正リスクが識別された場合には、企業が想定しない要素を監査計画に組み込むべきこととされています。監査人が何をどのように監査するかは、被監査会社はそれまでの監査対応を通じて知っていることから、「予告なしの往査」を含めて監査に緊張感をもたらすことが有益と考えられています。

確認についても、証明力の強い外部証拠を入手するための監査手続であることから、不正リスクに対応するために積極的確認（確認状に記載してある内容について異論があってもなくても、確認先に回答を求める確認方法）を実施する場合に、回答がない又は回答が不十分なときに、代替的手続で十分かどうかは慎重に判断すべきこととされています。これは、安易に代替的手続に移行することを戒めたものであり、過去の会計不祥事事案からの教訓によるものです。

不正リスク対応基準には、不正による重要な虚偽の表示を示唆する状況についても例示されています。例えば、通例でない取引、証拠の偽造又は隠蔽の可能性、会計上の不適切な調整の可能性などが挙げられています。このような不正を示唆する状況が識別された場合には、経営者に説明を求めるとともに、追加的な監査手続を実施しなければなりません。さらに、経営者の説明に合理性がないと判断した場合や、当初の監査計画に従って実施した監査手続の結果、必要と判断した追加的な監査手続を実施してもなお、不正リスクに関連する十

分かつ適切な監査証拠を入手できない場合は、「不正による重要な虚偽表示の疑義」があるとして取り扱うこととされ、より厳格な監査対応が求められています（**図表1**）。

図表1　不正による重要な虚偽表示の疑義への対応

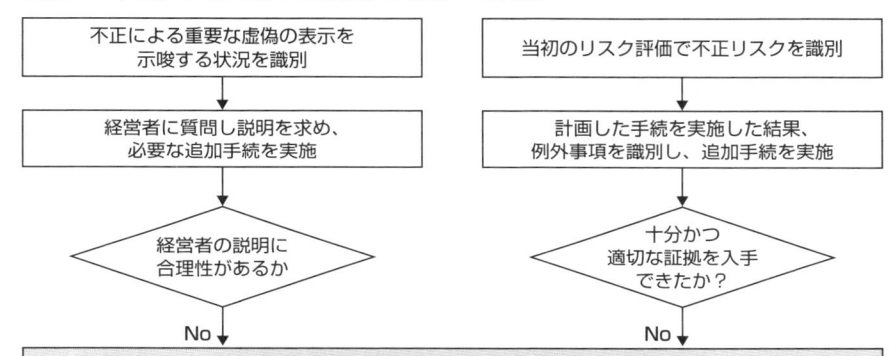

出所：企業会計審議会「監査における不正リスク対応基準」を基に作成

　不正リスク対応基準には、監査役等との関わりも明記されています。監査人は、監査の各段階において監査役等との連携を図ることや、不正による重要な虚偽表示の疑義があると判断した場合に監査役等に速やかに報告することはもちろんのこと、監査を完了するために必要となる監査手続（種類・時期・範囲）についても監査役等と協議しなければなりません。経営者の関与が疑われる不正を発見した場合には、監査役等に報告・協議の上、経営者に是正等適切な措置を求めることも求められます。監査役等は、経営者不正に対峙できる立場にあり、ガバナンスに責任を有する機関であることから、監査人は監査役等としっかりと連携していくべきことが明確にされています。

③　不正リスクに対応した監査事務所の品質管理

　監査事務所の品質管理については、もともと「監査に関する品質管理基準」があるところ、不正リスク対応基準では不正リスクに対応した品質管理の実施を特に求めています。品質管理の方針及び手続は、個別業務レベルと監査事務所レベルで適用されますが、不正リスク対応基準は監査事務所全体の品質管理のレベルアップを図るため、監査事務所レベルの対応について規定が置かれています。例えば、不正リスクに対応する品質管理の責任者を明確にすること、不正事例に関する研修等の実施、不正リスクへの対応状況の定期的な検証を行うべきことなどが定められています。監査契約の新規締結や更新に当たっても不正リスクを評価することが必要とされています。

　監査事務所の品質管理については、監査役等に対して監査事務所の品質管理システムの整備・運用状況の概要を書面により伝達することが監査人に求められているため（監基報260）、監査役等とのコミュニケーションにおいて、不正リスクに対応した監査事務所の品質管理体制を上記に即して具体的に質問することも考えられます。

　そのほか、監査人が交代した場合は、監査役等は引継ぎが適切に行われているかどうかにも注意を払う必要があります。監査事務所は、監査事務所間の引継ぎに関する方針及び手続において、前任の監査人の場合は後任の監査人に対して、不正リスクへの対応状況を含め、監査上の重要な事項を伝達しなければならないこと及び調書の閲覧に応じること、後任の監査人の場合は不正リスクへの対応状況等を前任監査人に対して質問しなければならないことを定めなければなりません。

 **Q31** 不正リスク対応基準では、監査人の職業的懐疑心が強調されています。職業的懐疑心とはどのような概念でしょうか。また、なぜ強調されているのでしょうか。

A 職業的懐疑心は、職業的専門家として保持すべき監査人の姿勢を言い、監査人は監査の全過程を通じて、誤謬又は不正による重要な虚偽表示の可能性を示す状態に常に注意し、監査証拠の評価に際しては入手した証拠を鵜呑みにせず、批判的に評価することが求められています。監査基準において、「監査人は、職業的専門家としての正当な注意を払い、懐疑心を保持して監査を行わなければならない」と規定されているところ、不正リスク対応基準では、更に踏み込んだ形で、監査の各段階において職業的懐疑心を保持・発揮し、高めることを求めています。これは、意図的に行われる不正の行為者に欺かれないよう、不正に対して、監査人の過去の経験にかかわらず、経営者が誠実であるとも不誠実であるとも想定しない中立的な観点で監査に臨む必要があるためです。特に、監査意見の基礎となる監査証拠を十分かつ適切に入手できたかどうかの評価に際しては、より慎重に批判的に評価することが必要になります。

解説

(1) 職業的懐疑心とその必要性

「監査人は、（中略）、懐疑心を保持して監査を行わなければならない」という監査基準（一般基準3）の文言は2002年に盛り込まれました。当時、企業会計審議会から公表された「監査基準の改訂について」では、「監査という業務の性格上、監査計画の策定から、その実施、監査証拠の評価、意見の形成に至るまで、財務諸表に重要な虚偽の表示が存在する虞に常に注意を払うことを求めるとの観点から、職業的懐疑心を保持すべきことを特に強調した」と説明されています。

職業的懐疑心は「誤謬又は不正による虚偽表示の可能性を示す状態に常に注意し、監査証拠を鵜呑みにせず、批判的に評価する姿勢」（監基報200）と定義されています。ここでいう職業的懐疑心には、入手した他の監査証拠と矛盾する監査証拠に注意を払ったり、監査証拠の信頼性に疑問を抱かせるような情報

に注意を払ったりすることも含まれており、不正に限ったものではありません。不正であっても誤謬であっても、監査人が職業的懐疑心を保持することによって、通例でない状況を見落とすリスクや、監査手続の結果について十分な検討をせずに一般論に基づいて結論を導いてしまうリスク、監査手続の決定やその結果の評価において不適切な仮定を使用してしまうリスクを抑えることができます。

　なお、監査人が過去の経験に基づいて、経営者、取締役及び監査役等は信頼が置ける、又は誠実であると認識していたとしても、それによって職業的懐疑心を保持する必要性が軽減されるわけではありません（監基報200）。経営者が誠実であるとも不誠実であるとも想定しない中立的な観点で、監査証拠を批判的に評価することが必要とされています。

(2)　不正リスク対応基準における職業的懐疑心の強調

　不正リスク対応基準には以下の記載があり、職業的懐疑心が強調されています。

第一　職業的懐疑心の強調

1　監査人は、経営者等の誠実性に関する監査人の過去の経験にかかわらず、不正リスクに常に留意し、監査の全過程を通じて、職業的懐疑心を保持しなければならない。

2　監査人は、職業的懐疑心を発揮して、不正の持つ特性に留意し、不正リスクを評価しなければならない。

3　監査人は、職業的懐疑心を発揮して、識別した不正リスクに対応する監査手続を実施しなければならない。

4　監査人は、職業的懐疑心を発揮して、不正による重要な虚偽の表示を示唆する状況を看過することがないように、入手した監査証拠を評価しなければならない。

5　監査人は、職業的懐疑心を高め、不正による重要な虚偽の表示の疑義に該当するかどうかを判断し、当該疑義に対応する監査手続を実施しなければならない。

　5項目のうち1番は職業的懐疑心の保持であり、監査基準の記載を詳細にしたものと考えられます。2番から4番までは職業的懐疑心の発揮であり、5番では職業的懐疑心を高めることを監査人に要求したものとなっており、監査基準よりも一層踏み込んだ形で職業的懐疑心が強調されています。

　職業的懐疑心の保持や発揮が適切であったか否かは、具体的な状況において監査人の行った監査手続で判断されるものとはいえ、監査役等からそれを直接判断することは必ずしも容易ではありません。しかしながら、監査人とのコミュニケーションの中で、監査人が職業的懐疑心を保持し発揮しているかどうかを、監査役等が感じ取ることのできる場面は多々想定されます。例えば、経営者のみならず会社の現場担当者の誠実性に関して予見をもって監査をしていないかを注意深く観察し、場合によっては、監査人の予見に対して監査役等が保持している反証材料を示しながら協議することも考えられます。職業的懐疑心を保持して発揮することの根幹には、ビジネスや組織への理解、監査人自身の倫理観、監査失敗事例の学習なども必要であり、職業的懐疑心は、単純に疑ってかかる猜疑心とは異なるものです。公認会計士・監査審査会（CPAAOB）が毎年公表する「監査事務所検査結果事例集」では、職業的懐疑心が欠如していたことによる指摘事例が少なからず掲載されており、単なる精神論としてではなく、監査を適切に実施するために貫かれるべき職業的専門家としての基本となる姿勢と捉える必要があります。特に、不正による重要な虚偽表示については、誤謬によるものよりも発見が困難であることから、職業的懐疑心の発揮が重要です。

コラム　職業的懐疑心の発揮を妨げる要因

　2021年に改訂された「監査に関する品質管理基準」では、より質の高い監査の実施を目指して、監査事務所に対して監査業務の実施に関する品質目標を設定すること、その品質目標に「監査チームの職業的専門家としての適切な判断及び懐疑心の保持及び発揮」を含めることとを求めています。監査事務所及び監査責任者は、不正に限らず、監査チームが職業的懐疑心を常に保持・発揮できるように、監査環境の改善を図り、監査チーム編成や監査チーム内外のコミ

ュニケーションの活性化を促していくことが必要です。

　監査チームにおいては、個々の監査業務において懐疑心の発揮を妨げる状況がないかどうか、該当する状況がある場合はそれにどのように対応するかの検討が必要になります。懐疑心の発揮を妨げる障害として、例えば以下が示されています（監基報220）。

監査の環境から生じる要因

- 監査予算の制約（リスクに見合う知識や経験を有する者の配置の制約など）
- 監査の厳しい期限設定
- 被監査会社の経営者の監査に対する協力の欠如又はプレッシャー
- 監査に必要な記録、施設、従業員、取引先等へのアクセスの困難さ

監査チームから生じる要因

- 企業、企業環境及び内部統制、財務報告の枠組みに対する理解不足（不十分なリスク評価）
- 自動化されたツールや技法への過度の依存

　監査チームから生じる要因は、心理学でいう認知バイアスが関係している可能性があります。以下のような監査人の無意識のバイアスが職業的懐疑心の発揮を妨げ、職業的専門家としての合理的な判断を妨げる要因となると指摘されています（監基報220）。

- 可用性バイアス（availability bias）：すぐに思い浮かんだり、利用しやすい事象や経験を重視する傾向
- 確証バイアス（confirmation bias）：既存の考えに矛盾する、又は疑問を呈する情報より、裏付ける情報を重視する傾向
- 集団思考（groupthink）：集団としての検討又は意思決定を行う傾向
- 過信バイアス（overconfidence bias）：判断や意思決定における自分自身の能力を過大に評価する傾向
- アンカリング効果によるバイアス（anchoring bias）：最初に入手した情報を重視し、その後に入手した情報を過小評価する傾向
- 自動化バイアス（automaton bias）：人間の推論や矛盾する情報によって信頼性や目的適合性が疑わしい場合であっても、自動化システムから生成された生成物を好む傾向

　監査チームがこのような認知バイアスをどのように考えているかについて質問してみるのも、懐疑心の状況を理解する際に役立つかもしれません。

Q32 不正リスクの内容や程度に応じて、監査人は監査役等と、どのようなコミュニケーションを行うことが求められているのでしょうか。

A 監査人は、不正リスクについては、監査計画の段階で、どのような不正リスクを識別し、どのように対応する計画であるかを監査役等とコミュニケーションを行います。また、監査人が監査の過程で、企業に影響を与える不正を識別したか、又は不正の疑いを抱いた場合には、適時に監査役とコミュニケーションを行うことが求められています。さらに、不正リスク対応基準では、監査人は、不正による重要な虚偽の表示の疑義があると判断した場合には、速やかに監査役等に報告するとともに、監査を完了するために必要となる監査手続の種類、時期及び範囲についても協議するなど、より詳細なコミュニケーションを行うことが求められています。

なお、会社法や金商法においては、監査人が監査の過程で取締役又は執行役の不正行為や法令違反等事実を発見した場合、監査役等への報告義務や通知義務が定められています。監査の基準では、これらの法令による報告義務も踏まえて、監査人は経営者の関与が疑われる不正を発見した場合には監査役等に報告し、協議することが求められています。

解 説

(1) 監査の基準で求められるコミュニケーション

不正リスク対応基準では、監査の各段階において不正リスクの内容や程度に応じて適切に監査役等と協議するなど、監査人は監査役等と連携を図らなければならないとされています。監基報240「財務諸表監査における不正」では、不正リスク対応基準での要求事項を含め、以下のように、不正リスクに関する監査役等との協議に関してより詳細な規定が設けられています。

① 不正リスクの識別・評価

監査人は、リスク評価手続の一環として、監査役等に不正、不正の疑い又は不正の申立てについて把握しているかどうかを質問することが求められています。同様の質問は経営者に対しても行われますが、監査役等からの回答は経営

者からの回答を補強・補完し、より適切なリスク評価の情報源となります。このような不正、不正の疑い又は不正の申立てに関する情報は、互いに認識した時点で、監査役等、経営者及び監査人との間で適時に共有されていることが重要です。

監査人は、他のリスク評価手続で得た情報も加味して、不正リスクを識別・評価し、特別な検討を必要とするリスクとして、監査役等に監査計画の説明時にコミュニケーションを行います（Q27〜28参照）。そのほか、監査人は監査役等の監視責任に資する情報として、不正に関連する以下の情報をコミュニケーションに含めることがあります（監基報240）。

- 不正を防止し発見するために構築された内部統制と財務諸表の虚偽表示の可能性に対する経営者の評価の手続、その範囲及び頻度についての懸念事項
- 識別した内部統制の重要な不備及び識別した不正に対する経営者の不適切な対応
- 経営者の能力と誠実性に関する問題を含む、企業の統制環境に関する監査人の評価
- 不正な財務報告を示唆する経営者の行動（例えば、企業の業績や収益力について財務諸表の利用者を欺くための利益調整が行われたことを示唆することがある会計方針の選択及び適用）
- 企業の通常の取引過程から外れている可能性のある取引の承認に関する適切性又は網羅性に関する懸念事項

② **不正又はその疑いがある場合の対応**

監査の過程で監査人が以下の不正又は不正の疑いを識別した場合、監査役等と適時にコミュニケーションを行うことが求められています（監基報240）。

- 経営者による不正又は不正の疑い
  監査人は、経営者の関与が疑われる不正を発見した場合には、監査役等に報告し、監査を完了するために必要となる監査手続の種類、時期及び範囲についても協議しなければなりません。不正リスク対応基準では、監査人は、「監査役等と協議の上、経営者に問題点の是正等適切な措置を求めるとともに、当該不正が財務諸表に与える影響を評価しなければならない」とされています。経営者に求める「問題点の是正等適切な措置」には、経営者による事実

関係の解明（少なくとも解明への調査）が含まれます。それら事実関係の解明なくしては、監査を完了するために必要な手続を実施することができませんので、通常、会社側の調査と監査は並行的に行われることになります。監査役等は、経営者による事実関係の解明状況と監査人の監査手続の両方の進捗をモニタリングする役割が期待されています。

- 内部統制において重要な役割を担っている従業員による不正又は不正の疑い
- 上記以外の者による財務諸表に重要な影響を及ぼす可能性がある不正又は不正の疑い

経営者又は内部統制において重要な役割を担っている従業員による不正又は不正の疑いの場合は、企業におけるそれぞれの地位の重要性に鑑み、財務諸表の重要な虚偽表示の原因となる不正に限定することなく、監査人は監査役等へコミュニケーションを行うことが求められています。一方、それ以外の従業員による場合は、監査人は財務諸表に重要な影響を及ぼす可能性がある不正又は不正の疑いを監査役等にコミュニケーションを行うとされています。ただし、重要な虚偽表示とはならない従業員の不正に監査人が気付いた場合に監査役等に伝達するかどうかは、監査役等における要望もあるため、監査の初期段階で協議しておくことがコミュニケーションの充実につながります。

監査人からこれら不正に関する報告があった場合、監査役等はガバナンスに責任を有する者として誠実に対応することが期待されています。指摘された事案については、取締役又は執行役へ報告を求め、必要に応じて監査役等自ら調査するなどの方法により事実関係を確認し、監査役等としての対応を判断する必要があります。また取締役又は執行役から受けた報告、自ら行った調査、対応については、内容の重要性等に鑑み、適時に監査人に情報提供することが適切です。

このような監査役等とのコミュニケーションを書面で行うか、口頭のみとするかは、事案の重要性や報告頻度等を勘案して判断されることになります。経営者が関与する不正の場合や財務諸表の重要な虚偽表示となる不正の場合は、書面によることが望ましいと監査人も判断することが多いとは思われますが、監査役等に要望がある場合は、監査人にその旨を伝えておくとよいと思われます。

(2)　法令上の監査人の報告義務

①　会社法上の対応

　会社法では、「会計監査人は、その職務を行うに際して取締役又は執行役の職務の執行に関し不正の行為又は法令若しくは定款に違反する重大な事実があることを発見したときは、遅滞なく、これを監査役等に報告しなければならない。」とされています（第397条）。報告対象は、財務諸表に重要な影響を及ぼすものには限定されませんが、監査人は、監査の過程で取締役等の「不正の行為」又は「違法行為に関する重大な事実」（疑いがあるもの、おそれがあるものは除かれている）に気が付いたときは、それを放置することなく監査役等に報告することが求められています。会社法のこの規定の趣旨は、業務監査を実施し、取締役等の不正や違法行為を是正する権限を有している監査役等に報告することにより、会社及び株主の利益を守ることと解されており、監査人から当該報告を受けた監査役等は必要な対応をすることが想定されています。

　この報告を書面で実施すべきかについて会社法では定められていませんが、監査人の立場からすると、会社法上の監査人の報告義務を果たしたことを明確にするため、報告すべき事項の有無について書面で報告している場合が多いと思われます。

②　金商法上の対応

　金商法第193条の３第１項では、監査人が金商法に基づく監査証明を行うに当たって、法令に違反する事実その他財務計算に関する書類の適正性の確保に影響を及ぼすおそれがある事実（法令違反等事実）を発見したときは、当該事実の内容及び法令違反の是正その他の適切な措置をとるべき旨を、遅滞なく通知しなければならないとされています。「法令違反等事実」は、「仮に監査人や被監査会社において何らの対応も図られずに当該事実が放置された状態のまま財務書類が提出された場合に、重要な事項についての虚偽記載等が生じるような事実」と解されています。その通知先は、監査証明府令第７条において「監査役又は監事その他これらに準ずる者」と規定されており、通知は書面による必要があります。監査役等への通知が義務付けられているのは、①と同様に、監査役等は取締役等の不正行為や法令・定款に違反する事実、著しく不当な事実を取締役会に報告する義務を負うなど、是正する権限を有しているためです。

　この通知を監査役等が受領してから、原則として２週間（詳細のスケジュールは、金商法施行令第36条）という短期間で会社は自主的な是正措置その他の措置をとる必要があります。

　なお、監査人が上記通知により自主的な是正措置を促してもなお、法令違反等事実が財務書類の適正性の確保に重大な影響を及ぼすおそれがあること及び会社による適切な措置がとられない場合で、重大な影響を防止するために必要と認めるときは、監査人から当局に申し出ることが義務付けられています（金商法第193条の３第２項）。

コラム　不正の「疑い」の程度

　監査の実務上、判断が難しいのは、不正かどうかの見極めがつかず、どの程度の「疑い」の場合に監査役等にコミュニケーションを行うのが適切かという点です。「疑い」のレベルは、軽いものから「黒」に近いものまで様々です。監査人が職業的懐疑心をもって対応した結果、会社側の説明に違和感を覚え「疑い」を抱いた場合でも、「疑い」が監査人又は会社の担当者の勘違いや説明不足に起因し、結果的には問題ないこともあり得ます。また、財務諸表への影響も多くの場合、推定が困難で、結果的に影響が小さいケースもあり得ます。

　不正リスク対応基準で監査役等にコミュニケーションが求められる「不正による重要な虚偽表示の疑義」は、「不正による重要な虚偽表示の疑いが高いと監査人が判断した状況」とされており、「不正による重要な虚偽表示を示唆する状況について関連して入手した監査証拠に基づいて経営者の説明に合理性がないと監査人が判断した場合」又は「識別し評価した不正による重要な虚偽表示リスクに対応して当初計画した監査手続を実施した結果、必要と判断した追加的な監査手続を実施してもなお、不正リスクに関連する十分かつ適切な監査証拠を入手できない場合」のいずれかに当てはまる場合とされています（Q30図表１参照）。いずれも、かなり「疑い」の程度が濃い場合といえます。

　一方で、監基報240で監査役等にコミュニケーションが求められている「不正の疑い」は、「疑義」に比べもう少し幅があると考えられます。監査人も監査役等も「不正の疑い」というとかなり構えてしまいがちですが、結果的には不正ではない可能性もあるということを念頭におきながら、監査人と監査役等との

日頃のコミュニケーションにおいて、お互いが抱いている「違和感」や「心配なこと」を率直に話し合える環境づくりが重要と考えられます。

コラム　監査における違法行為への対応

　会社は様々な法令の下で事業を営んでおり、経営者は取締役会及び監査役等による監督・監視の下、法令を遵守する責任を負っています。監査人は、監査において会社の法令違反となる行為（違法行為）の全てを発見することが求められているわけではありませんが、財務諸表の重要な虚偽表示につながる可能性のある違法行為については注意を払う必要があります。ここでいう違法行為は、故意・過失又は作為・不作為を問わず、会社、会社の役員・従業員又は会社の指示の下で働く者（委託業者等）による法令違反を言い、個人の違法行為は含まれません。監査の基準においては、不正は「不当又は違法な利益を得るために他者を欺く行為」と定義され（監基報240、Q29参照）、行為者の意図に着目しますが、違法行為は過失も含みますので、違法行為の方が広い概念と言えます。ただし、不正も違法行為も、監査上は、財務諸表の重要な虚偽表示につながるものに焦点が置かれます。

　監査において違法行為にどのように対応するかは、不正への対応とは別に実務指針（監基報250「財務諸表監査における法令の検討」）が公表されています。監基報250では、会社が遵守すべき法令を、①財務諸表の重要な金額及び注記事項の決定に直接影響を及ぼすものとして一般に認識されている法令（例、財務報告に関する法令、税法、年金に関連する法令など）と、②財務諸表に直接影響は及ぼさないが事業運営・継続又は重大な罰則を科されないように遵守すべきその他の法令に分類し、監査人は分類に従って適切に対応することが求められています。①に分類される法令に関しては、会社がそれら法令を遵守していることについて十分かつ適切な監査証拠を入手することが求められますが、②に分類される法令に関しては、法令違反が財務諸表に重要な影響を及ぼすことがあるため、法令遵守のための内部統制を含め、会社の法令遵守の状況を質問や関連文書の閲覧などにより理解することが求められています。さらに、監査の過程で監査人が違法行為又はその疑いに気付いた場合、その内容や発生した状況を理解し、法令違反が疑われる行為者を考慮した上で、経営者及び監査役等と協議することとされています。

Q33 仕訳テストとはどのような手続ですか。なぜ、仕訳テストが必要なのでしょうか。

A 仕訳テストは、総勘定元帳に記録された仕訳や財務諸表作成過程において仕訳を通さずに行われた修正事項を検討し、その適切性を検証する監査手続です。監査人は、全ての監査において「経営者による内部統制を無効化するリスク」に対応するための手続として、仕訳テストを実施することが求められています。

解　説

(1)　仕訳テストの位置付け

　経営者は、組織において自ら構築した内部統制の外側で会計記録や財務諸表に不適切な操作を自ら行うか、又は他の従業員に指示できる特別な立場にあります。経営者の立場を利用した不正が行われるリスクを「経営者による内部統制の無効化リスク」と呼んでいます。過去の会計不正の事案を見ると、不適切な仕訳入力又は仕訳を通さずに試算表上などで修正するなど、財務報告プロセスにおいて何らかの操作をすることにより不正な財務報告は行われています。そのため、監査の基準では、「経営者による内部統制を無効化するリスク」は、リスクの程度は別として、全ての企業に存在することが想定されています（Q28参照）。

　このような「経営者による内部統制を無効化するリスク」に対応するため、監査人は少なくとも、「仕訳テスト」「会計上の見積りにおける経営者の偏向の検討」及び「非通例的な重要な取引の検討」という三つのリスク対応手続を実施することが求められています（監基報240）。これらの三つの対応手続は、不正リスクに対応するために、リスク・アプローチに基づく監査の限界を補うものとして導入されました。すなわち、リスク評価が適切に識別・評価されなかったとしても、最後の砦として、仕訳テスト等を行うことにより重要な虚偽表示を発見できる可能性が高まります。監査リスクを抑えるための手続であり、過去の不正事例からの教訓を踏まえた、必須手続です。

(2)　仕訳テストの内容

　仕訳入力や修正プロセスの適切性を検証するために、監査人は次の手順で仕訳テストを組み立てます。

①　財務報告プロセスの担当者に対して、不適切又は通例でない取引について質問する。

②　期末時点で行われた仕訳入力及び修正を抽出する。

③　仕訳入力及び修正を、監査対象期間を通じて検証する必要性を考慮する。

　不正な仕訳入力や修正は期末（外部公表を伴う四半期末、半期末を含む）に行われることが多いため、期末時点で投入された仕訳入力や修正をまずテストの対象として抽出します（②）。さらに、不正行為やその隠蔽行為は年度を通じて行われる可能性があるため、監査対象期間を通じて検証する必要性を検討することとされています（③）。実務的には、膨大な数の仕訳入力を手作業で全件チェックすることは困難であるため、IT技術を利用して行われることが多く、通常は、監査対象期間の全仕訳から一定の条件に合致する仕訳を抽出し、抽出された仕訳入力や修正に対して実施する詳細テストの種類、時期及び範囲を決定します。その際、監査人は、不正な仕訳データを除外していないかどうか、被監査会社から提供された仕訳データの網羅性について確認します。

　詳細テストの対象や内容は、例えば以下の事項を考慮して決定します。

- 識別されている不正リスク要因
- 仕訳入力や修正に関する内部統制
- ITの利用状況（補助簿と連動する自動仕訳か手入力による仕訳か、又は仕訳を通さない修正の有無など）
- 過去の不正事案で検出されている特徴（例えば、ほとんど使用されていない勘定や取引先コードを利用した仕訳、確証の添付がない仕訳など）
- 勘定の性質や複雑性（非通例的な取引、重要な見積りと期末修正を含む仕訳など）
- 非定形的な仕訳入力

(3)　不正シナリオの想定

　仕訳テストの対象とする仕訳入力や修正の抽出及びそれらに対する実証テストの立案においては、どのような不正が起こり得るか、不正の態様を想定しま

す。不正シナリオと呼ばれているもので、過去の不正事例等を参考に、個々の会社の状況に当てはめて検討します。不正リスクの適切な評価には、被監査会社側の様々な部署や階層の人員から情報を集め、監査チーム内で、「この会社において起こるとしたらどのような不正が起こり得るか」についてブレーンストーミングを行うことが有用とされています。監査役等も同様の発想で監査チームと一緒にブレーンストーミングすると新たな気付きが得られるかもしれません。続いて、仮想した不正が起きた場合、どのような影響が財務諸表に現れるか（例えば、勘定科目間の相関関係やキャッシュ・フローと利益との関係、在庫や売掛金の回転日数の動きなど）を検討し、パラメータを設定します。そのパラメータにより抽出された仕訳項目について、実証手続を実施し、「不正による重要な虚偽表示」が含まれていないかを確かめます。

　このことからも分かるとおり、不正リスクシナリオやパラメータの設定及び抽出項目の検証において、監査人は職業的懐疑心をもって異常性を見極める力量を備えることが必要です。仕訳テストは対象が膨大なだけに、漫然と実施したり、着眼点がずれていたりすると、監査の基準で想定したような効果を発揮できません。また、せっかく異常点を示す仕訳を抽出できたとしても実証手続の詰めが甘いと、不正又は誤謬を見逃してしまうことがあります。

　公認会計士・監査審査会（CPAAOB）の検査においても、仕訳テストが不十分であった事例が指摘されており、例えば以下の不備が「監査事務所検査結果事例集」等に記載されています。

- 抽出した仕訳の中で異常点に気付かずに、その妥当性を検証していない。
- 詳細テストの実施等の必要性を検討していない。
- 一定額以上の仕訳を対象としているが、そのことが適切かどうかを検討していない。
- 一般的なキーワードを抽出条件とするのみで、被監査会社の置かれた事業環境などを考慮していない。

⑷　IT技術の利用

　IT技術の進化により、大量の仕訳データを低コストで分析する環境が整ってきました。監査においても、CAAT（Computer Assisted Audit Techniques／コンピュータ利用監査技法）により、会計不正の兆候を把握することが一般的

に行われるようになってきました。近年ではAIを監査に導入する研究が進められており、全ての仕訳データからのスクリーニングの手法が進化しつつあります。様々な不正事例で観察された異常パターンを繰り返しAIに学習させるなどの方法で、テスト対象とする仕訳データをより適切に抽出できることが期待されるため、監査の精度は大きく向上していくと考えられます。

　進化するIT技術を監査に組み入れていくことは監査の有効性と効率性の向上にとって不可欠です。そのためには、被監査会社の会計データや関連する業務データが監査人に利用可能な状態になっている必要があります。監査人が監査手続の対象とするデータに網羅性と正確性が担保されていなければ、それらに対して監査手続を実施しても監査証拠としては成立しません。

　会計不正が生じたときのダメージは企業にとって小さくないため、IT技術を利用した監査を実施する環境整備を促進していくことも監査役等の役割として期待されているところです。

| コラム | 仕訳テスト vs. 精査 |

　時折、仕訳テストに関して、全部の仕訳データを監査人に提供しているにもかかわらず、経営者不正やそれ以外の不正・誤謬を監査人が見逃してしまうことがあるのはなぜかという質問が寄せられることがあります。

　仕訳テストは経営者の内部統制の無効化リスクに対応するために考案された監査手続の一つですが、監査人は全ての仕訳について実証手続を実施して精査しているわけではありません。膨大な仕訳データから、不正が隠れているかもしれないと監査人が判断した仕訳を抽出してテストしているため、抽出しなかった仕訳に不正が潜んでいる可能性があります。この「試査」による限界は、仕訳テストだけでなく、あらゆる監査手続に共通するものであり、監査の限界の一つの要因になっています。AI等の活用により、全仕訳データから不正の可能性のある仕訳を抽出する精度の向上が期待されていますが、その場合でも、全仕訳を精査しているわけではありません。監査人の経験と勘からより科学的な手法により、テスト対象の絞り込みが可能になるということであり、膨大な仕訳データを試査によって検証するという現実的な制約は依然として存在していることになります。

　将来的には、監査人のサーバー上に会社の全仕訳データを含む会計データを伝送し、異常点を抽出する分析機能等を組み込むことでリアルタイムで監査を行う手法CA（Continuous Auditing）も構想されています。財務諸表に計上又は注記される全ての取引や事象を監査人が網羅的に検証する「精査」に近い形が想定されていますが、その実現には時間が必要と思われます。

　また、経営者不正は、巧妙な隠蔽を伴うことが多く、また、会社も毎年の監査対応を通じて監査人が何を見て何を質問するかを知り尽くしている面があるため、経営者不正は、その発見が極めて困難になることがあります。したがって、経営者不正を発見するためには、複数の手法を併用しなければならず、例えば「内部通報制度」を一層機能させることなども重要と言えます。更に重要なのは経営者不正を起こさせない統制環境を醸成することであり、取締役会及び監査役等による監督・監視機能の発揮が求められています。

> **Q34** 財務諸表項目のアサーション・レベルの虚偽表示リスクに対応するため、監査人はどのような手続を実施しているのですか。

A 監査人は、監査リスクを許容可能な低い水準に抑えるために、リスク評価手続において識別した財務諸表項目のアサーション・レベルの重要な虚偽表示リスクの内容と程度に対応した監査手続（リスク対応手続）を実施します。リスク対応の方法は、会社の内部統制の運用評価手続を実施し、その結果を考慮して実証手続を実施するアプローチ（内部統制に依拠するアプローチ）と、内部統制の運用評価手続は実施せず実証手続のみを実施するアプローチ（実証アプローチ）に大別されます。さらに、実証手続は分析的実証手続と詳細テストから構成されますが、監査人はリスクに応じて様々な手続を組み合わせて実施します。

解 説

　個々の財務諸表項目の特性や事業環境を考慮して、それぞれにおいてどのような種類の虚偽表示が生じる可能性があるかを評価したのが、アサーション・レベルの重要な虚偽表示リスクです（Q21〜Q22参照）。監査人は、リスク評価により識別された「重要な（significant）取引種類、勘定残高又は注記事項」について、固有リスクを軽減する内部統制の整備状況に基づき、統制リスクの暫定評価を行います。その結果、内部統制に依拠できると判断した場合は、統制リスクの暫定評価を確定するために内部統制の運用評価手続を実施します。監査人は、費用対効果の観点から、内部統制によるリスク軽減効果を考慮せずに、実証手続のみにより監査証拠を入手する実証アプローチを選択する場合もあります。このように、リスク・アプローチの考え方では、内部統制の整備状況の評価までがリスク評価手続とされており、内部統制の運用状況の評価（運用評価手続）はリスク対応手続に含められています（**図表1**）。

(1)　運用評価手続

　運用評価手続は、内部統制の運用状況の有効性を評価する監査手続です。監査人は、内部統制が監査対象期間を通じて適切に整備・運用され、財務諸表の

図表1　リスク対応アプローチ

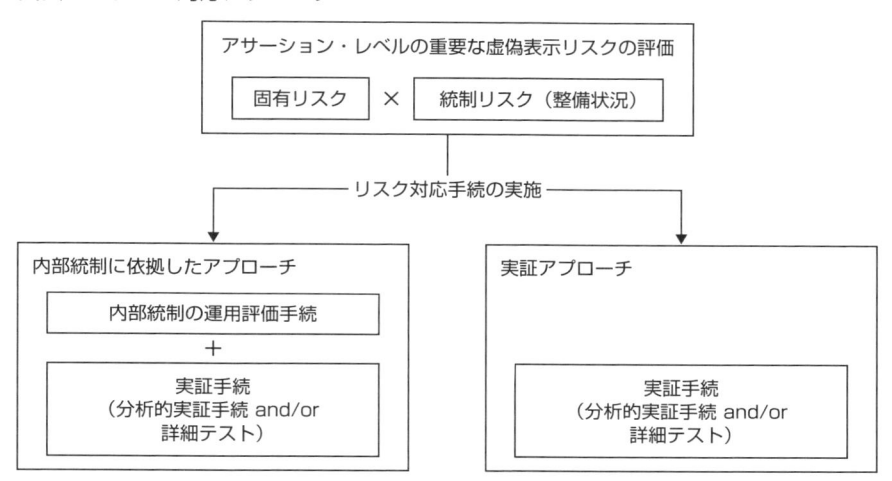

出所：日本公認会計士協会　監基報330を基に作成

重要な虚偽表示リスク（固有リスク）を軽減していることが確かめられる場合のみ、その効果を加味して、実証手続の範囲を縮小するなど柔軟な設計が可能となります。監査人は、以下の場合に内部統制の運用評価手続を実施します（監基報330）。

- アサーション・レベルの重要な虚偽表示リスクに対応する内部統制の整備状況が良好で内部統制が有効に運用されていると想定する場合。内部統制がアサーション・レベルの虚偽表示を防止又は適時に発見するように適切にデザインされ、実際に業務に適用されていると監査人が評価している場合で、かつ、監査人が内部統制のリスク軽減効果を織り込んで実証手続を立案・実施したいと考えている場合です。
- 実証手続のみでは十分かつ適切な監査証拠を入手できない場合。この場合は、監査人は運用評価手続を実施しなければなりません。例えば、膨大な定型的な取引がほとんど手作業を介在させず、高度に自動化されている場合などが該当します。

　内部統制の整備状況が良好でない場合は、運用評価手続を実施しても実証手続を軽減する効果は得られませんので、監査人は運用評価手続を実施しない選択をします。また、整備状況が良好であっても、実証手続の軽減効果が運用評

価手続の実施にかかる労力よりも低い場合は、実証手続のみでは十分かつ適切な監査証拠を入手できない場合を除いて、運用評価手続を実施しないこともあります。

　監査役等から見て内部統制の運用状況が気になるプロセスがある場合は、監査人が運用評価手続を実施しているかを確認し、実施しているときは運用評価手続について、監査人に運用評価手続を適用する対象をどのように選定しているか、その件数はどのように決定したかなど質問することも考えられます。例えば、キーコントロールの担当者が人事異動で交代し後任者の運用状況が気になる場合や、反対にキーコントロールを同一人が長期にわたって担当している場合、又は内部監査等で繰り返し運用上の不備が指摘されている統制手続がある場合など、監査人がどのように運用評価手続を実施しているか、また、その結果はどうであったのかを質問するとよいかもしれません。あるいは、監査人が内部監査人の作業を運用評価手続において利用しているかどうか、利用している場合の利用の程度の質問も有益と考えられます。

(2)　**実証手続**

　実証手続は、重要な虚偽表示の有無を直接的に検証する監査手続です。実証手続は分析的実証手続と詳細テストから構成されますが、監査人は、内部統制の運用評価手続を実施している場合はその結果も考慮して、リスクの程度に応じて分析的実証手続と詳細テストを実施します。分析的実証手続と詳細テストは、それぞれに期待される効果が異なるため、監査人はその組合せや具体的内容、実施時期などを判断しますが、監査の基準においては、実証手続の設計に以下の"決まり"が設けられています。

- 特別な検討を必要とするリスクについては、リスクに個別に対応する実証手続を実施しなければならない。内部統制の運用評価手続を行わない場合には、詳細テストを実施しなければならず、分析的実証手続だけで済ませることはできない。

- 「重要性のある（material）取引種類、勘定残高、開示等」については、アサーション・レベルの重要な虚偽表示リスクを識別していないものを含めて、実証手続を行わなくてはならない（監基報330）。これは、リスク・アプローチに基づく監査では、監査人が重要な虚偽表示リスクを適切に評価できてい

ない可能性や、内部統制自体にも経営者による無効化リスクがあるため、そのような限界を補うために設けられている。

① 分析的実証手続

分析的手続とは、財務データ相互間又は財務データと非財務データとの間に存在すると推定される関係を分析・検討することによって、財務情報を評価する手続を言います。分析的手続には、データ間の比較により他の関連情報と矛盾する、又は監査人の推定値と大きく乖離する変動や関係が識別された場合に、矛盾や乖離の理由を調査することまで含まれています（監基報520）。

分析的手続は、監査を効率的かつ効果的に実施するためのリスク・アプローチの考え方にとっては大変有効な手続であるため、監査の計画段階、実証手続段階、最終段階において広く利用されます。分析的手続には、趨勢分析、比率分析、合理性テスト、統計的手法を用いた複雑な分析まで、様々な手法が含まれます。また、比較するデータも企業内部のデータのみに基づく場合もあれば、同業他社との比較など外部データを用いて実施される場合もあります。

実証手続として実施する分析的実証手続は、分析を通じて勘定残高や取引の妥当性に関する監査証拠を入手することが目的です。そのため、単純な期別比較や月次推移分析だけでは、分析的実証手続とは言えません。そのような手続はリスク評価手続として実施する分析的手続に該当します。

分析的実証手続は、監査人が財務情報間、あるいは財務情報と非財務情報の間に存在すると推定される関係に基づき推定値を計算し、監査人の推定値と実際に計上されている財務数値を比較検討することにより行います。一般的には、分析的実証手続は取引量が多くデータ間の関係性が予測可能な取引に適用されますが、分析的実証手続により得られる監査証拠の証明力は、監査人の推定値の精度と乖離があった場合の原因分析の精度に依存します。これらの精度は、推定値に用いるデータの信頼性や入手の容易さ、データ間の関係性の強度や継続性（過去の関係性が継続しているかどうか）の程度などに依存しており、その結果、分析的実証手続により得られる監査証拠の水準は様々となります。したがって、分析的実証手続のみで十分かつ適切な監査証拠を入手できたと判断できるケースは、重要な虚偽表示リスクが相対的に低く、単純な計算によって精度の高い推定値を算定することが可能な場合などに限られ、多くはありませ

ん。例えば、借入金の期中平均残高と契約上の借入利率を用いて計算される利息の推定値と実際に計上されている借入利息を比較する手続（オーバーオールテストと呼ばれている）や、比較的小規模な会社の人件費に関して従業員数や給与テーブルなどを用いた推定値と実際の計上額を比較する場合など、高い精度の推定値の算定が可能な場合です。一般的には、分析的実証手続と詳細テストは組み合わせて実施することが多く、分析的実証手続で得られた証拠を勘案して、詳細テストを立案します。

② **詳細テスト**

詳細テストは、財務諸表項目の残高に含まれる項目についてその妥当性を直接的に検証する手続で、関連文書の閲覧（証憑突合、重要会議の議事録や稟議書等の閲覧など）や実査、観察、確認、再計算（計算調べ）、再実施、質問などの様々な手続が含まれます。これらの手続から得られる証明力は様々です。監査人は、確かめたいアサーション（実在性、網羅性、正確性、評価の妥当性、期間帰属、表示及び開示）との適合性や、手続から得られる証明力を考慮し、手続を選択します。アサーション・レベルの重要な虚偽表示リスクが高い場合は、より強い証拠を入手する必要がありますので、より証明力の強い詳細テストを中心に複数の手続を選択して実施します（**図表 2**）。

詳細テストにより入手する監査証拠の証明力は、詳細テストとして何を実施するかの手続の選択により最も影響を受けますが、そのほかにも、テストの対象とする範囲（サンプルの抽出方法や件数）及び実施時期により影響を受けます。サンプルの件数が多いほど、また、実施時期が期末日後または期末日近くになるほど、得られる証明力は高くなります。

なお、監査人は、財務諸表作成プロセスについては、以下の実証手続を実施することが求められています。
• 財務諸表とその基礎となる会計記録との一致または調整内容の確認
• 重要な仕訳及び仕訳を通さずに行われている修正内容の確認

実施する手続の種類や範囲は、財務報告プロセスの性質や複雑性、関連する重要な虚偽表示リスクの程度に基づき監査人の判断により決定されますが、財務諸表と会計記録との照合（いわゆる帳簿突合と呼ばれているもので、財務諸表と総勘定元帳や補助簿との突合）は、監査の基本動作と言えます。

図表2　監査手続の種数と特徴

主な監査手続	手続の内容と特徴
関連文書の閲覧	・会計記録とそれを裏付ける証拠書類（契約書、納品書、請求書等、紙媒体であるか電子媒体であるかを問わず、あらゆる種類の関連文書）とを照合する手続。どのアサーションにも広く適用可能な手続 ・一般に、会社の外部で作成された文書の閲覧から得られる証明力は、会社の内部で作成された文書の閲覧から得られる証明力より強い。ただし、外部証拠であっても、外部者の信頼性や文書の性質（何のために作成された文書かなど）及び会社の影響力の及ぶ程度などにより得られる証明力は異なる。また内部で作成される文書は、それらの作成に係る内部統制の有効性が高いほど、証明力は高まる。
実査	・資産の現物と会計データとを照合する手続 ・銀行預金の通帳、手形、株券、債券、棚卸資産、有形固定資産など、資産の実在性や状態（棚卸資産や有形固定資産の場合）を確かめることができる。ただし、所有権の確認にはならない。
観察	・会社の業務プロセスや手続を、監査人が現場で立ち会って確かめる手続 ・会社のプロセスや手続の実施状況に関する証拠を得られるが、観察を行った時点に関する監査証拠に限定される。また、監査人が観察しているという事実がプロセスや手続の実施に影響する可能性がある。
確認	・確認先の第三者から文書（紙媒体・電子媒体であるかは問わない）による回答を監査人が直接入手する手続 ・主として、預金、借入、金銭債権債務、預け品・預り品などの資産・負債の残高（実在性、正確性など）のほか、取引の有無や取引条件（変更の有無）、付帯条件など、注記に関連する情報の確認に用いられる。また、訴訟事件等に関連して、会社が依頼している弁護士に書面で照会する手続も含まれる。 ・一般的には、外部証拠を入手できるので証明力は高い。
再計算	・会計記録や説明書類などの計算の正確性を監査人自らが計算して確かめる手続。再計算は手作業による場合もあるが、表計算ソフトやITを利用して行われることが多い。
再実施	・会社が内部統制の一環として実施している手続を監査人が自ら実施して確かめる手続。会計上の見積項目の監査において、監査人が監査人の見積額または許容範囲を設定し、会社の計上額と比較する手続や、会社の行う残高調整手続（例えば、買掛金残高と仕入先のステートメントの残高との差異項目の特定・調整）を監査人が実施する手続などがある。 ・内部統制監査では、会社の内部監査が行っている内部統制の評価手続の信頼性を確かめるため、内部監査の評価手続を（部分的に）監査人が再実施することが多い。
質問	・監査に関連する情報について、監査人が会社内外の関係者に問い合わせて情報を求める手続であり、監査の全過程で利用される。正式な文書（電磁的方法を含む。）により回答を求める場合や口頭による場合など、その態様は様々である。 ・質問のみでは十分な監査証拠を入手することはできないため、質問で得た情報を確かめる他の手続を実施する。

出所：日本公認会計士協会　監基報500を基に作成

| コラム | 分析的手続の進化 |

　分析的手続の実施に際して、監査人は会社に対して大量のデータの提供を求めることがあります。会社からすると、なぜこんなに沢山のデータが必要なのかという素朴な疑問を抱くかもしれません。分析的手続は、財務データ及び非財務データに存在する関係を前提に、異常点の発見や残高の確からしさを確かめる手続ですので、分析に用いるデータが多いほど、様々な角度からの分析が可能となります。また、信頼できる外部データを用いた分析は有用な分析結果を提供することがあります。最近では、AIなどテクノロジーを駆使したデータ分析が注目されています。例えば、飲料や小売業など、天候に影響される製商品を扱う会社においては、天候や気温のデータと売上データの動きを比較分析することなどは比較的古くから行われていましたが、データさえ揃えば、地域ごと、時間帯ごとのデータを用いたよりきめ細かな分析も技術的には短時間で可能な状況になりました。

　分析的手続は、監査人だけが行う手続ではなく、会社においても、事業計画や予算の策定時や月次・四半期・年次決算時など様々な局面で広く行われています。投資家向けの決算説明会における投資家からの質問などを踏まえ、会社が行う分析も日々進化しているものと思われます。また、リスク管理や内部監査においてデータ分析手法を取り入れている会社も少なくありません。監査役等は、会社が行っている分析手続を踏まえ、監査人がどのような分析的手続を実施しているかを質問してみるのも有益かもしれません。また、監査人が分析的実証手続において使用した基礎データの信頼性や、監査人の推定値と財務諸表数値との乖離があった場合の理由について監査人とディスカッションを行うことにより、双方の分析的手続の精度の向上に役立つ気付きが得られるかもしれません。

内部統制の運用評価は、どのように行うのですか。ウォークスルー手続との違いは何ですか。

A 内部統制の運用評価手続は、監査人が内部統制に依拠したアプローチを選択した場合に、内部統制の運用状況の有効性を評価するための監査手続です。監査人は、内部統制への依拠の程度が高いほど、より確かな監査証拠を入手する必要があり、質問のほか、サンプルを抽出して記録や文書の閲覧、観察、再実施の手続を組み合わせて運用評価手続を実施します。

それに対して、ウォークスルー手続は、内部統制の整備状況を評価する際、対象とする内部統制が実際に業務に適用されているかどうかを確かめるための手続です。通常、1件の取引を抽出し、取引開始から財務諸表への反映までを実際の帳票や証憑類と突合して追跡する監査手続です。ウォークスルー手続の対象取引は、運用評価手続のサンプル件数に加えることができます。

解 説

(1) 運用評価手続の種類と範囲

監査人は、まず、内部統制に運用状況について次の内容に沿った質問を実施します（監基報330）。

- 監査対象期間において内部統制がどのように運用されていたか。
- その運用は一貫していたか。
- 誰が又はどのような方法で運用していたか。

ただし、質問だけでは運用評価手続として十分ではないため、記録や文書の閲覧、観察又は再実施の手続を組み合わせて実施することで運用状況に関する監査証拠を入手します。これらの手続は、手続の種類としては詳細テストで実施する手続と同じですが、手続の目的が異なるため、確認するポイントは必ずしも同じではありません。また、記録や文書の閲覧は内部統制を実施した証跡が残っていなければ実施できませんし、観察は観察した時点での運用状況の証拠にしかなりませんので、手続の特徴を踏まえて選択します。

運用評価手続は、他の監査手続と完全に独立して実施されるわけでは必ずしもありません。例えば、リスク評価手続として経営者に予算管理について質問

し、予算実績の差異分析に係る資料を閲覧することがあります。その過程で、収益や費用の誤計上を防ぎ、発見するための内部統制の運用状況について監査証拠を入手できることがあります。また、運用評価手続と詳細テストを一つの手続で同時に行うこともよくあります。例えば、関連文書の閲覧手続として会計記録と納品書や請求書を突合する手続は、納品実績に基づき請求書が作成され、売上取引を計上することを承認する統制手続が有効に運用されていることを確認するという運用評価手続ですが、同時に、財務諸表に計上されている売上・売掛金の金額や計上時期を確かめるという詳細テストでもあります。このような手続は「二重目的の手続」と呼ばれています。

　なお、運用評価手続の範囲（サンプル件数）を決定するに当たっては、アサーション・レベルの重要な虚偽表示リスクの程度のほか、監査人が内部統制に依拠する程度（他の監査手続から得られる監査証拠がどのくらいあるか）や、内部統制が決められたとおりには運用されない程度（予想逸脱率と言います）なども考慮して決定されます。理論的には、アサーション・レベルの重要な虚偽表示リスクの程度が高いほど、内部統制に依拠する程度が高いほど、予想逸脱率が高いほど、より多くのサンプルを抽出して監査証拠を入手する必要があります。

　なお、運用評価手続のサンプル件数に関しては、監査事務所は、統制手続の実施頻度ごとに複数のシナリオに分けて最低限の件数を監査マニュアルなどで定めていることがあります。金商法の内部統制報告制度以降、会社側の内部統制の評価手続において、取引ごとに行われる統制手続について25件のサンプル数が多く利用されてきていると思われますが、監査役等は会社の採用しているサンプル件数が妥当かどうかを確かめるため、監査人とサンプル件数の決定において考慮すべき点などをディスカッションするのも有用と思われます。

(2)　運用評価手続の実施時期

　会社の実施している統制手続には、取引ごとに実施されるもの、定期的（週次、月次、四半期若しくは半期ごと又は年次など）に実施しているものがあります。運用評価手続の実施時期は、統制手続の実施頻度の影響を受けます。例えば、期末の実地棚卸や固定資産の減損テストなどは、原則として期末日以後に実施することになります。

　他方、実施頻度の多い統制手続の運用評価手続の実施時期は、上場会社の場合は会社の内部統制の評価手続の実施時期や、四半期・半期の決算手続、監査人の期中監査と期末監査の作業の平準化の観点などにより決定されます。売上・仕入や人件費の計上のように、期中にわたり継続的に運用されている統制手続については、期中で運用評価手続を実施する場合が多いですが、その場合、監査人は期末日までの残余期間における運用状況を確かめる必要があります。具体的には、残余期間において当該統制手続の運用状況に影響をもたらすような重要な変更がなかったかどうかを確認する必要があり、これにはプロセスの変更のみならず、担当者の変更も含まれます。また、重要な変更がなかった場合でも、残余期間が長いほど、追加的にサンプルを抽出して運用状況に関する監査証拠を入手する必要があります。残余期間の運用状況を確かめる手続のことを、期中で得た統制リスクの評価を監査対象期間にわたる評価に引き延ばすという意味合いから、ロールフォワード手続と呼ばれています。作業効率の観点からすると、期末日後に年間の取引を対象にして運用評価手続を実施できればロールフォワード手続を実施する必要はありませんので好ましいのですが、期末日後にしかできない監査手続の負荷が重いので、できるだけ期末監査の負荷を減らしたいという誘因が監査人にはあります。

　なお、監査の基準では、特別な検討を必要とするリスクについて内部統制に依拠するアプローチをとっている場合を除いて、一定の条件の下で当年度の取引を対象に運用評価手続を実施せずに、過年度の運用評価手続の評価結果を利用することが認められています。一度プログラムに組み込まれると一貫して運用されるIT統制などが代表的な例ですが、過年度の評価結果が今年度の評価結果としても依然として利用できるかどうかの判断は、内部統制の運用に影響を及ぼす重要な変更があったかどうかが一番のポイントになります。監査の基準上、少なくとも3年に1回は運用評価手続を実施しなければならないとされていますが、一昨年＜昨年＜当年度の順に監査証拠としての証明力は弱くなっている点に留意する必要があります。

　監査役等は、会社の実施している統制手続の実施頻度や実施時期や運用評価手続と実証手続の関係を踏まえ、監査人が運用評価手続（ロールフォワード手続を含む）の実施時期をどのように計画しているか、過年度の運用評価結果を利用しているかどうかなどを質問してみると、監査人の監査に対する理解が深

まるかもしれません。

(3) ウォークスルーとの違い

　ウォークスルーとは、取引の開始から財務諸表に反映されるまでを追跡する追跡手続です。監査人は、ウォークスルーの前に質問や業務に関する規程又は会社の作成しているリスクとコントロールの対応表などを閲覧したり、会社の担当者が行う統制手続の実施状況を観察したりすることにより、リスクに対応した内部統制のデザインの状況を確認します。ウォークスルーは、規程等により定められた業務手順や統制手続が実際に業務へ適用されているかどうかを確かめるために実施するもので、取引種類ごとに１、２件サンプルを選び取引の流れを追っていきます。これにより、監査人は会社の業務の流れや統制手続の状況をより的確に理解することができます。

　業務手順や統制手続は現場レベルで変更されていることも少なくなく、規程どおりに業務に適用されていない可能性があるため、ウォークスルー手続は整備状況の評価にとって重要です。また、統制手続の担当者への質問を通じて、担当者の統制目的や他の部署との役割分担に関する理解度を知ることもできますし、担当者が日頃の業務を通じて認識している不正や誤謬の生じやすいポイントに関する情報を引き出すこともできます。継続監査の場合、前年度からの変更がないかどうかを確かめる手続としてもウォークスルーは有効です。

　デザインが良好でウォークスルーにより実際に業務に適用されていることが確認できた統制手続について、監査人は運用評価手続を実施します。手続の内容はウォークスルーも運用評価手続も同じですので、ウォークスルーの対象とした取引は、運用評価手続のサンプル件数に含めることができます。

(4) 運用状況の有効性の評価

　監査人は、運用評価手続を実施した結果、デザインしたとおりには実施されていない状況（逸脱事項と呼んでいます）を発見した場合には、逸脱が生じた原因を分析し、その潜在的な影響を評価します。逸脱が例外的に発生したのかどうか、例外的に発生したという合理的な説明がつくかどうかを含め、どの程度の確率で逸脱が起きているのかを確かめるため、追加的なサンプルを抽出して運用評価手続を実施するかどうかを決定します。

　逸脱事項の原因及び追加手続の結果を踏まえ、監査人は、アサーション・レベルの統制リスクの最終的な評価を行います。整備状況に基づく統制リスクの暫定評価を下げる（内部統制の有効性の評価を下げる）必要があると判断した場合は、当初計画していた実証手続の種類や範囲、実施時期の修正が必要かどうかを判断します。また、実証手続によって監査人が発見した虚偽表示がある場合は、内部統制が有効に運用されていないことを示唆していないかどうかを評価し、リスク対応手続の修正の要否を検討しなければなりません。

Q36 財務諸表監査における内部統制の評価と内部統制監査は、どのような関係でしょうか。

A 金商法の財務報告に係る内部統制の監査は、財務諸表監査と一体的に行われており、監査人は入手した監査証拠をそれぞれの監査において相互に利用しています。

　ただし、内部統制監査の目的は、会社の経営者が作成した内部統制報告書が内部統制の評価結果を適正に表示しているかどうかについて監査意見を述べることにあり、財務諸表監査の目的とは別に設定されています。それぞれの監査の目的に沿って、内部統制の評価範囲が決定されますので、内部統制報告制度における内部統制の評価範囲と財務諸表監査で監査人が評価する内部統制の範囲とは、大部分では重なるものの、必ずしも同じとは限りません。また、運用評価手続の実施範囲も異なります。

解説

(1)　財務報告に係る内部統制の評価制度における内部統制の評価範囲

　内部統制に関する監査意見は、会社の経営者が作成した内部統制報告書が、「一般に公正妥当と認められる内部統制の評価の基準」（以下、「内部統制評価基準」と言う）に準拠して、内部統制の有効性の評価結果を全ての重要な点において適正に表示されているかどうかについて述べることとされています。内部統制報告書が適正であるという監査意見は、監査人が、内部統制評価基準に照らして、内部統制の報告書には重要な虚偽表示がないということについて合理的な保証を得たと判断したときに表明されます。つまり、内部統制の監査意見は、最終的には経営者の内部統制の評価結果に焦点を当てていますが、経営者の評価結果の前提となる評価範囲や評価方法の適切性及び内部統制報告書に記載が要求されている事項に重要な虚偽表示（脱漏を含む）がないかどうかの判断を含んでいます（内部統制監査基準）。

　経営者が内部統制報告書の作成に当たり準拠することが求められている内部統制評価基準は、内部統制の評価範囲について、「財務報告に対する金額的及び質的影響の重要性を考慮」して決定するという原則に基づく「トップダウン

図表1　評価範囲の決定―トップダウン型リスク・アプローチ

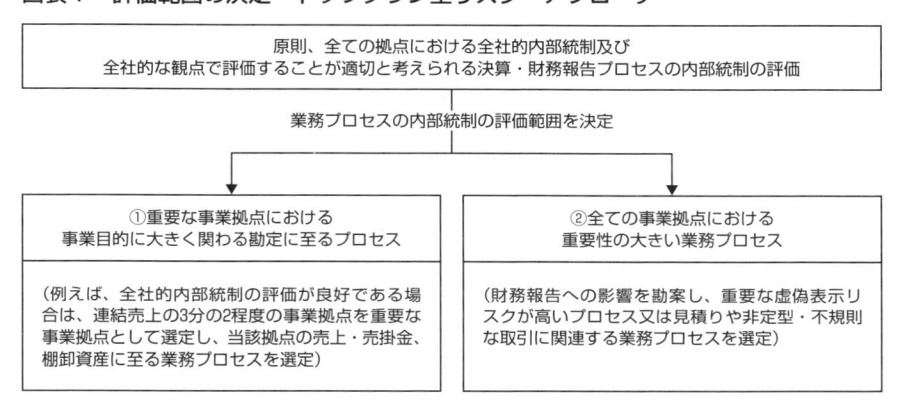

原則、全ての拠点における全社的内部統制及び
全社的な観点で評価することが適切と考えられる決算・財務報告プロセスの内部統制の評価

業務プロセスの内部統制の評価範囲を決定

①重要な事業拠点における
事業目的に大きく関わる勘定に至るプロセス

（例えば、全社的内部統制の評価が良好である場合は、連結売上の3分の2程度の事業拠点を重要な事業拠点として選定し、当該拠点の売上・売掛金、棚卸資産に至る業務プロセスを選定）

②全ての事業拠点における
重要性の大きい業務プロセス

（財務報告への影響を勘案し、重要な虚偽表示リスクが高いプロセス又は見積りや非定型・不規則な取引に関連する業務プロセスを選定）

出所：企業会計審議会「内部統制評価基準」を基に作成

型リスク・アプローチ」を採用しています（**図表1**）。

　全ての業務プロセスの内部統制の整備・運用状況の評価を求めるのは過度な負担となるため、連結ベースの財務報告全体に重要な影響を及ぼす「全社的内部統制」及び「全社的な観点で評価することが適切と考えられる決算・財務報告プロセス（総勘定元帳から財務諸表を作成する手続、連結財務諸表作成プロセス、注記事項の作成プロセス等）」の内部統制をまず評価します。その結果を踏まえて、財務報告に重要な虚偽表示につながるリスクに応じて業務プロセスを選定します。全社的内部統制の評価結果が良好であれば業務プロセスの評価範囲を絞ることができ、反対に不備がある場合は不備の影響が及ぶ業務プロセスを評価範囲に追加することが想定されています。

　業務プロセスの決定に関しては、①財務報告に及ぼす金額的及び質的影響並びにその影響の発生を考慮して「重要な事業拠点」を選定し、当該拠点の「事業目的に大きく関わる勘定」に至るプロセスと、②全ての事業拠点から「財務報告への影響を勘案して重要性の大きい業務プロセス」を選定することとされています。全体的にはリスクベースで評価対象とする業務プロセスを決定することを前提としていますが、会社のリスク評価に完全に委ねる（つまり②のみで業務プロセスを選定する）と相当なバラツキが生じる可能性があります。そこで、連結ベースで一定のカバレッジを確保する「重要な事業拠点」の考え方が採用され、当該拠点の業務プロセスから、会社の事業目的に大きく関わる勘

定に至る業務プロセスを選定することとされています。また、棚卸資産がある業種を前提に、事業目的に大きく関わる勘定として売上・売掛金・棚卸資産の3勘定が例示されています。その上で、リスク評価に基づいて、全ての事業拠点から重要な虚偽表示リスクが高い取引や見積りに関連するプロセス等を選定することとされています。なお、2023年の内部統制基準の改正により、業務プロセスをリスクベースで選定すべきことが強調されています（詳細はQ5参照）。

　このような考え方で決定された評価範囲の内部統制について、会社の経営者は財務諸表で起こり得るリスクに対して防止・発見の効果が高いキー・コントロール（統制上の要点）を識別し、整備・運用状況を確かめる手続を実施します。その結果を評価し、期末日時点での内部統制の有効性に関する判断をします。

　内部統制監査において監査人は、経営者により決定された内部統制の評価範囲が妥当かどうかを検討することが求められています。具体的には、内部統制評価基準に照らして、経営者の評価範囲の決定方法とその根拠の合理性を検討します。監査人が経営者の評価範囲が適切でない部分があると判断した場合は、その旨を経営者に伝え、協議します。通常は、協議の結果、監査人と経営者の間で評価範囲は一致することになると思われますが、監査人が評価範囲に加えるべきと考える業務プロセスについて経営者が追加しない場合や時間的制約から経営者の評価が一部未了となる場合、又はやむを得ない事情（災害に見舞われた場合や期中における買収会社の場合など）により内部統制の一部の評価が実施できなかった場合は、監査人は評価範囲の制約として取り扱うかどうかを検討することになります。

(2)　財務諸表監査の内部統制の評価範囲との違い

　監査人が準拠しなければならない財務諸表の監査の基準では、内部統制評価基準のような詳細な評価範囲に関する規定はありません。監査人は、財務諸表の監査意見を述べるのに必要と判断する範囲で内部統制の評価を行いますが、内部統制評価基準が経営者に求めている評価範囲と一致するとは限りません。理論上は、以下の違いがあります。

- 財務諸表監査においては、全社的内部統制及び全社的な観点で評価することが適切と考えられる決算・財務報告プロセスについて、全事業拠点を対象とするとは限らず、監査人が必要と判断した範囲で評価する。また、監査人は

これらの内部統制を理解するため整備状況の評価を行うが、運用状況の評価までは求められていない。

- 財務諸表監査においては、財務諸表の各勘定のアサーション・レベルの重要な虚偽表示リスクについて、特別な検討を必要とするリスクの場合及び実証手続のみでは十分かつ適切な監査証拠を入手できない場合を除いて、リスクに対応する内部統制の整備・運用状況の評価を行わない選択肢が認められている。つまり、監査人は、内部統制によるリスク軽減効果を見込まずに実証手続のみで監査証拠を入手することがある。
- 内部統制報告制度では、期末日現在の内部統制の有効性の評価を行うことが求められているのに対して、財務諸表監査で監査人が内部統制に依拠するアプローチを選択した場合は、事業年度を通じて整備・運用状況を確かめなければならない。そのため、評価対象期間（サンプルを抽出する期間）が異なる可能性がある。

(3) 監査証拠の相互の利用

　それぞれの基準上、前述のような内部統制の評価範囲の相違はあるものの、監査人は財務諸表監査で入手した監査証拠を内部統制監査の監査証拠としても利用しますし、内部統制監査で得た監査証拠を財務諸表監査においても利用します。例えば、売上や棚卸資産に関する内部統制は、財務諸表監査においても内部統制に依拠したアプローチをとることが多いため、それらに関する整備・運用状況の評価により、財務諸表監査の重要な虚偽表示リスクの評価を改訂したり、実証手続の種類や範囲などを変更することがあります。内部統制に関する監査証拠は両方の監査意見の基礎となります。

Q37　監査人が行う実査、実地棚卸の立会は、どのような手続ですか。

A 実査は、会社が所有する資産について監査人自ら実際に現物を見て資産の実在性や状態を確かめる監査手続です。実地棚卸の立会は、会社が行う実地棚卸の状況を監査人が現場で観察し、実地棚卸という内部統制の整備・運用状況に関する監査証拠を入手する手続であり、同時に、棚卸資産の実在性や状態を確かめる実査の手続でもあります。いずれの手続も、資産の実在性や状態を監査人が自ら確かめる手続ですので、一般に監査人は証明力の強い監査証拠を入手できます。

解　説

(1)　実査

　実査の対象となる資産は、現金、預金（通帳）、手形、有価証券、ゴルフ会員権その他の各種会員権などの換金性の高い金融資産のほか、有形固定資産に対しても行いますが、いずれも物理的に現物がある資産に限られます。小切手や受取手形もかつては実査の対象でしたが、今は小切手や手形の利用頻度が下がり、上場会社の有価証券も株券で保管することはなくなりましたので、実査可能な資産はかなり少なくなってきました。また、実査は、実施可能な資産全てについて必ず実施するわけではありません。資産の金額的重要性や不正リスクの評価などに応じて、監査人は実査の要否及び範囲を決定します。

　実査は、実査した時点での資産の実在性に関する監査証拠となりますので、期末日に行うのが理想ですが、換金性の高い金融資産については、実務的には決算日後のなるべく早い時期（決算日が３月末の場合は例えば４月１週目）に実施し、実査日から期末日までの取引記録を追跡して期末日の残高まで遡る手続（ロールバック手続と言う）を実施することもあります。これらの金融資産は換金性が高いため、相互に融通して残高のつじつまを合わせるなどにより不正を隠蔽することが可能となりますので、それを防ぐため基本的に同時に実査します。

　なお、実査で確認できるのは、基本的には実査対象物の種類ごとの数量です。

現金、預金通帳、受取手形は、実査で金額も確認できるのに対して、有価証券やゴルフ会員権等の各種会員権は、各銘柄の数量の確認にとどまり、金額の確認はできません。

　有形固定資産の実査は、毎期必ず実施するとは限りませんが、新規に有形固定資産を取得した場合や建設途中の状況を確かめるため、又は固定資産台帳に計上されている有形固定資産の管理状況を確認するために実施します。実査により、監査人は、資産の実在性のほか、資産の状態（実際に使用されているか、稼働しているか、傷んでいないか、建設仮勘定の場合は進捗状況が会社の説明と整合的か、除却資産がまだ残っている場合はその状況など）を現物を見て確かめます。

(2)　実地棚卸の立会い

　会社の行う実地棚卸に立会うことにより、監査人は、棚卸資産（商品、製品、半製品、仕掛品、原材料、貯蔵品）の実在性や状態に関する監査証拠を入手することができます。棚卸資産が財務諸表において重要である場合は、実務的に不可能でない限り、監査人は実地棚卸に立会うことが求められています（監基報501）。

　ただし、立会いは必ずしも棚卸資産全体に実施することが求められているわけではありません。どのくらいの割合の棚卸資産の実地棚卸に立ち会うかは、棚卸資産の残高、棚卸資産が保管されている拠点数、棚卸資産の受け払いに関連する内部統制の整備・運用状況、実地棚卸の精度、不正リスクの程度などを勘案して監査人が決定します。総資産に占める棚卸資産の割合が高いほど、棚卸資産の受け払いに関する内部統制が脆弱なほど、会社が行う実地棚卸の精度が低いほど、また棚卸資産に関する不正リスクの程度が高いほど、立会いの割合は増えることになります。個々の会社の状況によって変化するため監査人の立会いの標準的な割合を示すことはできませんが、基本的には棚卸資産の残高の多い拠点については毎年立会いの対象とし、それ以外についてはローテーションベースで年ごとに立会い場所を変えるなどの方法をとるのが一般的と考えられます。

　また、立会いは期末日を基準として行うのが望ましいですが、棚卸資産の受け払いに関連する内部統制の整備・運用状況が良好な場合は、実務的な理由に

より会社の実地棚卸が期末日以外の日に実施されることがあります。この場合には、実地棚卸日から期末日までの期間に対して、受け払い記録をトレースする手続（ロールバック又はロールフォワード手続）を実施する必要があります。

立会いにおいて、監査人は以下の手続を実施します（監基報501）。

① **経営者による実地棚卸に関する指示と手続を評価する。**

会社の実地棚卸要領などを閲覧し、例えば以下に留意して実地棚卸が適切に行われるように実施棚卸の手順が定められているかどうかを評価する。

- 期末日前後の棚卸資産の保管場所の移動及び入出庫の管理が適切に行われているか。
- 実地棚卸の記録用紙の回収、未使用の実地棚卸の記録用紙の取扱いは適切に定められているか。
- 数え間違いが生じないように、カウントと再カウントの手続が適切に定められているか。
- 仕掛品の進捗度が把握できるように整理されているか。
- 滞留品、陳腐化品、破損品が識別されているか。
- 預り品など第三者が所有する棚卸資産が正確に識別されているか。

② **実施棚卸の状況を観察する。**

会社の定める方針及び手続に従って、実地棚卸が行われているかどうかを現場に立ち会って観察する。また、実地棚卸の前後における棚卸資産の移動状況を後日確認できるように、棚卸資産の移動明細などのカットオフ情報（棚卸前の最終入庫・出庫の記録など）のコピーを入手する。

③ **棚卸資産を実査する。**

棚卸資産の実在性を確かめるとともに、陳腐化品、破損品、又は期限切れ商品などの有無を確かめる。

④ **テストカウントを実施する。**

会社の実地棚卸の網羅性及び正確性を確かめるため、会社が行った実地棚卸の記録から抽出した品目を監査人が実物在庫と照合し、反対に、実物在庫から抽出した品目を会社の実地棚卸の記録と照合する。

監査人は、後日、期末監査において、立会時に得た実地棚卸の記録通りに期末時点の棚卸数量が補正され、滞留品や破損品などに区分された棚卸資産の評価が適切に行われていることを確かめます。

Q38 監査人が行う確認は、どのような手続ですか。

A 確認とは、監査人が確認の相手先である第三者から文書による回答を直接入手する監査手続であり、回答は紙媒体、電子媒体その他の媒体により入手されます。確認の対象となるのは、資産・負債の残高、取引金額のほか、契約内容、取引条件など多岐にわたります。確認は、監査人が会社の外部から直接監査証拠を入手できるので、一般に強力な監査手続と考えられています。

解説

(1) 確認手続の概要

　確認は、資産項目を中心に、勘定残高とその明細に関する情報を確認するために実施されます。例えば、銀行との取引残高（預金、借入金、デリバティブ取引など）、顧客に対する売上債権、貸付先への貸付金、倉庫業者や外注加工先などに保管されている棚卸資産、証券会社との取引残高、外部で保管されている有価証券、リース取引に係る債権債務などについて、取引の発生又は勘定残高の実在性や金額の正確性などを確かめるために行われます。仕入先に対する仕入債務について行われることもあります。そのほか、監査人の識別しているリスクに応じて、契約条件、付帯契約の有無、担保又は偶発債務の有無などについても確認対象に含めることがあります。

　一般に、監査証拠は監査人が被監査会社から独立した情報源から直接文書で情報を入手する場合はより強い証明力を有していると考えられており、監査人は確認手続により証明力が強い監査証拠を入手することができます。

　確認手続は、以下のプロセスを経て行いますが、全て監査人のコントロール下で行います（監基報505）。

① 確認又は依頼すべき情報の決定：回答を求める内容（いつ時点の残高か、一定期間の取引金額か、取引条件か）などを決定する。

② 適切な確認回答者の選定：回答依頼は確認すべき情報に精通していると思われる回答者を選定する必要があるため、確認先として適切な担当部署を会

社に確かめる。

③　確認依頼の立案：意味のある回答を得やすくするために、過去の経験を踏まえ、回答方法や依頼状の構成、明細の添付の要否、回答の依頼先の分割（支店単位か、一括かなど）を検討する。確認状は、会社の代表取締役やCFOなどから、確認先に対して監査人に直接回答するように依頼する形で作成される。

④　確認回答者への依頼状の送付：監査人が選定した確認先に対し、監査人が立案した確認状を直接送付する。

　確認は、期末時点を基準日として実施するのが基本ですが、回答を入手し、回答と会社の記録との間の差異分析を実施するのに一定の時間が必要になりますので、期末日より前に基準日を設定することがあります。期末日以外に基準日を設定できるかどうかは、確認対象の勘定に関する重要な虚偽表示リスクの程度及び内部統制の整備・運用状況を勘案して行います。ただし、期末日近くに多額の売上げが計上されるようなビジネスモデルの場合は、期末日を基準日とすることが多いと考えられます。

　確認は、必ずしも対象となる勘定残高の全体に対して実施するわけではありません。どのくらいの割合で確認を実施するかは、対象となる勘定や取引の性質及び残高、不正又は誤謬によるアサーション・レベルの重要な虚偽表示リスクの程度、対象となる勘定に関連する内部統制の整備・運用状況、他の監査手続で得られる監査証拠などを総合的に勘案して決定されます。一般に、銀行に対する確認は、簿外の銀行口座などの可能性を考慮して、全取引銀行に対して広く一律に行います（過去に取引があった銀行を含めることもある）。一方、売上債権の場合は、売上取引の種類ごとに売上計上を誤るリスクの態様や程度、売上債権を構成する顧客数（大口顧客の存在の有無）などを考慮して確認先及び件数を決定します。一定金額以上の顧客は全て、その他の顧客は毎年選定基準を変えて確認先を選定することもあります。また、（公共団体など）確認回答を得られない可能性についても考慮します。

　なお、確認手続には、積極的確認と消極的確認の二つの方法があります。積極的確認は、確認状に記載した金額等の情報について確認先が同意するかどうか、又は確認先が有している情報を記入するように依頼し、監査人に直接回答することを求める方法です。これに対し、消極的確認とは確認先が確認依頼で

提供された情報に同意しない場合にのみ、監査人に直接回答する方法を言います。消極的確認は、未回答の確認先が全て確認内容に同意しているとは限らず、得られる監査証拠は積極的確認に比べて証明力が弱いため、利用するケースは限定されます。一般に「確認」というときは、積極的確認を指しています。

(2) 確認回答の入手

　監査人が確認状を送付した相手から全件回答が戻ってくるとは限りません。回答期限までに回答がない場合には、監査人は、まず確認先に確認状を受領しているかどうかを問い合わせたり、回答を督促したり、状況によっては確認状を再発送します。他の確認先を選定して追加送付を実施することもあります。

　確認先から回答が入手できた場合は、会社の記録と確認回答を照合し、差異がある場合は原因を分析します。監査人は差異の発生原因を会社の担当者に質問し、その説明が合理的かどうかを証憑突合などにより確かめます。

　会社を通じて又は監査人による督促をしてもなお確認先から回答を得られない場合は、会社の担当者に未回答の理由を質問し、不正リスク要因を示唆していないかどうかを検討した上で、代替的な監査手続を実施します。代替的な監査手続は、監査人が識別しているリスクの内容及び程度により様々ですが、例えば、売上債権の残高確認の場合は、基準日後の回収状況の検討、基準日前後の売上取引の出荷書類や請求書などとの証憑突合などを実施します。基準日後の入金は、相手先が当該売上債権（先方にとっては仕入債務）を認識しているということになるため、監査人は、基準日後の回収状況により当該相手先に対する売上債権の実在性と金額の正確性に関する監査証拠を入手できたと判断することがあります。

(3) 不正による重要な虚偽表示の兆候

　確認は、会社の協力なしには有効かつ効率的に実施できませんが、会社の意向による影響を受けないように実施するのが何より重要です。実際の過去の不正事案において、確認状の送付先として架空の住所を監査人に伝えたり、確認先が共謀して監査人に虚偽の回答をするケースもありました。したがって、監査人は、以下の場合は不正による重要な虚偽表示の兆候を示している可能性があるため、慎重な対応が必要になります。

- 会社が特定の相手先に対して確認状の送付に難色を示したり、確認先の変更を求めてくる場合
- 確認依頼の準備（確認先の住所、適切な支店、部署名の特定など）に著しく時間がかかる場合
- 会社が確認手続の実施に同意しない場合
- 再三の督促、再依頼にもかかわらず、特定の相手先から回答が入手できない状況が繰り返される場合
- 監査人に直接回答がなく、会社経由で回答があった場合
- 「なりすまし」を含め、回答の信頼性に疑義が生じた場合
- 確認回答との間の差異について十分な説明が得られない場合

　監査人は、確認依頼の送付に経営者が同意しないことに合理性がないと結論付けた場合や、代替的な監査手続の実施により適切な監査証拠を入手できなかった場合、監査役等に報告することが求められています（監基報505）。そこまでの状況に至らない場合も、上述のような状況がある場合は、監査人は監査役等に適時にコミュニケーションを行うことが適切と考えられます。

コラム　会社の実施する残高確認との関係

　会社は、内部統制として、顧客との間で売掛金の残高（顧客にとっては買掛金）を確認する手続を定期的に実施していることがあります。会社が行う残高確認は、会社の管理目的に応じて、確認先や基準日、実施頻度、確認方法及び差異があった場合の調整の粒度が決定されます。

　会社が実施する残高確認と監査人が行う確認手続は、取引先との間で債権・債務に認識の相違がないかどうかを確認するという点においては共通する面はありますが、実施目的や位置づけは異なります。監査人による確認は独立した立場で財務諸表に対する監査意見を述べるために実施しますので、監査人の行う確認対象は債権債務の残高に限定されませんし、何より、確認手続に対して会社からの干渉があってはなりません。ただし、監査人は、確認の基準日や範囲を決定する際に、会社の行っている残高確認の状況を考慮することはあります。例えば、できるだけ確認先を含めて作業負担の重複を避けて補完関係になるよ

うに、会社の残高確認を担当している部署との間で調整を行い、会社の残高確認の基準日や確認先の選定基準を工夫することも考えられます。また、会社の残高確認で綿密な差異調整が行われている場合は、監査人の確認の範囲を縮小することも考えられます。

コラム　確認手続の電子化の流れ

　確認手続は、証明力の強い外部証拠を入手できる手続であり、監査の歴史においても古くから重要な手続と位置づけられてきました。一方で、確認手続は確認先の協力を前提としており、監査人はもとより、その準備や差異分析における会社の担当者の時間及び確認先の回答に要する時間を含めると、相当な工数を要する手続でもあります。ITやインターネットの進化に伴い、確認手続に電子メールを取り入れたり、第三者の運営するWebベースのプラットフォームを用いる方法なども取り入れられるようになっています。日本においても、確認手続の効率化を目的として四つの大手監査法人が共同で確認手続のサービスプロバイダーを設立しています。2019年12月のサービス提供開始以降、設立母体の四法人以外の監査法人を含め、確認手続プラットフォーム「Balance Gateway」の利用が進められています。また、2022年3月以降、一部の銀行・証券・保険会社も同プラットフォームによる確認が可能となるなど、確認手続の電子化の流れは今後も拡大していくことが期待されています。

　確認手続の一部又は全部が電子的手段に依存するようになっても、確認手続の全プロセスを監査人がコントロールしなければならないことに変わりはありません。郵送に代えて電子メールで確認状の送付や回答の入手を行う場合も、外部のプラットフォームを利用する場合も、本人確認のための新たな手続が必要となります。

 **監査人は監査手続を原則として試査に基づき行うとされていますが、試査にはどのような方法があるのですか。**

A 監査において「試査」とは、母集団から項目を抽出し、抽出した項目に対して手続を実施することを言います。これに対して母集団を構成する全項目に対して手続を実施することを「精査」と呼んでいます。試査には、抽出した項目に対して手続を実施した結果から母集団全体を推定する「サンプリング」と、母集団全体への推定を行わない「特定項目の抽出」の2種類があります。

解 説

(1) 試査の種類

監査は試査を前提として行います。取引件数が極めて少ない場合に、特定の勘定座高や取引種類を構成する全項目について手続を実施し結果として精査になることはあり得ますが、監査手続を立案する際、監査人は試査に基づく監査手続を立案します。その際、監査人は、監査手続の目的、識別している重要な虚偽表示リスクの内容及び程度に応じて試査の範囲や方法を決定します（**図表1**）。

図表1　試査の種数

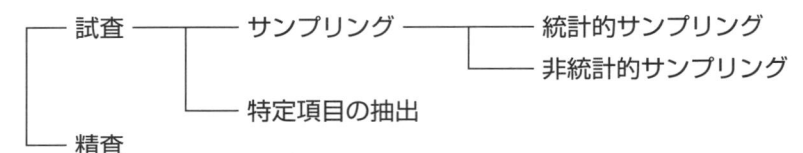

出所：日本公認会計士協会　監基報530を基に作成

サンプリングは、抽出した項目へのテスト結果から母集団全体への推定を行いますので、母集団を構成する項目に一定の同質性が想定されている場合にのみ適用可能となります。例えば、同質な大量の取引に適用される統制手続の運用状況を確かめる運用評価手続や、監査手続で利用する会社から提供される資料（例えば、売掛金や棚卸資産の滞留状況を示すリスト）の正確性や網羅性を確かめる手続、あるいは計上金額の正確性や網羅性又は期間帰属の妥当性など

を確かめる証憑突合などの実証手続（詳細テスト）を実施する際に、サンプリングの手法が利用されます。運用評価手続の場合は、サンプルとして選択した取引において識別された逸脱（デザインどおりに内部統制が運用されていない状況）が同じ割合で母集団全体に発生しているという推定を行いますので、金額に関する監査証拠とはなりません（属性サンプリングと呼ばれる）。実証手続（詳細テスト）の場合は、母集団を構成する金額単位をサンプリング単位とみなし、テストで識別された虚偽表示の金額を基に母集団全体の虚偽表示の金額を推定します。

　他方、監査において、一定の金額以上の高額の取引をテスト対象とすることもよくあります。「特定項目の抽出」と呼ばれるもので、勘定残高において監査手続を実施した割合（カバレッジ）を確保するためや、母集団の同質性を確保するために高額取引のみを抽出します。この場合は、抽出した項目のテスト結果に基づいて母集団全体への推定は行いません。そのほか、「特定項目の抽出」は特定のリスクに対応した監査手続においても選択されます。例えば、不正リスクが識別されている場合、不正の兆候を示す属性をもつ取引を抽出して手続を実施しますが、不正は個別性が高く、抽出した項目のテスト結果を母集団全体に当てはめることは適切ではありませんので、不正リスクへの対応手続においてもサンプリングは適用できません。

(2)　サンプリング

　サンプリングは一部の項目のテスト結果から母集団への推定を行うことを目的としますので、推定が可能となるように、母集団の同質性を確保するために母集団をいくつかの下位集団に「階層化」することがあります。例えば、承認権限が金額によって分岐するような場合、承認権限が異なる取引は別の母集団として階層化し、それぞれにサンプリングを適用するといったイメージです。

　一定の同質性を確保した母集団を階層化した後、母集団を構成する項目に等しく抽出の機会が与えられる方法で項目を抽出します。項目の抽出やテスト結果の母集団の推定に統計的手法（確率論）を用いるのが統計的サンプリングであり、そうでない場合と区別しています。統計的サンプリングは、サンプル項目の抽出時に乱数表などを利用する無作為抽出法を用い、かつ、サンプルのテスト結果を評価するに当たって確率論を利用するという特性をもったサンプリ

ング手法です。非統計的サンプリングを実施する場合には、偏向が回避された母集団の特性を表すサンプルを抽出することが重要となります。非統計的サンプリングは、サンプリングリスク（抽出したサンプルから導き出される結論が母集団を構成する全ての項目に同じ監査手続を実施した場合の結論と異なるリスク）の測定の根拠づけが弱いため、確率論を利用した統計サンプリングの方がより確かな監査証拠を得ることができます。

　サンプル件数は、監査人が計画している監査手続から得ようとしている監査証拠の水準（アサーション・レベルの重要な虚偽表示リスクの程度や他の監査手続から得られる監査証拠などが影響）、母集団に予想される内部統制の逸脱又は虚偽表示の金額、監査人が許容できる内部統制の逸脱や虚偽表示の金額などにより影響を受けます（**図表2**）。なお、母集団が一定の大きさを超えると、母集団における項目数はサンプル件数にはほとんど影響を及ぼしません。

　このようなサンプル件数に影響を及ぼす要因は、監査人の職業的専門家としての判断に基づき決定されます。また、サンプリングには一部の項目のテスト結果から誤った推定を全体に対して行うリスク（サンプリングリスク）が伴います。そのため、各監査チームが適切なサンプリングを行えるように、サンプル件数を算定するツール又はサンプルを抽出しテスト結果を推定するツールを導入したり、サンプリングに関する詳細なガイダンスを用意したり、また、サンプリングのエキスパートを指名している監査事務所もあります。

図表2　サンプル件数に及ぼす要因

要　　因	サンプル件数に与える影響
内部統制の運用評価手続におけるサンプリング	
・内部統制に依拠する程度	高いほど増加
・監査人が軽微なものとして許容できる内部統制の逸脱率	低いほど増加
・母集団において予想される逸脱率	高いほど増加
・母集団における実際の逸脱率が許容逸脱率を上回っていないことについて、監査人が得ようとする保証水準	高いほど増加
実証手続（詳細テスト）におけるサンプリング	
・重要な虚偽表示リスクの評価	高いほど増加
・監査人が軽微なものとして許容できる虚偽表示の金額	小さいほど増加
・母集団に含まれていると予想される虚偽表示の金額	多いほど増加
・同一のアサーションに関する他の実証手続により入手する監査証拠	少ないほど増加
・母集団における実際の虚偽表示額が許容虚偽表示額を上回らないことについて、監査人が得ようとする保証水準	高いほど増加

出所：日本公認会計士協会　監基報530　付録2及び3を基に作成

Q40 会計上の見積りの監査は、どのように実施するのですか。なぜ難しいのですか。

A 会計上の見積りとは、資産及び負債や収益及び費用の額に不確実性がある場合に、財務諸表作成時に利用可能な情報に基づいて合理的な金額を算出することを言います。

　会計上の見積りは、見積手法、データ、仮定の３要素から構成されます。監査人は、各見積項目の見積プロセスについて内部統制を含めて理解し、見積りの不確実性、複雑性、主観性などの固有リスク要因に基づきアサーション・レベルの重要な虚偽表示リスクを評価し、リスク評価の根拠となった要因に対応した監査手続を実施します。

　会計上の見積プロセスにおいては、見積手法、データ、仮定のいずれも経営者の判断により選択・決定されます。また見積金額には一定の幅を伴うことが多く、その幅の中から経営者の判断により財務諸表に計上又は注記する金額が選択されます。監査人は、これら経営者の判断の合理性を財務報告の枠組み（会計基準）と状況に照らして判断しますが、見積りの不確実性が高いほど、見積りが複雑であるほど、又は判断が主観的であるほど、経営者の判断の合理性の検証は難しくなります。さらに、見積りの性質を利用して不正な財務報告が行われる可能性もあり、監査人が見積りの裏に隠された経営者の意図を見抜くことは容易ではありません。したがって、会計上の見積りの監査においては、監査人は職業的懐疑心を保持して、経営者の判断を批判的に検討すべきことが強調されています。

解説

　近年では、経済社会の変化に伴い、複雑な会計上の見積りの要素を含む勘定が増える傾向にあり、財務諸表における見積りの重要性が格段に増しています。例えば、固定資産の減損、繰延税金資産の回収可能性、棚卸資産・売掛金・金融商品の評価などの資産・負債項目だけでなく、売上取引にかかる収益認識（例えば長期契約の進捗割合）や費用計上（各種引当金など）において、高度な判断を要するものがあります。さらに、見積りの不確実性が大きい項目（例えば、

IFRS 9 号において採用されている予想信用損失モデルに基づく金融資産の減損）も導入されてきています。

　将来事象に依存する会計上の見積りの監査には特有の難しさがあり、各国の監査監督当局による検査において監査人のリスク評価及びリスク対応の甘さが継続して指摘されていました。それらの指摘や財務報告の枠組みの改正に対応するため、2018年10月に国際監査基準（ISA）540「会計上の見積り及び関連する注記事項の監査」が改正され、職業的懐疑心の重要性を強調するとともに会計上の見積りに関するリスク評価やリスク対応手続について精緻化が図られました。日本においても会計上の見積りの監査に対する指摘は同様に認識されていたため、2020年の監査基準の改訂時に、リスク・アプローチの監査を強化する一環として会計上の見積りの監査の強化が織り込まれ、2021年1月に日本公認会計士協会より監基報540「会計上の見積りの監査」の改正が公表され、2023年3月期の監査から適用されています。

　以下に改正監基報540の概要を説明します。

(1)　リスク評価手続

　会計上の見積りの重要な虚偽表示リスクの評価に当たっては、監査人は他の項目と同様に、固有リスクと統制リスクとに分けてアサーション・レベルの重要な虚偽表示リスクを評価します。監査人は、見積りの要素が含まれている項目を識別し、財務報告の枠組みの要求事項を念頭において、各見積項目について会社が行っている見積りのプロセス（採用している見積手法、それに用いられた仮定及びデータ）を、内部統制の状況とともに理解します。

①　内部統制の整備状況の理解

　会計上の見積りに関連して、監査人は、以下の内部統制を理解します。

- 取締役会及び監査役等による会計上の見積りに関連する内部統制の整備・運用の監視の状況（適切な財務報告に対する姿勢、見積方法やモデル、仮定、データの特徴やリスクを理解する能力、知識など）
- 経営者の会計上の見積りに関連する専門的技能や知識の必要性の認識（例えば採掘産業における埋蔵量の測定、複雑な契約条件に基づく評価額の算定、レベル3の金融商品の公正価値算定など）

- 会社のリスク評価プロセスにおける会計上の見積りに関連するリスクの認識
- 経営者による見積手法やモデル、仮定、データの選択・適用の状況、それらの変更が必要かどうかの認識、見積りの不確実性の程度に対する経営者の理解、不確実性への対処の状況（不確実性に関する注記の記載を含む）
- 会計上の見積りに関連する統制活動の状況（承認手続など）
- 過年度の会計上の見積りの確定額の検討状況

② 固有リスク

　会計上の見積項目の固有リスクの程度は様々です。監査人は、会社の会計上の見積プロセスに関する理解に基づき、以下の固有リスク要因を考慮して固有リスクを評価します（**図表1**）。

図表1　固有リスク要因

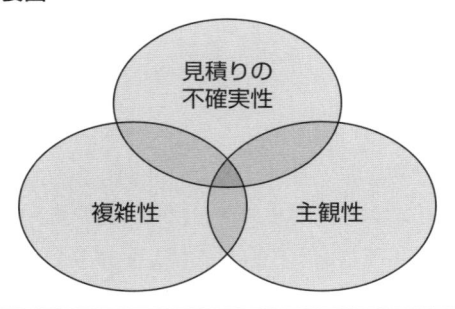

見積りの不確実性	正確に測定できないという性質により影響を受ける程度であり、会計上の見積りに固有の性質。 会計上の見積りは、直接、金額を測定できないときに代替的に一定の手法や仮定及びデータに基づき金額を算出するものであるため、その測定プロセスから「正確に測定できないという性質」を排除することはできない。ただし、見積項目の中には比較的容易に高い精度で不確実な結果を予測できるもの（例えば固定資産の耐用年数）と、見積手法そのものに高い測定の不確実性をも伴うもの（観察不能なインプットを用いる場合、予測期間が長期にわたる仮定や仮定の設定そのものが難しい場合など）があり、見積りの不確実性の程度は様々である。
複雑性	見積りプロセス（見積手法、それに用いられた仮定及びデータ）の複雑性の程度であり、複雑性が高いほど、固有リスクは高くなる。見積手法、計算プロセス又は計算プロセスで採用しているモデルが複雑な場合や、用いられる仮定又はデータの数が多く、相互に関係していたり、非線形的な関係がある場合、あるいは仮定の決定や裏付けに複数の情報源からのデータ又は複数のデータセットが必要な場合は、複雑性の程度が高くなる。
主観性	見積手法、それに用いられた仮定及びデータの選択及び適用における判断の主観性の程度であり、主観性が高いほど、経営者の偏向（バイアス）が生じやすく、固有リスクは高くなる。財務報告の枠組みにおいて見積手法が細かく定められていない場合や、見積期間が長く、将来に関する仮定が多く含まれる場合、又は見積りの計算に使用するデータが複数ある場合など、それぞれの選択は経営者の主観的判断により左右される。

出所：日本公認会計士協会　監基報540及び改正監基報540の概要（2021年1月）を基に作成

　このほか、監査人は、見積りプロセスの変更が必要となるような財務報告の枠組みの改正や企業を取り巻く環境変化の有無を確かめます。また、過年度の会計上の見積りの当期における確定額や再見積額の検討を通じて経営者の見積プロセスを見直す必要がないかどうかの検討を行います。経営者が見積プロセスを変更した場合は、変更の理由を確認し、変更が適切かどうかを検討します。また、見積りには過度に楽観的な将来予測が行われるなどの偏向（無意識の場合もある）が生じる可能性がありますので、経営者の偏向又は不正の兆候がないかどうかといった観点からの検討も行います。

③　統制リスク

　監査人は、固有リスク評価の根拠となったリスク要因に対応する統制活動の整備状況を評価します。その際、取締役会及び監査役等が会計上の見積りプロセスをモニタリングしている場合はその効果も考慮します。統制活動の例としては、見積りに用いられているデータの適切性を確かめるための統制活動や、見積プロセスにおける上位者による査閲又は承認手続、見積りを行う担当者と見積対象の取引の担当者の職務分離の状況などがあります。ただし、特別な検討を必要とするリスクに該当すると判断した場合や実証手続のみでは十分かつ適切な監査証拠を入手できないと判断した場合は、識別した固有リスクに対応する内部統制の整備状況を評価しますが、それ以外の場合は内部統制に依拠しないアプローチを選択する場合もあります（Q34参照）。

(2)　リスク対応手続

　監査人は、見積手法、それに用いられた仮定及びデータについて、アサーション・レベルの重要な虚偽表示リスクの識別・評価の根拠となった要因に対応するリスク対応手続を立案・実施します。他の監査項目と同様に、重要な虚偽表示リスクが高いほど、より確かな監査証拠を入手する手続を実施する必要があります。また、特別な検討を必要とするリスクを識別している場合のリスク対応手続の留意点（内部統制の整備状況が良好でそれに依拠する場合は過年度の運用評価手続の結果を利用することはできず、当年度に運用評価手続を実施）や、内部統制に依拠せずに実証手続のみを実施する場合には詳細テストを含めなければならない点も同様に適用されます。見積項目のリスク対応手続を立案

する際の監査人の留意点としては以下が挙げられます。

- 経営者の見積りを裏付ける情報と矛盾する情報の両方を入手できるようにリスク対応手続を立案する。見積りの不確実性や主観性に起因するアサーション・レベルの重要な虚偽表示リスクが高いほど、懐疑心を発揮して経営者の見積りにチャレンジする必要性が高くなる。
- 一般に、見積りの不確実性や主観性に対処する統制活動は、複雑性に対処する統制活動に比べ、有効に整備するのは難しいと言われている。そのため、監査人は、複雑性に起因するアサーション・レベルの重要な虚偽表示リスクに対しては統制活動の運用評価手続を実施し、不確実性や主観性に起因するアサーション・レベルの重要な虚偽表示リスクに対しては、経営者の判断を直接検討する実証手続に重点を置くことが多い。

　見積項目に対するリスク対応のアプローチには以下の三つがあり、監査人はそれらを組み合わせて実施しますが、全てのアプローチを実施する必要はありません。例えば、監査報告書日までに発生した事象により見積額が確定している場合は、その状況を確認するだけで十分かつ適切な監査証拠を入手できたと判断することがあります。

- 監査報告書日までに発生した事象から監査証拠を入手する。
- 経営者がどのように会計上の見積りを行ったかを以下に留意して検討する。
  - 財務報告の枠組みへの準拠性、見積手法が変更されている場合はその適切性
  - 経営者の判断における偏向（バイアス）の兆候の有無
  - 計算の正確性
  - 複雑なモデル、重要な仮定又はデータの選択における、それぞれの判断の整合性
  - 用いられている重要な仮定及びデータの完全性
  - 重要な仮定が経営者の特定の行動や意思に依存している場合の経営者の実行能力と意思
  - 経営者のデータに対する理解・解釈の適切性
- 監査人の見積額又は許容範囲を設定する。
　経営者が見積りの不確実性を適切に理解し対処しているかを検討し、十分に対処していないと監査人が判断した場合に設定する。

(3) 注記事項

　会計上の見積りには正確に測定できないという不可避の性質がありますので、経営者は、財務諸表に計上又は注記されている見積金額にどの程度の不確実性があるのかについて認識している必要があります。見積項目の金額が翌期以降どの程度変動する可能性があるかは財務諸表の利用者にとって重要な情報ですので、重要な不確実性がある見積項目については、見積金額の算出方法や主要な仮定とともに翌期の財務諸表に与える影響などの注記が求められます。日本の会計基準においても、IFRSを参考に2020年3月に企業会計基準第31号「会計上の見積りの開示に関する会計基準」が公表され、見積りに関する注記義務が明確化されました。

　会計上の見積りに関する注記の重要性の高まりを受けて、注記が適切に行われているかどうかの検討は監査上も重要なポイントとなります。従前より、財務報告の枠組みに準拠して注記が行われているかどうかに関して十分かつ適切な監査証拠を入手することが求められていましたが、2021年の改正監基報540では、注記事項の監査の一層の強化を図るため、監査人は、注記事項が財務報告の枠組みに準拠しているかどうかだけでなく、財務報告の枠組みに照らして合理的であるかどうかを判断することが求められています。また、見積りの不確実性に関する注記についても、従前は会計上の見積りにおいて「特別な検討を必要とするリスク」が生じている場合に検討するとされていたところ、「特別な検討を必要とするリスク」に限定せずに検討することとされました。

　例えば、企業会計基準第31号は、開示目的を「翌年度の財務諸表に重要な影響を及ぼすリスクがある項目における会計上の見積りの内容について、財務諸表利用者の理解に資する情報を開示することを目的とする」と定めていますが、監査人はこの開示目的に照らして注記が合理的と言えるかどうかを検討することになります。また、監査人は、見積りの注記事項の監査に当たり、経営者が見積りの不確実性を適切に理解し対処しているかを検討し、経営者の理解や対処が適切でないと判断した場合は、監査人が自ら見積額又は許容範囲を設定することを求めています。

(4) 職業的懐疑心

　会計上の見積りの監査に当たっては、職業的懐疑心をもって対応することが

とても重要になります。実施した監査手続から得られた監査証拠には、経営者の見積りを裏付けるものだけでなく、矛盾するものが含まれていることがありますが、監査人は入手した全ての監査証拠を評価して見積り及びその注記事項が合理的であるかどうかを結論付けることが求められています。また、会計上の見積りに関する経営者の判断及び決定について、それらが個々には合理的であっても、全ての見積項目を総括的に検討したり、複数年度を比較したりすることにより、経営者の判断に偏りがあり、偏向の兆候に気付くことがあります。監査人は、経営者の偏向の兆候を識別した場合、リスク評価やリスク対応手続の修正の必要性を検討し、その影響を評価しなければなりません。経営者の判断に偏向があるというだけでは虚偽表示とはなりませんが、監査人はその他の不正リスク要因も考慮して対応することが求められます。

(5) 監査役等とのコミュニケーション

　監査人は、会計実務の質的側面のうち重要なものに関する監査人の見解及び内部統制の重要な不備について、監査役等とコミュニケーションを行うことが求められています。監査人は、会計実務の質的側面に関する見解に、会社の採用する会計実務が財務報告の枠組みの下で受入可能ではあるものの、会社の特定の状況においては最適なものではないと考える事項が含まれる場合は、その理由も説明することが求められています（Q17コラム参照）。

　改正監基報540では、監査人に対して、会計上の見積りに関連して監査役等とコミュニケーションを行うべき事項があるかどうかを検討すること、さらに識別した重要な虚偽表示リスクが見積りの不確実性、複雑性、主観性又はその他の固有リスク要因から生じているかどうかを考慮することを求めています。改正監基報540の付録2では、会計実務の質的側面に関する監査人の見解として監査役等とコミュニケーションを行う候補となる事項が例示されていますので、以下に抜粋・要約します。

- 経営者が、会計上の見積りが必要な取引や事象等又は変更を生じさせる可能性のある状況等を把握する方法
- 財務諸表全体に対する会計上の見積りの相対的な重要性及び重要な虚偽表示リスクの程度
- 会計上の見積りの性質、範囲及び会計上の見積りに関連するリスクについて

の経営者の理解の程度

- 経営者による専門的スキルや知識の適用状況又は専門家の関与の状況
- 経営者が代替的な仮定若しくは結果を検討した方法及びそれらを採用しなかった理由、又は代替的な仮定等を検討しなかった場合における見積りの不確実性の検討過程
- 経営者の偏向が存在する兆候
- 見積手法の適切性、見積手法の変更の有無又は変更の必要性、変更されている場合はその理由
- 重要な仮定の性質と結果、仮定の設定における主観性の程度
- 重要な仮定の相互の整合性（他の見積項目又は事業計画などにおける重要な仮定との整合性を含む）
- 重要な仮定又は財務報告の枠組みの適用に関連する、経営者の特定の行動を実行する意思とその能力
- データ及び重要な仮定の適切性
- 外部情報源から入手した情報の目的適合性と信頼性
- 外部情報源から入手したデータ又は経営者若しくは経営者の利用する専門家が実施した評価に関して、十分かつ適切な監査証拠を入手する上で直面した困難な状況
- 会計上の見積りに関連する会計方針や財務諸表の表示に関する監査人の見解
- 監査人の見積額又は許容範囲と経営者の見積額との差異に関する監査人の見解
- 経営者又は評価に関する経営者の利用する専門家の判断と監査人の判断との重要な差異
- 見積りの不確実性を含め、財務諸表に注記することが求められる重要なリスク及びエクスポージャーが財務諸表に及ぼす潜在的な影響
- 財務諸表における見積りの不確実性に関する注記事項の合理性
- 財務諸表における会計上の見積りの認識、測定、表示及び関連する注記事項に関する経営者の判断の財務報告の枠組みへの準拠性

Q41 連結財務諸表の監査はどのように実施されるのでしょうか。

A 連結財務諸表の監査は、連結財務諸表に対して監査意見を表明するグループ監査責任者（監査報告書の署名者）とその監査チーム（総称して「グループ監査人」と言う）のほか、グループ監査人から依頼を受けて子会社等の構成単位の財務情報に対して監査手続を実施する監査人（「構成単位の監査人」と言う）により行われます。連結財務諸表の監査はリスク・アプローチに基づき実施されますので、グループ監査人が中心となって、重要な虚偽表示リスクの評価を行い、評価したリスクに対応するリスク対応手続を立案します。グループ監査責任者は、構成単位の監査人を含む監査チームの作業を指揮・監督し、その作業を査閲する責任を負っており、監査意見の基礎となる十分かつ適切な監査証拠を入手できたかどうかを判断して監査意見を形成します。構成単位の監査人は、グループ監査人が適切な監査意見を形成できるように、同じ職業的専門家として誠実な対応が求められます。リスク評価の段階から意見形成に至るまで、グループ監査人と構成単位の監査人が緊密で双方向のコミュニケーションを行うことにより、連結財務諸表の監査は可能となります。

解 説

　連結財務諸表に含まれる子会社や持分法適用会社の数や地理的な分布は様々ですが、単一の監査チームのみで連結財務諸表の監査を実施できる状況はごくまれです。一般的には、グループ監査人の指示に基づき、複数の監査事務所（グループ監査人と同じネットワークに所属するかどうかを問わない）が分担して手続を実施することにより、連結財務諸表の監査は行われています。

　連結財務諸表のように複数の構成単位の財務情報が集計された財務諸表を「グループ財務諸表」と呼んでおり、グループ財務諸表の監査に特有の考慮事項をまとめた実務指針として、日本公認会計士協会から監基報600「グループ監査における特別な考慮事項」が公表されています。

(1) 監基報600及びISA600の改正の経緯

監基報600の初版（題名は「グループ監査」、以下「2011年版監基報600」と言う）は、2007年版の国際監査基準（ISA）600「Special Considerations -Audits of Group Financial Statements（Including the Work of Component Auditors）」をベースに2011年12月に公表されました。

ベースとなったISA600は、証券監督者国際機構（IOSCO）等の規制当局からの要請を受け、グループ財務諸表の監査にリスク・アプローチの監査を適用するための体系だった指針を提供する目的で開発されました。2007年版ISA600の検討は2002年に開始され、2003年、2005年、2006年の3回の公開草案を経てようやく2007年に最終化されました。連結財務諸表の監査の指針は、古くから、「主たる監査人が他の監査人に作業を依頼し、その結果を利用する」という脈絡で「主たる監査人としての責任が果たせるか」という観点から策定されていました。3回の公開草案の過程で、グループ監査の実務に大きなバラツキがあることが認識され、最終化されたISA600は、グループ監査にいかにリスク・アプローチを適用するかという観点に軸足を移し、グループ監査の品質管理の責任を明確にした基準として最終化されました。日本においても、それまでの実務指針「他の監査人の監査結果の利用」は廃止され、ISA600と同等の監基報600が新たに公表され、2013年3月期より適用されました。

2007年版ISA600は、大きな改正であっただけに、その後行われた適用後レビューや各国の監査監督当局による検査等の結果、適用に関していくつかの課題が指摘されるようになりました。2015年のディスカッション・ペーパーにより改正の方向性について広く意見を求めた後、2016年から国際監査・保証基準審議会（IAASB）において正式に改正作業が開始されました。グループ監査にリスク・アプローチの考えをより徹底して適用し、グループ監査の品質を高めることを目的として、2020年4月に公開草案が公表され、リスク評価（ISA315）及び監査事務所及び監査チームレベルの品質管理に関する基準（ISQM及びISA220）の改正を待って、2022年4月に最終版が公表されました。

こうしたISA600の改正を受けて、2011年版監基報600も2023年1月に改正されました。2023年版監基報600は、関連の深い2022年版改正品質管理の基準が適用されていることが前提となるため、監査事務所の規模により適用時期が異なるやや変則的な取扱いとなっています（品質管理基準の改正についてはQ53

⑵参照）。ただし、改正品質管理の基準と改正監基報600は併せて適用することを条件に、早期適用も可能とされています（**図表1**）。

図表1　2023年版監基報600の適用時期

監査事務所の区分	2022年改正品質管理の基準	2023年改正監基報600
大規模監査法人	2023年7月1日以後開始事業年度の監査	2024年4月1日以後開始事業年度の監査
大規模監査法人以外の監査法人	2024年7月1日以後開始事業年度の監査	2024年7月1日以後開始事業年度の監査

筆者作成

注）大規模監査法人は、公認会計士法上、監査法人の直近の会計年度において100社以上の上場有価証券発行者等の監査を担当している監査法人とされている。

⑵　グループ監査の基本的な考え方

①　グループ監査責任者のグループ監査に対する品質管理の責任

　品質管理の基準では、監査責任者は、監査事務所が定める品質管理システムに準拠して、監査業務の全体的な品質の管理と達成に責任を負うとされています。グループ監査においては、グループ監査責任者がグループ監査の全体的な品質管理と達成に責任を負っており、グループ監査責任者は、構成単位の監査人に対しても指揮、監督及びその作業の査閲を適切に行う必要があります。構成単位の監査人がグループ監査人と異なるネットワークに所属している場合は、その点を配慮した措置が必要になることがありますが、グループ監査責任者はグループ監査の品質管理の責任を果たす上で必要なことは行わなければなりません。

　2023年版監基報600では、2022年版監基報220「監査業務における品質管理」と平仄を合わせ、グループ監査責任者の品質管理責任に関して以下の実施が求められています。

- グループ監査環境の整備（監査チームメンバー（構成単位の監査人を含む）に期待される行動を強く意識付ける）
- グループ監査の全過程を通じた十分かつ適切な関与（構成単位の監査人の作業への関与を含む）

　なお、2022年版監基報220により、監査チームは監査手続を実施する者から

構成されると定義されており、構成単位の監査人は、グループ監査人と同一ネットワークに所属するかどうかにかかわらず、監査チームを構成することになりました。

②　グループ監査契約の新規締結及び更新

　グループ監査契約の新規締結又は更新に際して、グループ監査責任者は、グループ財務諸表の意見表明の基礎となる十分かつ適切な監査証拠を入手することを合理的に見込めるかどうかを判断することが求められています。この判断には、グループやその環境及びグループの内部統制の状況（連結プロセスを含む）の理解が必要となります。また、グループ監査人が構成単位の経営者やガバナンスに責任を有する者、構成単位の監査人及びその作業に制限なくアクセスできるかどうかを確認する必要があります。グループ経営者によって課される制約により十分かつ適切な監査証拠を入手できず、その影響がグループ財務諸表に監査意見を表明しないことにつながると判断した場合は、監査契約の新規締結又は更新をしてはならないとされています。

　2023年版監基報600では、グループ監査に必要な情報や人へのアクセス制限がグループ経営者の権限の及ばない事情（例えば、現地の法令、戦争、内乱、感染症の流行など）により生じる場合の考え方が追加されました。この場合も、グループ監査人が十分かつ適切な証拠を入手しなければならないことに変わりはないため、アクセス制限がグループ監査に及ぼす影響を検討しなければならないことが明確化されました。

　グループ監査におけるアクセス制限に関して懸念が生じる状況の一つに、持分法適用会社の財務情報がグループ財務諸表に重要な影響を及ぼす場合があります。持分法適用会社に対して会社は非支配持分しか有していないため、グループ経営者からの要請によってもアクセス制限が解除されない可能性があるためです。そのような場合、会社が入手している情報のほか、持分法適用会社の監査済財務諸表やその他の公開情報などを考慮して、アクセス制限のグループ監査への影響を判断することになります。アクセス制限に関する懸念が生じるもう一つの例は、構成単位の監査人の監査調書へのアクセスが現地の法令により制限されている場合です。そのような状況を克服するための代替的な方法として、構成単位の監査人に対してグループ監査に関連する情報を要約した文書

の提出を求め、それを基に討議することが例示されていますが、2023年版監基報600ではその他の代替的な方法（構成単位の監査人の事務所への訪問、第三国での会議、リモート手段の活用など）もいくつか追加されています。ただし、そのような代替的な方法で十分かどうかはグループ監査人の職業的専門家としての判断に委ねられています。

③　グループ監査人と構成単位の監査人の関係

　前述のとおり、グループ監査責任者がグループ監査の全体的な品質管理と達成に責任を負っており、グループ監査における構成単位の監査人の関与の内容、時期及び範囲を決定します。また、グループ監査人は構成単位の監査人の作業に十分かつ適切に関与することが求められています。

　構成単位の監査人は、グループ監査人からの依頼に基づき、グループ監査のために構成単位の財務情報に関する作業を実施し、その結果に基づいて発見事項や結論をグループ監査人に報告する責任を有しています。なお、構成単位の監査人は、現地の法令に基づき、構成単位の財務諸表の法定監査を担当している場合もあります。法定監査については構成単位の監査人が責任を負っていますので、法定監査とグループ監査は分けて考えられています。ただし、二つの監査目的の作業は重複する部分もありますので、グループ監査人が構成単位の監査人による作業の査閲を適切に行う場合は、法定監査目的の完了した作業をグループ監査にも利用することができます。実務的には、子会社と親会社の決算日が同じ場合は、通常、現地の法定監査の期限よりグループ監査目的の作業の完了時期が早いため、法定監査の作業をグループ監査に利用するケースは限られているように思われます。

　いずれにしても、グループ監査の円滑な実施には、監査の全過程において、その時々の状況に応じたグループ監査人と構成単位の監査人との間の双方向の緊密なコミュニケーションが必要となります。

④　監査報告書

　グループ監査責任者は、構成単位の監査人から得た証拠を含め、入手した全ての監査証拠に基づきグループ財務諸表に対する監査意見を形成します。したがって、監査報告書において、除外事項付き意見の根拠区分において除外事項

となった状況を十分に説明するために必要な場合を除いて、構成単位の監査人の利用に関して言及してはならないとされています。

(3) グループ監査に関する監査役等とのコミュニケーション

　グループ監査人は、グループ監査に関連して、グループ・ガバナンスに責任を有する親会社の監査役等に対して以下のコミュニケーションを行うことが求められています。

- 監査計画の概要説明の一環として、構成単位の財務情報について実施する作業の内容、構成単位の監査人の作業に対してグループ監査人が予定している関与の内容
- グループ監査人が構成単位の監査人の作業内容を査閲することによって判明した品質に関する懸念事項及びそれに対するグループ監査人の対応
- グループ監査の範囲に関する制約（人や情報へのアクセス制限）
- グループ経営者、構成単位の経営者若しくはグループの内部統制システムにおいて重要な役割を担っている従業員による不正若しくは不正の疑い、又は従業員によるグループ財務諸表の重要な虚偽表示となる不正若しくは不正の疑い
- グループの内部統制システムの重要な不備（グループ監査人がグループ・ガバナンスに責任を有する親会社の監査役等の注意を促すに値するほど重要と判断した内部統制の不備）

> | コラム | **グループ財務諸表の監査報告書における他の監査人との責任の分割** |
> | --- | --- |

国際監査基準（ISA）及び日本の監査の基準では、グループ監査の全責任はグループ監査責任者にあるとしています（sole responsibility）。一方、米国の監査基準は異なる立場をとっており、二つのアプローチを認めています。

一つは、国際監査基準（ISA）や日本の基準と同様に、主たる監査人（principal auditor又はlead auditor）が、他の監査人の作業を含め、全責任を負う方式であり、そのためには他の監査人の作業に十分に関与し、他の監査人に対して指揮、監督及び監査調書の査閲をしっかり行うことが求められています。他方、連結財務諸表に含まれる子会社等の財務諸表に対して他の監査人が監査報告書を発行している場合、連結財務諸表の監査報告書において他の監査人との責任の分割（divided responsibility）も認められており、その場合は他の監査人の作業に対する監督も軽減されます。責任の分割方式をとる場合は、監査報告書において、他の監査人の名称と他の監査人により監査された割合（連結売上及び連結総資産に占める割合）を記載することとされています。ただし、実際は、責任の分割方式をとるケースは、持分法適用会社や期末日近くに行われた買収時などに限定されており、公開会社会計監督委員会（PCAOB）のスタッフが2018年から2021年の4年間を分析したところ、年間40件程度ということです（AS1206 "Dividing Responsibility for the Audit with Another Accounting Firm" を含むPCAOB監査基準の改正時のリリース文書（PCAOB Release No. 2022-002, 2022年6月21日）のII. Background, P.17）。

 **グループ監査において、どのようにリスク評価及びリスク対応は行われ、グループ財務諸表に対する監査意見が形成されるのでしょうか。**

A グループ監査人は、グループ財務諸表の重要な虚偽表示リスクを評価し、評価したリスクに対応した監査手続を立案するために、グループ監査の基本的な方針及び詳細な監査計画を作成しなければなりません。そのため、グループ監査人は、グループ及びグループ環境、適用される財務報告の枠組み並びに内部統制を理解し、構成単位の監査人の独立性並びに適性及び能力などを評価した上で、どの構成単位について、誰（グループ監査人又は構成単位の監査人）がどのような手続を実施するかを決定します。グループ監査人は、グループ・レベルで実施した手続の結果と構成単位の監査人の実施した手続の結果を総合的に判断し、グループ財務諸表に対する監査意見を形成します。

解 説

(1) グループ監査におけるリスク評価手続

グループ監査人は、グループ監査の基本的な方針及び詳細な監査計画を作成するために、リスク評価手続を実施します。グループ監査特有の点としては、グループ監査人は、構成単位に関連するリスク評価手続を構成単位の監査人に依頼することがあるという点、構成単位の監査人の評価が必要である点、及び構成単位に適用する重要性を決定しなければならない点などがあります。

① グループ及びグループ環境、適用される財務報告の枠組み並びに内部統制の理解

グループ監査人は、リスク評価にあたって、以下を理解します。

- グループ及びグループのおかれている環境（グループの事業内容、組織構造、資本関係、構成単位のロケーション及び業務内容・グループ内での位置づけ・役割、影響を受ける法規制など）
- グループ財務諸表に適用される財務報告の枠組み（グループ内の会計方針や処理に関する統一の程度を含む）

- グループの内部統制の状況（内部統制の共通化の程度、子会社管理の状況、財務報告に関連するシェアード・サービスの利用の状況、ITの利用及び共通化の程度、連結プロセス、構成単位に対する決算指示の状況など）

　グループの規模が大きく事業が多角化し、特に海外の構成単位の数が多いほど、リスク評価にはより多くの情報を必要とします。そのため、グループ監査人は、グループ財務諸表の作成会社から得る情報に加えて、それぞれの国の状況に精通した構成単位の監査人にリスク評価手続の一部を依頼する必要性が増加します。国や地域により、法令だけでなく、文化や商慣習が大きく異なることがありますので、構成単位の監査人の知見や経験を活用していかに適切なリスク評価を行い、リスク対応手続を立案・実施するかが、グループ監査の有効性及び効率性の要とも言えます。

② 構成単位の監査人の理解

　グループ監査人は、構成単位の監査人に関して以下を理解し、グループ監査目的の作業を依頼できるかどうかを評価しなければなりません。

- グループ監査人が構成単位の監査人の作業に十分かつ適切に関与できるかどうか（アクセス制限の有無を含む）。
- グループ監査人が通知したグループ監査に適用される職業倫理の規程（独立性の基準を含む）について、構成単位の監査人は理解し、遵守しているかどうか。
- 構成単位の監査人は、グループ監査人からの依頼に基づく作業を実施する適性及び能力を有しているかどうか（十分な時間を割り当てているかどうかを含む）。
- 構成単位の監査人が業務を行う規制環境、入手可能な場合は構成単位の監査人に対して実施されたモニタリング情報（監査監督当局や職業専門家団体による検査又はレビュー結果、ネットワーク・ファームによる品質管理レビューの結果など）が構成単位の監査人の適性や能力の評価にどのような影響を及ぼすか。

　構成単位の監査人がグループ監査に適用される職業倫理の規程（独立性の基準を含む）を遵守していない場合、グループ監査人は構成単位の監査人をグループ監査に関与させることはできません。構成単位の監査人の適性及び能力に

一部懸念がある場合は、グループ監査人の関与を拡大することで補うことができる場合もありますが、重大な懸念がある場合は、グループ監査人は構成単位の監査人をグループ監査に関与させることはできません。

③　グループ財務諸表レベル及びアサーション・レベルの重要な虚偽表示リスクの評価

　グループ監査人は、構成単位の監査人からの情報を含め、リスク評価手続により入手した情報に基づき、グループ財務諸表レベルとアサーション・レベルの重要な虚偽表示リスクを評価します。重要な虚偽表示リスクの評価には、不正リスクの評価も含まれます。また、グループ・レベルで「特別な検討を必要とするリスク」を識別し、それに対して適切に対応することが求められます。

④　構成単位に適用する重要性

図表1　グループ監査においてグループ監査人が決定する重要性

重要性の種類			2011年版 監基報600	2023年版 監基報600
グループ財務諸表レベル[4]	G1	重要性の基準値[1]	✓	✓
	G2	手続実施上の重要性	✓	✓
	G3	明らかに僅少な金額（未修正の虚偽表示の集計に含める下限値）	✓	✓
構成単位レベル[4]	C1	重要性の基準値　　[1]	✓	—[3]
	C2	手続実施上の重要性	✓[2]	✓
	C3	グループ監査人への報告を要する金額基準	✓	✓

[1]　状況によって、特定の取引種類、勘定残高又は注記事項に対する重要性の基準値を別途設定することがある。

[2]　グループ監査人は構成単位の手続実施上の重要性（C2）を構成単位の重要性の基準値（C1）として設定する場合がある。構成単位の監査人が構成単位の手続実施上の重要性（C2）を構成単位の重要性の基準値（C1）に基づき決定した場合は、グループ監査人はその妥当性を評価することが求められる。

[3]　2023年版監基報600ではグループ監査におけるリスク対応のアプローチが大きく変更され、重要な構成単位の財務情報について監査意見を求めることが必須の対応ではなくなったため、構成単位の重要性の基準値の設定も必須ではなくなった。代わりに、グループ監査人による構成単位の手続実施上重要性の決定が必須となった。

[4]　金額の大小関係は、グループ・レベル及び構成単位レベルそれぞれにおいて、G1＞G2＞G3、C1≧C2＞C3となる。グループ・レベルと構成単位グループ・レベルの金額の大小関係は、G1＞C1、G2＞C2、G3≧C3となる。なお、構成単位の手続実施上の重要性（C2）は、構成単位ごとに異なる場合がある。

出所：日本公認会計士協会　2011年版及び2023年版監基報600を基に作成

　グループ監査人は、グループ財務諸表全体としての「重要性の基準値」と、未修正又は未発見の虚偽表示の合計が「重要性の基準値」を上回る可能性を抑えるために監査手続の設計時に利用する「手続実施上の重要性」を「重要性の基準値」より低い金額で決定します。さらに、グループ監査人は、構成単位に適用する重要性を決定し、構成単位の監査人に伝達します（**図表1**）。

(2)　評価したリスクへの対応

　2011年版監基報600では、リスク評価の結果に基づいて、構成単位を「個別に財務的重要性を有する構成単位」、「特定の性質・状況によりグループ財務諸表の特別な検討を必要とするリスクが含まれる構成単位」又は「それ以外の構成単位」に分類し、その分類に応じて選択可能なアプローチが類型化されています（**図表2**）。「個別に財務的重要性を有する構成単位」は、売上や総資産（又は純資産）、利益などの財務指標で一定以上の割合を有する構成単位が選定されます。どの財務指標を用いるか及び一定割合の水準は、グループの構成や状況に応じてグループ監査人が決定します。

　構成単位を重要な構成単位とそれ以外に分類して類型化した作業を紐付ける方法については、グループ監査人による重要な虚偽表示リスクの適切な評価とリスク対応に必ずしも結び付いていないということが指摘されていました。そこで、2023年版監基報600（ベースとなった2022年版ISA600）では、重要な構

図表2　2011年版監基報600におけるリスク対応アプローチ

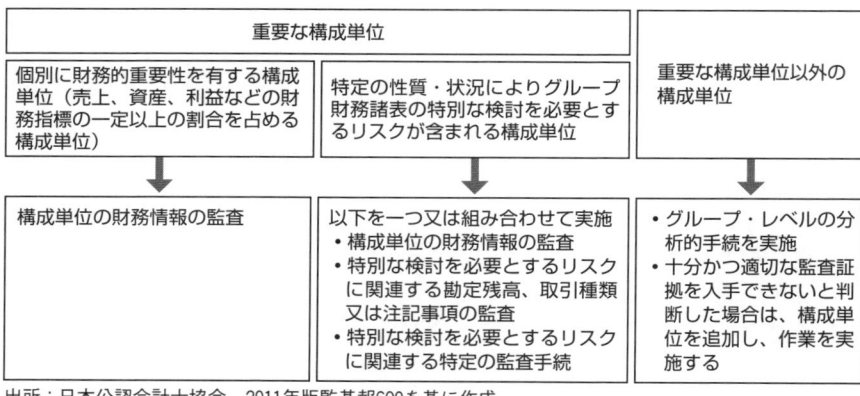

出所：日本公認会計士協会　2011年版監基報600を基に作成

成単位の概念は廃止され、リスク・アプローチの原則をより忠実に適用するように改正されました。グループ監査人は、重要な構成単位を識別して単に監査を依頼するのではなく、評価したリスクの内容及び程度に基づいて作業を実施する構成単位を決定し、構成単位の監査人の作業内容、時期及び範囲を含め必要なリソースのアサイメントを決定することが求められます。その際、リスクや内部統制が同質な事業拠点をグルーピングし一つの構成単位として構成単位の監査人に作業を依頼したり、グループで共通の内部統制の整備状況をグループ監査人が評価し、その評価に基づき構成単位の監査人に構成単位における運用評価手続を依頼したりするなど、グループ監査人は、グループの状況に応じて誰がどのような手続をどこで実施するのが有効かつ効率的な監査につながるかを検討します（**図表3**）。

図表3　2023年版監基報600におけるリスク対応アプローチ

監査の作業を実施する構成単位の決定
以下を考慮して監査作業を実施する構成単位を決定する。 • アサーション・レベルの重要な虚偽表示リスク（グループ財務諸表に重要な虚偽表示が生じる合理的な可能性（reasonable possibility）があるリスク）を生じさせる可能性のある事象や状況（新規設立・買収先、重要な変化、関連当事者との重要な取引、通常の取引過程から外れた重要な取引、分析的手続で識別された異常な変動など） • グループ財務諸表の「重要な取引種類、勘定残高及び注記事項」の構成単位への分散の程度 • グループ財務諸表の「重要な取引種類、勘定残高及び注記事項」に関する十分かつ適切な監査証拠を構成単位で計画している監査作業により入手できる可能性 • 過年度に構成単位で発見された虚偽表示又は内部統制の不備 • グループ内の内部統制の共通化の状況、活動の集約化の状況　　　　など

構成単位におけるリスク対応手続の種類及び範囲
以下のいずれかを実施 • 構成単位の財務情報全体に対するリスク対応手続（構成単位の財務情報の監査を含む） • 一つまたは複数の取引種類、勘定残高又は注記事項に対するリスク対応手続 • 特定のリスク対応手続

出所：日本公認会計士協会　2023年版監基報600を基に作成

(3)　監査証拠の評価及び意見形成

　グループ監査人は、構成単位の監査人に対して以下を報告するように要請します。

- 依頼された作業の実施状況
- グループ監査業務に適用される独立性を含む職業倫理に関する規定の遵守状況
- 違法行為に関する情報
- 構成単位の監査人によって識別された構成単位の財務情報の修正済み及び未修正の虚偽表示
- 経営者の偏向が存在する兆候
- 実施した監査手続において識別された内部統制システムの不備に関する説明
- 不正又は不正の疑い
- 構成単位の監査人が、構成単位の経営者又は構成単位のガバナンスに責任を有する者に報告した、又は報告を予定しているその他の重要な事項
- グループ監査に関連する、又は構成単位の監査人がグループ監査人の注意を喚起することが適切であると判断するその他の事項（構成単位の監査人が構成単位の経営者から入手した経営者確認書に記載された事項のうち、特にグループ監査チームの注意を喚起したい例外的な事項を含む）
- 構成単位の監査人の発見事項又は結論

　さらに、グループ監査人は、構成単位の監査人の作業の査閲を行い、重要な事項については、構成単位の監査人、構成単位の経営者及びガバナンスに責任を有する者とも適宜協議します。グループ監査人は、構成単位の監査人の作業が十分でないと判断した場合は、追加的な手続を決定し、構成単位の監査人に実施を指示するか、自ら実施します。そのような手続を経た結果、グループ監査人は、構成単位の監査人からの報告を含め、実施した監査手続から十分かつ適切な監査証拠が入手できたかを判断し、グループ財務諸表に対する監査意見を形成します。グループ財務諸表の監査意見に対する責任は、グループ監査責任者が負っています。

 **Q43** 監査人は、どのような場合に、どのように専門家の業務を利用しているのでしょうか。

A 監査人は、監査意見の基礎となる十分かつ適切な監査証拠を入手するために、会計や監査以外の分野の専門知識が必要な場合に専門家の業務を利用します。監査人は会計や監査の専門家ではありますが、財務諸表の作成又は監査に必要となるあらゆる領域の専門知識を有しているわけではありません。そのため、監査の基準では、監査人に対して、リスク評価やリスク対応手続の立案・実施、入手した監査証拠の評価において必要な専門家を利用するかどうかを判断することを求めています。多くの監査において、ITの専門家、税務の専門家又は年金数理人などが利用されています。

監査人は、監査事務所又はネットワーク・ファーム内に専門家がいる場合は内部の専門家を利用しますが、内部に適切な専門家がいない場合は外部の専門家に業務を依頼します。いずれの場合も、監査人は専門家の適性、能力を評価し、外部の専門家の場合は客観性についても評価しなければなりません。そのような評価を踏まえ、監査人は専門家の業務が監査の目的に照らして適切であるかどうかを評価し、自己の責任において利用することが求められます。

解 説

専門家の業務の利用に関する実務指針（監基報620「専門家の業務の利用」）では、監査人は、自己の知識やスキルではカバーできない専門領域がある場合、専門家を利用して十分かつ適切な監査証拠を入手することが求められています。ただし、専門家の業務を利用した場合も、監査意見に対しては監査人が単独で責任を負いますので、監査意見に対する責任は軽減されません。専門家の業務の必要性や利用の方法に関しては、監査人としての職業的専門家の判断が必要となります。

(1) 専門家の必要性の判断

財務諸表監査において、監査人は、会社の行った取引又は事象若しくは状況

を適切に理解し、財務報告の枠組みの規定が適切に当てはめられているかどうかを確かめる必要があります。監査人は取引や事象・状況からどのような虚偽表示が生じ得るかを検討し（リスク評価）、リスク対応手続を立案・実施し、得られた監査証拠の評価をしなければなりませんが、その過程で、会計または監査以外の専門家の知識が必要になることがあります。

　例えば、以下の専門知識が必要になることがありますが、監査のどの局面でどのように専門家を利用するかは監査人の判断に委ねられており、リスク評価の段階から監査証拠の評価までの全過程で専門家を利用するとは限りません。監査人は、専門家の利用を検討している勘定等の重要な虚偽表示リスクの程度、専門家の判断の主観性や複雑性、監査における専門家の業務の重要性などを考慮して必要性を判断します。

- 資産及び負債の評価（複雑な金融商品、土地建物、設備及び機械装置、宝石・美術品類、無形固定資産、企業結合において受け入れた資産及び引き受けた負債、減損の可能性のある資産）
- 保険契約又は退職給付債務の数理計算
- 石油及びガス埋蔵量の見積り
- 環境債務及び土壌浄化費用の評価
- 契約及び法令の解釈
- 税法を遵守するための複雑又は通例でない課題の分析
- ITを利用した複雑な情報システム　　など

　また、不正の存在が疑われる場合は、不正調査の専門家を利用することもあります。昨今、通報などにより不正の存在が疑われる場合、会社は調査委員会を設置し事実の解明に当たることが広く行われていますが、調査委員会が行う手続に不正探索のための手続（フォレンジック）が含まれることも少なくありません。会社の行う調査と監査人による監査は同時並行的に進行することが多く、監査人は会社の行う調査結果を監査上利用することになるため、十分な調査手続となるように調査委員会の手続の立案段階から相談を受けることがあります。監査人は、できるだけ手戻りや追加的な手続が必要にならないよう、会社が利用する不正調査の専門家とは別に、監査人側において不正調査の専門家の知識が必要と判断することがあります。

⑵　専門家の利用に当たっての留意点

①　専門家の適性、能力及び客観性

　専門家の利用を検討する際、監査人は、利用しようとしている専門分野について十分理解した上で、利用する専門家が、監査目的に照らして必要な適性、能力及び客観性を備えているかどうかを評価しなければなりません。監査人は、利用を検討している専門家が十分かつ適切な監査証拠を入手するために必要な専門知識を備えているか、十分な時間の確保は可能か、専門家としての判断が中立的であるかどうかを検討します。加えて、外部の専門家を利用する場合、外部の専門家には監査人の独立性の規定は適用されませんが、専門家の客観性を阻害する可能性がある利害関係（利益相反に相当する契約の有無など）について確認します。

②　専門家との合意

　監査人は、専門家との間で、監査で利用する専門家の業務内容、範囲及び目的並びに監査人と専門家のそれぞれの役割・責任とともに、コミュニケーションの内容や時期などについてもあらかじめ合意しておく必要があります。また、監査人に適用される守秘義務が専門家にも適用されることについても合意しておく必要があります。

③　専門家の業務の適切性の判断

　監査人は、専門家の業務を鵜呑みにするのではなく、監査人の目的に照らして業務の適切性を評価した上で利用することになります。監査人は、専門家への質問、専門家の調書と報告書の査閲、又は他の監査手続の実施により入手した監査証拠との整合性の評価などにより、専門家の業務の適切性を評価します。業務の適切性の評価に当たっては、以下を検討します。

- 専門家の指摘事項又は結論の監査目的への適合性及び合理性、他の監査手続で入手した監査証拠との整合性

　　指摘事項や結論については、専門家の職業団体の基準や業界の規定に基づいて作成されているかどうかや、監査人と合意した業務の目的や範囲又は適用した基準等が明瞭に記載されているかどうかなども確認します。また、専門家が業務を実施する過程で特定した誤謬や逸脱について適切な検

討が行われているか、及び利用に関する条件や制限が付されている場合には監査に及ぼす影響を検討します。

- 専門家の業務において採用されている重要な仮定及び方法の適合性及び合理性
- 利用されている基礎データが重要な場合は、当該基礎データの目的適合性、網羅性及び正確性

専門家の指摘事項又は結論が他の監査証拠と整合していない場合等には、関連する専門知識を有する他の専門家と協議したり、専門家の報告について会社の経営者と協議したりするなど、追加的な手続を実施します。

なお、監査人は、専門家の業務が監査人の目的に照らして適切ではないと判断した場合には、十分かつ適切な監査証拠を入手できたと判断できるまで、専門家若しくは監査人又は両者で追加手続を実施する必要があります。状況によっては、他の専門家に業務を依頼することもあります。これらによっても懸案事項を解消できなかった場合には、監査人は十分かつ適切な監査証拠を入手しなかったことにより、限定付意見の表明又は意見不表明が必要になることがあります。

 **Q44** 監査人は、内部監査人の作業をどのような場合にどのように利用しているのでしょうか。

A 内部監査は、会社においてガバナンス及び内部統制において重要な役割を担っており、内部監査人とのコミュニケーションが監査人によるリスクの識別及び評価に直接関連する情報をもたらすことがあります。このため、監査人は、リスク評価手続の一環として内部監査人に対して質問を実施することが求められています。

また、監査人は内部監査人の客観性、能力及び内部監査の専門職としての基準等の適用状況等を評価し、その結果に応じて、内部監査人の作業を利用できるかどうか、利用できると判断した場合は監査のどの領域でどの程度利用するかを決定します。監査人は、表明した監査意見に単独で責任を負うため、アサーション・レベルの重要な虚偽表示リスクが高い場合や監査手続の実施や証拠の評価に判断が必要な領域において、内部監査人の作業を過度又は不適切に利用することがないように留意する必要があります。また、内部監査人の作業を利用する場合は、内部監査人の作業の適切性を評価するための監査手続の実施が求められます。

解説

内部監査人の作業の利用に関する実務指針（監基報610「内部監査人の作業の利用」）では、内部監査機能を「企業のガバナンス・プロセス、リスク管理及び内部統制の有効性を評価・改善するために、保証・助言活動を行う企業内部の機能」と定義付けており、部署の名称などにかかわらず、そのような機能を担う者を内部監査人としています。

(1) リスク評価手続としての内部監査人への質問

内部監査人は内部監査を通じて企業の事業運営や事業上のリスクに関する知識を有していることが多く、また内部統制の不備等の指摘を行っていることもあり、これらは監査人のリスク評価を含めた監査の諸局面において有益な情報になる可能性があります。中でも、内部監査人から取締役会や監査役等に報告

された事項や内部監査人が実施したリスク評価は監査人にとって特に有益です。したがって、監査人は、内部監査人の作業を利用するかどうかにかかわらず、リスク評価に役立つ情報を入手するために内部監査人への質問を実施することが求められています。平時から両者間のコミュニケーションを深めて適切に連携していくことは、リスクや内部統制に関する認識の共有に役立ち、双方にとって有意義と考えられます（Q15参照）。

　また、リスク評価手続として行う内部監査人への質問により、監査人は内部監査の体制や内部監査が対象としている領域について理解することができます。内部監査機能の目的・範囲・責任・組織上の位置付けは様々であり、少人数で運営している上場会社も少なくありません。また、内部監査が主として監査人の監査と関連が薄い領域を対象にしていることもあります。このような内部監査の体制や対象に関する理解に基づき、監査人は内部監査人の作業の利用の可否及び利用の程度を決定します。

(2)　内部監査人の作業を利用する目的とその前提

　監査人は自ら入手した監査証拠に基づいて監査意見を形成することが求められていますが、内部監査人の作業を利用することにより、監査人が実施する監査手続の種類若しくは時期を変更するか、又は範囲を縮小できる場合があります。つまり、内部監査人の作業を利用する目的は、監査人が自ら入手すべき監査証拠の一部を内部監査人の作業の利用により入手することにあります。したがって、内部監査人の作業の利用を計画している場合は、監査人は内部監査人の作業が監査人の監査目的に適合するものかどうかを評価しなければなりません。監基報610では、監査人に以下の三つの観点から内部監査を評価することを求めています。

①内部監査人の客観性の程度（内部監査機能の組織上の位置付け並びに関連する方針及び手続により確保されている客観性）

　客観性とは、内部監査人の専門職としての判断を歪めるようなバイアスや、利益相反又は他者からの不当な影響を回避し、業務を遂行できる能力を言います。日本の会社では内部監査人は組織上社長直轄に位置付けられていることが多いですが、客観性の評価において、内部監査人が監査役等又は取締役会に対して直接報告ラインを有しているかどうかは重要です。内部監査の計

画（内部監査の対象）や結果が社長（又は執行側）にとって何らかの理由で不都合である場合も想定されるため、組織上、ガバナンス機能を担う監査役等や取締役会に直接報告又は協議できるラインが確保されているかどうか、及び内部監査の人事や評価が社長の一存によって決定される仕組みになっていないかどうかは、客観性の判断にとって重要なポイントとなります。

②内部監査人の能力の水準

内部監査人の能力は、個々人のレベルではなく、内部監査機能（例えば部門）全体に内部監査を実施するのに必要な知識及びスキルが備わっているかどうかで判断します。能力の水準を評価するに当たっては、企業の複雑性と事業内容に見合った適切な内部監査体制が整備されているかどうかや、内部監査人の採用、研修及び業務分担について適切な規程があるかどうか、適用される財務報告の枠組みに関連して必要な知識やスキルを有しているかといった事項が含まれており、内部監査人の作業を利用するためのハードルは決して低いものではありません。

③内部監査人の専門職としての規律ある姿勢と体系的な手法の適用の程度

内部監査の計画、実施、監督、査閲、文書化に関して内部監査の専門職としての規律ある姿勢と体系的な手法が適用されている場合は、内部監査の作業の信頼性が高まります。監査人は、例えば、企業の規模及び状況に応じてリスク評価、内部監査手続書、内部監査調書の作成及び報告等に関する文書化されたガイダンスが作成、保管、利用されているかどうか、内部監査の専門職団体が内部監査人に関して規定している品質管理の方針及び手続が適用されているかどうかなどを検討します。

監査人は監査計画の概要を監査役等に説明する際に、内部監査人の作業の利用をどのように計画したかについて含めることとされています。監査役等と監査人のコミュニケーションにおいて、自社の内部監査機能について上記三つの評価項目それぞれについて監査人がどのように評価しているかを議論することにより、内部監査機能の強化につながっていく可能性があります。

(3) 利用する内部監査人の作業と監査人の監査手続

監査人は、内部監査人の作業を利用できると判断した場合、内部監査人の能力や客観性の程度に応じてどの領域でどのように利用するかを決定します。監

査人は、監査業務における全ての重要な判断をしなければなりませんので、ア
サーション・レベルの重要な虚偽表示リスクの程度や監査手続の立案・実施及
び証拠の評価に必要な判断の程度を考慮して、内部監査人の作業を過度又は不
適切に利用することのないよう留意することが求められています。また、監査
人は、利用を計画している内部監査人の作業が監査人の監査の目的に照らして
適切かどうかを判断するため、内部監査の計画や実施状況（監督、査閲、文書
化の状況）、証拠の入手状況及び結論の妥当性を検討しなければなりません。
そのため、監査人は、内部監査人への質問、内部監査人の手続の視察、内部監
査人の監査手続書・監査調書の閲覧などの監査手続を実施し、内部監査人の作
業の品質及び結論を評価します。内部監査人の結論の妥当性を確かめるため、
監査人が内部監査人の実施した作業を再実施することもあります。内部監査人
の作業の適切性を評価するために実施する監査手続をどの程度実施するかは、
アサーション・レベルの重要な虚偽表示リスクの程度や監査手続の立案・実施
及び証拠の評価に必要な判断の程度、内部監査人の能力や客観性の程度を考慮
して決定します（**図表1**）。

図表1　内部監査人の作業を利用する程度に影響する要因

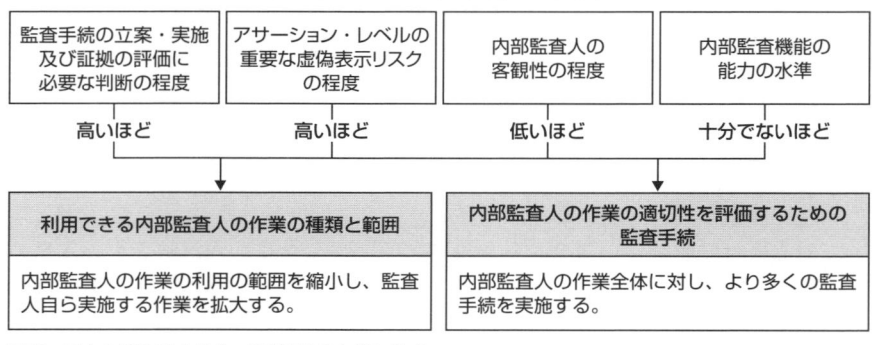

出所：日本公認会計士協会　監基報610を基に作成

　原則的な考え方としては、アサーション・レベルの重要な虚偽表示リスクが
高いほどより多くの監査上の判断が伴うため、内部監査人の作業を利用できる
範囲は限られ、監査人が自らより多くの監査手続を実施することになります。
とりわけ特別な検討を必要とするリスクについては、内部監査人の作業の利用
は複雑な判断を伴わない手続に限定されます。このように、内部監査人の作業

を利用できる領域には自ずと制限がありますが、監査人が利用可能な内部監査人の作業としては、例えば次が挙げられています。

- 内部統制の運用評価手続
- 複雑な判断を伴わない実証手続
- 棚卸資産の実地棚卸の立会い
- 財務報告に関連する情報システムにおける取引のウォークスルー
- 法令の要求事項の遵守状況のテスト

(4) 内部監査人との調整

　監査人が内部監査人の作業の利用を計画している場合には、内部監査人と協議する必要があります。両者間で、例えば以下の事項についてすり合わせを行い、作業の調整を図ります。

- 作業の内容及び実施時期
- 作業のカバレッジ（例えば、作業を実施する構成単位の数や所在地）
- 財務諸表全体に対する重要性の基準値及び手続実施上の重要性
- 項目の抽出方法及びサンプル数
- 実施された作業の文書化
- 査閲及び報告の手続

コラム　内部監査人による直接支援（ダイレクト・アシスタンス）

　直接支援（ダイレクト・アシスタンス）とは、監査人の指示・監督の下に、内部監査人が監査手続を実施し、内部監査人が作成した調書を監査人が査閲し、監査証拠として内部監査を利用することを言います。直接支援を提供する内部監査人は監査チームのメンバーではありませんが、あたかも監査チームの一員であるかのように、監査人の指示・監督下で作業を行います。

　直接支援は一部の国（例えば米国）では確立した実務として監査基準においても規定が置かれ利用されていますが、一方で、内部監査人は被監査会社の従業員であることから、監査人の独立性が損なわれるのではないかという懸念が生じ、禁止している国もあります（例えば英国）。

　国際監査基準（ISA）610「Using the Work of Internal Auditors」（2013年改訂版）の検討過程において、従前のISA610で取り扱っていなかった直接支援を取り扱うかどうかを含め、様々な議論が行われました。最終的には、ISA610は各国の法令により禁止されていない場合にのみ利用が可能であることを明記した上で直接支援を取り扱うこととし、また、法令で禁止されていない場合であっても、直接支援を提供する内部監査人の客観性に対する阻害要因が重要である場合や能力が十分でない場合は直接支援を利用できないとしています。さらに、直接支援は、重要な判断が必要な領域や重要な虚偽表示リスクが相対的に高い領域、又は内部監査人が何らかの形で関与している領域においては禁止するなど、通常の内部監査人の作業の利用よりも更に限定的な状況でのみ利用可能という立場をとっています。

　日本は、会社法に、監査人はその職務を行うに当たり「会計監査人設置会社又はその子会社の取締役、会計参与、監査役若しくは執行役又は支配人その他の使用人である者」を使用してはならないという規定（会社法396条5項2号）が置かれているため、直接支援の利用は禁止されています。そのため、日本の監査の基準に従って実施される連結財務諸表の監査において、海外の子会社等においても直接支援は利用できないため、グループ監査人は海外の構成単位の監査人にその旨を伝達することが必要となります。

Q45 経営者確認書とは何ですか。監査チームから経営者確認書の草案についての説明を受ける際、監査役等として、どのように対応すればよいのでしょうか。

A 経営者確認書は、特定の事項を確認するため又は他の監査証拠を裏付けるため、監査人からの要請を受けて経営者が監査人に提出する書面又は電磁的記録による陳述を言います。経営者確認書においては、経営者は財務諸表の作成責任を果たしたこと及び監査に必要な全ての情報を監査人に提供したことなどを確認し、また財務諸表における特定の項目に関する経営者としての意向又は見解が記載されます。

経営者確認書は、監査人が監査報告書を発行する段階における最終確認という意味合いになりますので、監査報告書の発行前に監査人は経営者確認書の草案を監査役等に伝達することが求められています。監査役等は、経営者確認書の草案について監査人と協議することを通じて、経営者の財務諸表の作成責任の履行状況や監査の状況を知ることができます。特に、個々の会社の状況に即して定型的な文言から修正されている事項、草案の最終化に当たって経営者との間で議論になった事項、又は監査役等が把握している事実と異なっていたり、違和感のある記載内容になっている事項を中心に監査人と協議することは有益と考えられます。さらに、経営者確認書には未修正の虚偽表示の一覧が記載されますので、虚偽表示の内容、未修正とする理由及び財務諸表に及ぼす重要性について監査役等としても理解し、取扱いが妥当かどうかを検討します。

解 説

(1) 経営者確認書の位置付けと記載内容

経営者確認書は、質問に対して得られた回答と同じく、監査証拠を構成します。経営者確認書だけでは十分な監査証拠にはなりませんが、監査の過程で得た監査証拠を経営者の陳述により裏付けることになりますので、監査人が入手しなければならない必須の監査証拠と位置付けられています。経営者確認書には次の事項が記載されます。

① 経営者の責任に関する事項

経営者は、財務報告の枠組みに準拠して財務諸表を作成する責任及びそのために必要な内部統制を整備・運用する責任を果たした旨を確認します。財務報告の枠組みが適正表示の枠組みの場合は、財務諸表の利用者が財務諸表を適切に理解するために経営者が必要と判断した追加情報を適切に記載し、適正表示の目的を達成したと認識していることが含まれます。また、経営者は、監査に必要な全ての資料や面談の機会を監査人に提供する責任を果たした旨、及び全ての取引が記録され、財務諸表に反映している旨を確認します。

これらの事項は、監査契約の締結時に監査の前提条件として合意された事項であり、経営者確認書に記載することにより、契約書に記載されているとおりにこれらの責任が果たされたことを経営者自らが確認するために記載されます。したがって、経営者の責任に関する事項の確認は、監査契約書に対応する定型文が用いられます。

なお、監査人が経営者の誠実性に深刻な疑義があるため経営者の責任に関する確認事項に信頼性がないと判断した場合や、経営者から確認を得られない場合は、監査人は十分かつ適切な監査証拠を入手できないことになるため、監査意見は不表明となります。

② 財務諸表における特定の事項に関する経営者の見解

重要な会計処理の前提や状況認識など、財務諸表における特定の事項に関して監査期間中に入手した監査証拠を更に裏付けるため、経営者の意向又は見解を確認します。記載事項は監基報580「経営者確認書」で記載が要求されている事項と、個々の状況に応じて監査人が必要と判断した事項があります。監基報580で記載が要求されている事項であっても、記載される内容は個々の状況に応じて定型的な文言に修正が加えられます（**図表 1**）。

図表1　特定の事項に関する経営者確認書の記載事項

経営者確認書に記載が要求されている事項

- 不正に関する事項（不正を防止・発見する内部統制の整備・運用責任、不正リスクに関する経営者の評価を監査人に示した旨、不正又はその疑いがある事項を監査人に示した旨）（監基報240）
- 違法行為に関する事項（財務諸表への影響を考慮すべき、認識している違法行為又はその疑いがある事項を監査人に示した旨）（監基報250）
- 財務諸表に反映していない未修正の虚偽表示の重要性に関する認識（監基報450）
- 訴訟事件等に関する事項（財務諸表への影響を考慮すべき、認識している又は潜在的な訴訟事件等を全て監査人に示し、財務報告の枠組みに準拠して適切に対応されている旨）（監基報501）
- 会計上の見積りに関する事項（使用した見積手法、重要な仮定及びデータ並びに関連する注記事項の適切性に関する認識など）（監基報540）
- 関連当事者に関する事項（関連当事者の名称、関係、取引を全て監査人に示した旨、財務報告の枠組みに準拠して適切に処理・開示した旨）（監基報550）
- 後発事象に関する事項（期末日後に発生した後発事象は全て財務報告の枠組みに準拠して財務諸表において適切に修正又は開示されている旨（監基報560）
- 継続企業の前提に関する事項（継続企業の前提に重要な疑義を生じさせるような事象又は状況を識別した場合、経営者の対応策及びその実行可能性に関する見解）（監基報570）
- 比較情報（財務報告の枠組みに基づき財務諸表に含まれる過年度の金額及び注記事項）に関する事項（当期に新たに発見されたものを含め、前年度の未修正虚偽表示の重要性に関する認識）（監基報710）
- その他の記載内容に関する事項（財務諸表以外のその他の記載内容を監査報告書日の後にのみ入手可能な場合の確認事項）（監基報720）

個々の状況に応じて監査人が必要と判断する事項の例

- 会計方針の選択及び適用に関する事項
- 資産及び負債の帳簿価額又は分類に影響を及ぼす可能性のある経営計画又は経営者の意思（固定資産の減損、繰延税金資産の回収可能性、債権の回収可能性、負債の返済計画などに関連）
- 負債、偶発債務の網羅性及び状況
- 資産の所有権又は支配、資産に対する制約及び担保に供されている資産の状況
- 財務諸表に影響を及ぼす可能性のある法令及び契約上の合意事項（違法行為、契約不履行の可能性など）

出所：日本公認会計士協会　監基報500　付録1を基に作成

(2) 経営者確認書に関する実務上の留意点

① 経営者確認書の草案の作成者

　経営者確認書は、監査報告書を発行する段階での必須の監査証拠ですので、記載内容については監査人が草案を作成し、財務諸表の最終的な責任を有する経営者に対して確認を求めます。通常は代表権のある社長（CEO）及び財務担当責任者（CFO等）から、記名押印又は電子署名されたものを入手することとされています。

② 経営者確認書の日付

　経営者確認書は監査証拠を構成しますので、経営者確認書の日付は監査報告書日より後であってはなりません。監査人は、経営者確認書の入手と引換えに監査報告書を発行します。

③ 経営者確認書の信頼性

　経営者確認書の草案の最終化に当たり、監査人から要請した記載事項に経営者が変更を加えたり、確認を得られなかった場合、監査人はその理由の妥当性を評価するため、経営者と協議することが求められています。また、経営者確認書の記載内容がそれまで入手してきた他の情報源からの監査証拠と矛盾している場合は、リスク評価の妥当性まで遡って検討を必要とすることもあり得ます。

(3) 監査役等とのコミュニケーション

　監査人は、経営者確認書の草案について、監査役等とコミュニケーションを行うことが求められています（監基報260）。監査役等は、経営者確認書の草案の内容及び経営者確認書の記載内容に関する経営者と監査人との間のやり取りの状況を理解することにより、経営者の財務諸表の作成責任及び監査に対する姿勢並びに財務諸表における特定の事項に関する経営者の意向や見解を（改めて）確認することができます。草案の記載内容が監査役等により把握されている事実と異なっていたり、違和感のある記載になっていたりする場合には、監査チームにその旨を伝え、相互の認識が一致するよう協議することが重要です。また、監査人が監基報580で示されている定型的な文言から修正を加えている事項は、監査人の監査における論点を把握するための有益な情報になります。

　さらに、未修正の虚偽表示については、その内容や未修正の理由を理解し、個々の虚偽表示又は複数の虚偽表示がある場合は合計して財務諸表に重要な影響を及ぼしていないか、及び内部統制の不備を示していないかどうかを監査役等としても注意を払います。実務上、発見された虚偽表示は個別にも合計しても重要でない場合は、当期の財務諸表において修正しないことも珍しくありませんが、財務諸表に及ぼす重要性と修正に要する時間的制約などの事務的な理由のバランスの観点から、そのような取扱いが合理的であるかどうかを検討します。そのような検討は、会社の財務諸表の作成能力や監査人の監査の相当性を評価する材料になります。

　未修正の虚偽表示に一定の重要性が認められる状況では、監査意見に除外事項が付される可能性があり、監査人から財務諸表の修正を要請しても経営者が応じない場合、監査役等から経営者に対して修正を促すことが期待されています。監査人からの強い要請にもかかわらず経営者が修正に応じない場合は、経営者の恣意的な意図が隠されていないかなどを監査役等の目線で検討することが必要になることもあります。そのような場合は、監査役等から経営者に見解や意向を直接確認し、監査人との協議を重ねることになると思われます。

| コラム | **会計処理の修正依頼** |

　監査の過程で会計処理を修正すべき事項が判明した場合、監査人は執行側及び監査役等に対して修正を依頼します。修正が必要な理由の説明を財務報告の枠組みに照らして丁寧に行うことが必要ですが、時に、会社と監査人との間で厳しいやり取りになることもあります。会計理論に加えて「利益を確保する」「社内手続を経て決定した事項」「決算スケジュールが遅れてしまう」といった事情で監査人を説得しようとする監査対応の担当者は少なくありません。しかし、監査人としては、監査上の許容範囲を外れていれば見直しを求めざるを得ません。例えば、変化の激しい業界で合理的根拠のないままに「のれんの償却年数を20年にしたい（日本基準の場合）」、保存状態の良好でない工作機械について「まだ使用する可能性があるので除却しない」など、客観的な資料の裏付けの乏しいと思われる主張のバリエーションは様々です。

　一方で、社内向けの説明として、「監査人がリスクヘッジばかりしたがる」「杓子定規に判断される」と言った声が出ることも予想されます。そのような局面においては、監査役等は、執行側の見解はもちろんのこと、監査人の考え方や監査事務所における審査での議論についても丁寧にヒアリングして、客観的な評価や働きかけが必要です。

Q46 財務諸表監査において監査人が形成する監査意見の類型を教えてください。

A 監査人は、監査意見を形成するに当たり、実施した監査手続に基づいて、① 一般に公正妥当と認められる監査の基準に準拠して監査意見の基礎となる十分かつ適切な監査証拠を入手できたかどうかと、②財務報告の枠組みに照らして財務諸表に重要な虚偽表示が含まれていないかどうかの二つの観点から判断を行います。監査人が、財務諸表に重要な虚偽表示が含まれていないことにつき十分かつ適切な監査証拠を入手できたと判断した場合は、無限定意見となります。他方、監査人が①又は②に不満足な状況があり、その影響が重要である場合は、当該事項を「除外事項」とする「除外事項付意見」が形成されます。さらに、「除外事項付意見」は、除外事項の財務諸表全体に及ぼす影響（広範性）の程度により、①十分かつ適切な監査証拠を入手できなかった場合は限定意見又は意見不表明のいずれか、②財務諸表に重要な虚偽表示があった場合は限定意見又は否定的意見のいずれかになります。

解説

　監査人は、監査の最終段階で、実施した監査手続から入手した監査証拠の評価を行い、監査意見の基礎となる十分かつ適切な監査証拠を入手できたかどうかを判断します。また、監査の過程で発見された財務諸表の虚偽表示（誤り）が修正されていない場合は、未修正事項の財務諸表に及ぼす影響を検討し、監査意見を形成します。以下に、意見の類型ごとに伝達しようとしている監査意見の意味を解説します。

(1) 無限定意見

　監査人は、財務報告の枠組みに照らして、財務諸表に重要な虚偽表示が含まれていないことにつき十分かつ適切な監査証拠を入手できたと判断した場合は無限定意見を表明します。財務諸表が準拠している財務報告の枠組みの種類により、以下のいずれかの監査意見が表明されます（適正性と準拠性の枠組みに

ついてはＱ１参照）。適正表示の枠組みの場合の無限定意見は、無限定適正意見と言います（**図表１**）。

図表１　監査意見の文言

適正表示の枠組みの場合	準拠性の枠組みの場合
財務諸表が、[適用される財務報告の枠組みの名称]に準拠して、●●を全ての重要な点において適正に表示している。	財務諸表が、全ての重要な点において、[適用される財務報告の枠組みの名称]に準拠して作成されている。

　監査人は、意見形成に当たり、財務報告の枠組みに照らして、財務諸表に重要な虚偽表示がないかどうかを様々な観点から評価します（**図表２**）。監査人の判断の基準は、財務諸表に適用されている財務報告の枠組みですが、評価ポイントの概要をまとめると以下のようになります（2002年改訂監査基準の前文二．9.(1)及び監基報700参照）。

図表２　適正性意見と準拠性意見の評価ポイント

評価するポイント	適正表示	準拠性
• 財務諸表の作成に当たって経営者が採用した会計方針が財務報告の枠組みに準拠しており、かつ適切であるかどうか。	○	○
• 正当な理由なく、会計方針が変更されていないかどうか。	○	○
• 経営者の行った会計上の見積りが合理的であるかどうか。	○	○
• 会計方針の選択や適用方法が会計事象や取引の実態を適切に反映するものであるかどうか。	○	○
• 財務諸表における表示及び注記事項が財務報告の枠組みに準拠しており、かつ適切な表示や記述になっているかどうか（適切であるというためには、財務諸表に表示又は注記された情報が利用者にとって目的適合性があり、また、信頼性、比較可能性及び理解可能性を有している必要がある）。	○	○
• 財務報告の枠組みで要請される個々の事項が表示又は注記されているかどうかにとどまらず、財務諸表の利用者が財政状態や経営成績等を理解できるように追加的な情報の注記が検討され、必要な場合に注記されているかどうか。	○	N/A

出所：企業会計審議会　2002年改訂監査基準の前文二．9.(1)及び日本公認会計士協会　監基報700を基に作成（図表1・2共通）

　どちらのタイプの監査意見も、財務諸表の利用者の判断を誤らせるような重要な虚偽表示が財務諸表に含まれていないことについて監査人が合理的な保証を得たことを意味しており、保証水準に差はありません。「合理的な保証を得た」とは、監査対象である財務諸表の性質（例えば、財務諸表の作成には経営者による見積りの要素が多く含まれること）や監査の特性（監査手続は試査で行われることや、監査は合理的な期間内に合理的な費用で実施する必要があることなど）の制約がある中で、監査人が一般に公正妥当と認められる監査の基準に従って監査を実施した結果、絶対的ではないが相当程度の心証を得たことを表しています。無限定意見は、財務諸表に重要な虚偽表示がないという絶対的な保証をするものではなく、また、虚偽表示が一つも含まれていないことを保証するものでもありません。

(2)　除外事項付意見

　監査人が無限定意見を表明できないとの結論に至る根拠となる事項を「除外事項」と言いますが、除外事項には、①十分かつ適切な監査証拠を入手できなかった場合の「監査範囲の制約による除外事項」と②財務諸表に重要な虚偽表示があった場合の「意見に関する除外事項」の2種類あります（**図表3**）。

図表3　除外事項付意見の類型

	除外事項の影響	
	重要だが広範でない	重要かつ広範である
①十分かつ適切な監査証拠を入手できなかった場合	限定意見 （限定付適正意見）	意見不表明
②財務諸表に重要な虚偽表示がある場合	限定意見 （限定付適正意見）	否定的意見 （不適正意見）

（　）内は、適用される財務報告の枠組みが適正表示の枠組みの場合の呼び方を表す。
出所：日本公認会計士協会　監基報705を基に作成

<u>重要性の判断</u>

　①については、監査人は、十分かつ適切な監査証拠を入手できなかった領域に含まれる可能性がある潜在的な虚偽表示（監査手続を実施したならば発見できるかもしれない未発見の虚偽表示）の影響が重要であるかどうかを判断します。監査範囲の制約は、災害などにより会計記録が焼失し再構築できない場合

や、実施時期や状況の制約により必要な監査手続が実施できない場合（監査契約の締結時期が遅く期首の棚卸の立会ができない場合や紛争地域にある拠点の監査が実施できない場合などが典型例）のほか、被監査会社の経営者が監査に非協力的で必要な監査手続を実施できない場合などがあります。経営者による制約は、監査契約において監査の前提条件として含まれている被監査会社の協力義務に反するものであり、不正リスクの評価の見直しや監査契約の解除の検討が必要になります。

　②については、監査人は、監査の過程で発見されたものの、修正されなかった虚偽表示の影響が重要であるかどうかを判断します。虚偽表示の金額、内容、発生した状況（意図的か、単純なエラーか、同様の虚偽表示が他の拠点や領域で生じている可能性など）など、金額的側面と質的側面の両方を勘案して、重要であるかどうかを判断します。

　①及び②ともに、重要であると判断した場合、無限定意見は表明できず、除外事項として扱います。

<u>広範性の判断</u>

　除外事項は、重要性の検討に加え、その影響が財務諸表全体に広範に及ぶかどうかを検討します。①に関しては、監査手続が実施できず十分かつ適切な監査証拠を入手できなかった領域に財務諸表全体を否定しなければならないほどの未発見の重要な虚偽表示が潜在している可能性があるかどうか、②に関しては、識別された虚偽表示が財務諸表全体を否定するほどのものかどうか、を判断します。

　限定意見は、「除外事項」の及ぼす影響が財務諸表全体を否定するほどではないため、当該部分を除いて財務諸表に重要な虚偽表示がないという監査人の判断を示したものです。したがって、財務諸表の利用者は、限定付意見の根拠区分に記載された情報を加味し、財務諸表を補正して利用することができます。他方、意見不表明又は否定的意見は、除外事項の影響が財務諸表全体に広範にわたるため、限定意見のように、除外事項の影響を部分的に考慮するだけでは利用者の判断を誤らせるおそれがあるという監査人の判断を示したものです。

　このように、除外事項の財務諸表全体に及ぼす影響の範囲を監査人がどのように判断するかにより、限定意見にとどまるか、意見不表明又は否定的意見になるかが分かれます。監査人は監査報告書の除外事項付意見の根拠区分におい

て除外事項とした理由の記載が求められていますが、その影響が広範に及ぶ、又は及ばないと判断した理由の記載が十分でないという指摘がありました。そこで2019年の監査基準の改訂により、限定意見を表明する場合、除外事項に重要性はあるが広範性はないと判断した理由を除外事項付意見の根拠区分において記載することが明確化されました。

| コラム | **監査報告書における監査意見の記載位置** |

独立監査人の監査報告書

- 監査意見
- 監査意見の根拠
- 継続企業の前提に関する重要な不確実性（該当する場合）
- 監査上の主要な検討事項（KAM）
- 追記情報（強調事項又はその他の事項）（該当する事項がある場合）
- その他の記載内容
- 財務諸表に対する経営者及び監査役等の責任
- 財務諸表に対する監査人の責任
- 報酬関連情報
- 利害関係

出所：日本公認会計士協会　監基報700を基に作成

監査人の財務諸表監査報告書は、2010年の監査基準の改訂以降、記載内容の充実化が図られました。国際監査基準（ISA）の改正動向を踏まえたものですが、監査結果の唯一の伝達手段である監査報告書に監査に関する多くの情報が記載されるようになった結果、かなり長い文書になっています。そこで、監査報告書の利用者の関心の高いものから並べることとなり、今では、監査意見が監査報告書の冒頭に記載されています。

利用者の関心の高い順に並べるという考え方に基づき、個々の会社の状況によって記載内容が異なる可能性のある事項が監査報告書の前半に記載されます。反対に、経営者の財務諸表の作成責任（そのために必要な内部統制の整備・運用責任を含む）や監査役等の監視責任及び監査人の監査責任は全社に共通する内容ですので、監査報告書の後半に記載されます。

コラム　監査報告書に除外事項を記載するに当たっての留意点

　監査報告書に除外事項を記載するに当たって監査人に求められている留意点を、監査役等においてもあらかじめ把握しておくと、除外事項の記載内容に関する理解を深めることに役立つと考えられます。

　2019年に日本公認会計士協会から公表された「監査報告書に係るＱ＆Ａ（実務ガイダンス）」（監査基準報告書700実務ガイダンス第１号）のＱ１-６において、除外事項を記載するに当たっての監査人に向けた留意点が示されています。監査人は利用者の視点に立って、除外事項を付した監査人の判断の根拠を分かりやすく具体的に記載することが重要とされています。特に2019年の監査基準改訂時に指摘された限定意見の場合の除外事項の記載については、監査人が「重要であるが広範ではない」と判断した理由の記載に当たっての以下のチェックポイントが示されています。単に「広範でないと判断した」という定型句ではなく、なぜ広範でないと判断したかについての説明が必要とされており、これらは監査役等から監査人に質問する上でも役立つと思われます。

- 財務諸表のどの勘定残高、取引種類又は注記事項に関連するのか。
- どのようなタイプの虚偽表示であるのか（アサーションを念頭において、実在性／発生、網羅性、正確性、評価の妥当性、期間帰属、表示及び注記等のどれに関連する虚偽表示であるのか）。
- なぜ、虚偽表示となったのか（財務報告の枠組みの理解の誤りか、会計方針の適用誤りか、基礎となるデータの収集又は処理の誤りかなど）、又はなぜ、重要な手続が実施できず十分かつ適切な監査証拠を入手できなかったのか。金額的及び質的な検討を行った監査人の論理的筋道を背景とともに分かりやすく説明する。
- 金額的な影響額（概算値や範囲で示すこともあるし、算定が困難な場合はその旨を記載する）。

 **Q47** 除外事項付意見が表明される可能性がある場合、監査役等はどのような点に留意すべきでしょうか。

A 開示制度において、監査の過程で発見された財務諸表の誤りは、通常、監査人の指摘に基づき修正され、無限定意見が付された修正後の財務諸表が公表されることが想定されています。そのため、重要な虚偽表示が含まれているまま、又は含まれている懸念を監査手続により解消できないままに、監査意見に除外事項が付されるケースは極めてまれであり、異常な状況と言えます。監査役等は、監査人又は執行側から監査人の監査意見に除外事項が付される可能性がある旨の報告を受けた場合、除外事項の対象となる状況や事実関係、監査人の判断の理由、経営者の対応状況及び両者の間に見解の相違がある場合はそれぞれの根拠などを聴取し、除外事項付監査意見の相当性の判断をしなければなりません。

解説

(1) 除外事項の重み

　上場会社の場合、有価証券報告書に除外事項付意見の監査報告書が添付される件数は、ごく少数にとどまります（過年度訂正分を除いて、年に10数件程度）。除外事項付意見は、監査意見に除外事項が付されたという事実や除外事項の内容が利害関係者に広く知られるため、その影響は大きいと考えられます。災害などの場合を除いて、除外事項は、会社の適切な財務報告に対する姿勢や体制に関して、レピュテーションの低下を招く可能性があります。

　上場会社の場合、取引所の上場規程は、適時開示の要件として不適正意見、意見不表明又は継続企業の前提に関する除外事項を付した限定意見（及び期中レビューの否定的結論、結論不表明又は継続企業の前提に関する除外事項付限定的結論）が表明された場合を掲げていますが（東証上場規程第402条第2号ⅴ）、継続企業の前提以外の事項について除外事項が付された限定意見（期中レビューの場合の限定的結論）の場合も、「その他重要な発生事実」として適時開示の検討が促されています（JPX上場会社向けナビゲーションシステム／FAQ）。また、除外事項付監査意見が付された上場会社に関する情報は、投資

家の注意を促すため取引所のWebサイトに掲載されます。

　除外事項付意見の中でも意見不表明や否定的意見（不適正意見）の場合は、天災等「会社の責めに帰すべからざる事由」による場合を除いて特別注意銘柄に指定され、取引所から改善報告書の提出が求められます。内部管理体制が適切に整備・運用されていると取引所が判断した場合は特別注意銘柄の指定が解除されますが、経過観察期間を含め、一定期間内に適切に整備・運用されていると認められない場合は上場廃止になります。特別注意銘柄は、投資家に注意喚起するため、通常の取引銘柄とは区別されています。

(2)　監査役等の留意点

　監査人から除外事項付意見が表明される可能性がある場合、監査役等は、除外事項となる状況や事実関係及び監査人が重要であると判断している理由について理解する必要があります。その際、監査人が除外事項の影響が広範であると判断しているのかどうかについてもその理由とともに確認し、監査事務所の品質管理システムにおいてどのような検討が行われているかについても質問するとよいと思われます。監査人にとっても除外事項付意見の形成は異例な事態ですので、そのような結論に至るまで監査事務所内で重層的な審査が行われることが想定されます。また、監査人との協議とは別に、執行側にも監査人の指摘への対応状況を確認し、監査人と執行側との間に見解の相違がある場合はそれぞれの根拠を監査役等として評価する必要があります。会計上又は監査上の専門的な見解が必要な場合は、監査人とは別の会計の専門家に見解を求めることも考えられます。

　除外事項となるような事項は、監査人が最終判断するよりも前の早い段階から、重要な論点として取り上げられていることが多いと考えられますので、期中から、監査人と緊密なコミュニケーションを行うことが重要です。仮に、監査の最終段階で急に除外事項となる可能性について報告があった場合は、監査役等はその経緯にも注意を払う必要があります。そのような大きな問題が急に浮上してきたこと自体が、会社の内部統制の問題若しくは監査チームの監査遂行能力の問題又は会社と監査人との間のコミュニケーションの問題を示唆していることがあるためです。

　除外事項付監査意見に関しては、監査役等は意見そのものの相当性のほかに

監査報告書における除外事項の記載にも注意する必要があります。除外事項は、監査報告書の利用者にとって極めて重要な情報ですので、監査人が無限定意見を表明できないと判断した理由を意見の根拠区分に分かりやすく記載することが求められています（Q46(2)参照）。このため、監査役等は、監査報告書において想定される記載内容を監査人に質問し、協議を行うことも重要です。

| コラム | **監査役等への期待（その１）見解の相違** |

　会計上の判断や見解が執行側と監査人との間で分かれることがあります。重要な見解の相違があった場合には、監査役等は両者の主張を理解するとともに、見解が相違する理由や背景を把握することが必要になります。例えば、事実認識や情報共有に問題があるために見解の相違が生じることがあります。執行側からは「監査人はこのビジネスを理解していない」という不満が聞こえてくるかもしれませんが、執行側は自身の主張を裏付ける情報のみを積極的に監査人に提供し、執行側の主張に反する情報については監査人に完全には提供されていない可能性もあります。過去の不正事案には、複数の取引で構成されるスキームの全体像を監査人に提供していないケースもありましたので、判断の前提となる情報共有に問題はないかは、重要なポイントになります。

　さらに、会計処理の妥当性については、経済実態を表しているかどうかという観点から直観的に検討することも大変重要です。見解が相違している場合は、個々の取引やスキームの全体像を適切に把握した上で、会計基準の当てはめ方が取引の経済実態に適合しているか、会計基準のそもそもの趣旨にまで遡った深度ある検討を行っているか、及びその会計処理を採用した論拠が分かりやすく説明されているかについても検討が必要と考えられます。

　両者の見解の相違が大きいまま埋まらない場合など、状況によっては、監査役等が執行側と監査人の間の調整に関与することが考えられます。まれではありますが、監査役等が監査人以外の会計の専門家と契約し、会計上の取扱いの妥当性を検討しなければならないような状況もあり得ます。

| コラム | **監査役等への期待（その２）期末に会計上の問題が発覚したときの対応** |

　監査範囲の制約を解消したり、虚偽表示を修正したりすれば、除外事項はなくなるのですから、監査役等は、その内容によっては、除外事項の解消を執行側に働きかけることが考えられます。無限定意見の付された財務諸表の公表に向けて、監査人だけでなく執行側も、そして監査役等も、最大の努力をすべきであることは言うまでもありません。

　もっとも、期末監査の過程で会計不正が発覚して調査委員会が設置される場合など、全容解明に時間がかかれば、当初の監査報告書提出予定日までに除外事項を解消して、監査人が無限定意見を表明することは困難となります。最近ではサイバー攻撃により決算及び監査が遅延するケースも出てきています。

　このような場合には、有価証券報告書の提出期限の延長に係る承認申請も検討事項になりますので、監査人、監査役等、執行側との間での綿密なコミュニケーションが必要になります。また、会社法監査との関係で、会社は、定時株主総会において計算書類を報告事項ではなく決議事項として取り扱うかどうか、更には、定時株主総会を継続会にするかどうか、基準日の変更により定時株主総会の開催時期を遅らせることが可能かどうかなども検討することになります。

内部統制監査意見と財務諸表監査意見との関係は、どのように考えればよいのでしょうか。

A 内部統制監査の目的と財務諸表監査の目的は異なりますので、それぞれの目的に基づき監査意見は形成されますが、一方の監査意見の形成において検討された事項は他方の監査意見の形成過程においても考慮されます。

例えば、内部統制監査で「開示すべき重要な不備」が識別された場合、内部統制監査意見は経営者の評価結果と一致しているか否かにより、無限定適正意見又は不適正意見（経営者が「開示すべき重要な不備」を識別していない場合）となります。一方、財務諸表監査では、監査人は当該不備のある内部統制の影響を踏まえて実証手続を実施しますので、実証手続により財務諸表に重要な虚偽表示が含まれていないことにつき十分かつ適切な監査証拠を入手できた場合は、財務諸表監査意見は無限定適正意見が表明されます。そのほか、災害や経営者による制約を原因として重要な監査手続が実施できない場合は、両方の監査において監査範囲の制約の及ぼす影響が検討されますが、多くの場合は、どちらの監査意見においても限定付意見又は意見不表明になるものと思われます。

解 説

(1) 内部統制監査意見

監査人は、内部統制報告書において、経営者が決定した評価範囲、評価手続及び評価結果及び付記事項に関して不適切なものがないと判断した場合は、以下の監査意見が表明されます。

> ●●株式会社が○年○月○日現在の財務報告に係る内部統制は【有効である／有効ではない】と表示した内部統制報告書が、一般に公正妥当と認められる内部統制の評価の基準に準拠して、内部統制の有効性の評価結果を全ての重要な点において適正に表示されているものと認める。

内部統制に識別された不備が「開示すべき重要な不備」に当たると判断した

場合は内部統制は有効ではないという結論になりますが（Q4(3)参照）。内部統制監査では、経営者の内部統制の有効性に関する結論に監査人も同意する場合は、意見の類型としては「無限定適正意見」となります。つまり、「無限定適正意見」には、内部統制が有効な場合と非有効な場合の両方が含まれますので、監査意見において経営者が内部統制は有効であると結論付けているかどうかを併せて述べています。

　内部統制報告書に不適切な内容が認められた場合、又は重要な手続が実施できないなど監査範囲に制約があった場合は、除外事項付監査意見を表明します。除外事項の影響が及ぶ程度に基づき、以下のいずれかの監査意見を表明することとされており、基本的な考え方は財務諸表監査意見と同様です。広範であるかどうかは、除外事項の影響により内部統制報告書を全体として虚偽の表示に当たるかどうか、又は全体に対して監査意見を述べることができるかどうかで判断します（**図表1**）。

図表1　内部統制監査における除外事項付意見の類型

	除外事項の影響の範囲	
	重要だが広範でない	**重要かつ広範である**
重要な監査手続を実施できなかったこと等により、十分かつ適切な監査証拠を入手できなかった場合	①限定付適正意見	②意見不表明
内部統制報告書において、経営者が決定した評価範囲、評価手続及び評価結果に関して不適切なものがある場合	③限定付適正意見	④不適正意見

筆者作成

(2)　内部統制監査報告書

　内部統制に関する監査報告は、監査報告書に「内部統制監査」のセクションを設け、以下の事項を記載して行います（**図表2**）。内部統制監査意見が除外事項付意見の場合は、監査意見の根拠区分に財務諸表監査に及ぼす影響とともに以下を記載します。

①限定付適正意見の場合……実施できなかった監査手続等の内容
②意見不表明の場合……意見を表明しない理由

図表2　内部統制監査報告書の記載項目

```
          独立監査人の監査報告書

       ＜内部統制監査＞

       ┌─────────────────────────┐
       │ 監査意見                │
       ├─────────────────────────┤
       │ 監査意見の根拠          │
       ├─────────────────────────┤
       │ 強調事項（該当する事項がある場合）│
       ├─────────────────────────┤
       │ 内部統制報告書に対する経営者及び│
       │ 監査役等の責任          │
       ├─────────────────────────┤
       │ 内部統制監査における監査人の責任│
       └─────────────────────────┘
```

筆者作成

③限定付適正意見の場合……不適切な事項の内容

④不適正意見の場合……不適正であるとした理由

　なお、経営者の内部統制報告書に「開示すべき重要な不備」が識別され、その内容が適切に記載されている場合、監査意見は無限定適正意見になりますが、監査報告書の利用者の注意を喚起するため、監査報告書に強調事項区分を設け、「開示すべき重要な不備」が識別されていること及びその概要が記載されます。同様に、除外事項付監査意見の場合も、除外事項の原因となった事項とは関連しない領域において「開示すべき重要な不備」が経営者により識別され、内部統制報告書に適切に記載されているときは、強調事項区分が設けられ、「開示すべき重要な不備」の概要を記載することとされています。

(3)　内部統制監査意見と財務諸表監査意見

　内部統制監査の目的と財務諸表監査の目的は異なりますので、それぞれの目的に基づき監査意見は形成されますが、監査人は、それぞれの監査意見の形成において考慮した事項の影響を加味して他方の監査意見を形成します。

　内部統制監査において、内部統制に何らかの不備が識別された場合、「開示すべき重要な不備」に該当するかどうかはともかくとして、監査人はその影響

を考慮して財務諸表監査における実証手続を実施します。内部統制の不備により必ず財務諸表に虚偽表示が生じるとは限りませんが、その可能性は高まりますので、財務諸表に重要な虚偽表示が生じていないかどうかを監査人はより慎重に検討することになります。

　他方、財務諸表監査において監査人が重要な虚偽表示を発見した場合、当該虚偽表示を会社の内部統制により発見できなかったということになります。そのため、監査人は内部統制の不備に該当するかどうか、さらに「開示すべき重要な不備」に該当するかどうかの検討を行います。また、当該不備が識別されたプロセスが経営者の評価範囲に含まれていなかった場合は、経営者の評価範囲の妥当性について検討しなければなりません。これらの検討状況は監査人と経営者との間で協議されますが、最終的に監査人の判断を経営者が受け入れずに、評価範囲や有効性の評価を見直さず内部統制報告書が作成される場合は、内部統制監査意見は除外事項付意見となる可能性が生じます。

Q49 「監査上の主要な検討事項（KAM）」とは、どのようなものですか。

A 「監査上の主要な検討事項（KAM）」とは、監査人が当年度の財務諸表の監査において職業的専門家として特に重要であると判断した事項のことを言い、監査の過程で監査役等と協議した事項の中から決定されます。KAMは、監査の透明性を高め、監査報告書の情報価値を高めることを目的として、監査意見とは別に監査報告書に記載することとなった事項です。

解説

(1) KAMの定義及び適用対象

　「監査上の主要な検討事項」は、2018年の監査基準の改訂により導入されたもので、「当年度の財務諸表の監査の過程で監査役等と協議した事項のうち、職業的専門家として当該監査において特に重要であると判断した事項」と定義されています。国際監査基準（ISA）において、2016年12月期の上場会社の監査報告書で記載することが求められている「Key Audit Matter」と同じであり、KAMの略称で呼ばれています。

　我が国においては、2021年3月期以降、上場会社及び一定規模以上の非上場会社の金商法上の監査報告書に記載することが求められています。なお、金商法監査以外の監査においても、KAMの導入目的や期待されている効果を勘案して、KAMを任意適用することは可能とされています。その場合には、監査契約書においてその旨を契約条件として含める必要があります（監基報210「監査業務の契約条件の合意」）。

(2) KAMの目的及び期待される効果

　KAMは、監査の透明性を高め、監査報告書の情報価値を高めることを目的として、財務諸表の利用者に対して、監査人が実施した監査内容に関する情報を提供するものです。従前の監査報告書では、実施した監査の概要については、一般に公正妥当と認められる監査の基準に準拠して行った旨とともに、監査の基準で求められているリスク・アプローチに基づく監査の概要が定型的な文言

で示されるにとどまっていました。その結果、個々の会社の監査の状況について監査報告書の利用者は知ることができないという批判がありました。

　当期の監査において監査人が特に重要と判断した事項をKAMとして記載することによって、監査品質を検討する材料が提供されることにより監査の信頼性向上に資すること、財務諸表利用者の会計や監査への理解が深まり、企業と財務諸表利用者の対話が促されることが期待されています。また、監査人と監査役等とのコミュニケーションや、監査人と経営者、監査役等と経営者との議論が促進されることを通じて、コーポレートガバナンスやリスクマネジメントの強化にもつながると考えられています。

(3)　KAMの決定プロセスと想定されるKAM

　監査人は、監査上の論点のうち重要な事項について、監査役等とコミュニケーションを行うことが従前より求められています。監査人はその中から下記の①②の順で段階的に絞り込んで、KAMを決定します（**図表1**）。

①　特に注意を払った事項

　監査人は、まず「監査の過程で監査役と協議した事項」の中から、「特に注意を払った事項」を決定します。決定に当たっては、主として次の点を考慮します。

図表1　KAMの決定プロセス

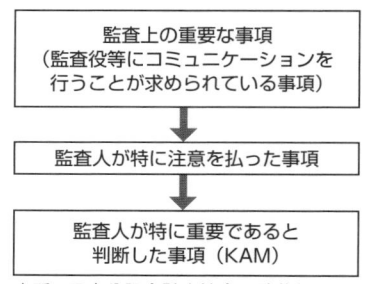

出所：日本公認会計士協会　監基報701を基に作成

- 特別な検討を必要とするリスクが識別された事項、又は重要な虚偽表示リスクが高いと評価された事項
- 見積りの不確実性が高いと識別された事項を含め、経営者の重要な判断を伴う事項に対する監査人の判断の程度
- 当年度において発生した重要な事象又は取引が監査に与える影響

②　特に重要であると判断した事項

　次に、「特に注意を払った事項」の中から、職業的専門家として特に重要であると判断した事項を絞り込むことにより「監査上の主要な検討事項（KAM）」

を決定します。この決定は、当該会社の当期の監査における「特に注意を払った事項」の間の相対的な重要性を考慮して行います。その際に考慮する点として、以下が例示されています（監基報701）。

- 財務諸表の利用者による財務諸表の理解にとっての重要性
- 会計方針の特性、会計方針の選択における複雑性・主観的な判断の程度
- 識別された虚偽表示の内容及び金額的・質的重要性
- 監査上の対応状況（必要な専門的技能や知識、監査チーム外への専門的な見解の問合せ内容）
- 監査証拠の入手の難易度
- 内部統制の不備の程度
- 関連する複数の監査上の考慮事項を含んでいるかどうか。

　KAMは、リスク・アプローチの手法に基づき個々の監査において監査人がどのような点に重点をおいて監査を実施したかに関する情報ですので、他社の監査報告書に記載されているKAMの重要性と同レベルとは限りません。また、同様の理由から、上場会社の監査においてKAMが一つもない状況（監査人が特に注意を払った事項がない状況）はまれであり、少なくとも一つは存在しているとされています（監基報701）。これが「項目間の相対的な重要性」に基づいて決定するとしていることの意味になります。相対的に重要な項目であるほど、監査の過程において監査人は経営者や監査役等と重点的に協議をしていると考えられますので、KAMに記載される可能性を期中から念頭に置きながら監査人と協議をしていくのが有益と思われます。

　監査においては、財務諸表に与える金額的影響が大きく、算定プロセスが複雑であったり、会計基準の当てはめや会計処理に誤りが発生しやすかったり、あるいは経営者による主観に会計処理が大きく依存したりする場合に注意が払われます。したがって、上述のプロセスを経て決定されるKAMは、会計上の見積りや収益認識に関連する事項が多く選ばれる傾向にあります。実際に、「資産（のれん以外の固定資産）の減損」「企業結合に関する会計処理、のれんの計上及び評価」「繰延税金資産の回収可能性」「引当金」「収益認識（履行義務の充足に係る進捗度の見積り、変動対価の見積り、期間帰属、過大計上のリスク）」「資産の評価（公正価値測定を含む）」などがKAMとして多く選定され

ています。

　なお、KAMは、事業が複雑であるほど増える傾向にあります。会計上又は監査上の論点をしっかりと認識した上で監査したということですので、KAMの数が多いからリスクが高いといった、誤った理解がされないようにすることも大切です。

(4)　KAMの記載内容

　監査報告書に「監査意見」「監査意見の根拠」区分とは別に「監査上の主要な検討事項」の区分を設け、KAMの内容、KAMとして決定した理由とともに、当該事項に対する監査上の対応を記載します。財務諸表に関連する注記事項がある場合は、注記事項への参照を付すことが求められています。

　「監査上の主要な検討事項」の区分には、まず、KAMがどのような性質のものであるかについて、以下の説明が記載されます。この説明は、全ての監査において共通ですので定型文が記載されます。

- KAMは、当期の財務諸表の監査において、監査人が職業的専門家として特に重要であると判断した事項である。
- KAMは、監査の過程で監査人が対応した事項であり、KAMとして取り上げた個別の事項について個別に意見を表明するものではない。

　続いて、個々の監査においてKAMとして取り上げた個別の事項が記載されます。

- 財務諸表に関連する注記事項がある場合は、注記事項への参照
- 個々のKAMの内容
- KAMとして決定した理由
- 監査上の対応

　KAMとして取り上げた個別の事項は、各社の監査の状況を反映した内容となることが想定されています。これは、KAMの導入目的（監査の透明性を向上し、監査報告書の情報価値を高めること）を達成するためには、個々の会社の各事業年度の監査の重点が具体的に監査報告書の利用者にも分かるように記述することが肝要であるためです。

> **コラム** | **監査報告書の記載内容に対するニーズの変遷**
>
> 　我が国において、公認会計士による監査が導入されて以来、標準化された定型文を中心とした短文式の監査報告書が利用されてきました。定型的な様式を用い、監査結果を監査意見として簡潔明瞭に記載した監査報告書は、監査報告書の利用者が理解しやすいという大きな長所があります。一方で、個々の会社の監査の状況はそれぞれ異なるにもかかわらず、監査人がどのような監査を実施したかについては、監査報告書の利用者は全くうかがい知ることができませんでした。
>
> 　このような監査報告書のスタイルは、欧米でも長らく採用されてきたものですが、「どの会社の監査報告書も記載されている内容はほぼ同じ」という監査報告書に対して、現代の利用者のニーズに合ってないのではないかという不満が聞かれるようになりました。その背景には、財務報告の変容（会計上の見積りの複雑化・高度化、注記における定性的な情報の重要性の増大など）と監査に対する不信の両方があり、利用者はどのような監査が行われたかに関心を寄せるようになってきました。従前の定型的な監査報告に、監査意見とは別に、個々の会社に固有の監査の状況に関する情報を加えるKAMは、監査報告書の記載内容の変遷の中でも大きな転換点と考えられています。

> **コラム** | **会社法の監査報告書へのKAMの適用**
>
> 　KAMは当面、利害関係者の多い金商法の監査において適用することとされており、会社法監査を含むその他の法定監査において適用は義務付けられていません。そのため、会社法と金商法の両方の法令に基づく監査を受けている会社の場合、金商法の監査報告書のみにKAMは記載され、会社法の監査報告書にはKAMの記載は任意となっています。
>
> 　KAMの導入に関する審議が行われた企業会計審議会の監査部会において、株主等との対話の実効性を高めるためには株主総会前にKAMが提供されるべきであり、会社法と金商法の監査は一体的に行われていることから、会社法監査においても適用すべきという意見がありました。また、KAMは、会社法の監査人

の監査報告書の記載事項として定められている「会計監査人の監査の方法及びその内容」（会社計算規則第126条第1項第1号）に含まれる性質の情報であるため、KAMを記載することは現行の会社法においても可能であることが確認されています。一方で、会社法監査の対象会社は金商法の監査対象より広く、期末決算・監査のスケジュールは金商法監査よりも会社法監査の方がタイトであることから、まずは金商法監査から始めることとし、会社法監査でのKAM記載の義務化は見送られました。

　KAM導入後数年が経過し会社と監査人との間のコミュニケーション・プロセスも定着してきていますが、会社法の監査報告書にKAMを記載しているケースは少数にとどまっています。会社法の監査報告書にKAMを記載することに消極的な理由としては、以下のような意見が聞かれます。

- KAMが決算日近くに発生した新たな事象や後発事象に関するものである場合、記載内容を検討するための時間が十分にとれなくなる可能性がある。
- 一度会社法の監査報告にKAMを記載すると、仮に翌年度以降にKAMの記載が困難な状況が生じた場合であっても、KAMの記載を継続することが期待される。
- 会社法と金商法では、求められる財務諸表の注記事項や記述情報に差があるため、計算書類等においてKAMに関連した部分の注記が突出して詳細になってしまう可能性がある。

　しかしながら、本来、監査人による監査がどのように行われたかの情報であるKAMは、会社の決算や監査人の選解任・再任に関連する情報として株主総会前に株主に提供されるべきものです。会社法の監査報告書へのKAMの記載に消極的な理由は、監査報告書の透明性の向上により監査の価値の向上を目指すという趣旨に鑑みれば、いずれも本質的な理由にはならないと思われます。

　この問題は、我が国固有の会社法と金商法の二元的な開示制度に起因するものですが、法制度上「事業報告書兼有価証券報告書」の作成・提出には障害はないものの、開示の一元化はなかなか進みません。一元化どころか、現状、有価証券報告書を株主総会前に提出している会社もごく少数にとどまっており、株主の議決権行使に最も情報量が豊富な有価証券報告書が何ら役立っていないという問題は未解消なままです。我が国の開示制度の最大の重複である、会社法と金商法の二元的な開示の解消には相当な議論がまだ必要とすれば、監査人としてはまずは会社法の監査報告書にKAMの記載をするように積極的に取り組み、監査役等も監査人に促すことが適当と思われます。

Q50 「監査上の主要な検討事項（KAM）」と、「事業上のリスク」又は「特別な検討を必要とするリスク」との関係は、どのように考えればよいのでしょうか。

A KAMは、監査の透明性を高めるために、当期の財務諸表の監査において監査人が特に重要と判断した事項を記載するものであり、会社の「事業上のリスク」を伝達することを目的とするものではありません。ただし、監査人が、財務諸表の重要な虚偽表示リスクを評価する過程で考慮した「事業上のリスク」が、KAMの決定プロセスを経て、結果的にKAMの記述の中に含まれることはあります。

「特別な検討を必要とするリスク」は、監査人が財務諸表の重要な虚偽表示リスクを評価した結果、固有リスクが最も高い領域に存在すると評価されるリスクと、監査の基準において特別な検討を必要とするリスクとして取り扱うこととされているリスクから構成されます。リスク・アプローチの監査において「特別な検討を必要とするリスク」は監査人がリソースを重点的に配分する領域ですので、「特別な検討を必要とするリスク」からKAMが選定される可能性は高くなりますが、全ての「特別な検討を必要とするリスク」がKAMになるわけではありません。

解 説

⑴ 「事業上のリスク」との関係

　監査人は、リスク評価の過程で、財務諸表に重要な虚偽記載をもたらす可能性のある「事業上のリスク」を考慮します（事業上のリスクと財務諸表の重要な虚偽表示リスクとの関係については、Q26参照）。リスクの視野を広げることは重要です。特に、事業環境の不確実性が高まっている状況においては、事業上のリスクが当期だけなく将来の財務諸表にどのような影響を及ぼすかの視点は、監査人のリスク評価において不可欠となります。

　しかしながら、「事業上のリスク」そのものがKAMの候補になるわけではありません。監査人は、「事業上のリスク」が財務諸表の重要な虚偽表示リスクに及ぼす影響を評価した上で、「特に注意を払った事項」を決定し、KAMの候補を選定することになります。

　このようにKAMは監査に関連する情報ですので、有価証券報告書に開示が求められている「事業等のリスク」を会社に代わって開示するものではありませんが、監査人が決定したKAMの内容又は決定した理由の記述において「事業上のリスク」の内容に関連することはあります。その場合は、有価証券報告書で開示されている「事業等のリスク」と同様な又は要約した記述になることも多いと思われますが、「事業等のリスク」は監査対象ではないため、KAMから「事業等のリスク」に参照は付されません。

(2) 「特別な検討を必要とするリスク」との関係

　KAMは、監査人による重要な虚偽表示リスクの評価において、相対的にリスクが高いと評価された項目から選定されます。したがって、「特別な検討を必要とするリスク」のうち、固有リスクが最も高い領域にあるとして「特別な検討を必要とするリスク」としたものがKAMに選定される可能性が高くなります。他方、監査の基準において「特別な検討を必要とするリスク」として取り扱うことが指定されているリスク（経営者による内部統制の無効化リスク、収益認識に関して推定される不正リスクなど）は状況によって「監査人が特に注意を払った事項」には該当せず、KAMとして選定されないこともあります（「特別な検討を必要とするリスク」についてはQ27参照）。このように、全ての「特別な検討を必要とするリスク」がKAMになるわけではありません。

　反対に、「特別な検討を必要とするリスク」以外からKAMが選定されることもあります。固有リスクに基づく「特別な検討を必要とするリスク」の選定は監査人の判断により幅があり、「特別な検討を必要とするリスク」以外にも相対的に固有リスクが高いと評価しているものもあるため、そのようなリスクからKAMが選定されることがあります。

　監査人が監査役等に監査計画の概要について説明する際、リスク・アプローチの監査の全体像を伝達するために、監査の重点項目として「特別な検討を必要とするリスク」以外にも以下の項目を含めて説明することがあります。

- 事業内容や企業環境の変化、会計基準の改正などが財務諸表及び監査に及ぼす影響についての監査人の認識
- 監査人が認識している内部統制の重要な不備が監査に及ぼす影響
- 専門家の利用又は監査チーム外から専門的見解の入手が必要と監査人が判断

している領域

これらの項目は、KAMの決定プロセスの「特に注意を払った事項」や「特に重要な事項」への絞り込み時に影響していることが多いため、KAMの選定と密接に関係します。したがって、監査計画の段階から、KAMとなる可能性がある事項について監査人と監査役等との間で意見交換を重ねていくことが、KAMの選定を円滑かつ有効に進めるために重要です。

Q51 「監査上の主要な検討事項（KAM）」は、監査役等と協議した事項から監査人が決定するということですが、監査人とのコミュニケーションにおいて、監査役等はどのような点に留意すればよいのでしょうか。

A KAMの導入により監査役等と監査人とのコミュニケーションの内容が大きく変わるわけではありません。ただ、リスク評価やリスク対応について、より深度あるコミュニケーションが行われることが期待されています。多くの場合、監査計画の段階から、監査人は監査役等に対して、監査の重点項目の説明とともにKAMの候補となる項目の説明を行い、期中において適宜、アップデートが行われています。監査役等は、会社や事業環境の変化を踏まえ、監査上の重点項目からKAMの候補となる項目が適切にリストアップされているか、監査上の対応がリスクに十分対応しているかなどに留意して、監査人と協議することが適切です。

　期末監査の段階では、KAMの項目の絞り込みの適切性とともに、KAMの草案を入手し、会社側の開示状況も確認しながら、利用者にとって分かりやすい記述になっているか、会社の個々の状況を反映した内容になっているかに留意して協議を行うとよいと思われます。

解 説

(1)　監査役等とのコミュニケーションへの影響

　監査役等に対する監査上の重要な事項のコミュニケーションは、KAMの導入前から実施されていますし、実務も蓄積されています。リスクの認識を共有したり、監査の実施状況について報告を受けたりすることはKAMの導入前と変わりませんので、KAMによりコミュニケーションの内容が大きく変わったということもありません。

　もっとも、KAMの導入により、監査人による監査計画の策定段階から、監査の重点領域又は「特別な検討を必要とするリスク」とともに、KAMの候補についても監査人から説明があり、監査の進行に応じてKAMの候補が増減することが定着しています。KAMの内容については、監査計画策定の段階から深度あるコミュニケーションを継続し、期末に向けて準備していくことが重要といえます。KAMに関して、状況にはよるものの、できる限り監査の早い段

図表1　各フェーズにおける監査役等とのコミュニケーション

監査契約の締結	監査計画リスク評価	監査手続の実施	監査意見の形成	監査報告書の作成
契約条件の確認 ●KAMが適用になるか否かの確認	**監査計画の概要** ●KAMの候補となる項目について協議 ●KAMの候補となる項目の財務諸表又はその他の方法による開示状況について協議 ●コミュニケーションの頻度、日程、方法等について確認	**随時** ●KAMの候補となる項目（項目の変動の有無を含む。）について、状況の確認＆協議 ●財務諸表又はその他の方法による会社の開示状況について協議		**重要事項の報告** ●実施した手続の結果を踏まえ、KAMに該当する事項について協議 ●監査報告書に記載するKAMの草案について協議 ●財務諸表又はその他の方法による開示状況について協議

出所：日本公認会計士協会　監査基準報告書700実務ガイダンス第1号「監査報告書に係るQ&A（実務ガイダンス）」Q2-18より抜粋

階で監査人の見解について伝達を受けることが望ましいと考えられます。

　監査の各段階における、KAMについての監査役等と監査人とのコミュニケーションの概要は上図のとおりです（**図表1**）。

　監査役等と重点的にコミュニケーションが行われた内容は、監査人が特に注意を払った事項を示唆していることが多いと言えます。監査人が監査役等とコミュニケーションを行うべきこととされている事項のうち、KAMに関連する可能性のある主な項目は以下のとおりです（日本公認会計士協会　監査基準報告書700実務ガイダンス第1号「監査報告書に係るQ&A（実務ガイダンス）」Q2-2より抜粋）。

・計画した監査の範囲とその実施時期（特別な検討を必要とするリスクを含む）
・監査上の重要な発見事項
　－会計方針、会計上の見積り及び財務諸表の表示及び注記事項を含む、企業の会計実務の質的側面のうち重要なものについての監査人の見解（会計実務が財務報告の枠組みの下では受入れ可能であるが、企業の特定の状況においては最適なものではないと考える場合はその理由）
　－監査期間中に困難な状況に直面した状況
　－監査の過程で発見され、経営者と協議したか又は経営者に伝達した重要な事項
　－監査の過程で発見され、監査人が、職業的専門家としての判断において財

務報告プロセスに対する監査役等による監視にとって重要と判断したその他の事項

- 識別された不正又は不正の疑い
- 識別された違法行為又はその疑い
- 内部統制の重要な不備
- 未修正の虚偽表示、過年度の未修正の虚偽表示
- 関連当事者に関する重要な事項
- 継続企業の前提に重要な疑義を生じさせる事象又は状況
- 経営者による監査範囲の制約、財務諸表に必要な開示がなされていない場合、除外事項付意見を表明する場合等
- 強調事項又はその他の事項
- 前任監査人が監査した前年度の財務諸表に影響を及ぼす重要な虚偽表示
- その他の記載内容の重要な誤り

(2) KAMを含む開示全体の記述内容の適切性の検討

監査意見の形成・監査報告書の作成段階において、監査人が監査役等との協議を促進するために、KAMの記載された監査報告書の草案を提示することが推奨されています。草案に基づく協議により、監査役等は監査人の判断の根拠を理解しやすくなるだけでなく、KAMに関連した追加的な情報開示の要否の検討にも役立ちます。

監査役等はKAMの草案の提示を受けた際、例えば、以下の点について検討し、監査役等としてのコメントを監査人に伝えるとよいと思われます。ただし、KAMは監査人が決定するものであることを念頭に置いておく必要があります。

- 記述されている内容は、監査役等の理解と一致しているか。
- 会計や監査の専門知識がなくても理解可能なように分かりやすい記述になっているか。
- 監査上の対応がKAMの選定の理由と整合する内容になっているか。
- 財務諸表の注記事項又は有価証券報告書の「経理の状況」以外の箇所（「経営方針、経営環境及び対処すべき課題等」「サステナビリティに関する考え方及び取組」「事業等のリスク」「経営者による財政状態、経営成績及びキャッシュ・フローの状況の分析」など）の記載内容と整合しているか。

この検討に当たっては、KAMの導入趣旨に基づき、KAMの記述が個性のない「紋切り型」になっていないかという視点をもつことが重要です。記述内容が標準化されて定型的になることを「ボイラープレート化」と言いますが、KAMがボイラープレート化してしまうと、監査報告書の利用者にとってのKAMの情報価値が乏しくなり、「監査の透明性向上」が実現できなくなってしまいます。KAMのボイラープレート化を避けるためには、個々の会社の当期の監査に固有の内容を含めることが必要です。また、その前提として、被監査会社自身の開示において、ボイラープレート化を避けた、会社の固有の状況を具体的に記述することが重要と考えられます。

会社による開示、監査報告書のKAMの双方において、それぞれの立場からボイラープレート化を避け、会社に固有の情報を含めて記述することが利用者から求められています。「ボイラープレート化の回避」は、会社と監査人の双方の課題であるという認識をもって検討を進めていく必要があります。

コラム　開示のボイラープレート化

ボイラープレートは、元々はボイラーを製造するための圧延鋼のことですが、ジャーナリズムにおいては金属版により印刷される定型文を意味する言葉としても使われていたようです。また、契約書やプログラミングにおける標準部分を指す言葉としても使われるようになりました。

このことが転じて、開示の内容が定型的になることを「ボイラープレート化」と表現するようになっています。開示におけるこの表現には「横並びで情報価値が乏しい」というネガティブなニュアンスが込められています。

記述のボイラープレート化はKAMに限った事項ではありません。例えば有価証券報告書における「経営者による財政状態、経営成績及びキャッシュ・フローの状況の分析」の開示については、ボイラープレート化した記載が多いと指摘されています（金融審議会「ディスクロージャーワーキング・グループ報告」（2018年6月）P.4参照）。有価証券報告書や任意の開示書類（統合報告書）については、開示の充実を図るため、金融庁から「記述情報の開示の好事例集」が公表されています。投資家に分かりやすく自社の状況や考え方を説明することは、投資家が認識している自社への投資リスクを減じることにつながります。

コラム KAMの適用状況の事例分析

　KAMは2021年3月期から適用になっていますが、1年目及び2年目の適用状況については、日本公認会計士協会、金融庁及び日本証券アナリスト協会がそれぞれの立場から事例分析を行い、好事例や改善に向けた提案が公表されています。

2022年3月末決算会社（連結）のKAMの個数／文字数の企業規模別分布
個数

連結売上高	KAMの個数					計（社数）	1社当たりの平均個数
	0個	1個	2個	3個	4個		
1兆円以上	0	47	65	14	4	130	1.81
5,000億円以上1兆円未満	0	61	42	10	1	114	1.57
1,000億円以上5,000億円未満	0	329	124	7	4	464	1.32
1,000億円未満	1	1,132	235	21	1	1,390	1.20
合計	1	1,569	466	52	10	2,098	1.29

文字数

連結売上高	文字数				計（KAM数）	平均文字数
	～1,000	1,001～2,000	2,001～3,000	3,001～		
1兆円以上	26	176	27	6	235	1,521
5,000億円以上1兆円未満	20	149	8	2	179	1,417
1,000億円以上5,000億円未満	132	451	28	3	614	1,304
1,000億円未満	563	1,071	35	1	1,670	1,171
合計	741	1,847	98	12	2,698	1,248

出所：日本公認会計士協会　「『監査上の主要な検討事項』の事例分析（2021年4月～2022年3月期）レポート（研究文書）」　Ⅱ.2

　これら分析で共通しているのは、適用2年目は1年目に比べ、総じて具体的な説明が増え工夫されているという肯定的なコメントも寄せられていましたが、記載レベルにはバラツキがある、二極化しているという指摘もありました。また、1年目と2年目の記述にほとんど変化が見られないケースや、監査法人で用意されているテンプレートを使用していると推測されるような「標準的」な記述も散見され、「ボイラープレート化」に対する懸念は根強くあります。

　それぞれの事例分析において、今後の継続的な改善に向けた提言が含まれていますので、参考までに以下に抜粋・要約しておきます。

①日本公認会計士協会「『監査上の主要な検討事項』の事例分析（2021年4月〜2022年3月期）レポート（研究文書）」（2022年12月公表）

- 誤解を生じさせる可能性のあるKAM又は利用者の理解のための十分性を備えていないKAMの事例

  ・KAMの対象となる論点が明確に記載されていない。

  ・重要な仮定を特定して記載していない。

  ・会計基準の項番号の引用のみで、個々の企業の状況やKAMの選定理由との関連性の説明に欠く。

  ・説明なしに監査の専門用語をそのままKAMに記載している。

  ・KAMの決定理由と監査上の対応の記載が整合していない。

  ・会社の手続と監査人の手続を混同してKAMに記載している。

  > 監査人は、これらの点に留意して利用者にとって有用なKAMを目指す。

- 被監査会社における状況の変化に留意し、当該事項がなぜ該当年度においてKAMになるのかを意識してKAMの内容及び決定理由を書く努力が望まれる。また、財務諸表利用者の理解に資するように、監査上の対応において監査手続を説明していくことを心掛けることが重要である。そうした意識をもち努力を続けることで、KAMの制度を劣化させない責任を監査人は負っている。

②金融庁「監査上の主要な検討事項（KAM）の特徴的な事例と記載のポイント2022」（2023年2月公表）

「検討が必要と考えられる事例」

・事業環境の変化（中期経営計画の変更）を踏まえたKAMの見直しが行われていない。

・内部統制報告において「開示すべき重要な不備」の記載との整合性

・同一監査法人内の別業種の2社のKAMの内容が同一

・同一事業年度の同一企業内の異なる事業に関するKAMの内容が同一

・KAMの記載内容と注記が不一致

　最初の二つの事例は、KAMの選定理由等の記載の不足又はKAMの選定プロセスに関する（任意の）補足説明がないため、他の部分の開示情報を併せて読むと利用者が疑問を抱くことがあることを示しています。内部統制の「開示すべき重要な不備」に関しては、不備の内容そのものをKAMとして取り上げる必

要はありませんが、当該不備に関連する項目をKAMとして選定しないのであれば、そのように判断した理由や財務諸表監査において監査人は当該不備にどのように対応したのかを知りたいという利用者の声にも耳を傾けるべきと思われます。

　また、当該分析では、アナリストによってKAMはあまり読まれていないというアンケート結果も紹介されており、アナリストにおけるKAMの認知度の向上とともに、アナリストがKAMを見てよかったと思えるようなKAMの記載が増えることが期待されています。

③　日本証券アナリスト協会「証券アナリストに役立つ監査上の主要な検討事項（KAM）の好事例集」2022年版（2023年2月公表）及び2023年版（2024年2月公表）

　アナリストにとってのKAMの主な利用価値は、会社のリスクをよりよく理解できること、会計上の見積り等について証券アナリストとは別の観点でチェックした監査人から重要な参考意見が得られること、監査の品質やガバナンスについて一定の判断材料が得られることの三つを挙げています。さらに、KAMを通じてより良い開示につながるという好循環が生まれるよう、それぞれに対して以下の期待が述べられています。

・【監査人】　監査役等との連携・コミュニケーションをより深めることで、証券アナリストがその会社を理解する際に重要な手がかりとなる良いKAMが継続的に提供されること
・【監査役等】　良いKAMが提供できるよう監査人と連携しつつ、良い開示が行われるよう経営者に働きかけること
・【証券アナリスト】　KAMを企業分析、企業との対話等に利用すること

 **Q52** 監査済み財務諸表が含まれる開示書類の財務諸表以外の情報について、監査人は、財務諸表の監査においてどのように対応しているのですか。

A 監査人の監査の目的は、財務諸表に対して意見を述べることにあり、監査した財務諸表と共に開示される、財務諸表及びその監査報告書以外の情報（以下、「その他の記載内容」と言う）は、監査意見の対象ではありません。しかし、監査した財務諸表と「その他の記載内容」との間に重要な相違がある場合、監査人が適正と判断した財務諸表に誤りがあるのではないかとの誤解を招くおそれがあり、財務諸表の信頼性だけでなく、監査の信頼性にも影響を及ぼす懸念が生じます。そのため、監査人は、財務諸表監査の一環として「その他の記載内容」を通読・検討することが求められています。この対応は、2002年の監査基準の改訂により導入され、2020年の監査基準の改訂により強化されました。

解説

(1) 2002年改訂監査基準

2002年の監査基準の改訂により、監査人は、「その他の記載内容」において財務諸表との間に重要な相違がある場合は、監査報告書に監査意見とは別に追記情報としてその内容を記載することとされました。監査人は、財務諸表に対する監査意見を形成するために必要な範囲を超えて、重要な相違の有無を確かめるための特別な手続を行うことが想定されているわけではありませんが、「その他の記載内容」を通読することとされていました。通読した結果、監査人が重要な相違に気付いた場合、重要な相違を解消するために経営者と協議するなどの対応を図り、解消されない場合は、監査報告書に追記情報として重要な相違の内容を記載することが求められています。

2011年に監基報720「その他の記載内容に関連する監査人の責任」が公表されるまでの間は、「客観的に"重要な相違"の有無が確認できる数値情報（金額、数値、割合等）のみ」が追記情報の記載対象とされていましたが（監査委員会報告第75号）、監基報720では、国際的な監査基準を参考に、「その他の記載内容」には財務情報及び非財務情報の両方が含まれることとされました。さらに、監

277

査人が「その他の記載内容」を通読する過程で、監査した財務諸表に記載されている事項とは関連しないものの、「その他の記載内容」に明らかな事実の重要な虚偽記載に気付いた場合、監査人は経営者と協議し、経営者が修正に同意しない場合は、監査役等に「その他の記載内容」に関する監査人の懸念を伝えることが求められるようになりました。

　このように、2002年以降、「その他の記載内容」についての監査の基準は整備されてきたものの、実際に監査報告書の追記情報に「重要な相違」に関する記載が行われた例は報告されていません。また、「その他の記載内容」に監査人がどのように関わることとされているか、また、実際にどのように関わっているかについては、財務諸表の作成者、監査役等及び利用者の間で必ずしも十分に認知されてはいませんでした。

(2)　2020年改訂監査基準

　2010年代半ば以降、コーポレートガバナンス・コード及びスチュワードシップ・コードが制定され、企業の持続的な成長に向けて株主等の投資家との対話を深めるためには、投資家が経営者の目線で企業を理解できるような情報開示が重要であるとの認識が高まってきました。また、財務諸表において、将来の事業計画など、将来事象に関する一定の仮定に基づく会計上の見積項目が増えており、財務諸表を適切に理解するための補完情報としての記述情報の重要性が増大しています。そのため、例えば、有価証券報告書の「事業の状況」に記載される経営方針や経営戦略、事業等のリスク、経営者による経営成績等の分析（MD&A）、「提出会社の状況」に記載されるコーポレートガバナンスの状況等の記述情報の充実を図る取組が進められてきました。

　このように「その他の記載内容」の重要性が格段に増してきたことが背景となり、2020年11月に監査基準が改訂されました。2020年改訂監査基準では、監査人は「その他の記載内容」を通読し、監査した財務諸表だけでなく監査人が監査の過程で得た知識と「その他の記載内容」との間に重要な相違がないかどうかについて検討することになりました。また、財務諸表や監査の過程で得た知識に関連しない内容についても、重要な誤りの兆候に注意を払うべきとされています。監査人が重要な相違又は重要な誤りに気付いた場合には、経営者や監査役等との協議を行うなど、追加の手続を実施することが求められます。

　加えて、監査の透明性及び監査報告書の情報価値の向上を図るため、監査報告書に「その他の記載内容」の区分を設けることとされました。当該区分には「その他の記載内容」の経営者の作成責任及び監査役等の監視責任（「その他の記載内容」の報告プロセスの整備及び運用における取締役の職務の執行を監視する責任）とともに、監査人の責任（監査人が「その他の記載内容」を通読し、実施した手続に基づき「その他の記載内容」に重要な誤りがある場合には監査報告書において報告することが求められていること）を記載した上で、報告すべき事項の有無、報告すべき事項がある場合はその内容を記載することになりました。

(3)　「その他の記載内容」に対する監査人の責任

　2020年の監査基準の改訂は、あくまで財務諸表監査の枠組みにおいて「その他の記載内容」に対する監査人の関わりの強化を図ろうとするものであり、「その他の記載内容」に対する保証業務ではありません。つまり、監査人は「その他の記載内容」に重要な誤りがないかどうかについての意見又は結論を述べることを目的として、リスク評価や証拠収集手続を実施するわけではありません。監査人として、職業的懐疑心をもって「その他の記載内容」を通読し、気付いた範囲で「その他の記載内容」に重要な誤りがあれば監査報告書において報告するというものです。この位置付けは従前と同じです。

コラム　「その他の記載内容」に含まれるもの、含まれないもの

「その他の記載内容」とは、監査済み財務諸表を含む開示書類のうち、当該財務諸表とその監査報告書以外の記載内容とされています。「その他の記載内容」には財務情報だけでなく非財務情報も含まれます。

「その他の記載内容」は通常は年次報告書に含まれます。年次報告書とは、法令等又は慣行により経営者が通常年次で作成する文書であり、企業の事業並びに財務諸表に記載されている経営成績及び財政状態に関する情報を所有者（又は類似の利害関係者）に提供することを目的としているものと定義されています（監基報720）。年次報告書は、通常は法令等により明確に特定され、我が国の企業開示制度においては、有価証券報告書並びに事業報告及び計算書類等が該当することになります。なお、証券発行の際に提出される金商法に基づく有価証券届出書及び目論見書並びに取引所規程等に基づく新規上場申請のための有価証券報告書（Ⅰの部）は、年次報告書には該当しませんが、監査済み財務諸表が含まれる開示書類として監査人に「その他の記載事項」の通読が求められることがあります（組込方式又は参照方式の場合を除く）。この場合の「その他の記載事項」には、有価証券報告書（年次報告書）と同様の情報が含まれます（監査証明府令等）。

他方、決算短信には監査済み財務諸表が含まれないため、監査人の通読義務が生じる年次報告書には該当しません。加えて、特定の利害関係者グループのニーズを満たすための報告書や特定の規制による報告要請に準拠するための報告書は、その性質、目的、内容において年次報告書とは異なるため、「その他の記載内容」には該当しません。以下がその例です（監基報720）。

- 銀行・保険等の特定業種で求められる規制上の報告書
- 企業の社会的責任に関する報告書
- サステナビリティ報告書
- 製品責任に関する報告書
- 人権に関する報告書

なお、年次報告書が翻訳されている場合（例えば、有価証券報告書を英訳した「英文アニュアルレポート」）や海外の法令に基づく年次報告書（例えば、米国SEC規則に基づく年次報告書（Form 20-F））は、それぞれ完結した開示書

類であるため、「英文アニュアルレポート」や「Form 20-F」が、有価証券報告書に含まれる監査済み財務諸表の「その他の記載内容」には該当することはありません（監基報720）。

| コラム | **有価証券報告書から参照される情報の取扱い** |

　2023年3月期から、有価証券報告書に「サステナビリティに関する考え方及び取組」の項が新設され、サステナビリティ情報の開示が義務付けられています。「サステナビリティに関する考え方及び取組」は金商法監査において「その他の記載内容」に該当しますので、監基報720に基づく通読・検討対象に含まれます。

　サステナビリティ情報の開示に当たり、有価証券報告書には開示府令で求められる核となる情報を記載し、それを補完する詳細な情報（例えば、統合報告書やサステナビリティ・データブックなど）が会社のWebサイト等で公表されている場合は、それらの情報を参照することも認められています。その場合、参照先の情報が有価証券報告書の一部を構成するかどうかという点については、構成しないという整理がされています。したがって、参照先の情報は「その他の記載内容」には含まれず、監査人の通読が義務付けられる対象にはなりません（2023年1月開示府令の改正に関するコメント対応表　No.281〜283）。

3 品質管理

Q53 監査事務所の品質管理システムとは、どのような仕組みでしょうか。

A 監査事務所の品質管理システムは、監査業務の品質を合理的に確保するために監査事務所が整備・運用する内部統制です。監査事務所の経営者は、公認会計士法及び品質管理の基準に従って、品質管理システムを整備・運用する責任があります。

監査事務所の品質管理システムは、監査事務所及び監査事務所の専門要員が職業的専門家としての基準や法令に準拠してそれぞれの責任を果たして業務を実施すること、そして適切な監査報告書を発行することを合理的に確保することを目的とするものです。監査事務所はその組織構造や規模だけでなく業務内容も様々ですので、監査事務所の性質や状況及び実施する業務内容や状況に応じて、品質管理システムを設計します。

解説

(1) 公認会計士法の要請

監査済み財務諸表はその利用者の経済的意思決定に利用されており、監査人による監査は、経済社会の基本的インフラとして公共の利益に資する業務として位置付けられています。2003年の公認会計士法の改正時に監査法人の設立が認可制から届出制に変更になったことに伴い、公認会計士法において、監査品質を確保するための業務管理体制の整備・運用が監査法人に義務付けられました。さらに、2007年の公認会計士法の改正により業務管理体制の具体的内容が明確化され、監査法人に対して**図表1**の体制整備が求められています。

業務管理体制の2番目の「業務の品質の管理の方針の策定及びその実施に関する措置」が品質管理システムを指していますが、これに関しては、公認会計士法施行規則に詳細な規定が置かれ、以下を含むものでなければならないとされています（公認会計士法施行規則第26条）。

- 業務に関する職業倫理の遵守及び独立性の保持
- 業務に係る契約の締結及び更新
- 業務を担当する社員その他の者の選任

図表1　公認会計士法第34条の13の要約

> **監査法人が整備しなければならない業務管理体制**
> - 業務の執行の適正を確保するための措置（経営の基本方針及び経営管理に関する措置並びに法令遵守に関する措置を含む。）がとられていること
> - 業務の品質の管理の方針の策定及びその実施に関する措置がとられていること
> - 公認会計士である社員以外の者が公認会計士である社員の監査証明業務の執行に不当な影響を及ぼすことを排除するための措置がとられていること

- 人材、情報通信技術その他の業務の運営に関する資源の取得又は開発、維持及び配分
  - 社員の報酬の決定に関する事項
  - 社員及び使用人その他の従業者の研修に関する事項
- 業務の実施及びその審査
  - 専門的な見解の問合せ（業務に関して専門的な知識及び経験等を有する者から専門的な事項に係る見解を得ること）
  - 監査上の判断の相違（監査証明業務を実施する者の間又はこれらの者と監査証明業務に係る審査を行う者との間の判断の相違）の解決
  - 監査証明業務に係る審査
- 業務に関する情報の収集及び伝達
- 前任及び後任の公認会計士又は監査法人との間の業務の引継ぎ
- 品質管理の責任者の選任並びにその役割及び責任の明確化
- 品質管理の各事項についての目標の設定、目標の達成を阻害する可能性のあるリスクの識別・評価及びリスクに対処するための方針の策定及び実施
- 品質管理の実施状況のモニタリング及び改善

(2)　監査に関する品質管理基準（2021年改正）

①　改正の背景

公認会計士法で義務付けられている品質管理システムに関しては、2005年に、

当時の国際監査・保証基準審議会（IAASB）の国際品質管理基準（International Standard on Quality Control：ISQC）を参考に、企業会計審議会から「監査に関する品質管理基準」の初版が制定されました。

　国際品質管理基準（ISQC）は2020年にリスクマネジメントの考え方を取り入れて大幅に改正され、二つの基準（International Standards on Quality Management：ISQM1（全般的な品質マネジメントの基準）とISQM2（審査に関する基準）に分割されました。ISQMへの改正の背景には、二つの側面があります。一つは、監査に対する信頼を揺るがすような企業の破綻事件が起きたり、監査監督当局による検査結果において少なくない監査の不備が継続的に指摘されたりするなど、監査事務所の実施する監査業務の品質にバラツキがあり、監査事務所としてより厳格な品質管理システムの構築の必要性が指摘されていたことです。もう一つは、ISQCがややルールベースで記載されており、監査事務所の状況や業務内容の多様化が進む中で画一的な品質管理システムの構築を求める弊害が指摘されていたことです。この二つの指摘に対応するため、品質管理にリスクマネジメントの考え方を取り入れ、監査事務所が主体的に品質目標を脅かすリスクを識別・評価し、それに対応することを基本とする内容に大幅に改正されました。

　このような国際品質管理基準の改正の背景となった状況は我が国においても観察されており、2021年、ISQMを参考に我が国の「監査に関する品質管理基準」が改訂されました。日本公認会計士協会からも、2022年に、ISQM1とISQM2に相当する品質管理基準報告書第1号「監査事務所における品質管理」及び同第2号「監査業務に係る審査」が公表されました。

②　リスクベースの品質管理システム

　改正後の品率管理の基準は、内部統制や全社的リスクマネジメント（ERM）の概念の進化を反映して、有効な品質管理システムに必要な構成要素が追加されています（**図表2**）。

- 「リスク評価プロセス」：リスクベースで品質管理システムを整備・運用するという基本的考えの下、監査事務所の性質や状況及び実施する業務内容や状況に応じて、監査事務所は品質目標を設定し、品質目標を脅かすリスク（品質リスク）の識別・評価を行い、品質リスクに対処するための対応を図るリ

図表2　品質管理システムの構成要素

改正前の品質管理システムの構成要素

品質管理に関する責任
職業倫理及び独立性
契約の新規の締結及び更新
専門要員の採用、教育・訓練、評価及び選任
業務の実施
品質管理システムの監視
監査事務所間の引継

各項目に係る品質管理方針及び手続の
整備・運用を求められていた。

改正後の品質管理システムの構成要素

監査事務所のリスク評価プロセス	
ガバナンス及びリーダーシップ	☆
職業倫理及び独立性	☆
契約の新規の締結及び更新	☆
業務の実施	☆
資源（人的資源、テクノロジー資源、知的資源など）	☆
情報と伝達	☆
品質管理システムのモニタリング及び改善プロセス	
監査事務所間の引継	☆

▨ 追加された構成要素

☆ 各項目に関して品質目標を設定し、品質目標を脅か
すリスクを識別・評価し、それへの対応を図ること
を求める。

出所：日本公認会計士協会　新旧品基報を基に作成

図表3　監査事務所のリスク評価プロセス

品質目標の設定

● 品質目標とは、品質管理システムの構成要素に関連して、監査事務所によって達成され
るべき望ましい結果を言う。
● 各構成要素について、全ての監査事務所に設定が求められる品質目標を規定している。
● 監査事務所は、必要と認める場合、追加の品質目標を設定する。

品質リスクの識別と評価

● 品質リスクとは、発生する可能性、及び、個別に又は他の品質リスクと合わせて品質目
標の達成の阻害要因となる可能性が、いずれも合理的にあり得るリスクを言う。
● 品質リスクへの対応をデザイン及び適用する基礎とするために、品質リスクを識別し評
価する。
● 品質目標の達成を阻害するような状況、事象、環境又は行動の有無を理解し、それらが
どのように品質目標の達成を阻害するか、及びその程度を考慮する。

対応のデザインと適用

● 対応とは一つ又は複数の品質リスクに対処するために、監査事務所によりデザイン及び
適用される方針及び手続を言う。
● 監査事務所は、識別・評価した品質リスクへの対応をデザインし、適用する。
● 改正品基報第1号においては全ての監査事務所に求められる対応を規定している。

（左側縦書き）リスクに基づくアプローチ

（右側縦書き）各項目の追加・是正措置

● 各監査事務所
の状況や実施
する業務の内
容の変化
● モニタリング
及び改善プロ
セスの結果
→モニタリング
及び改善プロ
セスを通じた
PDCAサイク
ル

出所：日本公認会計士協会　改正品基報の公表時の参考資料（改正品基報第1号、品基報第2号、改
正監基報220の概要説明）（2022年6月22日）

スク評価プロセスを整備することが求められます（**図表3**）。

● 「ガバナンスとリーダーシップ」：有効な内部統制やリスク管理には組織の
トップの姿勢やガバナンスが重要であるため、ガバナンスとリーダーシップ
に関する品質目標に、監査事務所の最高責任者等のリーダーシップによる品
質に対するコミットメントや品質に対するコミットメントを示す健全な組織

風土の醸成などを織り込むことが求められます。

- 「資源」：資源（人的資源、テクノロジー資源、知的資源及び外部のサービスプロバイダー）の適切な取得、開発、利用、維持、配分及び割当に関して品質目標を定めることが求められます。
- 「情報と伝達」：品質管理システムに関する関連性及び信頼性の高い情報の取得、生成又は利用と、当該情報の監査事務所内外への適時な伝達に関して品質目標を定めることが求められます。

監査事務所がネットワークに所属する場合、ネットワークが定めた要求事項やネットワークが提供するサービス又は資源の適用又は利用に関して監査事務所として主体的に判断する必要があることや、ネットワークが実施するモニタリング活動についても監査事務所の品質管理システムに及ぼす影響や監査事務所としての責任を明確にして、利活用することなどが求められます。

品質目標は、監査事務所の品質管理システムの目的（監査事務所及び監査事務所の専門要員が職業的専門家としての基準や法令に準拠してそれぞれの責任を果たして業務を実施すること、そして適切な監査報告書を発行することを合理的に確保すること）を達成するために、品質管理の基準で定められた品質目標（**図表4**）のほか、監査事務所の状況等に応じて必要な品質目標を追加設定することとされています。

図表4　品質管理の基準で設定されている品質目標の概要

構成要素	品質目標
ガバナンス及びリーダーシップ	・監査事務所は、監査事務所全体の組織風土を通じて、品質へのコミットメントを示し、認識を強化すること ・監査事務所の最高責任者は品質に対する責任を負うこと（説明責任を含む） ・監査事務所の最高責任者は行動と姿勢を通じて品質に対するコミットメントを示すこと ・品質管理システムの整備運用を可能にする、組織構造、役割、責任及び権限の分担が適切であること ・品質へのコミットメントと整合した方法で資源が入手、配分、割り当てられていること
職業倫理及び独立性	・監査事務所及びその専門要員等が独立性を含む、職業倫理に関する規定を理解し、関連する責任を果たすこと
契約の新規の締結及び更新	・契約の新規の締結又は更新を行うかどうかについての監査事務所による判断（業務の性質及び状況、依頼人の経営者の誠実性、監査事務所の能力に基づく判断）が適切であること ・監査事務所の財務上及び業務上の理由を優先しないこと

構成要素	品質目標
業務の実施	・監査責任者及び監査チームメンバーが自らの責任を理解し果たすこと ・監査チームの指揮及び監督の内容、時期及び範囲、並びに作業の査閲が業務の内容及び状況、監査チームに割り当てられた資源に基づき適切であること ・監査チームは職業的専門家としての適切な判断を行い、職業的専門家としての懐疑心を保持・発揮すること ・専門性が高く、判断に困難が伴う事項や見解が定まっていない事項について専門的な見解の問合せを行い、合意された結論に従って対処すること ・監査チーム内、監査チームと審査担当者若しくは事務所の品質管理システムにおいて活動する者との監査上の判断の相違は、監査事務所に報告され、解消されていること ・監査調書は適時・適切に整理され、法令等や基準に基づき適切に維持及び保存されること
資源	【人的資源】 ・専門要員が雇用、育成及び維持され、専門要員が適性及び能力を有していること ・専門要員は品質へのコミットメントを示し、役割を果たすための適切な能力を開発し、また適切に評価されること ・監査事務所に十分な又は適切な専門要員を有していない場合、品質管理システムの運用又は業務の実施を可能にする、人的資源を監査事務所の外部（ネットワーク・ファームなど）から調達すること ・十分な時間の確保を含め、各業務に適性及び適切な能力を有する監査チームのメンバーが割り当てられていること ・品質管理システムにおける活動に、十分な時間を含む、適性及び適切な能力を有する者が割り当てられていること 【テクノロジー資源】 ・監査事務所の品質管理システムの運用及び業務の実施を可能にするために、適切なテクノロジー資源が取得又は開発され、適用、維持及び利用されること 【知的資源】 ・監査事務所の品質管理システムの運用及びより質の高い監査の一貫した実施を可能にするために、法令や基準等と整合的で、適切な知的資源が取得又は開発され、適用、維持及び利用されること
情報と伝達	品質管理システムに関する情報の取得、生成・利用及び内外への伝達に関して、 ・情報システムが関連する信頼性の高い情報を識別・捕捉・処理・維持すること ・組織風土が監査事務所内での情報交換の責任を認識・強化するものであること ・品質管理システムの活動又は監査業務の実施において、監査チームと監査事務所との間で関連する信頼性の高い情報が交換されること ・関連性及び信頼性の高い情報が外部の者（ネットワークファーム、その他の外部者）に伝達されること
監査事務所間の引継	・後任の監査事務所に対して監査上の重要事項を伝達すること ・前任の監査事務所に対して監査上の重要事項について問合せを実施すること
共同監査	・共同監査を行う他の監査事務所の品質管理システムの状況を評価し、適切に対応すること

出所：日本公認会計士協会　「品基報第1号」を基に作成

③　品質管理システムの評価

　従前より、品質管理システムの構成要素の「監視」機能として定期的な検証を実施することは求められていましたが、改訂品質管理の基準では、少なくと

も年に一度、品質管理システムの最高責任者により特定の基準日における品質管理システムの評価を行い、品質管理システムの有効性について次の3段階で結論付けることが追加されました。

- 品質管理システムは、品質管理システムの目的が達成されているという合理的な保証を監査事務所に提供している。
- 品質管理システムは、重大ではあるが広範ではない不備を除いて、品質管理システムの目的が達成されているという合理的な保証を監査事務所に提供している。
- 品質管理システムは、品質管理システムの目的が達成されているという合理的な保証を監査事務所に提供していない。

　評価結果が上記の2番目又は3番目の場合（つまり重大な不備事項がある場合）は、不備に対して迅速かつ適切な措置を講じ、監査チーム及び品質管理システムにおいて活動する者（監査事務所のガバナンス機関を含む）に対して当該結果を伝達することが求められています。加えて、監査事務所の方針に基づき、例えば、ネットワーク・ファームや被監査会社の経営者・監査役等などの監査事務所外の者にも伝達することとされています。なお、日本においては、上場会社の監査人である監査事務所は、「業務の状況に関する説明書類」に品質管理システムの評価結果を記載し、公衆縦覧に供することとされています（公認会計士法施行規則第93条）。また、品質管理システムの最高責任者等の業績評価において、品質管理システムの評価結果を考慮することとされています。

④　適用時期

　改正後の品質管理の基準は大幅な改正であるため適用までに一定の準備期間が必要になることから、監査法人の規模により適用時期が異なっています。大規模監査法人においては2023年7月1日以後に開始する事業年度に係る監査から、それ以外の監査事務所においては2024年7月1日以後に開始する事業年度に係る監査から適用されています。なお、品質管理システムの評価については、改正品質管理の基準の実施（2023年7月1日又は2024年7月1日）以後に開始する監査事務所の会計年度の末日から実施することができるとされています。

 **Q54** 各監査事務所の品質管理システムの整備及び運用状況をモニタリングする仕組みとして、どのようなものがありますか。

A 日本公認会計士協会は、自主規制団体として、監査事務所の品質管理システムの整備及び運用状況をレビューしています（「品質管理レビュー」と言います）。加えて、金融庁に設置された公認会計士・監査審査会（CPAAOB）は、行政機関として監査事務所に対する検査並びに日本公認会計士協会の品質管理レビューの審査及び検査を実施しています。検査の結果、公認会計士・監査審査会（CPAAOB）から金融庁に懲戒処分等の勧告が出された場合、金融庁が監査事務所に対して懲戒処分等を行います。

解 説

　監査に対する社会的信頼を担保するための仕組みとして、監査事務所の品質管理の状況について外部からモニタリングを行う制度が構築されています。

(1) 日本公認会計士協会

　日本公認会計士協会は、1998年に品質管理委員会を設置し、1999年から自主規制団体として監査事務所の品質管理システムの整備及び運用状況のレビューを実施しています。品質管理レビューは、レビューの結果に基づき、必要に応じて監査事務所に改善を勧告し、適切な措置を決定することにより監査品質の適切な水準の維持・向上を図ることを目的として実施されます。ただし、品質管理レビューは監査事務所が表明する監査意見の形成に介入するものではありません。品質管理レビューの状況については、同協会のWebサイトに掲載されている各年度の年次報告書「自主規制レポート—品質管理レビュー制度編—」又は「品質管理レビュー事例解説集」で開示されています。

　また、2007年に、日本公認会計士協会の自主規制の一環として、上場会社の監査の品質管理の一層の充実・強化を図るため品質管理レビュー制度に「上場会社監査事務所登録制度」が組み入れられました。品質管理委員会内に設置された上場会社監査事務所部会が、品質管理レビューの結果に応じて、上場会社監査事務所名簿及び準登録事務所名簿への登録可否などを決定していました。

各証券取引所の有価証券上場規程では、上場会社の監査人は、これらの名簿に登録されている監査事務所でなければならないとされ、上場会社監査事務所名簿情報については、日本公認会計士協会のWebサイトにおいて一般に公開されてきました。

　この「上場会社監査事務所登録制度」は、2022年の公認会計法の改正により、自主規制から公認会計士法に基づく制度（「上場会社等監査人登録制度」）となり、日本公認会計士協会による上場会社等監査人名簿への登録を受けなければ上場会社等の財務諸表の監査を行ってはならない旨が規定されました（公認会計士法第34条の2）。多数のステークホルダーを有する上場会社の監査にはより高い水準の規律付けが必要であること、近年の上場会社の監査の担い手の裾野が中小規模の監査事務所に拡大していること、品質管理の基準の改正によりリスクベースの品質管理システムが導入されることなどを背景として、公認会計士法上の制度とすることとされ、2023年4月1日から運用が始まりました。

　新しい登録制度においても、日本公認会計士協会が上場会社の監査を担う適格性を監査事務所が保持しているかどうかを確認する役割を担っており、適格性の確認に品質管理レビューが利用されています。また、新たに、日本公認会計士協会に外部の有識者（金融庁のほか学識経験者から構成）が過半数を占める上場会社等監査人登録審査会が設置され、上場会社等監査人名簿への登録及び登録の取り消しの審査などが行われています（**図表1**）。上場会社等監査人名簿は日本公認会計士協会に備えることとされており、日本公認会計士協会のWebサイト上で一般に公開されています。

図表1　品質管理レビュー制度等に係る日本公認会計士協会の組織体制

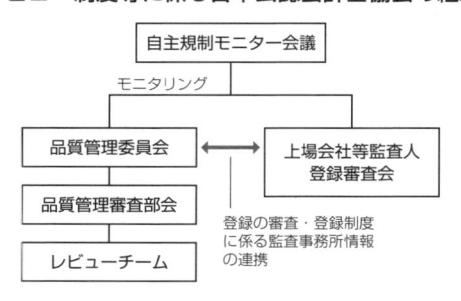

出所：日本公認会計士協会　2022年度品質管理レビューの概要P.11より一部省略

図表2　日本公認会計士協会の自主規制と監督官庁による監督の全体像

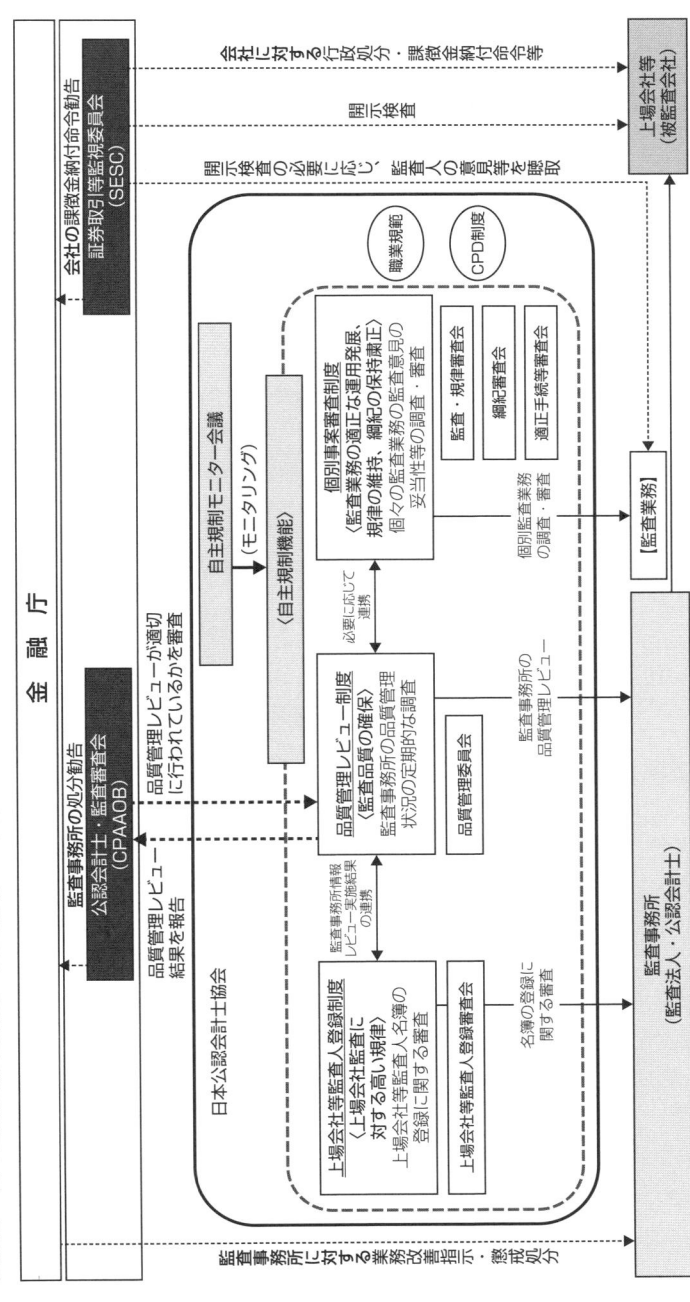

出所：日本公認会計士協会　自主規制モニター会議資料「自主規制の活動報告（運営状況）」（2023年10月）P.3を基に作成

⑵　公認会計士・監査審査会（CPAAOB）

　公認会計士法の改正により2004年に金融庁に設置された行政機関であり、監査事務所の検査を実施し、公認会計士及び監査法人に対する懲戒処分等を調査審議します。日本公認会計士協会が行う品質管理レビューについても審査や検査を行います。これらの審査又は検査の結果、必要な行政処分その他の措置について金融庁長官に勧告します。

　公認会計士・監査審査会の具体的な活動については、同審査会のWebサイトに掲載されている「公認会計士・監査審査会の活動状況」で開示されています。また、監査事務所に対する検査の状況は「モニタリングレポート」や「監査事務所検査結果事例集」で毎年公表されています。

⑶　金融庁

　公認会計士・監査審査会（CPAAOB）が実施した監査事務所の検査の結果に基づき金融庁長官に勧告を行った場合、金融庁は、監査事務所に対して業務改善指示、業務改善命令の発出及び懲戒処分を行います。日本公認会計士協会に対しても業務改善命令を出すことができます。

コラム　上場会社等監査人登録制度

　2022年の改正により、公認会計士法に「上場会社等に係る財務書類の監査又は証明に関する特則」のセクションが設けられ、上場会社等の財務諸表の監査は、日本公認会計士協会に備える「上場会社等監査人名簿」に登録された者でなければならないとされ、登録及び登録の取消しに関する様々な規定が置かれています。「上場会社等」には、上場会社のほかIPOに際して取引所規則に基づき有価証券の届け出をする者も含まれます。

　公認会計士法には、上場会社等監査人名簿への登録に際して適格性を欠くために登録を拒否しなければならない状況が規定されていますが、その中に、監査事務所が監査業務を公正かつ的確に遂行するに足りる、以下の人的体制その他品質の管理を行うための業務管理体制が整備されていない場合が含まれています（公認会計士法第34条の34の6第1項5号、公認会計士法施行規則第87条）。

人的体制
- 上場会社等の財務諸表の監査業務に関する十分な知識及び経験を有する公認会計士を確保していること（登録の申請者（監査法人の場合は社員の過半数）が公認会計士の登録を受けた後3年以上の当該監査業務の経験を有する者であることを含む）。
- 登録の申請者（監査法人の場合は社員の過半数）は、以下のいずれにも該当しないこと
  - 日本公認会計士協会の調査に協力することを拒否したことがある者又は当該調査に協力することを拒否したことがある監査法人の社員であった者
  - 日本公認会計士協会の調査において協会の会則その他の規則により監査業務の運営の状況に重大な不備があるとして協会の認定を受けた者又は当該認定を受けた監査法人の社員であった者で、当該認定の日から3年を経過しない者

品質管理の体制
- 業務の品質の管理に係る専任の部門の設置又は業務の品質の管理に主として従事する公認会計士（監査法人の場合は社員）の選任

　さらに、登録上場会社等監査人は、登録後も当然に監査業務を公正かつ的確に遂行する人的体制その他品質の管理を行うための業務管理体制の整備が求められますが、加えて、品質管理の状況を評価しその結果を公表する体制の整備が求められています（公認会計士法第34条の34の14）。これは、監査に関する品質管理基準の改訂に伴い、監査事務所に対して、特定の基準日における品質管理システムの有効性の評価を行いその結果の公表を義務付けていることに対応したものです。公表は業務の状況説明書類（Q57(1)参照）において、品質管理システムの評価結果及びその理由、品質管理の目的が達成されているという合理的な保証が得られないという評価結果の場合にはその改善措置の内容を記載することにより行われますが、適切な評価及び公表に向けての体制の整備が必要とされています（公認会計士法施行規則第93条）。そのほか、監査事務所の情報開示の充実を図るため、登録上場会社等監査人は、監査事務所の概況及び品質管理の状況等を理解するために有用な事項を公表する体制（同第95条）や、監査法人ガバナンス・コードに沿って業務を実施する体制及びその適用状況を公表するための体制の整備が求められています（同第96条）。
　このような公認会計士法の改正に伴い、日本公認会計士協会から「上場会社

等の監査を行う監査事務所の適格性の確認のためのガイドライン」（2023年6月制定、2024年8月改正）が公表され、品質管理レビューを行うにあたり監査事務所が上場会社等の監査を公正かつ的確に実施する体制を備えているかどうかを判断するに当たっての着眼点及び判断基準が示されています。

Q55 日本公認会計士協会の品質管理レビューは、どのように行われているのでしょうか。

A 品質管理レビューには、通常レビューと特別レビューがあります。品質管理レビューでは、監査事務所としての品質管理の方針及び手続の整備・運用状況を確認するとともに、監査事務所が実施している監査業務からいくつかの業務を選定して、個々の監査業務に監査事務所の方針及び手続が運用されているかどうかを確かめています。レビューの結果、監査事務所の品質管理システムについて、改善が必要と認められる事項（改善勧告事項）が識別された場合は、改善勧告書により改善勧告が行われ、当該監査事務所には改善状況の報告が求められます。

解 説

(1) 品質管理レビューの種類と概要

　監査契約を締結している監査事務所全てが品質管理レビューの対象になりますが、レビューの目的や対象の相違から、品質管理レビューは通常レビュー、特別レビュー及び登録審査のためのレビューに分類されています。通常レビューと特別レビューの目的等は**図表1**のとおりです。

　通常レビューは、公認会計士法上の大会社等及び一定規模以上の信用金庫等を監査している監査事務所（約220事務所）を対象として実施されており、該当する監査事務所は、原則として3年に一度の頻度で通常レビューを受けています。2020年6月までは、通常レビューは、定期的に実施するレビュー（定期レビュー）と臨時に実施するレビュー（機動レビュー）に区分されていました。2020年7月以降はこの区分はなくなり、通常レビューを最長5年の範囲で柔軟に伸長・短縮することで対応しています。

　特別レビューは、特定分野又は特定の監査業務に係る品質管理システムについてレビューを実施する必要があると品質管理委員会が判断した場合に、業界横断的に臨時的に行われるものです。2014年に創設され、2020年度に実施要件が緩和されるまでは実施が限定されていました。旧制度下での実施例は、2016年に、度重なる会計不祥事の発覚を契機として監査に対する社会的信頼を損な

図表1　品質管理レビューの種類

種類	通常レビュー	特別レビュー
目的	監査事務所のリスク評価プロセスを含む品質管理システムの整備・運用状況を確認する。 登録上場会社等監査人に対する通常レビューにおいては、上場会社等の監査人として適格性を併せて確認する。	特定の分野又は特定の監査業務に係るリスク評価プロセスを含む品質管理システムの整備・運用状況を確認する。
実施頻度	原則として3年に一度の頻度で実施する。なお、品質管理委員会の判断に基づき、実施頻度を短縮又は伸長して実施する場合がある（ただし、少なくとも5年に一度の頻度で実施）。	品質管理委員会が必要と認める場合に、以下の事項などについて適時に確認するために実施する。 ・監査事務所の品質管理体制 ・監査実施状況 ・特定のテーマ
対象監査事務所	公認会計士法上の大会社等＊及び一定規模以上の信用金庫、信用協同組合又は労働金庫を監査している監査事務所	監査契約を締結している全ての監査事務所
手法	往査	往査、聴取又は書面

＊公認会計士法第24条の2に定められている。詳細はQ10のコラム「社会的影響度の高い事業体（PIE）とは」の項参照。

出所：日本公認会計士協会「自主規制レポート　品質管理レビュー制度編」（2024年6月）第1部制度の概要P.4を基に作成

うおそれがある事態に陥ったとの判断から、不正リスク（特に経営者による不正な財務報告の可能性）や会計上の見積りなどに関する品質管理に焦点を当てたレビューが実施されました。実施要件が緩和された2020年度以降は、監査人の交代や監査法人の合併に伴う品質管理の状況又は過年度訂正の監査の状況を確認するために、件数は限られますが特別レビューが実施されています。

　このほかに、上場会社等監査人登録審査会からの要請に基づき、上場会社等監査人名簿への登録の審査のために行われるレビューがあります。上場会社等監査人名簿への登録申請者及び登録上場会社等監査人であって上場会社等との監査契約を有さない監査事務所に対して、上場会社等の監査人としての適格性とともに監査事務所のリスク評価プロセスを含む品質管理システムの整備の状況が確認されます。

⑵　通常レビューの実施方法

　通常レビューは、監査事務所全体の品質管理システムの状況を確認するため、「監査事務所における品質管理のシステム（監査事務所の品質管理システムが、監査に関する品質管理の基準に基づき、どのように整備・運用されているか）」と「監査業務における品質管理（監査事務所が定めた品質管理の方針及び手続が個々の監査業務において適切に運用されているかどうか）」の二つのレベルに分けて実施されます（**図表2**）。運用状況を確かめる監査業務の数は、監査事務所の規模や毎年の品質管理レビューの方針等により変動しますが、毎年、品質管理レビュー全体で150〜250業務程度（大手事務所の場合でも監査事務所当たり15〜20業務程度）がレビュー対象となっています。日本公認会計士協会は、毎年、品質管理レビューの実施状況及び実施結果を公表しています。

図表2　通常レビューにおいて確認する対象とその関係

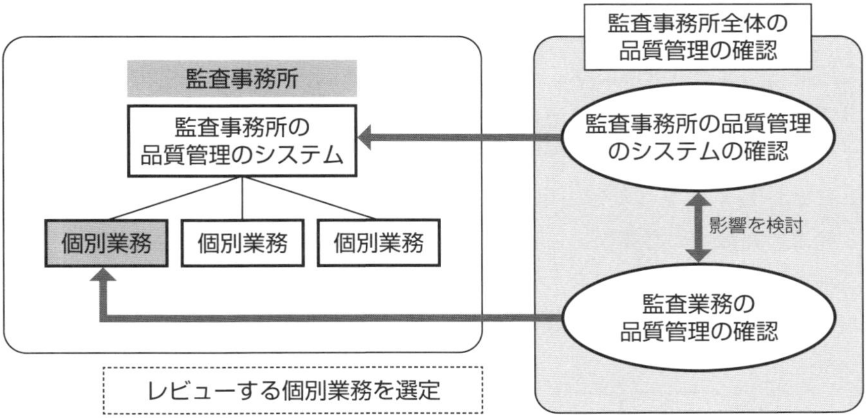

出所：日本公認会計士協会　「自主規制レポート 品質管理レビュー制度編」（2024年6月）第1部　制度の概要P.5

　2021年改正の品質管理の基準（Q53参照）の適用後は、従前からの確認項目に、監査事務所のリスク評価プロセス（品質目標の設定、品質リスクの識別・評価、及び品質リスクへの対処の状況）や品質管理システムの有効性の評価の状況などが追加されました。また、上場会社等の監査人として適格性を確認するための項目も加わり、以下の18項目に分類して品質管理システムの整備・運用状況の確認が行われます。

- 品質管理システムの構成
- ガバナンス及びリーダーシップ
- 情報セキュリティ
- 契約の新規の締結及び更新
- 業務の文書化
- 監査事務所の業務運営に関する資源
- 品質管理システムのモニタリング及び改善プロセス
- 品質管理システムの評価
- 監査事務所間の引継

- 監査事務所のリスク評価プロセス
- 監査事務所における法令遵守
- 職業倫理及び独立性
- 業務の実施
- 審査
- 情報と伝達
- ネットワークの要求事項又はネットワーク・サービス
- 品質管理システムの文書化
- 共同監査

　品質管理レビューの質を確保するため、品質管理委員会は品質管理レビュー基準やレビュー手続書を整備しており、また、毎年、品質管理レビューを計画するに当たって、通常レビューの重点的実施項目（必ず確認する項目）を策定しています。ここ数年の傾向として、品質管理レビューにもリスクベースの考え方が強く反映されるようになり、レビュー実施前の情報収集や分析を強化し、リスクの高い領域のレビューに重点的にレビューの時間を割くようになっています。また、監査に会計・監査以外の専門知識が必要になってきたことから、レビュー対象となった監査事務所や監査業務の特性（IT、金融、資産評価などの専門知識等の必要性）に適合するレビューチームが組成できるように工夫されています。日本公認会計士協会には約40名の常勤のレビューアーが在籍しており、年間70〜90事務所の通常レビューが実施されています。

コラム　品質管理レビュー制度の改正

　品質管理レビュー制度は、制度創設以来、監査の品質管理を取り巻く環境の変化に対応するため継続的に改正されています。

- **品質管理レビューの性格**

　品質管理レビューの性格は、日本公認会計士協会の会則において規定されていますが、当初の「指導的又は教育的性格」から2005年度（2005年7月1日〜2006年6月30日）に「指導的性格」に、さらに2015年度に品質管理レビュ

ーの結果に基づく措置制度を導入するなど監督機能が強化されたことを反映して、その性格は「指導及び監督」に変更となりました。2023年度には、公認会計士法の改正により上場会社等監査人登録制度において品質管理レビューの結果が名簿登録・取消しの重要な判断材料となることから、「指導及び監督（監督上の措置を含む）」に変更されました。

・レビュー対象の監査事務所の範囲

当初は上場会社を監査している監査事務所を対象にしていましたが、2005年度より公認会計士法の大会社等を監査している監査事務所に拡大し、さらに2011年度には一定規模以上の信用金庫、信用協同組合及び労働金庫の監査を実施している監査事務所が通常レビューの対象に加わりました。

・レビューの種類

2007年度に、レビューの結果、改善勧告事項がある場合にその改善状況を翌年度に確かめるフォローアップ・レビューを実施することにしたほか、2015年度に従来の定期的に行う品質管理システムのレビューに加え、機動的に品質管理システムのレビューを行う機動レビュー及び特定分野又は特定の監査業務に係る品質管理システムについてレビューを実施する特別レビューの制度が新設されました。

　その後、2020年度より、よりリスクベースで品質管理レビューを実施することを目的として、実施頻度の見直しとともに機動レビューを通常レビュー（定期レビュー）に一本化しました。また、フォローアップ・レビューを廃止し、改善措置の実施状況の確認方法にもメリハリをつけ、重要な不備事項がある場合は原則翌年度に通常レビューを実施することとする一方で、重要な不備事項がない場合は書面による改善状況の報告にするなどの対応が図られました。また、特別レビューの実施要件に含まれていた「監査に対する社会的信頼が損なわれるおそれ」が削除され、特別レビューの実施要件を緩和して再構成し、品質管理委員会が必要と認めた場合に、監査意見の表明前後を問わず、適時にレビューを実施することが可能となりました。

・レビューの頻度

通常レビューは、原則として３年に一度実施するという原則に基づき実施されてきましたが、大手監査法人（上場会社の監査業務が100社以上あり、かつ専門要員が1000人以上の監査事務所）は２年に一度とされていました。2020年度からは、通常レビューの種類の見直し（定期レビューと機動レビューを一本化）とともに、全ての監査事務所について原則どおり３年に一度実施す

ることとし、品質管理レビューの結果に応じて品質管理委員会の判断で実施頻度を変更できることとされました。つまり、リスクベースで品質管理レビューを実施するという基本的な考えに立ち、通常レビューの結果次第で翌年度に連続してレビューを実施することも、反対に最長5年目までレビューの実施時期を延長することも可能となりました。

- **レビュー結果**

2019年度までは、監査事務所の品質管理システムの状況について、「限定事項のない結論（重要な事項が見受けられない場合）」「限定事項付き結論（重要な事項が見受けられ、重要な準拠違反が発生している相当程度の懸念がある場合）」「否定的結論（重要な事項が見受けられ、重要な準拠違反が発生している重大な懸念があり、かつ、個別監査業務において極めて重要な準拠違反がある場合）」のいずれかの結論を品質管理レビュー報告書に記載することとされていました。2020年度より、従来記載されてきた結論の意義・内容を理解することが一般に困難であるという指摘に基づき、レビューの結論は廃止され、品質管理システムの整備・運用状況に関する「極めて重要な不備事項」又は「重要な不備事項」の有無を記載する方法に変更されました（Q56参照）。

- **改善勧告書と改善計画書の提出義務**

品質管理レビューの結果、改善すべき事項が識別された場合は、品質管理レビュー報告書とは別に改善勧告書が作成されます。2019年度までは、監査事務所は、改善勧告事項に関して改善計画書を策定して日本公認会計士協会の品質管理委員会に提出し、この改善計画書に沿って、翌年にフォローアップ・レビューが行われていました。2020年度より、「極めて重要な不備事項」又は「重要な不備事項」がある場合にのみ、改善計画書の提出を求めることとし、不備の程度が重要ではない場合は監査事務所の自主的な改善に委ねることとされました。なお、改善勧告書の交付を受けた監査事務所は、不備の程度にかかわらず、翌年度に改善状況報告書の提出が求められます（Q56参照）。

- **レビュー結果に基づく措置**

品質管理の質的水準が不十分な監査事務所に対して改善に向けた自助努力を促すとともに、その状況を監督することが必要であることから、品質管理レビューの結果に基づき2015年度より措置の制度が導入されています。措置には、「注意」「厳重注意」「辞退勧告」の三つがありますが（Q56参照）、2020年度にレビューの結論が廃止されたことに伴い、措置の決定に関する見直しが行われました。翌年度以降の不備の改善が不十分な場合は措置が一段階ずつ厳し

くなる点に変更はありませんが、同一の「不備事項」が度重なる指摘を受けても改善されないときは、「重要な不備事項」に相当するものとして「重要な不備事項」の措置を検討するなど、取扱いが変更されています。また、上場会社等の監査人である監査事務所については「辞退勧告」が決定された場合に「上場会社監査人名簿等の登録取り消し」が決定されるという、シンプルな措置になりました。

品質管理レビュー（通常レビュー）の結果は、監査事務所にどのように伝達されるのですか。

A 実施した品質管理レビュー手続の結果、識別された不備事項は「極めて重要な不備事項」「重要な不備事項」「不備事項」の3段階に評価され、「極めて重要な不備事項」又は「重要な不備事項」の有無を記載した品質管理レビュー報告書が発行されます。この報告書とは別に、品質管理のシステムの改善を促すため、3段階の全ての不備事項が記載された「改善勧告書」が作成され、品質管理レビュー報告書と併せて監査事務所に交付されます。

　また、監査に対する社会的信頼を維持するため、品質管理レビューの結果の程度に基づき、「注意」「厳重注意」又は「監査事務所が実施する監査業務の全部又は一部の辞退勧告」の3種類の措置が行われます。さらに、上場会社の監査を実施している監査事務所に対しては、品質管理レビューの結果「辞退勧告」の決定が行われた場合は、上場会社監査人名簿の登録が取消されます。なお、「極めて重要な不備事項」又は「重要な不備事項」については、その概要が上場会社監査事務所名簿に開示されます。

解 説

(1)　発見事項の評価

　実施した品質管理レビュー手続の結果、品質管理システムの整備・運用状況について、職業的専門家としての基準及び適用される法令等に対する準拠違反が生じている懸念がある場合、不備事項として扱われ、その重要度に応じて「極めて重要な不備事項」「重要な不備事項」又は「不備事項」の3段階に評価されます（**図表1**）。

　「重要な不備事項」又は「極めて重要な不備事項」に該当するかどうかは、**図表2**の要件のいずれかに該当するか否かで判断されます。2021年の監査に関する品質管理の基準の改正に伴い、要件1に監査事務所のリスク評価プロセスの整備状況が追加されました（改正品質管理基準の適用時期については、Q53(2)参照）。

図表1　発見事項の分類

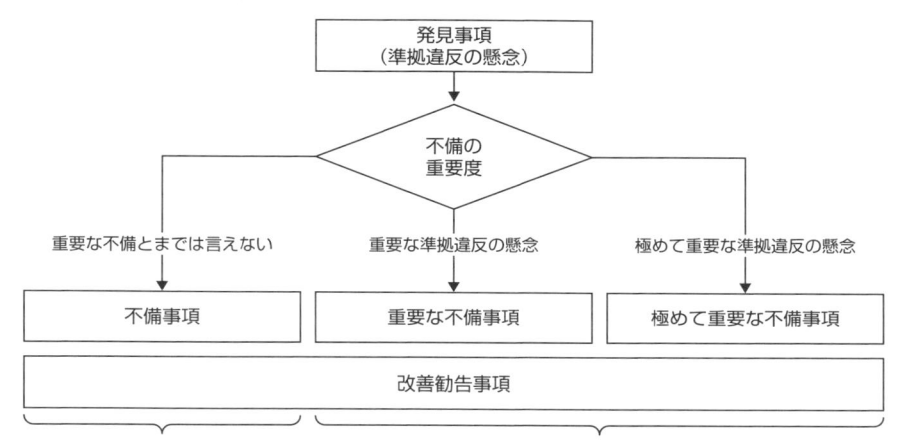

- ●品質管理レビュー報告書において言及されない。
- ●準拠違反の程度が軽微である場合を除いて改善勧告書に記載される。
- ●監査事務所の自主的な改善に委ねられ、原則として書面による改善状況の報告が監査事務所に求められる。

- ●品質管理レビュー報告書に該当する事項があったこと及びその概要が記載される。
- ●改善勧告書に詳細が記載され、監査事務所が策定した改善計画書に沿って改善が実施されているかについて翌年に確認される。

図表2　「重要な不備事項」と「極めて重要な不備事項」の要件

改正前の品質管理の基準	2021年改正品質管理の基準
●要件1：以下のいずれかである場合	●要件1：品質管理システムの整備について以下のいずれかの事実がある場合
―	－監査事務所によるリスク評価プロセスのデザインと適用が不適切で、その程度（品質管理システムにおける重要性・範囲等）が【重要である／極めて重要である】と認められる場合
－品質管理のシステムを構成する必要な方針と手続が監査事務所によって定められておらず、その程度（品質管理システムにおける重要性・範囲等）が【重要である／極めて重要である】と認められる場合	
－監査事務所の定めた方針と手続の内容が不適切又は不十分であり、その程度（品質管理システムにおける重要性・範囲等）が【重要である／極めて重要である】と認められる場合	
●要件2：監査事務所が定めた品質管理のシステムを構成する必要な方針と手続の実施状況が不適切又は不十分な事実が認められ、その程度（当該事実の性質、原因、発生形態、頻度等）が【重要である／極めて重要である】と認められる場合	
●要件3：監査事務所が実施した監査業務において、監査事務所の品質管理のシステム、職業的専門家としての基準及び適用される法令等に対する【重要な／極めて重要な】準拠違反が発生している懸念があると認められる場合	

出所：日本公認会計士協会　「品質管理レビュー制度等の解説」（2023年7月）等を基に作成（図表1・2共通）

⑵　品質管理レビュー報告書と改善勧告書

　品質管理レビューの結果の監査事務所への伝達は、レビューの結果を簡潔に記載した品質管理レビュー報告書と、不備事項の改善を促す「改善勧告書」の二つの書面により行われます（**図表3**）。

●品質管理レビュー報告書

　品質管理レビュー報告書には、品質管理レビュー対象期間末日における品質管理システムの整備状況及びレビュー対象期間における運用状況について、「重要な不備事項のない実施結果」「重要な不備事項のある実施結果」「極めて重要な不備事項のある実施結果」のいずれかの実施結果が記載されます。上場会社等監査人として登録している監査事務所の場合は、品質管理レビュー対象期間末日における品質管理システムの整備状況において、公認会計士法で上場会社等監査人に求められている業務管理体制に関する事項を遵守していないと認められる「重要な不備事項」又は「極めて重要な不備事項」の有無についても記載されます。なお、重要な品質管理レビュー手続が実施できないなど実施結果を表明する基礎が得られない場合には、実施結果は不表明となります。

●改善勧告書

　通常レビューの結果が「重要な不備事項のある実施結果」又は「極めて重要な不備事項のある実施結果」である場合は、不備事項の詳細な内容と共に、当該不備に対して必要な改善措置を記載した改善勧告書が監査事務所に交付されます。「重要な不備事項のない実施結果」の場合も不備事項があるときは、監査事務所に不備事項を指摘し自主的な改善を促すために、不備事項の内容を記載した改善勧告書（原則、必要な改善措置までは記載しない）が交付されます。このように、3段階の全ての不備事項について改善勧告書が作成されますが、記載内容は不備の重要度に応じた内容となっています。

　改善勧告事項は、監査事務所の品質管理システムの整備・運用状況に関するものと選定された監査業務における品質管理に関するものに分けて記載されます。

　なお、「重要な不備事項のない実施結果」の場合であっても、ほとんどの監査事務所において改善が必要な事項が識別され、改善勧告書が交付されています（Q58コラム参照）。

　改善勧告書の交付を受けた監査事務所は、指摘された不備事項を改善しなければならず、改善勧告事項の重要度に応じた対応が求められます（**図表4**）。

図表３　品質管理レビュー報告書及び改善勧告書並びに改善計画書

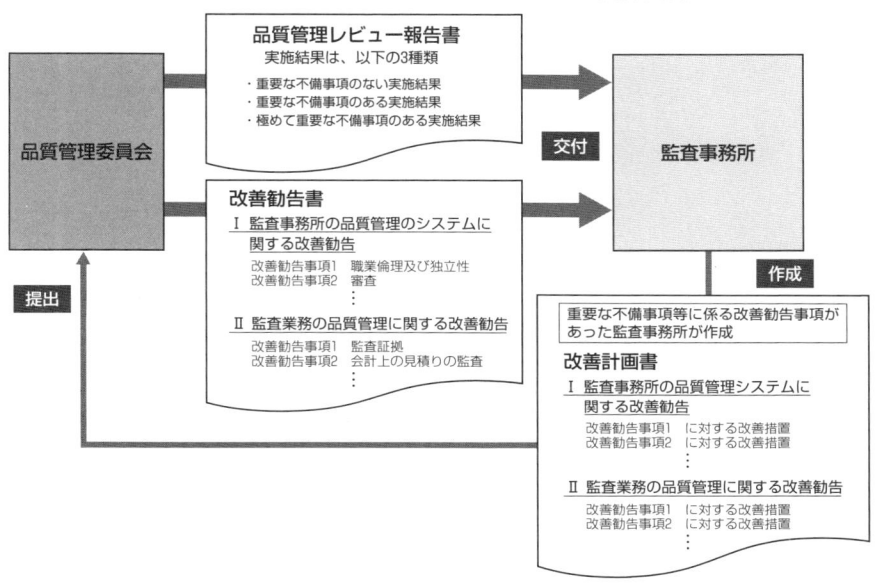

出所：日本公認会計士協会「自主規制レポート　品質管理レビュー制度編」（2024年６月）第１部　制度の概要P.9

改善状況の確認が行われた場合は、確認結果報告書が監査事務所に交付されます。

図表４　不備事項への対応

不備事項の区分	改善計画書の提出	改善状況報告書の提出	改善状況の確認
「極めて重要な不備事項」又は「重要な不備事項」がある場合	監査事務所は計画している改善措置を記載した改善計画書を速やかに作成し、品質管理委員会に提出する。	監査事務所は、品質管理レビューの翌年度に改善勧告事項に対する改善状況を記載した改善状況報告書を品質管理委員会に提出する。	品質管理委員会は、通常レビュー又は前年度の通常レビューの一環として改善状況を確認する。
「不備事項」のみの場合	監査事務所の自主的改善に委ね、改善計画書の提出は不要		品質管理委員会は、監査事務所の自主的改善に対する懸念又は改善不十分の懸念が認められた場合のみ、改善状況を確認する。

出所：日本公認会計士協会　「自主規制レポート　品質管理レビュー制度編」（2024年６月）第１部　制度の概要P.12及び「品質管理レビュー制度等の解説」（2023年７月）を基に作成

(2)　品質管理レビューの結果に基づく措置

　品質管理レビューの結果に応じて監査事務所に対して措置が決定されます（**図表5**）。措置の種類は、「注意」「厳重注意」又は「監査事務所が実施する監査業務の全部又は一部の辞退勧告」の3種類です。指摘された不備事項の程度や同一の不備事項の改善状況を確認した結果、改善が不十分であった場合には、原則として、措置が一段階ずつ厳しくなります。なお、監査事務所が正当な理由なく品質管理レビューを拒否又は非協力的であった場合には、品質管理レビューの回数に関係なく辞退勧告となります。

図表5　品質管理レビューの結果に基づく措置

指摘事項	品質管理レビュー 1回目	品質管理レビュー 2回目	品質管理レビュー 3回目以降
極めて重要な不備事項	辞退勧告(注1)(注2)	辞退勧告(注2)	辞退勧告(注2)
重要な不備事項	厳重注意(注1)	辞退勧告(注1)(注2)	辞退勧告(注2)
不備事項	措置なし	注意	厳重注意

（注1）監査事務所の規模、上場会社監査の有無、レビューの回数、過年度のレビュー結果等の個別事情に応じて、軽減した措置を決定することがある。
（注2）上場会社監査人に対して辞退勧告の措置が講じられた場合、当該上場会社等監査人等の登録の拒否又は登録の取消しが、上場会社等監査人登録審査会において審議され、判断されることとなる。
出所：日本公認会計士協会　「自主規制レポート　品質管理レビュー制度編」（2024年6月）第1部制度の概要P.12及び「品質管理レビュー制度等の解説」（2023年7月）P.31を基に作成

Q57 監査役等は、監査事務所の品質管理システムをどのような方法で評価すればよいのでしょうか。

A 監査人は監査役等に対して監査事務所の品質管理システムについて書面により説明することが求められていますので、監査チームとの協議を通じて得た理解が監査事務所の品質管理システムの評価の基礎となります。

監査チームは、毎期、監査事務所が外部向け説明資料として用意している文書を用いて説明することが多いと思われます。監査役等は、そのような説明文書や口頭での説明を基に、まず、品質管理に関してどのような方針及び手続が整備されているのか、変更点がある場合はどのような変更がなされているのかを理解します。次に、実際にそれらの方針及び手続がどのように運用されているのかについて、自社の監査チームにどのように適用されているかを質問等により確かめます。

解 説

(1) 監査事務所の品質管理システムに関する監査チームからの説明

監査チームは、公認会計士法の大会社等（Q10コラム「社会的影響度の高い事業体（PIE）とは」参照）又は会計監査人設置会社等の監査の場合、監査役等に対して、監査事務所の品質管理システムの整備・運用状況の概要を書面により伝達することが求められています。その際、日本公認会計士協会により実施された品質管理レビューの結果や、公認会計士・監査審査会（CPAAOB）により行われた検査結果、規制当局又は日本公認会計士協会による懲戒処分の内容を含めることが求められています（監基報260）。

監査事務所の品質管理システムに関する説明文書は、過去の経緯から、以下のように複数あります。かつては監査事務所の運営がどのように行われているかは外部からは見えづらい状況でしたが、監査の品質への関心の高まりを受けて、一般に公表される情報が充実してきています。

- 会社法　会社計算規則第131条に基づく監査役等への通知（2005年の改正以降。旧159条）

監査人は、特定監査役等に対して「会計監査人の職務遂行に関する事項」を通知することが求められています。「会計監査人の職務遂行に関する事項」は、「監査に関する品質管理基準」に沿った、監査事務所の品質管理システムを指しています。この報告を受けて、監査役等は、監査役等の監査報告において、「会計監査人の職務の遂行が適正に実施されることを確保するための体制に関する事項」を記載することが求められています。

- 公認会計士法（2007年及び2023年改正）に基づく説明書類の公衆縦覧

監査法人及び公認会計士法上の大会社等の監査を個人で行う公認会計士は、業務の状況に関する説明書類（業務の執行の適正の確保、業務の品質の管理の状況を含む）を作成し、公衆縦覧に供することが求められています。上場会社等監査人の場合は、説明書類に監査事務所が実施した品質管理システムの評価結果を記載することが求められています。日本公認会計士協会のWebサイトの「登録上場会社等監査人情報」のページに各監査事務所の直近の説明書類が掲示されています。

- 監査法人のガバナンス・コード（2017年公表、2023年改正）に基づく情報開示の要請

監査法人のガバナンス・コードは、本コードの適用状況や監査品質の向上に向けた取組みについて、一般に閲覧可能な文書で外部に公表することを要請しています。上場会社等監査人は本コードを適用することが求められており、「監査品質に関する報告書」などの名称で各監査法人のWebサイトに文書を公表しており、その中に品質管理システムに関する記述が含まれています。

(2)　監査チームとの協議

監査事務所の品質管理の方針及び手続は、毎年大きく変更されることは想定しにくく、継続監査の場合、監査チームから毎年同じような説明を受けることになりがちです。また、監査事務所が、会社法、監査法人のガバナンス・コードそれぞれに対応するために、別々に文書を作成している場合、内容の重複感もあります。

会社計算規則上は、品質管理システムの状況を「会計監査報告の内容の通知に際して」通知するとされていますが、実務上は、監査人の選任又は再任の決定時に監査事務所の品質管理の状況を検討しているものと思われますので、通

知のタイミングを期末監査の意見形成時に固定する必要は必ずしもないと考えられます。また、会社計算規則では、全ての監査役等が既に知っている場合は、通知は不要とされており、ある程度柔軟な対応が可能となっています。したがって、監査事務所の品質管理の状況に大きな変更があったときは適時に説明を受けるようにしておく必要はあるものの、監査チームとの年間のコミュニケーションの計画を立てるときに、どのタイミングでの説明が適切かをあらかじめ協議しておくことも可能と思われます。

また、自社の監査人である監査事務所だけでなく、一般に公表されている他の監査事務所の品質管理システムの説明文書や日本公認会計士協会又は公認会計士・監査審査会（CPAAOB）の年次報告などに目を通すことにより、監査事務所の品質管理システムとしてどのようなことが求められているのかについての理解が進むと思われます。ただ、どの監査事務所も、品質管理の基準に沿って品質管理システムを整備・運用している旨を述べますので、特徴（強み・弱み）を把握しづらいかもしれません。

そこで、監査役等は、通り一遍のコミュニケーションにならないように、前年の監査チームの説明や一般に開示されている資料などから、より知りたいことを事前に準備し、具体的に監査チームに質問することが考えられます。また、監査事務所の品質管理の方針及び手続が、自社の監査チームにどのように適用されているかという視点から監査チームに質問すると、具体的なイメージがわき、運用状況を確認することにもつながります。例えば、監査チーム編成に当たっての考え方、監査責任者（監査法人であれば業務執行社員）の監査経験やパートナー・ローテーションの方針及び監査チームの主要メンバーのアサイメントの方針のほか、審査担当者の選任状況や上位の審査機関の受審要件の概要と受審状況、並びにITや年金数理人又は資産評価などの専門家の関与の状況及び専門的見解の問合せの適用状況などを質問することにより、監査事務所の方針や手続の運用状況を確認でき、監査品質を判断するための材料にもなります。

⑶　日本公認会計士協会の品質管理レビューや公認会計士・監査審査会（CPAAOB）の検査に関する報告

監査チームの説明に含まれる日本公認会計士協会の品質管理レビューや公認会計士・監査審査会（CPAAOB）の検査に関する報告も、監査事務所の品質

管理システムの理解を深める良い材料となります。品質管理レビューと検査は、実施対象となる監査事務所や実施方法、報告のスタイルが異なっていますので、それらの違いを踏まえた上で、指摘事項を適切に理解し、自社の監査の品質向上に向けて監査チームと協議をすることが重要です。

　なお、日本公認会計士協会及び公認会計士・監査審査会（CPAAOB）は、毎年、それぞれが実施した品質管理レビュー又は検査の結果を総括した年次報告をそれぞれのWebサイトで公表しています。これらは、日本の監査事務所の品質管理の全体的な傾向を把握するために有用な資料となっていますので、監査チームからの説明の背景情報として活用することをお勧めします。

Q58 日本公認会計士協会の品質管理レビューの結果に関して、監査役等は、どのような点に留意すればよいのでしょうか。

A　監査人から、日本公認会計士協会の品質管理レビューの状況について説明を受けた際、監査役等は、品質管理レビューの結果及び改善勧告事項の有無を確認します。「極めて重要な不備事項」又は「重要な不備事項」を含む、改善勧告事項がある場合は、その内容を理解し、自社の監査に同様の問題がないかについて監査チームと協議することが有用です。自社の監査が品質管理レビューの対象に選定されており、かつ改善勧告事項があるときは、進行期の監査に反映できるように、改善に向けて監査チームがどのように取り組もうとしているのか、及び会社側で対応が必要な点はないかどうかについて、監査品質向上に向けてできるだけ早い段階で協議することが重要です。指摘されている不備事項の深刻度合いに応じて、監査役等の対応も異なってきます。

解説

(1) 品質管理レビューの結果の伝達（図表1）

　品質管理レビューに関する情報は、監査役等にとって、監査事務所以外の第三者から得られる監査の品質に関する貴重な情報であり、監査品質の向上に向けて監査チームとの協議に役立てていく必要があります。監査人は、以下のように、監査役等に対して直近の品質管理レビューの状況について報告することが求められています（監基報260）。

(2) レビューの実施結果

　品質管理レビューの対象は、あくまで監査事務所の品質管理システムの整備・運用状況です。したがって、「極めて重要な不備事項のある実施結果」又は「重要な不備事項のある実施結果」であっても、その監査事務所の過去の監査意見が全て誤っているということを意味するものでもなく、また、過去の監査済財務諸表に訂正が必要ということを意味するものでもありません。ただし、品質管理レビューの実施結果が芳しくないほど、監査事務所の品質管理システムの

図表1　品質管理レビューの結果の伝達内容

対　象	内　容
対象となるレビュー報告書等	・直近の品質管理レビュー報告書及び改善勧告書の日付（過去に受領していない場合はその旨） ・改善状況の確認結果報告書の日付
レビュー報告書等の内容及び対応状況	・品質管理レビューの実施結果及びその結果に基づく措置 ・改善状況の確認結果及びその結果に基づく措置
	・監査事務所における品質管理に関する「極めて重要な不備事項」、「重要な不備事項」及び「不備事項」の有無、当該事項があった場合には、その内容の要約及び監査事務所の対応状況 ・個別の監査業務における品質管理に関する「極めて重要な不備事項」、「重要な不備事項」及び「不備事項」の有無、当該事項があった場合はその内容の要約（領域及び全般的な傾向）及び監査事務所の対応状況
	・品質管理レビューの対象業務として選定されたかどうかの事実 ・選定された場合は、当該監査業務における品質管理に関する「極めて重要な不備事項」、「重要な不備事項」及び「不備事項」の有無、当該事項があったときは、その内容の要約及び対応状況

出所：日本公認会計士協会　監基法260を基に作成

整備・運用状況に重要な準拠違反が生じている懸念が高くなりますので、監査役等において慎重かつ迅速な対応が必要になります。

①　「極めて重要な不備事項のある実施結果」の場合

　監査役等は監査チームと協議し、まず、この実施結果の原因となった事項が自社の過年度の監査にどの程度関連するのかを把握する必要があります。関連性が認められる場合は、過年度の監査意見の基礎となる十分かつ適切な監査証拠を新たに入手するために追加的な監査手続を実施する必要があるのかについての監査チームの見解を聞き、どのように対応するのかを協議する必要があると考えられます。原因となった事項の内容によっては、過年度の財務諸表の訂正が必要かどうかの協議に及ぶことも考えられます。

　なお、「極めて重要な不備事項のある実施結果」が記載された品質管理レビュー報告書を交付された監査事務所は、原則として「監査事務所が実施する監査業務の全部又は一部の辞退勧告」の措置となり、上場会社等監査事務所登録名簿から登録が取り消される可能性があります（Q56(2)参照）。上場会社等登録審査会により登録取消の判断がなされた場合は、当該監査事務所は上場会社との監査契約を継続することはできなくなります。したがって、上場会社の場合には新たな監査人の選任が必要になります。

② 「重要な不備事項のある実施結果」の場合

　「極めて重要な不備事項のある実施結果」の場合と同様に、重要な不備事項と自社の過年度の監査との関連、過年度の監査意見の基礎となる監査証拠を入手するための追加手続の要否及び過年度財務諸表の訂正の要否について、監査チームから説明を受けて対応を協議する必要があります。

　「重要な不備事項のある実施結果」になった場合、重要な不備事項を改善していくことを前提に監査業務を行うことは認められていますので、上場会社の場合であっても、直ちに監査人の交代が必要というわけではありません。しかし、品質管理レビューを重ねても改善が不十分であれば、「厳重注意」から「監査事務所が実施する監査業務の全部又は一部の辞退勧告」に措置が重くなり、上場会社等監査事務所名簿からの登録抹消にもつながる可能性もあるため、監査役等においては慎重な評価が必要になります。また、「重要な不備事項のある実施結果」になる監査事務所は少数ですので、監査役等としては、重要な不備事項への改善の取組みについて監査チームにしっかりと確認することになります。場合によっては、業務執行社員（監査責任者）だけでなく、監査事務所の経営者にも面談を求め、監査事務所が真摯に改善に取り組んでいることを確認することが必要になるかもしれません。重要な不備事項への取組や、重要な不備事項が生じてしまった監査事務所の組織風土を含め、監査人を適切に評価することが必要と考えられます。

③ 「重要な不備事項のない実施結果」の場合

　監査事務所の品質管理システムの整備・運用状況について大きな問題点はなかったということです。しかしながら、品質管理に全く課題がないという状況は一般的にまれですので、品質管理システムの改善勧告事項の有無を確かめ、それらを総合的に勘案することが監査品質の向上にとって有益と言えます。なお、重要ではない不備事項であっても、それが改めて不備事項とされた場合には、「重要な不備事項」とみなして措置を決定することができるとされています。

　なお、自社の監査業務が品質管理レビューの対象業務として選定されていた場合には、「極めて重要な不備事項」「重要な不備事項」又は「不備事項」の有無を把握する必要があります。いずれの不備事項も自社の監査についての直接

315

的な改善が必要な点が指摘されていますので、監査チームとどのように改善を図るのかについて、会社側で改善を要する点の有無を含めて協議することが必要です。「極めて重要な不備事項」又は「重要な不備事項」の場合は、会社側の体制に改善が必要な可能性も高くなりますので、監査役等は最高財務責任者（CFO）や経理部門等と協議し、適切な監査が実施されるように速やかな対応が必要と考えられます。

(3)　改善勧告事項への対応

　自社の監査業務が品質管理レビューの対象業務として選定されていない場合であっても、監査チームから、監査事務所が実施している他社の監査業務について指摘された改善勧告事項の概要（改善が必要な監査の領域と全般的傾向）が伝達されます。監査役等は、監査事務所が受けた改善勧告事項が自社の監査に共通する点がないかどうかを、監査チームと協議を行うことが考えられます。特に、改善勧告事項の領域や内容が、自社の重点監査項目に関わるものであれば、自社の監査においても留意すべき点が含まれている可能性が高いと考えられます。例えば、会計上の見積り（経営者の使用している仮定やデータの信頼性の検討）、不正リスクの識別・評価、グループ監査に関する指摘は多くの監査に共通することが多いため、監査チームがどのように受け止めているかの質問は有益と考えられます。また、監査事務所レベルの品質管理に係る改善勧告事項（例えば、監査事務所としての監査人の独立性を遵守するための方針及び手続に関する改善勧告事項）がある場合、自社の監査に及ぼす影響を評価することが必要となります。

　さらに、毎年の品質管理レビューにおいてどのような内容の改善勧告事項が指摘されているのかについては、日本公認会計士協会から毎年公表されている「品質管理レビュー事例解説集」に具体的に記載されています。この「事例解説集」は、2017年度から公表されているものですが、改善勧告事項の内容がかなり具体的に示されていますので、我が国の監査に共通する課題を知る上で有益な情報を提供しています。監査チームからの説明だけでは具体的なイメージがわかないような場合は、一読することをお勧めします。

| コラム | 品質管理レビューの実施状況及び結果 |

2020年度より品質管理レビュー制度が改正されましたが、通常レビューの実施結果及び改善勧告事項の生じた監査事務所の割合は以下のとおりです。「極めて重要な不備事項」又は「重要な不備事項」が指摘される監査事務所は年間数件しかありませんが、ほとんどの監査事務所で何らかの不備事項が指摘され、改善勧告書を受領していることが分かります。

通常レビューの結果

年度	監査事務所の区分	通常レビュー実施監査事務所数	実施結果の内訳			
			重要な不備事項なし	重要な不備事項あり	極めて重要な不備事項あり	次年度へ繰り越し
2020年度	上場会社監査事務所	38	38	0	0	0
	その他の監査事務所	18	14	2	1	1
	計	56	52	2	1	1
2021年度	上場会社監査事務所	52	47	4	0	1
	その他の監査事務所	24	22	1	1	1
	計	76	69	5	1	2
2022年度	上場会社監査事務所	63	60	1	0	3
	その他の監査事務所	29	24	1	3	5
	計	92	84	2	3	5
2023年度	上場会社監査事務所*	54	52	1	0	0
	その他の監査事務所	32	21	4	7	0
	計	86	73	5	7	0

＊みなし登録上場会社等監査人。なお、2023年度は実施結果の不表明が1件あるため、合計が合わない。

改善勧告事項の状況

年度	レビュー報告書交付監査事務所数	うち、改善勧告事項が生じた監査事務所数	改善勧告事項数	
			監査事務所の品質管理システム	監査業務の品質管理（レビュー対象の監査業務数）
2020年度	57事務所	56事務所	39件	299件（148業務）
2021年度	75	73	69	453（182）
2022年度	89	89	112	577（194）
2023年度	86	86	460	684（176）

出所：日本公認会計士協会　2020年度～2022年度の「品質管理レビューの概要」及び2023年度の「自主規制レポート　品質管理レビュー制度編」第2部　実施状況及び実施結果を基に作成（前ページの表も共通）

　品質管理レビューは毎年重点的実施項目を定めて実施されており、改善勧告事項の領域や数はその影響を受けますが、2023年度において改善勧告事項の発生割合が高い領域（上位5項目）は、下表のとおりです。なお、2023年度の品質管理レビューは、上場会社等監査人登録制度の発足に伴って制定した「上場

監査事務所の品質管理システムに関連する改善勧告事項

改善勧告事項の項目	主な内容	発生割合*	
		2022年度	2023年度
品質管理の全般的体制	・監査業務の品質を重視することの重要性に関する伝達内容について、浸透度合の確認・評価を実施していない。 ・品質管理担当責任者の適格性の判断の根拠となる具体的な要件を定めていない。 ・品質管理責任者の活動内容ごとの実績時間を記録していない。	10%	62%
監査調書の整理及び管理・保存	・最終的な整理後の監査調書の不適切な修正や追加を防止する仕組みが不十分である。	25%	51%
情報セキュリティ	・情報セキュリティに係る全般的な対応について具体的な規程を定めていない。	10%	45%
専門的な見解の問合せ	・専門的な見解の問合せの実施が必要となる具体的な事案、専門的な見解の問合せ先、問合せ先の能力及び適性の評価を含む実施の方針又は手続について具体的に定めていない。	1%	44%
品質管理のシステムの監視（不服と疑義の申立てを含む。）	・不正リスクに関連して、事務所内外から寄せられる情報を受け付ける方法を具体的に定めていない。	10%	42%

＊改善勧告事項の発生割合 ＝ $\dfrac{\text{各項目について改善勧告事項が生じた監査事務所数}}{\text{品質管理レビュー報告書を交付した監査事務所数}}$

会社等の監査を行う監査事務所の適格性の確認のためのガイドライン」に従って実施されています。そのため、監査事務所の品質管理システムに関する改善勧告事項の件数は、112件から460件に大幅に増加していますが、その理由については、「2022年以前は不備事項としていない項目も、上場会社等の監査の更なる品質向上の観点から不備事項として指摘しているため増加」していると説明されています（上場会社等監査人登録制度についてはQ54のコラム参照）。

監査業務の品質管理システムに関連する改善勧告事項

改善勧告事項の項目	主な内容	発生割合*	
		2022年度	2023年度
会計上の見積りの監査	• 固定資産の減損に係る改善勧告事項が最も多く、貸倒引当金、株式の評価、棚卸資産の評価からも改善勧告事項が生じており、具体的には、会計上の見積りに関連する企業及び企業環境、適用される財務報告の枠組み並びに企業の内部統制システムの理解・検討の不足や、経営者が使用した重要な仮定に関するリスク対応手続の検討不足がある。	41%	44%
仕訳テスト	• 不正シナリオと仕訳の抽出条件との関連性の検討が不十分である。 • 抽出された仕訳入力に対する詳細テストが未実施である。	25%	34%
監査証拠	• 企業が作成した情報の正確性及び網羅性に関する監査証拠を入手していない。	22%	31%
不正を含む重要な虚偽表示リスクの識別、評価及び対応（仕訳テストを除く）	• 不正リスクに応じたリスク対応手続が実施されていない。 • 不正シナリオの検討が不十分である。 • 特別な検討を必要とするリスクを識別していない場合の合理的な理由の検討が不十分である。	16%	29%
実証手続の立案及び実施	• 重要な取引種類、勘定残高又は注記事項に対して実証手続を立案しておらず、実施していない。	9%	16%

$$*改善勧告事項の発生割合 = \frac{各項目について改善勧告事項が生じた監査業務数}{レビュー対象に選定された監査業務数}$$

出所：日本公認会計士協会　「自主規制レポート　品質管理レビュー制度編」（2024年6月）第2部　実施状況及び実施結果P.35及びP.39を基に作成（左ページ下の表も共通）

| コラム | **品質管理レビュー報告書や改善勧告書の閲覧は可能か？** |

　品質管理レビュー報告書等は、監査事務所に対する指導・監督の一環として作成されるものです。報告書等の交付を受ける監査事務所が内容を正確に理解できるように、改善を要する事項については背景等を含めかなり具体的に記載されており、そのまま外部に公表することが適切でない情報も含まれています。また、品質管理レビューの対象はあくまで監査事務所の品質管理システムの整備・運用状況であるため、監査事務所が表明している監査意見が誤っている、又は過年度財務諸表に訂正が必要であるということを示すものではありませんが、報告書等の開示により、そのような誤解が生じ、意図せぬ結果（混乱）を招く可能性があります。そのため、品質管理レビュー報告書等は、訴訟への対応若しくは法令に基づく要請がある場合又は日本公認会計士協会の品質管理委員会が相当の理由があると認めた場合を除いて、第三者への開示は禁止されています。

　他方、品質管理レビューの状況に関する情報は、監査役等及び監査報告書の利用者にとって監査事務所の行う監査の品質を判断する重要な情報であることも確かです。監査役等が、監査チームからの品質管理レビューの結果に関する説明を適切に理解するためには、日本公認会計士協会が実施する品質管理レビューの全体像を理解しておくことが不可欠です。そこで、日本公認会計士協会は、品質管理レビューの年次報告書や事例解説集などを一般に公表し、日本の監査事務所全体の品質管理レビューの状況についての情報開示の充実を図っています。

　このように、監査事務所の品質管理レビューの結果については、監査チームによる説明が主となりますが、監査法人のガバナンス・コードへの適用状況などを説明するために各監査事務所が一般に公表している「監査品質に関する報告書」等においても記載されていますので、参照することをお勧めします。

Q59 公認会計士・監査審査会（CPAAOB）の検査結果について監査チームから報告を受けた場合、その結果について、どのように理解すればよいのでしょうか。

A 公認会計士・監査審査会（CPAAOB）の検査結果通知書には、監査事務所の業務運営に関する総合評価（５段階評価）が記載されています。また、総合評価の基礎となった、検査で認められた重要な事項が「特に留意すべき事項」として記載されています。毎年、総合評価の分布状況や検査結果事例が公認会計士・監査審査会（CPAAOB）より公表されていますので、検査の全体的な傾向を知ることができます。監査役等は、それらの情報を参考に総合評価の意味合いや「特に留意すべき事項」で指摘されている事項の内容を理解し、自社の監査に反映すべき点がないかどうかを監査チームと協議することが重要です。

解説

(1) 公認会計士・監査審査会（CPAAOB）の検査の位置付け

　公認会計士・監査審査会（CPAAOB）は、日本公認会計士協会から品質管理レビューの状況の報告を受け、品質管理レビューが適切に行われているか、及び監査事務所の監査業務が適切に行われているかを審査しています。また、日本公認会計士協会及び監査事務所に対して報告徴収を実施します。

　これらの審査及び報告徴収の結果を踏まえ、公認会計士・監査審査会（CPAAOB）は監査事務所に対して検査を行います。検査の対象となる監査事務所や頻度は、上場会社の監査契約の多寡や資本市場に及ぼす影響などを勘案して決定されています。具体的には、**図表１**のとおりですが、公認会計士・監査審査会（CPAAOB）の検査は、日本公認会計士協会の品質管理レビューに比べ、検査の対象となる監査事務所はかなり絞られています。

(2) 検査結果に関する監査役等への伝達（図表２）

　品質管理レビューと同様に、公認会計士・監査審査会（CPAAOB）の検査の結果についても次の内容を監査役等に伝達することが求められています（監基報260）。

図表1　検査の実施頻度

監査事務所の区分	実施頻度
大手監査法人	・2年に一度通常検査を実施、2016事務年度からは通常検査の改善状況を確認するため、その翌年にフォローアップ検査が実施されている。 ・2022事務年度からは、通常検査の結果等を勘案し検査の実施の必要性が低いと判断された場合は、フォローアップ検査に代えて、報告徴収により改善状況の確認が行われる場合があるとされている。実際、2022及び2023事務年度は報告徴収により改善に向けた取組が確認されている。
準大手監査法人	・2019事務年度より3年に一度の頻度で定期的に検査を実施。上場会社の監査における準大手監査法人の役割が増大しているため、2025事務年度より2年に一度の頻度で検査を実施することに変更の予定。
大手及び準大手監査法人以外の中小規模の監査事務所	・品質管理レビューの指摘状況、業務管理体制や上場被監査会社に係る監査上のリスクの程度等を踏まえ、検査の必要性を検討し、実施する。近年、上場会社の監査の担い手としての役割が増大していることから、2022事務年度より中小規模の監査事務所に対する検査をより重視する方針が示されている。

出所：公認会計士・監査審査会　（CPAAOB）「令和6年版モニタリングレポート」（2024年7月）等を基に作成

注）＊事務年度は、7月～翌年6月までの期間を指す。
　　＊公認会計士・監査審査会（CPAAOB）の令和6年版モニタリングレポートでは、大手監査法人は、上場国内会社をおおむね100社以上監査し、かつ常勤の監査実施者が1000名以上いる監査法人（有限責任あずさ監査法人、有限責任監査法人トーマツ、EY新日本有限責任監査法人及びPwC Japan有限責任監査法人の4法人）、準大手監査法人は大手監査法人に準ずる規模の監査法人（仰星監査法人、三優監査法人、太陽有限責任監査法人、東陽監査法人の4法人）とされている。

図表2　検査の結果の伝達内容

対　象	内　容
対象となる検査結果通知書	直近の検査結果通知書の日付（過去に受領していない場合はその旨）
検査結果通知書の内容及び対応状況	監査事務所の業務運営に関する総合評価
	監査事務所の「業務管理体制」「品質管理体制」「個別監査業務」における不備の内容（「特に留意すべき事項」の記載内容）及び監査事務所の対応状況
	検査の対象業務として選定されたかどうかの事実 選定された場合は、当該監査業務における品質管理に関する不備の有無、不備があったときは、その内容及び対応状況

出所：日本公認会計士協会　監基報260を基に作成

　これらの情報は、監査役等にとって、監査事務所以外の第三者から得られる監査の品質に関する貴重な情報です。検査結果通知書は、交付を受けた監査事務所以外の第三者に対して原則非開示であり、第三者への開示には公認会計士・監査審査会（CPAAOB）の事前承諾が必要とされています。ただし、監査品質の向上に向けて監査チームとの協議に役立てるために、監査事務所の被監査会社及びその親会社の監査役等及び取締役に対して監査チームから検査の結果を伝達する場合は、事前承諾は不要とされています。

⑶　検査結果の内容

　公認会計士・監査審査会（CPAAOB）の検査結果通知書には、監査事務所の業務管理態勢、品質管理態勢及び個別監査業務の状況それぞれの評価結果に基づき、以下の5段階の総合評価が記載されます（**図表3**）。監査チームから伝達を受ける監査役等が監査事務所の品質管理の水準について適切に理解できるように、2016事務年度（2016年7月～2017年6月）の検査から総合評価が記載されるようになりました。

図表3　検査結果通知書に記載される総合評価とその内容

総合評価の区分	評価内容
1．良好であると認められる。	業務運営が良好と認められる場合。例えば、業務管理態勢・品質管理態勢及び個別監査業務の状況に不備がほとんど認められない場合
2．改善すべき点があるものの概ね良好であると認められる。	改善すべき点はあるが、業務運営が概ね良好と認められる場合。例えば、業務管理態勢・品質管理態勢又は個別監査業務の状況に不備が認められるものの、重要な問題はない場合
3．改善すべき重要な点があり良好であるとは認められない。	業務運営が良好であるとは認められない場合。例えば、業務管理態勢・品質管理態勢又は個別監査業務の状況に改善すべき重要な問題がある場合
4．良好でないものと認められ、業務管理態勢等を早急に改善する必要がある。	業務運営が良好でないと認められ、特に早急な改善が必要な場合
5．著しく不当なものと認められる。	品質管理態勢及び個別監査業務の状況に重大な不備が認められ、自主的な改善が見込まれない場合

出所：公認会計士・監査審査会　「令和6年版モニタリングレポート」（2024年7月）P.50を基に作成

　これまでの検査において、「1」に該当する監査事務所はなく、「2」の総合評価は、事実上、日本の監査事務所としては最もよい評価になっています。他方、総合評価が「著しく不当なもの」の場合、金融庁長官に対して当該監査事務所の処分勧告が提出され、その勧告内容は公認会計士・監査審査会（CPAAOB）のWebサイトに開示されます。また、勧告に基づき決定された処分は金融庁のWebサイトに掲載されます。それ以外の評価結果の場合は公表されませんが、総合評価の分布状況は、毎年、公認会計士・監査審査会（CPAAOB）の「モニタリングレポート」に定期的な検査対象の大手・準大手監査法人とそれ以外の中小監査事務所に分けて開示されています。

　さらに、この総合評価の基礎となった不備の状況については、「業務管理体制」「品質管理体制」「個別監査業務」に分けて、検査結果通知書の「特に留意すべき事項」の項に記載されています。「特に留意すべき事項」は、その内容をそのまま監査チームから被監査会社の監査役等へ伝達することが公認会計士・監査審査会（CPAAOB）より求められていますので、総合評価の区分だけでなく、その基礎となっている指摘内容について十分理解することが重要です。その上で「特に留意すべき事項」の内容が自社の監査に当てはまるかどうかを、監査役等としては監査チームと真摯に協議することが期待されています。

　なお、総合評価が「3」より悪い場合には、業務執行社員（監査責任者）だけでなく、監査事務所の経営者や品質管理責任者にも面談を依頼するなどの対応が必要になるかもしれません。例えば、「業務管理体制」「品質管理体制」の不備事項の内容によっては、監査事務所としての今後の対応について監査事務所の経営者から説明を受けることが適切な場合もあると考えられます。

| コラム | 公認会計士・監査審査会（CPAAOB）による
検査の実施状況及び検査結果 |

公認会計士・監査審査会（CPAAOB）による検査の実施状況及び実施結果は、以下のとおりです。

検査の実施状況

（単位：事務所数）

事務年度 監査事務所	2019 R元	2020 R2	2021 R3	2022 R4	2023 R5
大手監査法人	4（2）	4（2）	4（2）	2	2
準大手監査法人	2	2	1	2	2
中小規模監査事務所	3	4	4	5	5
外国監査法人等	1	0	0	1	0
合計	10（2）	10（2）	9（2）	10	9

（　）内は、フォローアップ検査を実施した事務所数の内数

2019（R元）～2023（R5）事務年度の検査における総合評価の状況 （単位：事務所数）

区分（総合評価）	大手 監査法人	準大手 監査法人	中小規模 監査事務所
1．良好であると認められる。	―	―	―
2．改善すべき点があるものの概ね良好であると認められる。	4	―	―
3．改善すべき重要な点があり良好であるとは認められない。	―	2	3
4．良好でないものと認められ、業務管理態勢等を早急に改善する必要がある。	―	3	6
5．著しく不当なものと認められる。	―	―	7

（注1）2019（R元）事務年度から2023（R5）事務年度の間に通常検査に着手し終了した監査事務所
（注2）当該期間に通常検査を複数回実施した監査事務所については、直近の検査結果のみを集計している。
出所：公認会計士・監査審査会「令和6年版モニタリングレポート」（2024年7月）　P.46及びP.51

公認会計士・監査審査会（CPAAOB）が毎年発行するモニタリングレポートでは、検査の結果指摘された不備の傾向が記載されており、監査チームからの

検査結果に関する説明と併せて理解しておくと、有益と思われます。例えば、「令和6年版モニタリングレポート」では、2020（R2）事務年度以降の検査結果について、以下の点について課題が指摘されています。

- 品質管理態勢の検証を通じて把握した不備の特徴
  - 大手監査法人：本部品質管理部門と事業部との十分な連携、改善施策の監査現場への浸透状況や実効性の検証等が課題
  - 準大手監査法人：品質管理を担う人員が限られていること、最高経営責任者を含む経営層において品質管理の確保・向上に対する意識や品質管理部門との連携の必要性についての認識に不十分な点が見られること
  - 中小規模監査事務所：最高経営責任者の品質管理に対する意識が十分でない状況が見られること、現行の監査の基準が求める品質管理や監査手続の水準に対する理解が不足している状況、品質管理レビュー等での指摘事項に対して同様の不備の発生を防止するために必要となる根本原因分析が十分に行われていない状況、リスクの高い上場会社に対する監査業務を適切に実施する態勢が十分でない状況（一部の監査事務所）
- 個別監査業務の検証を通じて把握した不備の特徴
  監査事務所の規模にかかわらず、会計上の見積りの監査に係る不備、実証手続の不備、不正リスクへの対応に係る不備が多い。

公認会計士・監査審査会（CPAAOB）は、モニタリングレポートのほか、検査において把握した不備の事例やその原因について、「監査事務所検査結果事例集」を毎年公表しており、より詳しい内容を把握することができます。

Q60 審査とはどのような手続なのでしょうか。

A 審査とは、監査事務所が定める品質管理手続の一つであり、監査報告書日以前に、監査チームが行った重要な判断及び到達した結論について客観的に評価するための手続です。審査は、審査を実施する上で十分かつ適切な知識、経験及び能力並びに客観性と独立性を有した、監査チーム以外の適格性を保持する者により実施されます。

　審査の方法は、監査事務所により様々ですが、監査業務ごとに特定の審査担当者を指名して行う方法と、審査会又は社員会などの会議体で審査を行う方法に大別され、多くの監査事務所は、それらを組み合わせて審査の方針及び手続を定めています。また、監査事務所は、財務諸表の重要な虚偽表示となる可能性が高い論点を審査の重点項目として定め、審査担当者に対して注意深く審査を行うよう求めたり、特定領域の専門知識や経験が豊富な審査担当者による審査又は会議体での審査を追加で受審することを定めたりするなど、監査事務所の規模等に応じて、審査の実効性を高めるための工夫がなされています。

解 説

(1) 審査の位置付け

　審査は、適切な監査報告書を発行するための監査事務所が定めるプロセスであり、監査の品質管理における大変重要な仕組みです。審査は、監査計画の策定から監査意見の形成に至るまで、監査の過程で監査チームが行った様々な重要な判断及び結論を客観的に評価する手続です。

　監査事務所は、監査事務所が実施する全ての監査業務が一般に公正妥当と認められる監査の基準に準拠し、適切な監査意見が形成されていることを確保する必要があります。監査事務所は、監査業務の性質や状況（法定監査か任意監査か、被監査会社が上場会社又は社会的な影響度の高い事業体か、品質リスクを阻害する状況や事象の有無など）に応じて品質リスクに適切に対処できるように、審査の対象範囲、審査担当者の選任、審査の実施時期及び文書化等に関

する方針及び手続を定めることが求められています。

　審査は原則全ての監査で必要とされていますが、一部、財務諸表の社会的影響が小さく、かつ、監査報告の利用者が限定されている監査業務（現状、幼稚園のみを設置している都道府県知事所轄学校法人の監査と、条件に合致する任意監査に限定されている）の場合は監査意見が適切に形成されていることが確認できる他の方法によることも認められています。その場合は、監査事務所として審査を要する監査業務の範囲とともに、審査に代わる他の方法を明確に定める必要があります。また、審査の方法は、全ての監査で一様である必要はなく、各監査事務所の工夫の下に、品質リスクの状況に応じて、監査上の判断が困難な業務又は論点に重点的に審査のリソースを配分できるような方針及び手続を設計することが想定されています。2013年に制定された不正リスク対応基準では、不正による重要な虚偽表示の疑義があると判断された場合は、監査事務所としてより慎重な審査が行われるように監査事務所の審査に関する方針及び手続を定めることが必要とされました。リスクベースで審査を行うべきという考えの典型的な表れと言えます。

(2)　審査担当者の適格性

　審査担当者は、監査チームが行った重要な判断や結論について、監査チームと同じ目線に立つことなく職業的懐疑心をもって客観的に評価しなければなりません。したがって、監査事務所は、審査の実効性を確保するために適格性を有した審査担当者を指名する必要があります。審査担当者の適格性には、以下が含まれます。

- 個々の監査業務の審査担当者としての適性及び能力

　適用される財務報告の枠組み（日本基準、IFRS又は米国基準）や監査の基準、監査事務所の品質管理に関する方針及び手続に関する理解のほか、被監査会社が属する産業に関する知識や、被監査会社と類似する性質又は複雑さを有する監査業務の理解及び経験などが含まれます。また、これらの知識や経験だけでなく、審査を実施するための十分な時間を確保できるかどうかの観点も審査担当者を指名する際に考慮する必要があります。

- 適切な権限

　業務執行社員が審査担当者の見解に従うように、審査担当者に対して適切な

権限を付与する必要があります。また、業務執行社員が審査を受け入れやすくするためには、業務執行社員との職位や年次、監査事務所内における地位を考慮することも重要です。

- 監査チームに対する客観性及び被監査会社に対する独立性の確保

審査担当者の監査チームに対する客観性を確保するため、過去に業務執行社員として関与していた者が当該監査業務の審査担当者になるには、少なくとも2年間のクーリング・オフ期間を設けなければなりません（品基報2号「監査業務に係る審査」）。また、被監査会社に対する独立性の観点からは、同一の被監査会社の監査に長期間従事することにより馴れ合いや自己利益という阻害要因が生じるおそれがあるため、一定のセーフガードを設ける必要があります。被監査会社が上場会社等の社会的影響度の高い事業体（PIE）の場合は、審査担当者に関するローテーション・ルールが定められており、2020年以降は、審査担当者のクーリング・オフ期間が2年から3年に延長されています（パートナー・ローテーション制度についてはQ18(2)参照）。

監査事務所は、審査担当者の適格性の規準を含め、審査担当者の選任に関する方針及び手続を定めることが求められます。

(3) 監査法人ではない監査事務所における審査

審査は、原則として全ての監査で必要とされており、監査人が個人事務所や共同事務所の場合であっても、審査は必要となります。人的リソースが限られる個人事務所などの監査事務所が監査を実施する場合、監査事務所外の適格者に審査を依頼する「委託審査制度」が利用されています。

「委託審査制度」は、日本公認会計士協会の地域会に備えられている審査担当員登録台帳を利用して審査を委託する場合と、監査事務所が各自で監査事務所外の会員（公認会計士等）に審査を委託する場合の二つの方法があります。

個人事務所や共同事務所による監査においても、監査品質の確保は重要なテーマです。適切な審査が実施されるように、日本公認会計士協会からは、委託審査制度を利用する際の留意点とともに、審査担当者の適格性の検討や、監査計画、事前審査、監査意見の審査のための様式例などを提供しています（中小事務所等施策調査会研究報告第2号「委託審査制度における審査の方法等について」）。

⑷　審査の方法

　審査の方法としては、監査業務ごとに特定の審査担当者を指名して行う方法と、審査会又は社員会などの会議体で審査を行う方法とに大別されます。多くの監査事務所は、被監査会社の状況（上場・非上場の区分、規模、業種の特性など）と監査上の論点の判断の難しさに応じて、それらを組み合わせて審査を実施しています。

　特定の審査担当者が審査を行う場合、監査計画から監査意見の形成に至るまで、1年を通じて監査チームに並走する形で、監査チームの行う重要な判断等を評価します。審査担当者は、業務執行社員を含む監査チームの主要メンバーと監査上の重要事項について討議し、監査チームの行った重要な判断に関する監査調書を査閲します。また、期末時には、監査対象の財務諸表や監査報告書のドラフトをレビューします。この方式ですと、会社に関する一定の知識が審査担当者に蓄積されるメリットがある一方で、監査チームの見方と同化して審査に求められる客観性が減少する面もないとは言えず、そのため審査担当者に関するローテーション・ルールが定められています。

　監査事務所の審査を担当又は統括する部門には、多くの審査事例が蓄積されています。また、金融庁、公認会計士・監査審査会（CPAAOB）又は日本公認会計士協会から、定期又は不定期に、会計上（開示を含む）又は監査上の留意点が公表されています。監査事務所は、審査が適切に実施されるようにそれらを基にして、財務諸表の重要な虚偽表示となる可能性が高い論点を審査の重点項目として定め、審査担当者に対して審査において注意深く審査を行うことを指示することがあります。また、特定分野（例えば金融やIFRS、不正対応など）に関して、専門知識や経験が豊富な審査担当者による審査を追加することもあります。さらに、監査上の判断が困難な案件については、多くの監査事務所が、特定の審査担当者による審査に加えて会議体での審査を受審することを定めています。本部審査、上級審査又は社員会審査などの名称で呼ばれており、複数の審査員から構成される合議制で行われます。監査チームからの客観性を保持するために、どの審査員が指名されるかについて事前に知らせない措置をとっている監査事務所もあります。このような会議体の審査を含めると、2段階又は3段階の審査が監査事務所内で行われることもまれではありません。

Q61 審査のプロセスについて具体的に教えてください。

A 審査担当者は、監査チームから提供される文書等を通読し、被監査会社の概況をまず理解します。その上で、審査担当者は、監査上の重要事項や監査チームの行った重要な判断について、監査チームと討議を行い、関連する監査調書を閲覧します。このような審査のプロセスは、監査計画段階から監査意見の形成に至るまで、適時に行われることが重要です。監査基準において「意見の表明に先立ち」審査を受けなければならないと記載されているとおり、監査事務所が定める審査手続が完了しない限り、監査チームは監査報告書を発行することはできません。審査担当者と業務執行社員（監査チーム）との間で判断の相違がある場合は、判断の相違を解決するために監査事務所が定める所定の手続を踏んで、監査事務所としての意見を形成する必要があります。監査事務所の方針及び手続に従って、全ての審査手続が完了した日以降の日付が監査報告書に付され、発行されます。

解 説

(1) 審査プロセス

　審査担当者による監査チームとの討議や文書の閲覧などの審査のプロセスは、監査の進捗に応じて行われます。金商法監査の場合、期中レビュー又は中間監査がありますので、監査計画時、期中レビューの結論又は中間監査意見の形成時、期末の監査意見の形成時に、通常、審査担当者による審査が行われます。監査計画（リスク評価及びリスク対応手続の立案）について適時に審査を行うことで、リスク評価や監査手続を期末日近くになって大きく見直すことから生じる混乱を避けることができます。また、期中で重要な検討事項が生じた場合も、適時に審査担当者と協議を行うことが奨励されます。

　監査上の重要な判断を伴う論点（例えば、資産の評価、継続企業の前提に関する評価、不正又は違法行為の疑いへの対応など）がある場合、1回の審査ですぐに結論が出ないことがあります。その場合、監査チームは追加資料や説明を準備したり、状況によっては追加の監査手続（審査で指示されることもある）

の進捗状況に合わせて、何回かに分けて審査が行われます。また、監査チームごとに指名されている審査担当者の段階では最終判断を行わず、上位の会議体による審査を経ることもあります。

　監査チームは、監査上の論点と監査チームの判断の根拠について審査担当者の理解を得るために、背景の説明から論理構成に至るまで、必要な情報を記載した監査調書を作成する必要があります。監査チームは、監査上の重要事項とその結論及びその際になされた職業的専門家としての重要な判断について監査調書に文書化することが求められており（監基報230）、審査のためだけに特別な調書を追加で作成することが必須とされているわけではありません。ただし、実務上は、審査担当者に説明する監査の重要事項に関する監査調書を「審査資料」という名称にしている監査事務所や、標準様式を整備している監査事務所もあります。いずれにしても、審査のために用意される文書は監査チームが作成しなければならない監査調書の重要な一部を構成しています。

　１回あたりの審査の面談に要する時間自体は通常は数時間以内ですが、審査は監査プロセスにおけるマイルストーンの役割も果たしています。監査チームが、審査に向けて論点の整理をし、監査調書を作成している過程で追加的な監査手続の必要性に気付き、手続を実施することがありますし、監査チーム内で打合せを重ねることもあります。また、審査で追加手続の実施や論理構成の見直しなどが指示されることがあります。また、審査担当者も、監査チームからの説明を受けて、次回の審査に向けて論点を十分に理解し、審査担当者としての見解（判断）を形成するために相当な時間を必要とする場合もあります。さらに、審査担当者は、会計上の論点だけでなく、監査人の独立性の状況や業務執行責任者が監査の全過程において十分かつ適切に関与しているかどうかも評価します。

(2)　業務執行社員の責任と審査担当者の責任

　審査担当者は、監査チームの重要な判断や結論に対して見解を述べ、監査チームは審査で提起された課題に対処するため追加手続や追加の文書化を行ったり、会計処理や表示の修正を被監査会社に申し入れたりすることがありますが、審査担当者が直接監査手続を実施することはありません。個々の監査業務の品質に関しては業務執行社員が全責任を負っており、業務執行社員は審査担当者

に協力し、監査の過程で識別した重要な事項及び重要な判断について審査担当者と討議することが求められています。

　業務執行社員と審査担当者との間に判断の相違が生じた場合、双方の知識や経験を踏まえて職業的専門家として討議を重ねます。討議の結果、両者の見解（判断）の相違が解消できなかった場合（より慎重な検討が必要という結論の場合を含む）は、審査担当者は監査事務所の適切な者（審査を統括する責任者又は品質管理の責任者など）にその旨を伝え、監査事務所としての結論を出すために定められた手続を進めることになります。多くの監査事務所は、そのような判断の相違を解決するための手段として、重層的な審査制度を構築しています。審査担当者が業務執行社員の判断に同意できない場合は、品質管理又は審査等の所管部署に相談するほか、複数の審査担当者で構成される審査会（本部審査、上級審査、社員会審査などの名称で呼ばれる）において審査が実施されます。そのような手続を経て監査事務所としての最終的な結論が出されます。それに加えて、社会的影響が大きい案件等の監査対応をモニタリングする機関を設置している監査事務所もあります。

　監査事務所は、業務執行社員と審査担当者との間の判断の相違を解消しない限り、監査報告書の発行はできません。最終的に、審査で必要と判断された追加的な監査手続が実施できなかったり、会計処理や表示が修正されなかったりした場合は、監査意見に及ぼす影響に基づき、除外事項付監査意見（限定付意見、意見不表明、否定的意見）を表明すべきかどうかが検討されます。

コラム　審査による効果

　監査チーム（特に業務執行社員）にとって、審査はどういう位置付けなのでしょうか。監査の基準や監査事務所の方針により必須とされているため仕方なく行われているかというと、そうではありません。

　業務執行社員は、審査を通じて、自身の監査手続や監査上の重要な判断が一般に公正妥当と認められる監査の基準に基づき妥当であるかどうかを確認でき、又審査の過程で議論することで気付きを得ることがあります。そのため、業務執行社員にとって、審査は適切な監査業務を遂行する上で重要なプロセスとな

っています。また、業務執行社員は、別の会社の審査担当者として他の監査チームの監査手続や監査上の重要な判断を審査することにより、監査の経験を積み重ねていくことができます。

　会社に対して、監査チームが「監査事務所内の審査が終了した」「審査でこのような指摘を受けた」と伝えることがありますが、審査の結果を伝えることで、監査事務所としての品質管理プロセスを経た監査が実施されていることが明確になります。更に言えば、各監査事務所が、金融庁や日本公認会計士協会等から公表される監査上の留意点を審査の方針等に反映することにより、監査事務所を超えた監査上の認識合わせや水準確保が行われることにつながっています。

コラム　審査担当者との面談

　時々、会社の監査役等から審査担当者に会いたいとの要望を聞くことがあります。審査担当者は監査チームの重要な判断等を客観的に評価することが役割であり、監査チームに代わって監査手続を実施したり意思決定することはありません。したがって、会計上又は監査上の個別の論点に関して、審査担当者が被監査会社と面談することは想定されていません。

　監査事務所を代表して被監査会社の監査に当たっているのは、業務執行社員を含む監査チームです。業務執行社員は、監査事務所が定める品質管理の方針及び手続に基づき、監査業務の全体的な品質に責任を負っています。したがって、会社は、個別の論点については、業務執行社員及び監査チームの主要なメンバーとしっかりと協議することが何より重要です。監査役等が審査の状況について知りたい場合は、業務執行社員（監査チーム）と審査担当者のそれぞれの役割を理解し、監査チームに説明を求めることが適切と考えられます。

　他方、業務執行社員を含む監査チームの対応に大きな不満がある場合や、監査事務所の方針や品質管理システムの全体像を理解するために、監査事務所の経営者（審査を統括している責任者又は品質管理の責任者を含む）と面談することが禁止されるわけではもちろんありません。むしろ、監査の品質向上のために、監査事務所の経営者と面談することは、監査事務所の姿勢を知る良い機会にもなります。

Q62 「監査の品質」とはどのように捉えればよいのでしょうか。

A 「監査の品質」は、監査の目的（監査対象の財務諸表に重要な虚偽表示がないかどうかについて独立の立場から意見を述べることにより、財務諸表に信頼性を付与）が有効に、適時に、効率的に、合理的な報酬で達成されているかどうかで捉えることができると考えられます。監査の品質は直接的に測定することが困難であり、監査への直接の関与度合いや情報の入手可能性が異なるため、立場や状況により監査品質のどの側面を重視するかが異なることがありますが、監査の目的が有効に達成されているかどうかが監査の品質を考える際の中心にあるものと考えられます。

解 説

(1) 「監査の品質」の捉え方

　高品質の監査は、有効で、かつ、適時に効率的に合理的な報酬（費用）で実施される監査であると考えられます（品質管理基準報告書第1号実務ガイダンス第1号「監査品質の枠組みに関する実務ガイダンス」8項）。

　監査が有効であるとは、監査に期待されている役割が期待どおりに果たされることであり、具体的には、誤謬によるか、不正によるかにかかわらず、財務諸表の重要な虚偽表示を看過しないことを意味します。監査の有効性は、監査の品質を考えるときに真っ先に誰もが思い浮かべる側面であり、「高品質の監査」の必要条件です。

　加えて、期末日後一定の時期までに監査報告書が利用できなければ、利用者の意思決定に役立てることができないため、高品質の監査には適時性も重要です。また、監査においては投入できる監査の人員や時間（以下、「監査リソース」と言う）に一定の制約があります。このような制約下で有効な監査を実施するためには、効率的に実施されているかどうかという観点も重要となってきます。さらに、監査が社会的制度として機能するためには、効果に見合った合理的な費用で実施されることも必要となります。

　このように高品質の監査には多面的な要素が含まれ、監査の有効性をベース

としながらも、監査の品質において何を重視するかは立場や個々の会社の状況によって異なります。例えば、監査済財務諸表の利用者の関心は、効率性よりも、専ら監査の有効性（有効な監査が行われているかどうかを判断するための監査の透明性を含む）に向けられ、監査費用も監査の有効性を推定する判断材料として捉えられているものと考えられます。また、利用者にとっては、有効性と相反する面はあるものの、できるだけ早く監査済財務諸表を入手したいという期待もあります。一方、財務諸表の作成に責任を負う経営者は、日常業務への影響を最小限にとどめるため、監査の早期完了を望んだり、最小限の監査リソースで効率よく監査が実施され、監査費用をできるだけ抑制することを重視するかもしれません。あるいは、経営者は、適切な財務諸表を作成するために監査の有効性をプロアクティブに捉え、監査人の指導的機能、すなわち、適切な会計処理や表示又はより良い内部統制の検討に関して、適時で的確な監査人としての見解の提供を重視するかもしれません。

⑵　「監査の品質」に影響を及ぼす要因（図表 1 、 2 ）

　専門家の業務である監査の品質は直接的に測定できませんが、監査の品質を左右する要因には様々な要素が含まれており、それら要因について共通認識をもつことにより、関係者間で監査品質を向上させる方法について建設的な対話が可能になることも期待されます。「監査品質の枠組みに関する実務ガイダンス」では、監査品質の評価に影響を及ぼす要因を五つに分類しています（**図表 1** ）。

　まず、直接的な要因として監査プロセス（インプット→プロセス→アウトプット）を中心に置き、プロセスに影響を及ぼす、監査の利害関係者間の相互作用と、それら全体に影響を及ぼす背景的要因が示されています。監査プロセスの「インプット→プロセス→アウトプット」は、それぞれ監査業務（監査チーム）レベルと監査事務所レベル、それから国レベルの 3 階層に展開されています。監査業務レベルの要因（**図表 2** 参照）は、個々の会社の監査の品質に最も直接的に影響を及ぼします。監査事務所レベルの要因は、監査業務レベルの要因に関する監査事務所の品質管理システムの評価となります。国レベルの項目は、法令や各種基準の整備状況に関するものであるため、個々の監査業務の品質評価において評価することはないと思われますが、監査事務所の品質管理システムの整備・運用状況を評価する際の背景情報として有用と思われます。

図表1

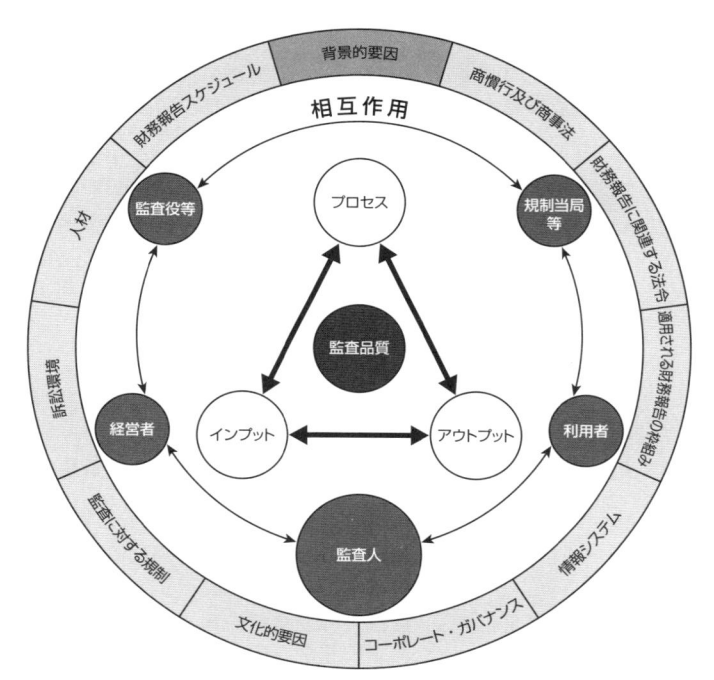

出所：日本公認会計士協会　品質管理基準報告書第1号実務ガイダンス第1号「監査品質の枠組みに関する実務ガイダンス」

　「相互作用」は、監査の利害関係者間の相互作用によって監査品質は影響を受けるということを示しています。監査人と監査役等との連携が良好な場合は監査品質に良い影響を及ぼすことは論を待たないですが、経営者と監査人との相互作用も監査品質に重要な影響を及ぼします。両者の間の誠実で協力的な関係なしには高品質の監査は難しく、また、率直で建設的な関係は監査人の重要な虚偽表示リスクの評価及びリスク対応に好影響を及ぼします。一方で、監査人の独立性を脅かす「馴れ合い」の関係にならないように注意を払う必要はあります。また、経営者と監査役等との間に率直で建設的な関係が確立されていない場合は、監査人のリスク評価やリスク対応に影響を及ぼす可能性があり、深刻な懸念がある場合は監査を有効かつ効率的に実施できるかどうかの検討が必要になることもあるとしています。

　「背景的要因」には、国ごとに異なる制度上の要因及び文化的背景並びに業

図表2　監査業務レベルの監査品質に影響を及ぼす要因

要　因		要因の具体的項目例
インプット	監査人の価値観、倫理及び姿勢	監査チームの職業倫理に関する規定の遵守に関する認識、公正性及び誠実性の認識、独立性の遵守状況、職業的専門家としての能力及び正当な注意、職業的懐疑心の保持・発揮
	監査人の知識、技能、経験及び時間	監査チーム全体としての能力、監査チームの被監査会社の事業の理解、監査チームの合理的な判断の状況、監査責任者の関与の状況並びに監査チームメンバーへの指揮、監督及び査閲の状況、監査チームメンバーの継続性、監査責任者及び監査チームメンバーの時間の確保・割当ての状況、監査責任者及び他の監査チームメンバーの経営者及び監査役等とのコミュニケーションの状況
プロセス	監査プロセス及び品質管理手続	監査の基準、関連法令及び監査事務所の品質管理手続の遵守状況、ITの活用状況、監査の利害関係者との効果的なコミュニケーションの状況、有効かつ効率的な監査のための被監査会社との調整状況
アウトプット	監査に関連する各種報告	監査人の監査報告書や経営者又は監査役等に対する報告等の内容及び実施時期、被監査会社が作成した監査済財務諸表、監査役等の監査報告書等における会計監査人の監査の相当性に関する記載、日本公認会計士協会又は公認会計士・監査審査会(CPAAOB)の当該監査業務に関する品質管理レビュー又は検査結果

出所：日本公認会計士協会　品質管理基準報告書第1号実務ガイダンス第1号　「監査品質の枠組みに関する実務ガイダンス」を基に作成

界ごとに異なる慣行等も含まれており、財務報告に係る者の意識に影響を及ぼし、直接的または間接的に監査品質に影響を及ぼす可能性があるとしています。特に、コーポレートガバナンスに関する認識は財務報告や監査の品質にとって重要と考えられます。

(3)　監査役等の役割

　監査役等は、会社の経営者の業務執行を監視すると同時に監査人の監査の相当性及び監査報酬の妥当性を判断することが求められており、監査に関する「有

効性」「適時性」「効率性」及び「報酬の合理性」をバランスよく評価する立場にあると考えられます。監査人及び経営者から監査に関する情報を直接入手できる監査役等は、「監査の品質」を確保する上でとても重要な役割を期待されています。

　コーポレートガバナンス・コードでは、監査人及び上場会社に対して適正な監査の確保に向けて適切な対応を行うべきであるとしており（原則3－2）、監査役等に以下の対応を求めています。

- 監査役等による監査人の評価に関して（補充原則3－2①）
  - 監査人候補を適切に選定し外部会計監査人を適切に評価するための基準の策定
  - 監査人に求められる独立性と専門性を有しているか否かについての確認
- 取締役会及び監査役等による適正な監査の確保に関して（補充原則3－2②）
  - 高品質な監査を可能とする十分な監査時間の確保
  - 監査人からCEO・CFO等の経営陣幹部へのアクセス（面談等）の確保
  - 監査人と監査役（監査役会への出席を含む）、内部監査人や社外取締役との十分な連携の確保
  - 監査人が不正を発見し適切な対応を求めた場合や、不備・問題点を指摘した場合の会社側の対応体制の確立

(4)　監査の品質を判断するための情報開示

　監査の品質への関心は、不正事案の発覚時に格段に高まります。金融庁に設置された会計監査の在り方に関する懇談会からは、2016年に「提言―会計監査の信頼性確保のために―」が公表され、「監査の品質」を確保するための具体的な取組みが提言されました。続いて、2021年には、その後の状況変化を踏まえ、「会計監査の在り方に関する懇談会（令和3事業年度）論点整理―会計監査の更なる信頼性確保に向けて」が公表され、環境変化に対応して会計監査が資本市場の基本インフラとしての役割を十分に果たせるように、更なる取組みが提言されました。2016年及び2021年の懇談会からの提言に沿って様々な施策が実施に移されてきましたが、その中でも以下の施策は、監査法人及び監査の透明性を向上し、高品質の監査を提供する監査人が適切に評価され、選任される環境醸成に資すると考えられて導入されたものです。

- 監査法人のガバナンス・コード

  監査法人の経営の実効性及び透明性を高めるため、2017年に大手監査法人を念頭に、監査法人の経営機能を監督する外部の第三者の知見の活用を促す、監査法人のガバナンス・コードが制定されました。2023年には、上場会社の監査人の裾野が中小監査事務所に拡大していることから、上場会社の監査を担当する全監査事務所を適用対象とするための所要の改正が行われました。これは、2022年の公認会計士法の改正により、従前は日本公認会計士協会の自主規制として実施されていた上場会社等監査人登録制度が公認会計士法上の制度となったことに対応するもので、公認会計士法施行規則により、登録上場会社等監査人は監査法人ガバナンス・コードに沿って業務を実施する体制及びその適用状況を公表する体制整備が義務付けられています（2023年4月1日以降）。

- 監査についての情報提供の充実

  監査人がどのような監査を実施したのかについての透明性を高めるため、「監査上の主要な検討事項（KAM）」が導入されました（Q49参照）。そのほか、年次開示書類等に含まれる財務諸表以外の「その他の記載内容」に関する報告を監査報告書に記載したり、除外事項付意見を表明する場合の監査報告書における除外事項の記載の改善が行われたり、監査報告書の記載内容が大幅に拡充されています。また、監査人の交代理由に関して、紋切り型でない説明が必要であることが明確化されるなど、監査に直接携わらない外部の利用者に対して、監査の品質の判断に利用できる情報の開示が進められています。

| コラム | 財務報告サプライチェーン／財務報告エコシステム |

監査の品質について論じるとき、監査がその一部を構成するサブプロセスであることを示すために「財務報告サプライチェーン」という用語が使われることがあります。「監査品質の枠組みに関する実務ガイダンス」は、2014年2月に国際会計士連盟（IFAC）の国際監査・保証基準審議会（IAASB）が公表した「A Framework for Audit Quality」を基に我が国の状況を踏まえて公表されたものですが、「A Framework for Audit Quality」では「財務報告サプライチェーン」という用語が使用されています。「財務報告サプライチェーン」は、財務諸表が作成・承認され、監査を経て、分析・利用されるまでの全プロセスを意味しており、財務諸表の作成プロセスだけでなく、監査を含め、外部の関係者による財務報告への関わりを含めた用語として使用されています。監査の品質の向上は、財務報告サプライチェーン全体の品質の向上と密接に関連しており、監査だけを切り離して考えるのは適切ではないという考えがベースになっています。

似た意味で用いられている用語に「財務報告のエコシステム」があります。「エコシステム」は、本来は生物学の「生態系」を示す用語ですが、他者と相互に依存し合う連携関係を表す用語としてITやビジネスの文脈で使われるようになりました。開示に関しては、気候変動などのサステナビリティ情報への関心が高まってきたことを背景に、新たにESGの評価機関、様々なデータのプロバイダー及び議決権行使助言会社などをプレーヤーに加えた「ESGエコシステム」「企業報告エコシステム」「財務報告エコシステム」又は「非財務報告エコシステム」などの用語が使われるようになりました。いずれも企業の情報開示において活動するプレーヤーとそれぞれの依存・相互作用・関係及びそれらを取り巻く環境を包含する用語として使われています。最近では、「財務報告サプライチェーン」より「財務報告のエコシステム」の方が利用頻度は高いように思われます。

 「監査の品質」が高いと不正も発見できるのでしょうか。

A 「監査の品質」を考える際の中心は、監査の目的が果たされているかどうかの「有効性」にあり、監査人が不正による重要な虚偽表示を看過しないことを含んでいます。したがって、「高品質の監査」には、不正を見抜く力を備えた監査チームにより職業的懐疑心が適切に発揮されているという想定が包含されていると考えられます。ただし、「高品質な監査」であっても、監査の限界から、意図的に監査人を欺く行為を伴う不正による重要な虚偽表示を監査人が発見できないリスクはゼロにはなりません。不正の防止・発見は、会社の内部統制を含む、コーポレートガバナンス全体の問題として捉える必要があります。

解 説

(1) 不正に対する監査人の責任

監査の歴史は、不正な財務報告（いわゆる粉飾）と対峙してきた歴史でもあります。これまでの長い歴史の教訓から、監査人は、リスク・アプローチの考え方に基づき不正により重要な虚偽表示が行われるリスクを評価し、その評価に対応した監査手続を実施することが求められています（Q29参照）。財務諸表監査における監査人の不正に関連する責任は、不正による重要な虚偽表示を看過することなく適切な監査意見を表明することにあります。

監査の基準では、不正による重要な虚偽表示リスクは、会社資産の流用（結果として、財務諸表に歪みが生じる）と、財務諸表に計上される数値自体を操作することを目的とする不正な財務報告に分けて検討することとされています。「誤謬」か「不正」かの違いは意図的であるかどうかであり、人が意図的に行う「不正」は、通常、発見がより難しくなります。特に、経営者が絡む不正な財務報告は、通常、組織だって行われることが多く、監査人がその兆候に気付くのが遅れ、結果として大きな会計不祥事として監査に対する信頼性を損ねる事態を招くことがあります。そのため、不正による虚偽表示リスクへの対応は監査の最重要課題の一つであり、「監査の品質」の中心的課題と言えます。

(2)　不正を見抜く力の向上

　このような監査における不正対応能力の向上を目的として、2013年に、不正リスク対応基準が制定されています（Q30及びQ31参照）。さらに、2016年には、2015年に発覚した別の会計不祥事を契機として、会計監査の在り方に関する懇談会の「提言―会計監査の信頼性確保のために―」が公表されました。その中の五つの柱の一つに「企業不正を見抜く力の向上」があり、以下の取組みが含まれています。不正リスク対応基準で示された考え方に沿って、不正に適切に対応するためには監査チームを支える監査事務所の品質管理システムが不可欠であり、監査事務所レベルで監査品質を一層高めるための不断の取組みが必要であることが強調されています。

①　会計士個人の力量の向上と組織としての職業的懐疑心の発揮

　不正を見抜き、対応する会計士個人の能力を向上させるため、監査チーム内でのやり取りや上司による監査調書の査閲・指導を通じたOJTを強化していくことが重要とされています。また、教育研修を通じて、過去の不正の実例やその発見に至る端緒、必要な対応等について理解を深めたり、監査事務所において、関連する資格の取得や企業への出向等の慫慂等の幅広い取組を検討したりするとともに、会計士による職業的懐疑心の発揮を確保するための組織としての体制整備（監査チームの編成、審査体制など）の必要性が指摘されています。

②　不正リスクに着眼した監査の実施

　監査基準、監査に関する品質管理基準、監査における不正リスク対応基準等、会計監査を実施するための規制・基準をしっかりと現場に定着させ、不正リスクに対応した適切な監査を確保するための態勢（監査事務所における実効的なガバナンスを確立し、マネジメントを有効に機能させること）を十分に整備すべきであるとされています。

　なお、公認会計士は、公認会計士法により職業的専門家としての能力を維持・開発するため研修の履修が義務付けられていますが、日本公認会計士協会は、継続的専門能力開発（CPD）制度において、法定監査従事者に対して「監査の品質及び不正リスク対応」に関する研修科目6単位のうち、不正事例研究に該当する研修を2単位以上履修することを義務付けています。

(3)　ガバナンス全体での不正への対応の必要性

　不正を防止し、適時に発見し是正する責任は会社の経営者にあります。経営者は、そのために必要な内部統制を整備・運用し、監査役等はその状況を監視する責任を負っています。

　このように、不正への対応は、監査人による監査だけで対応できるものではなく、特に経営者の関与する不正に対しては監査役等及び取締役会による監視・監督機能が発揮されることが重要です。もちろん、不正に対する感度を高めるために監査役等と監査人との連携や、内部監査人との連携強化も重要です。不正への対応は、不正を許さない組織風土の醸成を含め、コーポレートガバナンス全体の問題として捉え、会社全体で対応していくことが何より大切と言えます。

コラム　会計不正と監査基準

　日本だけでなく、世界各国において大規模な会計不正が起こるたびに、監査は機能しているのかという疑問が呈されてきました。監査人の立場からは、監査の過程で誤りを検出し会社に財務諸表の修正を依頼したり、不正の可能性に気付き、時には会社と厳しいやり取りをしているという主張も聞かれます。しかしながら、経済社会から会計不正が根絶されないことも事実です。そのため、高品質の監査の実現に向けて、不正対応は最も重要な継続的な課題として、繰り返し監査基準が改正されています。

　我が国においては、2013年に不正リスク対応基準が制定され、「不正による重要な虚偽表示の疑義」への対応を織り込むなど、国際監査基準（ISA）240「The auditor's responsibilities relating to fraud in an audit of financial statements」よりも詳細な規定が置かれています。一方、2020年前後に発覚したイギリスやドイツの大型会計不正事案を契機として、国際監査基準（ISA）240の改正プロジェクトが始まりました。

　2024年2月に公表されたISA240の公開草案では、職業的懐疑心が監査の全過程で重要であることや、不正または不正の疑いを識別した場合の留意点などが明確化されていますが、一番大きな変更点は、監査人が不正リスクにどのように対応したかに関する透明性を高める方向が提案されている点です。具体的には、「監査上の重要な検討事項（KAM）」として、不正に関連して監査役等にコミュ

ニケーションを行った事項から当期の監査において監査人が特に注意を払った事項を決定し、さらに特に重要な事項を不正関連のKAMとして識別すること、そして監査報告書のKAMのセクションにおいて、不正関連のKAM項目については不正関連であることを示す適切な小見出しを付して記載することが提案されています。これは、公開草案の策定に先立って実施したアウトリーチ活動において、監査人による不正対応に対する利用者の関心が高く、監査の透明性の向上を求める声が寄せられたことに対応するものとしています。

　現行の監査の基準において、収益認識に関して不正リスクが推定されており、経営者による内部統制の無効化リスクは全ての監査において不正リスクとして取り扱うことが求められています（Q28参照）。この二つのリスクが不正関連のKAMとして選定される可能性は高いと考えられますが、その場合も、記述がボイラープレートにならないよう、個社に特有の状況に基づくKAMの記載が求められます。

Q64 監査役等は、監査人による監査が適切に実施されていることをどのように判断すればよいのでしょうか。

A　監査が適切に実施されているかどうかを判断するに当たっては、一つの考え方として「監査の品質」を構成する四つの側面（有効性、適時性、効率性、合理的な報酬）に着目しながら観察可能な評価項目を設定する方法が考えられます。評価項目の設定や項目間の優先順位は個々の会社の状況によって異なり、また、評価には主観も入ります。したがって、監査役等は、日頃の監査人とのコミュニケーションから得た心証に加え、CFOを含む経営者や社内の主たる監査対応担当者に監査の状況についてヒアリングを行い、監査人に対する評価材料を収集することが適切です。その上で、監査役等は、監査人とのコミュニケーションの中で、「監査の品質」を向上させるための改善余地について掘り下げた協議をすることが有益と考えられます。

解　説

(1)　評価項目の設定

監査が適切に実施されているかどうかを判断する方法に“決まり”はありませんが、その判断には、主観的な判断を伴う様々な要素が含まれていることから、観察可能で具体的な評価項目を設定することが必要と考えられます。

2014年の会社法改正や2015年に公表されたコーポレートガバナンス・コードにより、監査人の選解任の方針や、監査の相当性の判断根拠を開示することが求められるようになり、日本監査役協会から「会計監査人の評価及び選定基準作成に関する監査役等の実務指針」（2015年11月、2017年10月及び2023年12月改正）等が公表されています。また、日本公認会計士協会からも、監査役等を含む監査の利害関係者が「監査の品質」を考える際の参考になるよう、「監査品質の枠組み」（2022年に「監査品質の枠組みに関する実務ガイダンス」に改称）が公表されており、監査の品質の評価に役立つ項目が説明されています（Q62参照）。

監査の品質を他社と比較することは、概括的にはある程度は可能です。例えば、他社の有価証券報告書における「会計監査の状況」の開示内容や監査報告

書のKAMの記述を比較したり、各監査事務所が公表している説明書類や監査品質に関する報告書等を参照することにより、自社の監査を担当する監査事務所の業務体制や品質管理システムの状況と比較検討することができます。しかしながら、通常は他社の監査の実施状況に関する情報については十分に入手できないことから、詳細な比較は難しいと言えます。このため、毎期、監査の品質を高めることを監査役等と監査チームとの共通の目標として設定し、監査品質に影響を及ぼすと考えられる主要因を評価項目として選定していく方法が考えられます。この評価項目の選定及び優先順位の考察を通じて、それぞれの会社において監査チームに期待する事項（同時に、不満に感じている事項）を明確にすることが可能になり、監査チームとの協議が深まることが期待されます。また、その際に、重点評価項目については、KPIとして、関連する測定可能な定量情報を監査品質の指標（Audit Quality Indicator：AQI）を設定することにより、毎期の状況が把握され、翌期、翌々期と継続的な改善につなげていくことが可能となります。また、監査品質に影響を及ぼす要因は監査チームレベルのものが主になると考えられますが、監査事務所の体制も含まれることがあります（例えば、審査に関する事項など）。

(2) 評価の方法

　監査役等は、「会計監査人の職務の遂行が適正に行われることを確保するための体制に関する事項」について監査人から通知を受けることとされており（会社計算規則第131条）、監査上の重要事項について年間を通じてコミュニケーションを行っています。したがって、監査役等は、そのような活動を通じて監査人の監査を評価するためのベースはある程度得ていると思われますが、より客観的な評価を行うために、会社内から情報を収集することが有益です。

① 監査の実施状況に関する情報収集

　CFOを含む経営者だけでなく、社内で監査チームに対応している主たる担当者に監査チームの働きぶりについて質問し、監査を受ける側の受け止め方をまず把握することが考えられます。対象は、経理部を中心として、監査の状況に応じて、事業部、営業、生産、棚卸資産管理を担う部署など、循環的に含めることも考えられます。評価項目をアンケート形式にまとめ、記入されたフォ

ームを回収する方式や、監査役監査で社内の各部署を往査するときの一項目に加え、口頭で情報を収集する方式など色々な方法が考えられます。継続的な監査品質の向上のための情報収集という趣旨を明確にした上で、双方のできるだけ負担にならない形で情報提供のルートを確立しておくと、監査上、困難な状況が発生した場合に情報が早く多く伝達される可能性が高まります。

情報収集に当たっては、「監査の品質」を構成する四つの側面（有効性、適時性、効率性、合理的な報酬）を念頭において、監査チーム全体の対応状況が把握できるように、例えば、以下の質問項目が考えられます（監査報酬については Q66 参照）。

- 監査チームの全体として能力（会計及び監査の専門的知識、会計・監査以外の専門領域（IT、金融商品、資産評価、税務等）に関する専門家の関与の状況）
- 会社の事業内容や業務フロー、業界に関する理解の程度
- 会計上又は監査上の論点の識別（リスクの把握）及び検討状況（適時性、説明の合理性など）
- 仕事の進め方（会社との段取り、調整、時間配分、監査チーム内のコミュニケーションなど）

このような社内から寄せられた情報には、批判的な意見、肯定的な意見の両方が含まれるのが通常であり、いずれも、監査を受ける側から見た、監査の品質を更に高めていくためのヒントが含まれていると思われます。また、監査役等は、監査チームの実地棚卸の立会いや事業部等へのヒアリングなどに同席し、監査の状況を自分の目で確かめることも有益です。

なお、監査事務所によっては、被監査会社に対して、監査事務所の監査品質をモニタリングする部署などから監査チームの業務の状況に関するアンケートを実施していることがありますので、その質問への回答状況（又は回答に際して収集した情報）も参考になります。

② 「監査の品質」に関する監査チームとのコミュニケーション

「監査の品質」は捉えにくいものですので、監査人との協議においても表面的な議論に流れやすいのが現状と思われます。できるだけ具体的な議論になるように、監査人との協議において「監査の品質」をテーマの一つに掲げ、何を

どのようにすれば、監査の品質を継続的に改善できるかを協議していくことが有益と考えらえます。

　一つの方法として、監査役等の立場から、監査の品質として何を重視しているかを明確にし、監査チームと協議してそれに関連する定量情報をAQIとして設定することが考えられます。監査計画段階で目標値を設定しておくと、監査完了時点で実績と比較して毎期の改善に役立てていくことが可能となります。また、数年にわたり、前年度又はそれ以前の年度と比較することで、監査品質の推移を可視化できます。日本公認会計士協会「監査品質の指標（AQI）に関する研究報告」（2018年11月）では、監査業務レベルのAQIとして、監査チームの総監査時間及び上位者（審査担当者を含む）の関与時間、監査チームメンバーの構成と経験、内部統制の不備等の報告などが挙げられていますが、これらは一例にすぎませんので、個々の状況に応じたAQIの設定が望まれます。また、監査品質に関する報告書等の名称で監査事務所が作成している報告書において、監査事務所レベルの監査品質の指標（AQI）が公表されている場合には、そのAQIとの対比も監査チームとの協議の材料にすることができます。

　また、現在、監査チームから、監査計画の概要として、特別な検討を必要とするリスクを含む監査の重点領域やグループ監査の実施計画の説明を受けているものと思います。できるだけ具体的な協議になるように、監査の重点領域について、計画段階では、どのような監査手続を、どのくらいの時間配分で行うのか、前年からの変更点はあるのかどうかについて把握し、監査のとりまとめ段階では、その結果はどうであったか、予定していた監査時間と実績との間に大きな差がなかったかどうか、差異があった場合はその原因は何か、十分な監査時間は確保されたか、翌期の監査計画に反映すべきことはないか（例えば、専門家の関与の要否、関与時間の増減、より有効な監査手続の選択の可能性）などにつき監査人と話し合うことは大変有益です。

　より詳細には計画段階で、リスク評価、プロセスレベルの内部統制の整備状況の評価、運用評価手続、実証手続、監査結果の取りまとめなど、監査フェーズごとの大まかな時間配分、又はグループ監査の時間配分を監査人から聞いておくことにより、監査の全体像が把握しやすくなると思われます。なお、手待ち時間の発生や作業の重複に気付いた場合は、会社側の監査対応を改善することによって、監査の効率性を高めることができることも少なくありません。

　なお、監査の品質は、会社側の協力があって向上する側面もありますので、監査チームとのコミュニケーションを通じて、会社の監査対応への要望を監査チームに聞くことも有意義と言えます。

| コラム | **監査手続や効率に関する評価** |

　会社において、監査チームと対応している担当者は、監査チームの個々のメンバーに関して多くの情報を有しています。とはいえ、監査対応担当者からの監査チームに対する評価については、客観的に見ていく必要があります。監査チームは、会社に面倒なこと（資料提供や追加的な分析など）を依頼し、必要に応じて厳しいことを伝えなければならない立場にあります。したがって、監査チームの仕事ぶりに批判的な評価がある可能性がある一方で、「会社のことをよく考えて柔軟に対応くれている」等の一見ポジティブな評価があるかもしれません。監査役等は、それらのコメントの背景をよく理解することが重要になります。

　また、監査人は「過度に保守的なのではないか」「ここまで見る必要があるのか」など監査の内容や効率そのものへの疑問が生じることもあります。そのような場合は、監査役会等で十分に話し合った上で、監査人とのコミュニケーションの中で率直に問題提起して認識合わせをしていくことが有益と考えられます。コーポレートガバナンス・コード（補充原則3－2③）において「高品質な監査を可能とする十分な監査時間の確保」が求められているように、監査時間の削減は監査品質の低下を招く可能性があります。もし会計不祥事が起きれば、それこそ会社全体として非効率（それ以上に「監査の失敗」）になりますから、効率性についてはモニタリングの立場からの客観的な判断が必要になります。

　なお、コロナ禍を契機として、リモートで監査手続を実施する範囲が拡大しましたが、監査の有効性と効率性の両面から、リモートと対面による監査手続の長短を踏まえて実施されているかどうかに留意する必要があります。

| コラム | 監査人の提案力 |

　監査人を評価するときに、自社の監査人の提案力について監査役会の場で、あるいは執行側と議論を重ね、監査人に必要なフィードバックをしていくことは、自社の会計や監査の質を高めていくためにとても有益な活動になると考えられます。

　監査人が、個々の会計処理の適否を判断する「批判的機能」だけでなく、どのようにしたら適切な会計処理になるか、どのような開示がより望ましいか、どのような体制（内部統制含む）を構築していくことが望ましいかを提案するといった、監査論で言うところの「指導的機能」をどのように発揮していけるかは、監査事務所に所属する個々のパートナーや監査補助者の経験や研鑽によりかなり差異があるように思われます。（Q17 コラム「会計実務の質的側面のうち重要なものについての監査人の見解」参照）。

　この「指導的機能」の発揮は、監査人の独立性を阻害しない範囲で行う必要がありますが、会社にこれまで経験のない取引の会計処理や新しい会計基準の適用等に際して監査人と適時に相談できる関係を構築することは両者にとって有意義と言えます。新しい制度の導入の際には、執行側や監査役等の抱えていた疑問点や不安を解消するように監査人とコミュニケーションを図り、監査人の視点から必要なアドバイスを入手できたことが大変有益だったという話は少なからず耳にするところです。

Q65 監査報酬はどのように算出され、監査報酬の水準に影響を及ぼす要因にはどのようなものがあるのでしょうか。

A 監査報酬は、基本的には、監査意見の基礎となる十分かつ適切な監査証拠を入手するために投入される監査リソースに基づいて算定されています。監査事務所により、投入される監査リソースの算定方法が異なりますが、一般的には、監査の実施に必要な専門知識や経験、スキル等の水準及び監査時間数が基礎となります。これらは、会社の規模や組織構造、業種、内部統制の整備・運用状況、採用している財務報告の基準、グループ内での会計方針やITシステムの統合の状況（グループ監査の場合）、会計上・監査上の判断が難しい論点の数など、様々な要因で変動します。

解 説

(1) 監査報酬の算定方式

　我が国において、監査報酬は、長い間、日本公認会計士協会の会則に基づいて決定した公認会計士の標準監査報酬規程（2年ごとに改訂）を参考として、契約当事者間の協議により決定する方式がとられていました。標準監査報酬は、基本報酬（証券取引法監査など、監査の根拠法令に基づく種類ごとに決定）と執務報酬とに分かれ、執務報酬の計算に用いられる単価は、資格（公認会計士／会計士補など）により区分されており、また監査責任者の執務報酬にも固定部分が設けられていました。

　2003年に公認会計士法が改正され、規制緩和の観点から、2004年4月1日をもって報酬規程制度は廃止されました。廃止に先立って、日本公認会計士協会から「監査報酬算定のためのガイドライン」（2003年10月）が公表され、監査報酬算定の考え方が示されました。監査報酬は直接的には被監査会社が負担しますが、監査の最終受益者は監査報告書の利用者（株主・投資家）と言われるように、監査は公共の利益に資する性質を有する業務であるため、一定の品質を保持した監査が安定的に提供される必要があります。監査事務所の運営にかかる間接的な費用を含め、監査にかかる費用が監査報酬で賄われないようでは監査事務所の財政基盤が脆弱となり、品質を保持した監査の継続が危ぶまれる

ことになります。したがって、監査報酬は、基本的には監査に投入されるリソースに連動する形で算定されます。

ガイドラインでは、監査報酬算定の方法として、それまでの標準報酬制度における考え方を改良した「基本報酬と執務報酬に区分して算出する方法」のほか、海外の会計事務所等で広く採用されている「タイムチャージ方式」の二つの方式が示されました。2002年の監査基準の大幅改訂により、リスク・アプローチの監査が全面的に導入され、会社ごとに投入すべきリソースの組合せや時間が異なることが想定されたため、ガイドラインでは、提供する監査サービスと監査報酬との対応関係の明瞭性と合理性の観点から、「タイムチャージ方式」が推奨されました。ガイドライン公表後、相当な時間が経過していますが、実際には、後述のとおり、監査事務所の規模などにより採用している算定方式に特徴が見られます。

- タイムチャージ方式で算出する方法

  監査意見を形成するために投入した人員の時間当たり単価に監査時間数を乗じて監査報酬を計算します。監査チームメンバーのほか、審査や専門的見解など、監査チームとの相談・協議に要した直接時間も含まれます。時間当たり単価の設定方法は監査事務所により異なっていますが、大手監査法人の場合は、専門知識や経験、スキル等の水準に基づき、職位や業務の難易度に分けて設定されています。また、時間当たり単価は、監査品質を維持するために必要な間接コスト（品質管理、審査、リスク管理、監査手法・ツールの開発・維持、教育研修など）や事務所の運営・維持に必要な一般管理費も勘案して設定されます。特に近年では監査のデジタル化やリモートの活用、AIを含めたIT投資に力を入れる監査事務所が増えており、時間当たり単価に反映されています。

- 基本報酬と執務報酬に区分して算出する方法

  単価に執務時間を乗じて計算される執務報酬に、監査の種類（金商法の監査、会社法監査等）や被監査会社の規模（売上、資本金等）により決定した基本報酬額を加算する方式です。監査従事者の人件費や研修費用を基に単価を設定し、そのほかの監査品質を維持するための間接コストや一般管理費は、基本報酬として加算することが想定されています。

  多数の社員・職員により多数の監査業務を実施している大手監査法人は、タ

イムチャージ方式を採用していますが、在籍者数や契約件数が比較的少ない監査事務所の場合は、知識や経験等に基づく細分化した単価を設定して管理する必要性が乏しいため、タイムチャージ方式以外の方法をとっている事務所も少なくありません。公認会計士・監査審査会（CPAAOB）のモニタリングレポート（令和6年版、P.113）によると、2023事務年度に報告徴収した準大手監査法人及び中小規模監査事務所82事務所のうち、タイムチャージ方式を採用している事務所は45事務所（55％）であり、基本報酬と執務報酬に区分して算出する方法を採用している事務所が8事務所（10％）、複数の算定方法を採用している事務所が14事務所（17％）、過年度の監査報酬を基礎に算定していると回答した事務所が10事務所（12％）、その他の算定方式を採用している事務所が5事務所（6％）という結果が示されています。また、タイムチャージ方式又は執務報酬の計算に用いる時間当たり単価について、職位ごとに単価を設定している監査事務所は40％という結果が示されています。

(2) 監査報酬の変動要因

　　監査報酬は、リスク・アプローチに基づいて策定された監査計画に基づき見積られます。監査意見の基礎となる十分かつ適切な監査証拠を入手するために必要な監査手続の種類と時間数、監査手続を実施するのに必要な専門知識、経験及びスキル、監査事務所が定める品質管理手続の種類と時間数によって、監査報酬は変動します。一般的な変動要因としては、以下が考えられます。

- 会社の規模や組織構造（支店や工場の数や地理的分布）
- 会社の業種及び事業内容（業務の多角化の状況、ビジネスモデルの複雑性、新奇性）
- 会社の経理体制、財務報告に係る内部統制の整備・運用状況（財務報告に利用しているITシステムを含む）
- グループの状況（子会社・関連会社の数や地理的分布、シェアードサービス拠点の有無、ITシステムの統合の状況等）
- 適用している財務報告の枠組み（日本基準、IFRS又は米国基準）
- 上記の項目の大きな変化（事業再編、M&A、ITシステムの刷新など）の有無

　期中においてもリスク評価が随時見直され、その評価結果により監査時間は増減します。例えば、以下の事象があった場合は、監査時間は増加します。

- 不正や違法行為（疑いを含む）の発覚
- 業績悪化に伴い減損や税効果など、監査上の重点項目の追加
- 売上や利益の減少による監査の重要性の基準値の修正（監査手続を実施する サンプル件数の増加）
- 経理担当者の異動・退職による統制評価手続の対象期間の再設定及び監査の 作業効率の低下

Q66 監査報酬が適正な水準にあるかどうかを判断するためには、どのような点に着目すべきでしょうか。

> **A** 監査報酬は、提供される監査サービスの対価として支払われるものですが、「適正な水準」であるかどうかは、監査業務の性質（監査は株主・投資家保護のために監査の基準などの職業的専門家の基準や法令の要求事項に基づき実施される業務であること）を踏まえた上で、提供されるサービスの内容及び品質に見合っているかを判断することになります。したがって、監査の品質を考える際の要素である「有効性」「適時性」及び「効率性」のそれぞれの観点から報酬水準を検討することが有用と考えられます。

解 説

(1) 監査の品質との関連

　監査報酬は、見積監査時間に基づき監査人が提示する報酬金額について被監査会社と交渉の結果決定されますが、「適正な水準」であるかどうかは、監査の有効性が確保されていることを前提として、そのような監査が適時に、効率的に行われているかを総合的に判断することになります。監査役等は、監査人の監査報酬の同意権を行使する際は、株主からの負託を踏まえ、十分な監査が実施されているかどうかを最も優先して考えることが、監査役等としての責任を果たすためには必要と考えられます。

① 有効性の観点

　コーポレートガバナンス・コードでは、「外部会計監査人及び上場会社は、外部会計監査人が株主・投資家に対して責務を負っていることを認識し、適正な監査の確保に向けて適切な対応を行うべきである。」（【原則３－２. 外部会計監査人】）とされ、取締役会及び監査役会は、少なくとも高品質な監査を可能とする十分な監査時間の確保などの対応を行うべきであるとされています（補充原則３－２②）。

　監査役等としては、まずは自社のリスクに見合う監査時間及び人員が確保されているかどうかについて、例えば以下の点を勘案して検討することが重要で

す。監査チームから提示された監査時間数が前年度から変動している場合は、その理由を質問し、合理性があるかどうかを判断します。

- 監査チームのリスク評価は適切か。監査役等が、財務諸表に重要な影響を及ぼすと考えるリスクは、監査上、どのように扱われているか。
- 監査チームは、評価したリスクに対応する監査手続の実施に必要な専門知識や経験及びスキルを有した者により編成されているか。
- 業務執行責任者の関与時間は十分に確保されているか。
- 監査チーム内で、上位者による下位者の監督や監査調書の査閲時間は十分に確保されているか。
- 会計や監査以外の専門家（IT、金融商品、資産評価、税務の専門家など）の関与の必要性及び関与度合いは適切か。

また、監査事務所の品質管理の重要性が広く認識されるようになり、審査やその他のモニタリングの手続の時間も増える傾向にあります。

次に、監査報酬を総監査時間で除した平均単価の変動についても留意が必要です。変動の理由が日本における平均的な給与水準の上昇のような一般的要因によることもありますが、会社のリスクの変化が背景にある場合もあります。職位の高い者や高度な専門知識やスキルを有する者の時間当たり単価は、相対的に高くなりますので、自社の監査に必要なスキルや経験を有する人員が監査チームに適切に配置されているかどうかという観点から、監査チームの構成を検討します。また、近年においては、デジタル化に対応するために監査手法の改善に取り組む監査事務所もあります。特に大手監査法人においては多額のデジタル投資を行っており、そのための費用も時間当たり単価に反映され、監査報酬に反映されることになります。監査事務所の監査品質報告書や計算書類などに、新しい監査手法の開発方針や投資総額などが開示されている場合がありますので、そのような情報も判断材料の一つになると考えられます。

② 適時性の観点

監査事務所は、法令で定められた期限内に監査報告書を提出できるように、人員の配置を行いますが、会社からの要請により、監査報告書の発行を前倒しして、期末日から監査報告書日までの期間（期末監査期間）を短縮することがあります。監査報告書の早期提出により決算数字を確定することは、企業や投

資家の期待に応えるものであり、監査サービスとしての価値を高める一面があります。一方、期末監査期間が短くなればなるほど、十分な監査時間を確保するために、短期間に多くの人員を配置し作業を分担することになるので、監査チーム内の段取りや報告の時間の増加につながる可能性があります。監査の適時性は、有効性及び効率性とトレードオフの関係にあり、監査報酬に影響を及ぼす側面もあります。

　我が国では3月に決算期が集中しているため、特に3月決算の場合の期末監査期間の確保は、監査の有効性を確保する上で重要な課題として認識されています。決算期の集中と決算早期化を監査事務所の経営面から見ると、最繁忙期の必要人員数を想定して人員を確保する必要を生み、監査報酬の単価の増加要因につながる面もあります。

　適正な監査報酬という観点からも、できる限り、期中の早いタイミングで会計上・監査上の重要な論点の検討を開始し、期末監査の負荷を平準化できるようにするのが望ましいと言えます。また、株主総会資料の電子提供制度を契機として、慣例的に決定されている会社法監査報告書日の見直しも期末監査の負荷の平準化に資する可能性があります。

③　効率性の観点

　限られた監査リソースで監査の有効性を確保するためには、効率性も大変重要です。総体的に重要な虚偽表示リスクが比較的低いと考えられる会社であっても、会社の状況により、同程度の規模・業態の会社に比べ、監査時間がかなり多いことがあります。監査時間数の違いが非効率から生じているかどうかは一概には言えませんが、監査チーム側の要因と会社側の要因、又はそれらが複合して効率性が阻害されている場合も考えられます。例えば、以下のような要因が考えられます。

　<u>監査チーム側の要因</u>
- 監査チームのメンバーが頻繁に変わる。
- 監査チーム内で情報が共有されておらず、同じような質問を度々行う。
- 会社側は期中から説明しているにもかかわらず、期末間際に追加の資料を求める。
- 監査チームからの説明又は報告資料が過重である。

会社側の要因

- 会社の決算がスケジュールどおりに進まない。
- 監査チームが帳簿・資料（データ）の提供を会社に依頼してから、提供されるまで時間がかかる。
- 経理担当者の退職・転属が多いため、情報共有ができていない。
- 会社側の会計や監査の基準についての知識・経験が不足している。
- 期末監査が始まってから、重要事項を相談する。
- 科目別の期別比較、月次推移などが、社内において十分に把握・分析されていない。
- 帳簿・資料（データ）の作成が複雑になっている。例えば、手作業での転記が多い、例外処理が多い、過去からの経緯で類似するデータが並走している、データ間に整合性がないなど。

このような状況が識別された場合は、会社の執行側と監査チームとの間での改善に向けた協議を促し、監査役等も毎期の監査において状況を確認することが考えられます。

(2) 監査人の独立性との関連

監査人が遵守しなければならない倫理規則では、現行の監査報酬モデルには、監査人の独立性を阻害する要因が生じる可能性があるということを基本的な認識として明示しています。つまり、監査人と被監査会社との交渉により監査報酬が決定され監査報酬が支払われる方式は、世界中で広く受け入れられてきた方式ではあるものの、監査人が監査契約を維持することを優先する自己利益や被監査会社から監査報酬の削減の不当なプレッシャーを受ける可能性が伴うと捉えられています（独立性の阻害要因についてはQ9参照）。

監査役等は、監査人が監査人の独立性の観点からも監査報酬の水準の適切性を検討しているかどうかについて、留意する必要があります。倫理規則では、報酬に関連して以下の事項が定められています。

- 自己利益と不当なプレッシャーの阻害要因の水準（「倫理規則」セクション410）

契約当事者間で決定される監査報酬は、監査事務所から見ると、監査の基準などの職業的専門家としての基準や法令の要求事項や被監査会社の状況等を

勘案して下す経営判断です。倫理規則上、他者が提示する報酬金額と差があること自体は問題ありませんが、正当な根拠に基づかない低廉報酬は職業的専門家の報酬として適切ではないとされ（「倫理規則」セクション330）、同様に正当な根拠に基づかない高額な報酬も適切ではありません。被監査会社が社会的影響度の高い事業体（PIE）である場合、監査人は、監査報酬の水準により監査人の独立性を阻害する要因が許容可能な水準にあるかどうかを検討し、その検討結果を監査役等にコミュニケーションを行うことが求められています。

- 非監査業務の提供による監査報酬への影響

  非監査業務の提供により監査報酬が影響を受けないようにすることが監査人には求められています。例えば、監査人は監査報酬を低く抑えることを条件に非監査業務を受嘱したり、反対に監査報酬の増額分を非監査報酬で調整したりすることがないようにしなければなりません。

- 監査報酬と非監査報酬の割合

  非監査業務の報酬の割合が高い場合、監査業務又は非監査業務のいずれかを失うことの懸念により、自己利益と不当なプレッシャーの阻害要因の水準が影響を受けることがあります。非監査業務の監査報酬に対する割合のほか、非監査報酬の内容や契約期間の長さにも注意を払う必要があります。

- 成功報酬の禁止

  例えば、被監査会社の業績に連動させたり、監査の結果に応じて報酬額を決定したりすることは認められていません。

- 特定の被監査会社への報酬依存度

  監査事務所の収入が特定の被監査会社からの報酬に依存している場合、契約を維持するために監査人の独立性が損なわれているのではないかという懸念（自己利益又は不当なプレッシャーを受けているのではないかという懸念）が生じる可能性があります（Q13参照）。監査人が小規模な監査事務所の場合は、報酬依存度の視点から、セーフガードの十分性を含めて報酬と監査人の独立性の関係の検討が必要になります。

(3)　ガバナンスとの関連

監査費用は、会社にとって、法令遵守のための必要コスト（したがって、最

低限にとどめる方が良い）という見方が根強くありました。しかし、コーポレートガバナンスの意識が高まる中、監査費用は会社のガバナンスに対する考え方を反映するガバナンス関連費用と捉え、近年、財務諸表利用者に向けて監査報酬に関する開示の拡充が図られています。

　2004年の標準監査報酬規程の廃止以降、会社法及び金商法に基づく開示制度において、事業報告書（会社法施行規則第126条）や有価証券報告書の「コーポレートガバナンスの状況等」（開示府令　第二号様式「記載上の注意」(56)d(f)等）に監査報酬の開示が求められています。会社法及び金商法の開示対象となる報酬に差異はあるものの、両法に基づく開示の一体化（共通化）を進める取組が進められており、有価証券報告書の様式に従って、親会社及び連結子会社それぞれについて、監査業務と非監査業務に区分して監査人に対する報酬額を記載することで、共通の記載とすることができることが明確化されました（「事業報告等と有価証券報告書の一体的開示のための取組の支援について」（2018年12月28日付、内閣官房、金融庁、法務省及び経済産業省の4省庁連名で公表）など）。

　さらに、監査に関する情報の充実を図る施策の一つとして、有価証券報告書における監査報酬の開示が拡充され、2021年3月期より有価証券報告書提出会社と連結子会社が監査人である監査事務所及びそのネットワーク・ファームに支払った又は支払うべき報酬を監査業務と非監査業務に分けて金額を記載することとされました（重要性の乏しいものは除く）。また、連結財務諸表の監査において、ネットワーク・ファーム以外の者に対して支払う監査報酬のうち重要なものがある場合、その内容を開示することとされました。さらに、倫理規則の改正により、監査人の独立性の観点から、2024年3月期より報酬関連情報の開示が監査報告書において行われることとなりました（Q14参照）。

　その他の留意点として、海外展開している企業の場合、国によって監査報酬の水準に差がある点が挙げられます。特に、他の先進国においては日本よりも監査報酬の水準が高いことがあります。為替レートの変動もあり、金額ベースで見ると、親会社の監査報酬より連結子会社の監査報酬の方が多額になる可能性もあります。海外拠点の重要性が高く、グループの構成と監査報酬の構成比率に相違が見られる場合は、監査役等は、金額ベースではなく、監査時間ベースでグループ監査の状況を把握しておくことが必要と考えられます。グループ

監査におけるリスク評価の状況を踏まえ、地域（拠点）ごとの大まかな時間配分を把握し、連結ベースで監査対応が適切に図られているかを確認することが重要となります。

Q67 監査時間や監査報酬の適正水準を判断するために参考となる情報はありますか。

A 監査報酬及び監査時間は、被監査会社の規模や業種及びリスクの状況により大きく影響を受け、また、監査事務所における品質管理コストも影響するため、単純な比較はできませんが、日本公認会計士協会から公表されている監査報酬や監査時間に関する統計資料や分析資料が参考になります。適正な水準の監査報酬であるかどうかの判断に当たって、他社における監査報酬の水準はあくまで参考材料の一つにすぎませんので、統計資料に基づく様々な切り口からの客観的な分析を参考に、自社の状況に即して考察する必要があります。

解説

　監査報酬や監査時間に関する客観的な統計資料や分析資料として、以下が公表されています。

⑴　国内の監査時間及び監査報酬に関するデータ

　監査時間や単価についての統計資料として、日本公認会計士協会は、毎年、以下の資料をWebサイトで公表しています。会社規模などに応じたおおよその監査報酬の水準を知ることができます。

- 「監査実施状況調査」

　監査事務所が日本公認会計士協会に提出した「監査概要書（写）」や「監査実施報告書」のデータを基に統計資料として取りまとめたものです。金商法監査、会社法監査、信金・信組・労金監査、学校法人監査など、法定監査の種類ごとに各年度の監査に関与した人員数、監査時間及び監査報酬が業種・売上高区分ごとに集計されています。2003年版から、毎年公表されています。

- 「上場会社監査人・監査報酬実態調査報告書」

　有価証券報告書に開示されたデータを基に、上場会社の監査報酬の実態調査と分析を取りまとめたものです。日本公認会計士協会から、「監査人・監査報酬問題研究会」（大学教授等で構成）に委託し研究成果として取りまとめ

られたもので、有価証券報告書において監査報酬の開示が始まった2004年3月期から、毎年様々な切り口で分析されています。以前は書籍として出版されていましたが、2013年版（2011年4月期から2012年3月期の監査報酬を対象）より日本公認会計士協会のWebサイトで公表されています。会社規模別、業種別の監査報酬額や売上高に対する監査報酬比率、監査事務所の規模別分析、前年からの監査報酬の増減分析、監査交代企業の分析、日米比較、2020年3月期から早期適用が始まったネットワークベースでの監査報酬の開示に基づく分析などが含まれています。

これらの統計・分析資料のほか、EDINETを利用して有価証券報告書に開示されている各社の監査報酬を参考にすることができます。

(2)　海外の監査報酬に関するデータ

海外の多くの国において、監査人の独立性を確認することを主たる目的として、上場会社は、監査人に支払った又は支払うべき報酬の開示が求められています。例えば、米国は株主に対する招集通知において、監査人に支払った又は支払うべき報酬を「監査／監査関連／税務／その他」の四つに区分してネットワークベースで集計して開示することを求めています。そのほか、財務諸表の注記事項として、監査とそれ以外の業務の詳細な区分によるネットワークベースの開示を求めている国もあります（例えば、英国、オーストラリア、ニュージーランドなど）。

海外の上場会社の監査報酬については、当該会社のホームページで開示されているアニュアルレポートや招集通知を検索することで、監査人に対する報酬を知ることができる場合があります。

Q68 監査時間に含まれる監査事務所における作業時間が増加する傾向にありますが、これはなぜでしょうか。

A 会社においても監査事務所においてもITの利用が進むにつれて、監査事務所において実施できる作業の割合が増える傾向にあります。加えて、会社の事業内容等の変化だけでなく、適用される財務報告の枠組みや監査の基準等の改正の頻度が増え、個々の会社の会計上・監査上の検討事項や品質管理上の要請が増えていることが、監査事務所における作業時間（例えば、審査時間や専門家（IT、資産評価、税務などの専門家）との討議時間など）の増加につながっています。

解説

(1) 監査業務の電子化の流れ

　会社の業務プロセスにおけるITの利用が進展するにつれ、会計記録の電子化も進められてきました。同様に、監査業務においてもITの利用が進んでおり（Q70参照）、監査事務所内で実施可能な作業の割合が増える傾向にあります。例えば、会社の総勘定元帳や補助元帳などの会計システムの電子データを往査前に入手できる場合やリモートアクセスが可能な場合は、分析的手続やサンプルの抽出作業自体は監査事務所で実施可能となります。また、監査調書の電子化の進展により、上位者による査閲もリモートで実施可能となります。

(2) 会計上又は監査上の論点の増加

　経済社会の発展に伴い、財務報告の枠組み（会計基準）の改正の頻度が高くなっています。また、実務に大きな影響を及ぼす改正も少なくありません。監査人として新しい基準を個々の会社の状況に適切に適用されているかどうかを判断するためには、監査事務所において新しい財務報告の枠組みの改正内容や背景を詳しく調べたり、監査事務所内で専門的見解を問い合わせたり、事例を調べたりする必要が生じます。また、財務報告の枠組みの改正だけでなく、会社の事業内容が変化した場合（例えば、新しいビジネスモデルによる取引を開始した場合）も会計処理や表示方法の詳細な検討が必要となることがあります。

　加えて、監査の基準も頻繁に改正されています。監査の基準の改正は、監査の有効性・信頼性を高めるために行われますので、要求される監査手続が少なくなることは考えにくく、監査人に求められる手続は増加します。また、改正後の監査の基準に準拠した監査を実施するために、監査チーム内での討議や専門家との調整が必要になることがあります。

　このような財務報告をめぐる昨今の環境変化に対応するための時間は、監査事務所における執務時間に含まれることが多く、増加傾向にあります。その中でも、会計上又は監査上の論点の増加は、各監査チームが行う重要な判断の増加につながり、審査上のポイントも増えますので、監査事務所内での審査時間数の増加につながります。特に、財務報告の枠組みをどのように適用するかについて定見が定まっていない場合など、通常の審査に加えて上位の審査を受審するなど、重層的に審査を実施する必要が生じる場合があります。

(3)　品質管理の要請

　大きな会計不祥事が起こるたびに、監査が機能しているのかという疑問が呈され、監査品質を高めるための努力が続けられています。一人一人の監査人の属人的な能力のみに依存するのではなく、品質を保持した監査をどの監査チームもバラツキなく提供できるように、監査事務所は品質管理システムを整備・運用することが求められています。

　監査事務所の品質管理システムの重要性は、2005年の「監査に関する品質管理基準」の公表以降も、指摘され続けています。例えば、2013年に公表された不正リスク対応基準、2017年に公表された監査法人のガバナンス・コード、及び2021年に改訂された「監査に関する品質管理基準」において、各監査チームが職業的懐疑心を保持して適切な監査を実施できるように、品質を重視する組織文化を醸成する監査事務所の品質管理の重要さが改めて強調されています。

　そのため、監査事務所は、各監査チーム内に問題を抱え込まないように、監査チームに対して留意すべき論点について注意喚起を行い、監査事務所内の専門的な見解の問い合わせや審査担当者への適時の相談を促しています。また、監査の進捗に合わせて適時の対応が可能となるように、品質管理の担当部署に監査チームからの情報を集め、必要なフォローアップを行うこともあります。特に審査担当者による審査は、年間を通じて協議することが想定される、監査

チームにとって利用しやすい仕組みであり、リスク評価の妥当性や監査手続そのものも審査対象として重要性を増しています。審査担当者から、監査手続の追加に加え、専門家の関与や専門的見解の問合せを促されることも珍しくありません。

Q69　監査チームから監査報酬の増額の要請があった際、監査役等は妥当性の判断に当たり、どのような点に注目するとよいのでしょうか。

A 財務報告の枠組みや関連する法規制、監査の基準の改正などの外部的要因と、会社の業務内容や組織構造、内部統制などの内部的要因を考慮して判断します。また、監査報酬の客観的な統計資料や分析資料を基に、監査報酬の適正な水準について改めて検討することも有益です。その際、社会からの監査品質の向上に対する要請など、監査報酬の増加の背景的要因も理解しておくと良いと思われます。

解　説

(1)　外部的要因及び内部的要因の検討

　監査報酬は基本的に、監査意見の基礎となる十分かつ適切な監査証拠の入手に必要な監査リソース（必要な知識や経験の水準及び監査時間）に連動します。したがって、財務報告の枠組み（会計基準や開示規則）や財務報告に関連する法規制若しくは監査の基準の改正などの外部的要因と、会社の事業内容や組織構造、内部統制若しくはITシステム変更の影響などの内部的要因を考慮して判断することが必要です。

　また、会社の業績の継続的な低下も、会計上の見積項目（固定資産の評価、繰延税金資産の回収可能性の評価など）の監査や継続企業の前提の評価に、より慎重な検討を加える必要が生じることがあります。さらに、不正・違法行為やその疑いが高まった場合、当該事象の財務報告に与える影響だけでなく、他の部署等で同様なことが起きていないかどうかを一定期間は注視する必要が生じるため、当期及び翌年度以降の監査時間に影響を及ぼすことがあります。加えて、このような財務諸表の重要な虚偽表示リスクが高まる要因が識別されると、適切な監査意見を形成するために審査や専門的見解の問合せなど、監査事務所の品質管理の手続が追加されることが多いと考えられます。

　報酬増額の要請があった際には、監査役等は監査人に対して、どのような要因に基づいて監査時間が増加するのか、監査チームの直接時間が増加するのであれば、どのような実証手続が追加されることが想定されているのか、試査や

往査の範囲を拡大することが想定されているのかなどについて、質問することが考えられます。手続によっては、特定領域の専門知識を有する者や経験豊富な者を追加したり、それらの者による作業時間を増加する必要が生じることがありますので、監査報酬が増加する要因について丁寧な説明を求めることが考えられます。その際、公認会計士・監査審査会（CPAAOB）の検査及び日本公認会計士協会の品質管理レビューの結果などに基づき、監査手続の強化（特に、不正リスクや会計上の見積りに関して職業的懐疑心をもって批判的に検討すること）、審査の厳格化及び詳細な文書化が要請されているという一般的な背景についても、理解しておくと良いと思われます。

(2) 監査事務所の品質管理に関するコスト

　社会からの監査品質の向上に対する不断の要請は、監査事務所の間接費用の増加となり、監査報酬の上昇につながっています。例えば、タイムチャージ方式を採用している監査事務所においては、各職位のチャージレートの上昇という形で表れます。

　監査事務所に対するモニタリングの強化は、それに対応する監査事務所の間接費用（例えば、品質管理本部などの間接部門の費用）の増加につながります。監査事務所は、品質管理システムの整備・運用状況について、定期的に検証することが義務付けられていますが、ネットワークに加盟している監査法人の場合には、ネットワークの定期的検証にも対応しています。さらに、日本公認会計士協会による品質管理レビューや公認会計士・監査審査会（CPAAOB）の検査など、外部のモニタリングへの対応にも時間が必要になっています。

　また、近年、監査業務におけるITの一層の活用が喫緊の課題となっていますが、リモート監査を実施したり、RPA（Robotic Process Automation）の開発やAIを利用した監査手法の開発には多額の投資が必要になります。さらに、ITの利用が増えるにつれ、サイバーセキュリティへの備えも増強する必要が生じますので、さらなるIT投資が必要になります。

(3) 監査チームとの協議

　監査報酬は、被監査会社と監査人との協議に基づき合意するものですが、執行側と監査人とが報酬額について「事実上」合意する前に、監査役等が監査時

間や報酬水準が適切であるかどうかを判断できるように、適時の情報提供を監査人に求めることが考えられます。また、報酬同意権の行使の時期に限らず、常日頃から監査人と執行側とのコミュニケーションを密にしておくことが重要です。

監査チームからの説明に際しては、監査時間や監査報酬に関する客観的な統計資料や分析資料（Q67参照）を参考に、適正な監査報酬又は監査時間を新たな目線で考察することも有益と思われます。監査人が採用している監査報酬の算定方式にかかわらず、実際の報酬交渉は、前年の監査時間や監査報酬をベースに行われることが少なくありません。監査事務所の定めている規定どおりに監査報酬を実際に請求できず、交渉の結果、「値引き」という形で監査契約を締結しているということもあります。「値引き」が恒常化している場合、その意味合いについても監査チームに質問してみると、監査事務所が考える「適正な水準」の理解に役立つかもしれません。

いずれにしても、監査時間や監査報酬について監査人と合意できる目途がなければ監査契約は締結できません。最近の監査人交代理由に監査報酬を挙げるケースが散見されるようになってきましたが、監査報酬に関する協議は、監査サービスの価値や監査報酬への理解を深める良い機会ともなり、長い目で見れば監査の品質向上につながることが期待されます。

コラム 監査人の交代

　上場会社の監査人の交代は、2010年代中頃まで年に100件程度でしたが、その後徐々に増加に転じ、2021年以降は年間200件を超えるようになりました。交代の傾向としては、大手監査法人から準大手監査法人若しくは中小規模の監査法人への交代又は準大手監査法人から中小規模の監査法人への交代が多く、上場会社の監査の担い手として準大手監査法人又は中小規模の監査法人の存在感が増してきています。

監査人の交代件数

		2015年6月	2020年6月	2021年6月	2022年6月	2023年6月	2024年6月
監査人の交代件数（　）は、監査法人の合併による内数		97 (17)	145 (3)	209 (2)	236 (8)	204 (0)	200 (85)
監査法人の規模別純増減	大手	−5	−58	−124	−140	−106	−41
	準大手	15	18	32	31	13	−4
	中小	−10	40	92	109	93	45

注）各上場国内会社の適時開示に基づき、各期の6月末までに後任監査人を決定している会社数を集計

出所：公認会計士・監査審査会の令和元年版モニタリングレポートP.78、P.79、令和6年版モニタリングレポートP.107、P.108より作成

●交代理由

　監査人の交代は臨時報告書及び適時開示の対象であり、交代の事実とともに交代に至った理由及び経緯について記載することが求められています。監査人の交代理由は、被監査会社の開示及び監査に対する考え方や、監査意見の背後にある財務諸表の潜在的な問題の存在を示唆する情報として利用者から関心が寄せられます。かつては「任期満了」という形式的な交代理由の記載が多く、交代に至った理由や経緯を説明していないという批判が高まり、2019年に開示ガイドラインが改正されました。開示ガイドラインの改正後は、監査報酬に関連した理由（例えば、監査報酬が増加傾向にあることや事業内容や規模に適した監査対応と監査報酬を検討した結果によるなど）が約半数となり、そのほか、監査契約年数の長期化が交代理由として挙げられています。

●長期契約とファーム・ローテーション制度

　監査契約年数については、有価証券報告書の「コーポレートガバナンスの状況等／監査の状況」に記載することが求められています。同一監査法人との長期の監査契約については、監査人と被監査会社との間に「馴れ合い」や「自己利益」という独立性の阻害要因が生じる可能性や、継続から生じる監査人の「思い込み」により職業的懐疑心の発揮が鈍る可能性が指摘されています。その対応策として監査法人の強制ローテーション制度（ファーム・ローテーション）の導入があり、ファーム・ローテーションについてはこれまで国内外で様々な研究が行われています。研究には、実際にファーム・ローテーションを導入した国での監査品質に及ぼす影響の考察や、一旦導入したものの廃止した国における廃止の理由などが含まれています。日本においても、大型の会計不正事案を契機に金融庁に設置された「会計監査の在り方に関する懇談会」の提言にファーム・ローテーションの調査が含まれ、2017年と2019年に海外動向やパートナー・ローテーションの効果などに関する調査報告が公表されています。

　これまでの様々な国内外での研究は、ファーム・ローテーションによる監査品質の向上を支持するものと支持しないもの（監査品質との関係を見いだせないとするもの）の両方があります。つまり、長期契約のデメリット（独立性の阻害要因や懐疑心の鈍麻）とメリット（被監査会社に関する知識の蓄積）は、そのままファーム・ローテーションのメリット（独立性及び懐疑心の強化）とデメリット（被監査会社に関する知識の断絶）になり、それぞれ、メリットとデメリットのどちらが監査品質に強く影響するかは一概には言えないということと思われます。さらに、同一監査法人内での監査チームメンバーの交代に比べ、監査法人が交代する際の引継ぎコストは高く、例えば全上場会社に対して一定年限で強制的に監査法人の交代を義務付けるとすると、社会全体としてのコスト負担は相当なものになります。したがって、日本においては、費用対効果を考慮すると、監査品質の向上がもたらされるとは限らないファーム・ローテーション制度の導入にはなかなか踏み切れないという状況が継続していると思われます。今後、2016年に導入された欧州連合（EU）の社会的影響度の高い事業体（PIE）の監査におけるファーム・ローテーション制度（最長10年（共同監査の場合は20年）で監査法人の交代を義務付ける）の監査品質に及ぼした効果について研究が進み、定期的にファーム・ローテーションの議論は継続していくものと思われます。

●監査人の選定プロセス

　近年、同一監査法人との長期契約に対する懸念を考慮して、監査人の交代を決定する会社も出てきました。また、結果的に交代には至らないものの、定期的に複数の監査法人に対して入札を行い、各監査法人から提出されたプロポーザルの内容や監査人（業務執行社員）候補者との面談により監査役等が監査人を選定するケースも散見されます。

　入札に当たっては、各監査法人と守秘義務契約を結んだ上で、会社側から監査契約の締結に必要となる情報を候補となる監査法人に提供し、プロポーザルを作成してもらうことになりますので、会社側（執行側及び監査役等）と応札する監査法人の双方に少なからぬ作業負荷が発生します。特に、グローバルに展開する大規模企業の場合、海外拠点の監査をどのように行うかが重要となります。そのため、プロポーザルを作成する監査法人は、主要な子会社のある現地のネットワーク・ファームに暫定的に把握したリスクの概要と想定される監査作業を伝え、人員面や費用面を含め実施可能性を協議する必要があり、プロポーザルの作成には一定の時間と期間が必要になります。各監査法人への依頼に際しては、会社として監査人の選定に当たりどのような点を重視しているのか（例えば、会社の属する業界又は特定領域の監査経験や知識、海外ネットワークの状況など）をあらかじめ伝え、選定時に特徴が把握しやすくする工夫も必要となります。

　このような入札プロセスの開始から監査人の選定までの期間は一概には言えませんが、グローバルな大規模会社の場合は2年程度かかることも珍しくないと思われます。監査人の交代決定後は、経理部門を中心に新しい監査チームに対して詳細な説明が必要になるなど大きな負担が生じますので、時間的な余裕をもって取り組む必要があります。

4　最近の監査をめぐる動き

Q70 社会全体のデジタル化が急速に進展していますが、テクノロジーの進化は財務諸表の監査にどのような影響を及ぼすのでしょうか。

A テクノロジーの進化、とりわけAIの出現は、リスク・アプローチに基づく従来の監査に大きな変革をもたらすことが予想されています。例えば、リスク評価の局面においては、AIを利用した広範なデータ分析をリスク評価に活用したり、AI（機械学習又は深層学習）により異常（エラー又は不正の兆候）を示唆する状況を検知又はスコアリングし、リスク評価に役立てたりすることなどが想定されています。また、リスク対応手続の実施局面では、デジタル化した証憑と取引記録との突合を全件自動的に行い、異常を示唆する取引を抽出することにより、これまでの試査に代わる精査的な手続を実施することなどが想定されています。将来的には、被監査会社のERPシステムのデータに常時接続し、リアルタイムで監査を実施することが構想として示されています。さらに、AIは、監査手続面だけでなく、監査事務所内でのデータや知見の共有や監査調書の作成・閲覧などの側面においても、活用が進められています。

このような監査のデジタルトランスフォーメーション（DX）は、各監査事務所及び所属するネットワークにおいて研究・開発が進められており、実践例も蓄積されつつあります。一方で、新たなテクノロジーの活用に当たっては、いくつかの課題も認識されています。

解 説

(1) テクノロジーの活用

テクノロジーの進化は日進月歩であり、2010年代後半からそれらを監査実務にどのように利用するかの研究が進められています。テクノロジーの利用により監査の有効性及び効率性は飛躍的に向上し、将来、監査のやり方が大きく変わることが予想されています。監査のDXは、データを駆使した監査（data driven audit）を指向しており、様々なデータを標準化して蓄積することが前提となりますので、被監査会社を含む社会全体のDXとともに、段階的に進んでいくものと思われます。

　以下は、監査業務におけるテクノロジーの主な活用例です。

①　自動データ処理及びデータ分析

　自動データ処理により、あらゆる情報がデータ化されると、監査において高度な分析的手続の実施が可能となります。従来行えなかった大量のデータ（財務データだけでなく非財務データや様々な外部データを含む）について、複雑なデータ加工を短時間で行うことが可能になると、様々な切り口での高度なデータ分析を行うことができ、また、ビジュアル化により全体の傾向や関連性をより理解しやすくなり、リスク評価の精度が高まります。

②　監査ツールの進化

　監査の基準に準拠した監査の実施を支援する、電子監査調書の作成・保存ツールの利用も進んでいます。クラウドベースのツールの利用により、多くの監査業務に共通する監査手続の標準化が進み、また、監査調書が一元管理されます。それにより、監査チーム内のマネジャーやパートナーなどの上位者は、場所と時間を選ばずに調書の査閲や監査の進捗管理を行うことが可能となります。クラウドベースの監査ツールは、業務の標準化（監査チーム間のバラツキの抑制）により監査の品質向上に寄与するとともに、監査業務の効率性を高めることが期待されています。

③　AIの活用

　監査業務においてAIの活用が進められています。例えば、エラーや不正の可能性を示唆する異常値を検知したり、通常の承認プロセスを経ていない等の例外的な属性をもつ取引を抽出したりすることも可能となります。

　2020年頃より、大手監査法人では、過去の不正事例をAIに学習させることにより、不正の兆候の検知を行ったり、不正リスクのスコアリングを行ってリスク評価に役立てたりする試みが始まり、現在は、段階的にその適用対象を拡大する実践段階に入っています。過去の不正事例として上場会社の訂正報告書などの開示情報などが用いられます。ただし、このような手法により抽出された異常点は誤謬や不正の可能性を示しているにすぎず、検知やスコアリングの精度により実効性は大きく左右されます。抽出された取引や領域をどこまで検

証し、どのように結論付けるかは、最終的には監査人の判断により行われます。AIを活用して異常点のスクリーニングに使う時間を減らし、判断や監査チーム内のディスカッションに使う時間をより多く確保することで、監査品質が一層向上する可能性があります。また、このような不正検知の手法の開発により、不正の抑止効果が高まることも期待されています。

　そのほか、監査手続として行う契約書（例えば、企業買収、事業譲渡・譲受、リース契約など）の閲覧に、監査上必要な情報を抽出するAIを活用している例や、会社の作成する有価証券報告書などの開示書類のドラフトのチェック作業にAIを活用している例もあります。

　さらに、監査や会計の基準などを学習したAIが監査手続の提案を監査人に行ったり、監査調書の作成支援に生成AIを利用したり（例えば、監査の過程で行われる様々な協議の文書化やビジュアル化、個々の監査手続の結果を取りまとめる総括調書のドラフト作成、監査結果の経営者や監査役等への報告文書やKAMのドラフト作成などに利用）、財務諸表と記述情報との整合性のチェックにAIを利用することなどが想定されています。

④　データや知見の共有

　監査事務所内の経験をデジタルベースで蓄積して知見に昇華し、その知見を監査事務所内で活用する可能性が広がっています。共通フォーマットを多く用いることで、様々な数値の動きや比率などがデータベース化され、不正や誤謬の事例とも照合しやすくなりますので、大変有効な監査ツールになります。また、データ分析の結果は、会社の経営者や監査役等、内部監査人とのコミュニケーションを深めるツールになるため、ガバナンスに資する情報にもなります。

⑤　常時接続によるリアルタイム監査

　従来の監査は、基本的に決算が完了した後に、会社からデータ提供を受けて事後的に手続を実施するというスタイルで行われており、取引時点と監査手続の実施時点の間にタイムラグがあります。将来的には、セキュリティを確保した方法により被監査会社のERPシステムに監査人が常時接続し、監査事務所の用意したサーバー上にAIを利用した分析機能を組み込むことで常時監査を行うことが構想されています。時間と場所を選ばずに監査人が異常点を検知し、

タイムリーに監査手続を実施することが可能になる、このような監査は「継続的監査（Continuous Auditing）」又はリアルタイム監査と呼ばれています。

公認会計士・監査審査会（CPAAOB）の「令和6年版モニタリングレポート」では、現状における日本の監査法人のテクノロジーの活用状況について**図表1**のように要約されています。

図表1　大手監査法人及び準大手監査法人の監査業務でのITの活用状況

状況	大手監査法人	準大手監査法人
導入済	・電子監査調書システム（監査調書作成及び監査の進捗管理） ・仕訳分析ツール（取引内容（仕訳）の分析及び異常仕訳検出） ・証憑突合ツール（外部からのデータと被監査会社の全ての売上データを照合する精査的な技法） ・ファイル交換システム（被監査会社とのデータ交換に使用） ・RPA（データ入力及び加工の自動化） ・債権・債務残高確認システム（取引の実在性・正確性確認作業の自動化）	・電子監査調書システム（監査調書作成及び監査の進捗管理） ・仕訳分析ツール（取引内容（仕訳）の分析及び異常仕訳検出）
導入中（一部の法人で導入済みのものも含む）	・AI（過去の財務情報を用いた異常な取引の将来不正予測、生成AIによる法人内部の照会対応） ・監査データベース（法人内の知見等をデータベース化し、共有する仕組み）	・証憑突合ツール ・ファイル交換システム ・RPA（データ入力及び加工の自動化）
開発中	・AI（非財務情報を用いた将来不正予測） ・ドローン（実地棚卸の立会の効率化） ・ブロックチェーンの活用 ・自然言語処理（文書のデータ化及び解析）	・AI（過去の財務情報を用いた異常な取引の将来不正予測）

出所：公認会計士・監査審査会（CPAAOB）令和6年版モニタリングレポートP.84

(2)　テクノロジーの活用における課題

　監査に新たなテクノロジーを十分に活用するに当たっては、例えば以下のような課題が認識されています。

①　データの標準化

　データを駆使した監査（data driven audit）は、データの標準化が前提となります。監査事務所の開発する監査ツールにデータを投入するためには、被監査会社が使用している様々な情報システムから出力されるデータ形式を標準化する必要があり、それには多くの工数が必要となります。したがって、データの標準化や互換性はAIを利用した監査にとって大きな課題となります。

　なお、監査データの標準化については、2019年に国際標準規格としてISO21378「監査データ収集」が公表され、財務情報の標準データ項目が規定されています。国際標準に従って財務情報のデータの標準化が進むことにより、監査におけるAIの利用が促進されることが期待されています。

②　データセキュリティとプライバシーの確保

　テクノロジーの進化に伴い、データセキュリティとプライバシーの確保がますます重要となっています。監査人は、被監査会社のデータを適切に保護し、データ漏洩や不正アクセスを防止するための対策を講じる必要があります。これには、データ暗号化、アクセス制御、監査ログの管理などが含まれます。さらに、データセキュリティに関する最新の規制やガイドラインに従い、監査手続を実施することが求められます。

③　監査人のスキルと知識の向上

　テクノロジーの進化に伴い、監査人には新たなスキルと知識が求められます。特に、データ分析、AIなどに関する専門知識が重要となります。これらの技術の特徴を踏まえた上で効果的に活用し、監査の品質を向上させるためには、監査人は継続的に研修を受け、技術の進化に対応することが求められます。また、監査事務所として、進化したテクノロジーを積極的に監査に取り入れる姿勢をもって取り組むことが必要であり、各監査チームにおいて適切な監査ツールが適切に利用される体制を構築することが重要となります。

④　デジタル化に伴うリスク

　監査のデジタル化に伴う新たなリスクが認識されるようになっています。例えば、電子的に作成・転送・処理・記録・保存された情報の改ざんのリスクに対しては、追加手続の実施が必要となることがあります。また、AIの利用に関しては、AIが事実に基づかない結果を出力してしまうことがあること（「ハルシネーション」と呼ばれている）を十分に理解し、監査において、AIによる判断根拠が説明できない状況にならないように留意する必要があります。

⑤　監査の基準の現代化

　現在の監査は、抽出された取引を対象に監査手続を実施する「試査」によって行われており、このことが「監査の限界」の一つの要因になっています。自動データ処理及びデータ分析を併用することにより、少なくともデータ抽出過程では母集団全体を対象に異常点を示す取引を抽出し「精査的な」監査を実施することが可能になり、「試査」の限界が補完されていくことが期待されています。また、このような「精査的な」監査を可能とする異常点を検知する手続は、リスク・アプローチの監査において、リスク評価手続とリスク対応手続の両方の目的に合致する手続とも考えられ、また内部統制の運用評価手続、実証的分析手続又は詳細テストの区分も曖昧になってきます。既存の監査の基準における目的別監査手続の分類とそれら手続から得られる監査証拠の適合性や十分性についても、格段に進化しているテクノロジーを前提に、改めて整理する必要性が指摘されています。

コラム	リモートワークと監査

　2020年からのコロナ禍を契機として社会全体にリモートワークが急速に拡大しました。それに伴い内部統制やリスク対応、監査人による監査についても、新たな視点が必要になっています。

　リモートワークが拡大した時期においては、紙文書をスキャナーによりPDF化することで急遽対応した会社も多かったと思われます。コロナ禍後におけるリモートワークの割合は会社により様々ではあるものの、今後、ある程度のリモートワークを前提とした既存の業務フローを見直し、証憑類を含むデジタル化が一層進むことが予想されます。監査役等は、勤務実態に応じた業務フローの見直しが適切に行われているかどうかについて、監査人とコミュニケーションを行うことも有益と考えられます。例えば、物理的押印が必要なプロセスが一部残るなど、管理者による統制活動がリモートワークに適応していないケースや、あるいは、現場の業務フローが非公式に変化したことに管理者が気付かないこともあります。監査役等は、コロナ禍前後の業務フローの変化に対する監査人の気付き事項の有無等を確認すると、良い気付きが得られるかもしれません。

　コロナ禍では、スマートフォンなどを利用したリモートでの実地棚卸の立会が行われたこともありました。海外ではドローンを利用した棚卸の立会いを実施しているケースも報告されています。遠隔地の実施棚卸の状況や資産の劣化の状況等を観察できるメリットは大きいものの、カメラの視野角により在庫の全体像の把握が困難になることや、ディープフェイク（フェイク画像）の技術が発達していることも指摘されていますので、監査証拠の証明力への留意が必要とされています。これらは監査人において慎重に検討すべきことになりますが、監査役等においても、監査人による検討状況を把握してより実効的な利用に向けて、適宜、監査人及び執行側に提案を行っていくことも考えられます。

 **サステナビリティ情報の開示及び保証は、今後、どのように行われることが見込まれているのでしょうか。**

A 2023年3月期より、有価証券報告書に「サステナビリティに関する考え方及び取組」のセクションが設けられ、サステナビリティに関する情報を「ガバナンス、リスク管理、戦略、指標及び目標」の細目に分けて記載することが求められています。我が国のサステナビリティ情報の開示基準は、国際サステナビリティ基準審議会（ISSB）の公表する開示基準をベースとして策定されています。また、海外の動向を参考に、サステナビリティ情報の信頼性を確保するため、第三者による保証についても議論されています。

解 説

　サステナビリティ情報の報告基準及び保証基準の開発は、急ピッチで進められています。

(1) サステナビリティ開示基準

① IFRSサステナビリティ開示基準

　経営環境の不確実性の増加に伴い、企業の情報開示において、財務諸表以外の記述情報の重要性が指摘されるようになり、既に長い年月が経過しています。将来の企業価値の源泉となるキャッシュ・フローの創出力を分析するには、環境（E）や社会（S）との関係を考慮に入れた中長期的な経営戦略やそれを支えるガバナンス（G）に関する情報が不可欠と考えられるようになり、2010年代以降、そのような情報開示の枠組みがいくつも公表されてきました。例えば、オランダのGlobal Reporting Initiatives（GRI）基準、International Integrated Reporting Council（IIRC）（英）の国際統合報告の枠組み、米国のSustainability Accounting Standards Board（SASB）の基準、Climate Disclosure Standards Board（CDSB）の枠組みなどが広く知られています。それぞれの枠組みは、対象とする想定利用者が異なっており、また対象領域も異なっています。例えば、GRI基準は投資家だけでなくマルチステークホルダーを対象として企業が環境や社会に与える影響を報告するための情報を扱っているのに対して、その

図表1　サステナビリティ開示基準の収斂

注）IIRCとSASBは2021年6月に合併し、Value Reporting Foundation（VRF）が設立されたが、2022年8月にIFRS財団に統合された。また、CDSBも2022年1月にIFRS財団に統合された。TCFDは解散し、2023年10月にFSBは気候変動に係る開示のモニタリング活動をIFRS財団に引き継ぐよう要請した。

出所：サステナビリティ基準委員会（SSBJ）事務局　「SSBJによるサステナビリティ開示基準案の概要」等を基に作成

他の枠組みは投資家を対象として、ESG要素が企業価値に及ぼす影響に関する情報を主として扱っています。また、地球温暖化への対応を金融面から促すために、金融安定理事会（FSB）により設置された気候関連財務情報開示タスクフォース（Taskforce on Climate-related Financial Disclosures：TCFD）は、金融市場が地球温暖化によりもたらされるリスクを適切に把握し適切に資金を配分できるように、気候変動に係る財務情報の開示の枠組みを2017年に公表しました。このように乱立気味のサステナビリティ情報の枠組みについては、情報の利用者及び作成者である企業側の双方から国際的に収斂された基準の設定が望まれるようになりました。

　そこで、2021年11月に、IFRS財団が国際サステナビリティ基準審議会（ISSB）を設立し、ISSBにより、それまで複数存在した既存の情報開示の枠組みを基に、グローバルのベースラインとなるIFRSサステナビリティ開示基準（IFRS Sustainability Disclosure Standards）を策定することになりました（**図表1**）。2023年6月には、全てのサステナビリティ情報の開示に適用される一般基準のIFRS S1基準と気候変動に関するリスクと機会の開示を扱うIFRS S2基準が公表され、2024年1月1日以後開始事業年度から適用（早期適用可）とされています。S2基準は、気候変動への取組が喫緊の課題として認識されていることから最初のトピック別基準として策定されましたが、今後、サステナビリティに関するトピック別基準が順次策定されることとされています。

　S1基準及びS2基準（総称してISSB基準）において、サステナビリティ情報

は「ガバナンス、リスク管理、戦略、指標及び目標」の四つの項目について開示することとされています。この四つの項目は、TCFDの気候変動の情報開示の枠組みで示されていたものです。

② 日本のサステナビリティ情報の開示状況と開示基準の開発

2010年代中頃より、IIRCの統合報告の枠組み等を参考に、任意の統合報告書を発行する日本企業は年々増えており、2023年には1000社を超える会社が発行しています（企業価値レポーティング・ラボ「国内自己表明型統合レポート発行企業リスト2023年版」）。また、TCFDに賛同する日本企業は2019年から急速に増加し、2023年10月には1500社弱に達しています（経済産業省HP「日本のTCFD賛同企業・機関」）。

このようにサステナビリティ情報の任意開示が進んだ背景には、国際協定に基づき国レベルで気候変動への取組が進められていることのほか、日本企業の「稼ぐ力」を取り戻すためのコーポレートガバナンス・コードやガイドラインが矢継ぎ早に公表されたことがあると考えられます。コーポレートガバナンス・コード（2015年公表）においては、株主以外のステークホルダーとの適切な協働の一環としてサステナビリティをめぐる課題への対応に関する原則（原則2－3）やTCFDの枠組み等に基づくサステナビリティ関連情報の開示に関する原則（補充原則3－1③、2021年の改正時に追加）が明示されています。また、経済産業省からは、持続的成長に向けた投資家との対話や長期投資を促す報告書（伊藤レポート（2014年）、伊藤レポート2.0（2017年）、伊藤レポート3.0（2022年））や価値協創ガイダンス（2017年、2022年）などが次々に公表されました。これらはいずれも、企業の持続的成長のためにはサステナビリティ関連項目を考慮した中長期の視点に立った経営が不可欠であり、それに関する情報開示を充実させることにより投資家との建設的対話を促し、それにより企業価値向上に向けた好循環がもたらされることが企図されています。

2023年には、欧州連合（EU）をはじめとする海外のサステナビリティ情報の法定開示の動きを踏まえ、開示府令が改正され、金商法に基づく開示制度にサステナビリティ情報の記載が求められることとなりました。具体的には、2023年3月期より、有価証券報告書の「第2　事業の状況」に「サステナビリティに関する考え方及び取組」のセクションが新設され、TCFDの枠組みや

ISSB基準と同様に、「ガバナンス、リスク管理、戦略、指標及び目標」の4項目に分けて記載することが求められています。

　これと平行して、サステナビリティ情報の質及び比較可能性を確保するためにはサステナビリティ情報の国内開示基準の開発が不可欠であるため、国内開示基準の開発が進められてきました。2022年7月に、約半年間の準備期間を経て、財務会計基準機構（FASF）の下に日本のサステナビリティ開示基準の設定主体としてサステナビリティ基準委員会（SSBJ）が設置されました。SSBJの運営方針（2022年11月24日）において、我が国のサステナビリティ開示基準の開発に当たっての基本的な考え方が以下のように示されています。

> 我が国におけるサステナビリティ開示基準は、投資家が意思決定を行う際に有用な、企業のサステナビリティ関連のリスク及び機会に関する開示項目を定めることを基本的な考え方とする。サステナビリティ関連財務情報は、企業の一般目的財務報告の一部として開示されるものであり、企業が直面するサステナビリティ関連のリスク及び機会に関する情報は、企業の財務諸表に含まれる情報を補足し、補完するものである。

　SSBJ基準は、ISSB基準と同様に、投資家を対象として、サステナビリティ関連の財務情報を提供することを目的とするとされています。SSBJ基準に基づき報告されるサステナビリティ情報は、一般目的財務報告の一部として財務諸表とともに提供される、財務情報と位置付けられています。SSBJ基準の公開草案では、サステナビリティ関連の財務情報について、「企業の見通し（短期、中期、又は長期にわたり、企業のキャッシュ・フロー、企業のファイナンスへのアクセス又は資本コスト）に影響を与えると合理的に見込み得るサステナビリティ関連のリスク及び機会に関する情報」と説明されています（サステナビリティ開示ユニバーサル基準案4項「用語の定義」）。また、SSBJ基準はグローバルベースラインとして設定されるISSB基準との整合性を保つことも強く意識されており、国際的な比較可能性を大きく損なわないことを基本とするとしています。一方で、地球温暖化対策の推進に関する法律（温対法）に基づく報告など、サステナビリティに関する我が国の法令や規制との整合性も考慮することとしています。

　SSBJ基準の公開草案は2024年3月末に公表されており、2025年3月末までに確定版が公表される予定です。適用時期については、確定版の公表日以後に終了する事業年度からとされていますが、実務的負担を考慮して、ISSB基準と同様に適用初年度において比較情報の省略や温室効果ガスのScope 3の開示の省略を認める経過措置も設けられています。なお、金商法においてSSBJ基準に準拠したサステナビリティ情報の開示が義務付けられる対象や時期については、金融審議会の議論に委ねられています（コラム参照）。

(2)　サステナビリティ情報の保証基準

　サステナビリティ情報の重要性が増すにつれ、サステナビリティ情報の信頼性を担保する第三者による保証のニーズが高まってきました。現状においては、日本を含め、任意で作成されるサステナビリティ情報に対して、第三者による保証（又は検証）報告書が任意で付されてきました。任意で保証を付す割合は増加傾向にあるものの、国により差があり、また、保証の対象となるサステナビリティ情報の範囲や保証水準も様々です。保証を提供する際に準拠する業務基準も、国際監査・保証基準審議会（IAASB）が公表しているISAE3000「過去財務情報の監査又はレビュー以外の保証業務」（又は同等の日本公認会計士協会が公表している保証実務指針3000「監査及びレビュー業務以外の保証業務に関する実務指針」）やISAE3410「温室効果ガス報告に対する保証業務」の利用割合が高いですが、ほかにもISO14064（温室効果ガス排出量の算定と検証について）やAA1000AS（英のNGOであるAccountAbilityが公表する基準）なども利用されています。

　このようなサステナビリティ情報に対する保証のニーズの高まりに対応するため、国際監査・保証基準審議会（IAASB）は、2021年4月にISAE3000をサステナビリティ情報等の保証業務に適用する際のガイダンス（以下「適用ガイダンス」と言う）を公表しています。さらに、サステナビリティ情報の法定開示化に伴い保証の義務化の議論が活発になってきたことを受け、国際監査・保証基準審議会（IAASB）は2022年よりサステナビリティ情報を対象にした別個の保証業務基準の策定に着手し、2024年11月にInternational Standard on Sustainability Assurance（ISSA）5000「サステナビリティ保証業務の一般的要求事項」が公表されました。ISSA5000は、ISAE3000及び適用ガイダンスを

基に、見積りや将来情報を多く含むサステナビリティ情報の特徴に着目して、既存の国際監査基準（ISA）の会計上の見積りの監査における留意点などを加味して開発されています。ISSA5000は、様々なトピックを含むサステナビリティ情報に対する、グローバルベースラインとなる包括的な保証業務基準として、将来、トピック別サステナビリティ情報の保証業務基準を開発する際のベースと位置付けられています。

　ISSA5000は、保証水準の異なる限定的保証と合理的保証の二つのタイプの保証業務を取り扱っています。合理的保証の場合は、財務諸表監査と同様に、不正または誤謬によるアサーション・レベルの重要な虚偽表示リスクを識別・評価し、保証業務リスク（財務諸表監査における監査リスクに相当）を許容可能な低い水準に抑えるために、評価したリスクに対応する手続（内部統制の運用評価手続及び実証手続）を実施することが求められています。限定的保証の場合は、合理的保証のようなリスク評価までは求められておらず、重要な虚偽表示が生じる可能性の高い開示項目を識別し、当該開示に対応する手続（内部統制の運用評価手続及び実証手続）を実施することとしており、合理的保証に比べ限定された手続が想定されています。

　なお、ISSA5000に基づく保証業務は、ISAE3000に基づく保証業務と同様に、職業会計士以外の者も実施可能とされていますが、保証業務の品質を確保するため、ISSA5000の適用に当たっては、国際品質マネジメント基準（ISQM）1号及び国際会計士倫理基準審議会（IESBA）の倫理規程（あるいはそれらを少くとも満たすもの）を併せて適用することが前提となっています。

⑶　サステナビリティ保証の職業倫理（独立性を含む）

　上述のとおり、ISSA5000に基づく保証業務は、職業会計士以外の者によっても実施可能とされていますが、実施に当たっては、IESBAの倫理規程又はそれを少くとも満たす他の倫理規程を遵守することが求められています。サステナビリティ情報は財務諸表とともに投資家等の意思決定情報として広く利用されることが想定されており、保証業務の実施者には独立性を含む職業倫理の遵守が必要と考えられています。

　そこで、国際会計士倫理基準審議会（IESBA）は、2022年よりサステナビリティ情報に関する検討を開始し、従来のIESBA倫理規程にサステナビリテ

ィ情報の保証業務実施者のための倫理規程のセクション（Part 5 International Ethics Standards for Sustainability Assurance（including International Independence Standards））を設けることとし、2024年1月の公開草案を経て2024年12月に最終版が承認されました。Part 5は、全てのサステナビリティ情報の保証業務実施者（職業会計士であるかどうかを問わない）に適用されることが想定されています。

　保証業務実施者の独立性に関しては、サステナビリティ情報が一般目的の枠組みに基づき作成されており、かつ法令により作成が要求されているか又は投資家等の意思決定を支援するために一般に公表されている場合、財務諸表監査と同等の独立性が必要と考えられており、監査人の独立性とほぼ同様の規定が含まれています。ただし、保証対象となるサステナビリティ情報は様々なトピック（例えば、気候変動、生物多様性、人的資本、人権など）が含まれることが想定されるため、財務諸表監査以上にそれぞれに精通した専門家の関与が必要になる可能性が高いことや、Scope 3の温室効果ガス排出量のように連結対象外のバリューチェーンの事業体のデータが含まれることがあるため、サステナビリティ保証業務特有の独立性について考え方の整理が行われています。

コラム　**日本におけるサステナビリティ情報の開示と保証の議論**

　金商法におけるサステナビリティ情報の開示と保証の在り方について検討を進めるため、金融庁が設置する金融審議会に「サステナビリティ情報の開示と保証のあり方に関するワーキング・グループ（SWG）」が組成され、2024年3月末から議論が始まりました。

　サステナビリティ情報開示の負担を考慮して欧米等においても企業規模に応じた段階的導入の方針が示されていることから、我が国においても段階的導入の方向で議論が進められています。具体的には、SSBJ基準の適用対象は、グローバルな投資家と建設的な対話を行う東証のプライム市場に上場する会社が想定されており、時価総額に応じて段階的な適用が検討されています。今後、以下の点について議論され、サステナビリティ情報の開示と保証の具体的なロードマップが示される見込みです。

- サステナビリティ情報の開示内容の充実
  - プライム市場に上場している会社へのSSBJ基準の適用の義務化の対象と時期（規模基準、義務化の時期）
  - （義務化までの間の）SSBJ基準の任意適用を促進するための方策
  - スタンダード市場又はグロース市場に上場している会社の開示の充実（好事例の紹介、TCFDの枠組みの利用促進、Scope1及び2の温室効果ガスの開示奨励、SSBJ基準の任意適用（部分適用を含む）など）
  - 非上場の大規模な有価証券報告書提出会社の扱い
  - 取引先を含むバリューチェーンに関する情報収集の課題への対応
- 有価証券報告書の提出期限までにサステナビリティ情報を作成し保証を受けることの困難さへの対応
  - 実務が定着するまでの経過措置（ISSB/SSBJ基準の適用初年度の経過措置の延長の適否など）
  - 有価証券報告書の提出時期の見直し（株主総会の日程、温対法に基づく報告期限との関係）
- サステナビリティ情報に含まれる情報特性（将来情報が多く含まれること、Scope3の温室効果ガスの情報など企業のコントロールが及ばないバリューチェーンの情報が含まれることなど）への配慮
  - セーフハーバー・ルールの必要性

- －情報特性についての周知活動
- サステナビリティ情報の保証
  - －保証を義務付ける対象会社、保証の対象とするサステナビリティ情報の範囲、義務化の時期、保証業務の担い手（公認会計士・監査法人／それ以外）、保証の種類（限定的保証／合理的保証）など

　サステナビリティ情報の保証を含む法定開示は、我が国において長年続いてきた上場会社の金商法と会社法の一元化の議論に加え、法定開示、取引所規則に基づく開示及び任意開示間の重複の解消に向けた抜本的な議論を活発化する可能性があります。経済産業省に設置された企業情報開示の在り方に関する懇談会から公表された「企業情報開示の在り方に関する懇談会　課題と今後の方向性（中間報告）」（2024年6月）では、日本企業の情報開示の内容・質とともに開示体系（重複）に関する課題が指摘されており、その課題認識に基づいて、中長期的な企業価値の向上を図るための新たな情報開示の在り方に関するアイデアが示されています。会社法に基づく事業報告等、金商法に基づく有価証券報告書、取引所規則に基づくコーポレートガバナンス報告書を一つの法定開示書類に統合し、株主総会前に開示する案が一つの方向性として示されていますが、これを実現するためのハードルは高く、株主総会の後ろ倒しを含めて様々な観点からの検討が必要とされています。サステナビリティ情報がSSBJから公表される開示基準に準拠して作成され、それに対して保証報告書が付されるようになると、任意で開示される統合報告書と有価証券報告書の関係の見直しも必要になってきます。これを機会に開示体系を抜本的に見直しが行われることが期待されています。

 **Q72** 海外のサステナビリティ情報の開示及び保証の状況を教えてください。

A サステナビリティ情報（特に気候変動関連の情報）の重要性の認識が高まるにつれて、投資家や金融市場から、任意に開示される各社各様のサステナビリティ情報に対して、比較可能性と信頼性を求める声が急速に高まりました。そのような声に対応するため、サステナビリティ情報の法定開示化は欧州連合（EU）において先行して進められ、その他の国においても法定開示化の動きが顕著になっています。

サステナビリティ情報の開示基準や保証基準に関しては国際基準が整備されつつありますが、情報開示には相当な負担が伴いますので、各国においてそれぞれの状況を反映して適用時期や経過措置について検討されています。

解説

(1)　EUの企業サステナビリティ報告指令(Corporate Sustainability Reporting Directive（CSRD）)

2023年1月に発効したCSRDでは、年次報告書において、欧州サステナビリティ報告基準（European Sustainability Reporting Standards：ESRS）に準拠したサステナビリティ情報を開示することが求められています。EU規制市場への上場や規模に基づき、会社区分に応じて段階的に開示が求められます。CSRDで報告が求められる対象会社には、EU規制市場に上場しているかどうかを問わず大会社やEU域外企業も含まれているため、日本企業にも少なからず影響があると想定されています。

また、サステナビリティ情報には、開示初年度より独立した第三者による限定的保証を付すことが求められており、数年の間に合理的保証への移行を検討することが示されています。サステナビリティ情報の保証は、財務諸表を監査している法定監査人又はその他の監査法人によることとされていますが、EU加盟国において、監査法人以外の保証業務提供者によることを認めることも可能とされています（**図表1**）。

図表1　EUにおけるCSRDの適用対象と適用時期

会社の区分		上場区分	規模基準（3条件のうち二つに該当する場合）			適用時期
		EU規制市場への上場	総資産	売上高	従業員数	
EU域内企業	従来の非財務情報報告指令（NFRD）の適用対象会社	大会社のうち、従業員500人以上のEU規制市場の上場会社又は銀行若しくは保険会社				2024年1月1日以後開始事業年度
	大会社	上場又は非上場	€25百万超	€50百万超	250名超	2025年1月1日以後開始事業年度
	中会社又は小会社（零細会社*を除く）	上場会社	€25百万以下	€50百万以下	250名以下	2026年1月1日以後開始事業年度
EU域外企業		EU域内での売上が2年連続€150百万超で、以下のいずれかに該当 －EU域内の子会社がEU規制市場の上場会社又は大会社 －EU域内の支店によるEU域内の売上が€40百万超				2028年1月1日以後開始事業年度

＊零細（Micro）会社とは、総資産が€0.45百万以下、売上高€0.9百万以下、従業員数10名以下の3条件のうち二つ以上を満たす会社

出所：日本公認会計士協会　Global Sustainability Insights.vol.8「EUにおける企業サステナビリティ報告指令（CSRD）の概要」等を基に作成

　EUのサステナビリティ情報の開示制度の最大の特徴は、情報利用者の対象を投資家だけでなくその他のステークホルダーを含んでいる点にあります。そのため、開示が要請される情報には、サステナビリティ要素が企業にどのような影響を与えているかだけでなく、企業が環境や人に与えるインパクトに関する情報も含まれています。このような両方向の切り口に基づき、開示すべきサステナビリティ情報の「マテリアリティ」が決定されます（「ダブルマテリアリティ」と呼ばれる）。ISSB基準やSSBJ基準が前者のみに焦点を当てている（「シングルマテリアリティ」と言われる）のに対して、より広範な情報の開示が求められます。

　欧州サステナビリティ報告基準（ESRS）は、業種にかかわらず適用されるセクター横断の二つの全般的基準とトピック別基準（環境関連五つ、社会関連四つ、ガバナンス関連一つ）から構成されており、2023年10月に公表されています。さらに、2024年1月に、開示が義務付けられる上場中小会社向けの報告基準と銀行等からの要請に基づき任意で作成する場合に適用する非上場の中小

会社向け（零細企業を含む）の二つの公開草案が公表されています。特定の産業セクターの報告基準及びEU域外企業向けの報告基準は、2026年6月までに開発される予定です。

(2) 米国

2024年3月に、米国証券取引委員会（SEC）は、気候変動に関連する開示の強化と標準化を図るために開示規則（Regulation S‑K、S‑X）を改正する最終版を公表しました。改正規則は、米国内の反ESGの動きを反映して、公開草案（2022年3月公表）に比べ開示内容や対象が大幅に絞られており、適用時期も緩やかになっています。改正規則は、提出会社の区分に応じて開示内容及び適用時期が異なっており、段階的に適用されます（**図表2**）。

図表2　適用時期（記載されている暦年に開始した事業年度）

SEC登録会社の区分*1	気候変動関連の開示及び財務諸表の注記		GHG排出量の保証	
	GHG排出量以外の開示　（　）は重要な支出等*2の開示	Scope1＆2のGHG排出量	限定的保証	合理的保証
大規模早期提出会社	2025年（2026年）	2026年	2029年	2033年
早期提出会社（SRC及びEGCを除く）	2026年（2027年）	2028年	2031年	適用なし
上記以外	2027年（2028年）	適用なし	適用なし	適用なし

*1　大規模早期提出会社は浮動株の時価総額が700百万ドル以上、早期提出会社は75百万ドル以上700百万ドル未満の会社。小規模報告会社（SRC）は浮動株の時価総額が250百万ドル未満の会社又は700百万ドル未満でかつ年間売上が100百万ドル未満の会社。新興成長会社（EGC）は年間売上が1,235百万ドル未満の企業で、IPO後5年間は一定の除外事由に該当しない限り、EGCに該当する。
*2　気候変動リスクの軽減・適応、移行計画又は目標・ゴールに直接関連して支出した重要な支出及び財務上の見積りや仮定への重要な影響に関する定量的及び定性的な情報

出所：米国SEC FACT SHEET "The Enhancement and Standardization of Climate-Related Disclosures: Final Rules" を基に作成

気候変動に関連するリスク及びその財務的影響は、企業の財務状況や業績及び将来見通し（prospects）を理解する上で不可欠な情報であり、既存のリスク情報と同様に投資家に提供すべきものとされています。改正規則は、TCFDの枠組みを参考にしつつも既存の開示規則のリスク情報に関する考え方を維持しており（したがって、機会は含まれていない）、投資家に対して、気候変動に関連するリスクが企業のビジネスに及ぼす財務的影響と当該リスクへの対応

状況について、比較可能で、信頼できる、一貫した情報を提供することを目的としています。

改正規則により、年次報告書（財務諸表以外のセクション）において、以下を記載することが求められます。

- 短期的（期末日より12カ月以内）及び長期的（12か月超）に戦略、経営成績又は財務状況に重要な影響を与えている、又は与える合理的可能性がある気候変動リスクの内容
- 重要な気候変動リスクを軽減又は適応するための活動（移行計画とその進捗状況、シナリオ分析、社内の炭素価格に関する情報を含む）
- 気候変動リスクの識別・評価・管理のプロセス及び一般的なリスクマネジメントプロセスとの統合の状況
- 取締役会の監督や経営者の気候変動に関するリスクマネジメントにおける役割
- 重要な気候関連の目標またはゴール
- 気候変動リスクの軽減・適応、移行計画又は目標・ゴールに直接関連して支出した重要な支出及び財務上の見積りや仮定への重要な影響に関する定量的及び定性的な情報

加えて、大規模早期提出会社及び早期提出会社は、Scope 1 と Scope 2 の温室効果ガス（GHG）排出量が重要な場合は、算定に使用した方法、重要なインプット及び重要な仮定とともに排出量を開示することが求められます。これら温室効果ガスに関する情報に対しては、開示初年度から 3 年経過後に独立第三者による限定的保証が求められ、さらに大規模早期提出会社は、開示初年度から 7 年後に合理的保証が求められます。

また、財務諸表において以下の気候変動関連の注記を記載することが求められます。

- 異常気象やその他自然条件（ハリケーンや洪水など）が財務諸表に及ぼしている影響（資産計上された支出及び費用、費用計上された費用又は損失の額、保険等により回収した金額など）
- 異常気象やその他自然条件又は気候関連の目標または移行計画が財務諸表の作成に当たり使用した会計上の見積りや仮定に重要な影響を及ぼしているか否か、及ぼしている場合はその内容

- カーボンオフセットや再生エネルギークレジット（REC）に関して、期首残高、期末残高及び期中に費用計上した金額、資産計上した金額及び取崩額

なお、米国ではESGをめぐって政治的対立となっており、改正開示規則に対して複数の訴訟（当該規則が開示規則を超えて気候変動に係る環境規制にあたり、SECの権限を越えているかどうかなどが争点）が提起されており、2024年4月4日にSECは司法の判断が出るまで規則の施行を一時停止するとしています。

SECの開示規則のほかに、カリフォルニア州では、2023年10月に気候に関する開示（Scope 1、2及び3の温室効果ガスの排出量やTCFDの枠組みに沿った気候関連の財務情報の開示を含む）を求める州法が成立しています。このように、米国におけるサステナビリティ開示をめぐる規制の状況はなお流動的ではありますが、気候変動への取組の重要性は変わるものではないと考えられます。

コラム **海外のサステナビリティ情報の開示と保証の状況**

2024年2月に、国際会計士連盟（IFAC）は、米国公認会計士協会（AICPA）＆英国勅許管理会計士協会（CIMA）と共同して、世界各国のサステナビリティ情報開示及び保証の現状に関する調査結果「The State of Play：Sustainability Disclosure & Assurance 2019-2022 Trends & Analysis」を公表しています。この調査は、2019年以来毎年行われているものですが、4年目となる2022年の調査は、22の法令管轄地域の1400社の報告書（FY2022の統合報告書、サステナビリティレポート又はサステナビリティ情報を含む年次報告書のいずれか）を対象に行われています。22の法令管轄地域のうち、経済規模の大きい六つの国（名目GDPの上位6か国である米、中、日、独、印、英）は時価総額の上位100社、その他の16の法令管轄地域（カナダ、メキシコ、ブラジル、アルゼンチン、仏、伊、露、スペイン、トルコ、サウジアラビア、南アフリカ、オーストラリア、韓国、インドネシア、香港、シンガポール）は上位50社の上場企業が調査対象に選定されています。

調査結果によると、サステナビリティ情報（ESG情報）は、年次報告書又は

統合報告書での記載が増加している（それぞれ、18%→40%、15%→27%）のに対して、サステナビリティ情報のみを記載したサステナビリティ報告書の割合が減少しています（57%→30%）。これは、財務情報とサステナビリティ情報のコネクティビティに対する認識が高まっていることの表れと考察されています。

		FY2019	FY2020	FY2021	FY2022
何らかのESG情報を報告している企業の割合		91%	92%	95%	98%
開示媒体	年次報告書で開示している企業の割合	18%	20%	24%	40%
	統合報告書で開示している企業の割合	15%	21%	21%	27%
	サステナビリティ報告書で開示している企業の割合	57%	51%	50%	30%

　国際サステナビリティ開示基準が未整備であった2022年度においては、ESG情報の開示に当たって複数の基準や枠組みが参考にされており、また適用の方法や水準も様々である様子が示されています。例えば、SASB基準を参考としている会社において、「準拠している（in accordance with）」と表記している会社は10%、「参照（reference）」としている会社は11%、「基づいている（based on）」としている会社は3%、その他が76%という結果が示されています。

サステナビリティ情報の開示に当たって参考にされている基準又は枠組み

	FY2019	FY2020	FY2021	FY2022
SASB基準	15%	38%	49%	52%
TCFDの枠組み	24%	48%	63%	71%
GRI基準	69%	72%	74%	77%
SDGs	62%	76%	79%	83%

　サステナビリティ情報に対し、第三者による保証報告書を付す割合は、一部を対象にしている場合を含め、年々増加しています（2019年度の51%→69%）。保証水準に関しては、8割強が限定的保証となっていますが、保証業務の担い手（ネットワーク・ファームを含む監査法人か、それ以外の保証業務実施者か）により限定的保証の割合は異なっており、監査法人の場合は95%、他の保証業務実施者の場合は64%が限定的保証となっています。また、監査法人がサステナビリティ保証業務を実施する場合は、国際保証業務基準（ISAE）3000（改訂版）に準拠している場合がほとんどですが（92%）、他の保証業務実施者の場合

サステナビリティ情報の保証の状況

	FY2019	FY2020	FY2021	FY2022
サステナビリティ情報に対して保証を付している割合	51%	58%	64%	69%
保証報告書の内容				
限定的保証の割合	83%	82%	80%	82%
国際保証業務基準（ISAE）3000（改訂版）に準拠している割合	68%	72%	70%	72%
監査法人（監査法人のネットワーク・ファームを含む）が実施している割合。（　）内は、そのうち財務諸表の監査人と同一の監査法人が実施している割合を示す。	63% (－)	61% (71%)	57% (70%)	58% (73%)

は4割弱となっており、保証の内容は一律ではないことがうかがえます。

　現状、サステナビリティ情報は監査済財務諸表より遅れて公表されることが多く、その場合、財務諸表の監査報告書日とサステナビリティ情報の保証報告書日の間にずれが生じます。報告書間の日数は、サステナビリティ情報の法定開示が先行している欧州連合とそれ以外の地域による差が顕著に出ています。

財務諸表の監査報告書日とサステナビリティ情報の保証報告書日の間の日数

	FY2020	FY2021	FY2022
アメリカ大陸（米、加、メキシコ、アルゼンチン、ブラジル）	92日	89日	95日
欧州連合（仏、独、伊、スペイン）	9日	6日	5日
アジア・太平洋（豪、中、印、日、韓、インドネシア、シンガポール、香港）	73日	61日	59日
その他（英、露、サウジアラビア、トルコ、南ア）	48日	45日	32日

主要国のサステナビリティ情報の保証の状況（FY2022）

	日	米	加	仏	独	英	豪	中
保証を付している割合	82%	88%	82%	100%	85%	84%	70%	46%
限定的保証の割合	94%	82%	84%	89%	89%	87%	95%	64%
監査法人による保証の割合	43%	23%	63%	100%	96%	42%	89%	56%
うち、財務諸表監査人と同一の監査法人の割合	40%	93%	65%	93%	97%	71%	70%	68%
財務諸表監査報告書日との乖離	80日	118日	93日	5日	6日	9日	21日	1日

出所：IFAC 「The State of Play: Sustainability Disclosure & Assurance 2019-2021, Trends & Analysis」の報告書を基に作成（本コラム内の表全共通）

■著者紹介

[監修・著]
住田 清芽（すみだ さやか）

公認会計士。1984年朝日会計社（現有限責任あずさ監査法人）入所。2020年退所。監査法人において会計監査のほか、内部統制監査及び内部統制関連のアドバイザリー業務に従事。監査法人の品質管理部門において監査メソドロジーの開発、審査業務などにも携わる。日本公認会計士協会監査基準委員会委員長を経て、日本公認会計士協会の品質管理基準及び監査基準担当常務理事（2010年〜2019年）。国際会計士連盟（IFAC）国際監査・保証基準審議会（IAASB）ボードメンバー（2015〜2017年）。金融庁企業会計審議会監査部会臨時委員（2011年〜2014年）、企業会計審議会委員（2017年〜2022年）。2020年に監査法人退所後、上場会社の社外監査役等に就任、現在に至る。

[著]
清水 康成（しみず やすなり）

清水康成事務所代表。公認会計士。1992年太田昭和監査法人（現EY新日本有限責任監査法人）入所。1993年慶應義塾大学経済学部卒業。1996年放送会社出向（東証一部上場準備）。1998年太田昭和アーンストアンドヤング株式会社（現EY税理士法人）財務コンサルティング部出向。会計監査のほか、M&Aやタックスプランニング、体制整備について種々のアドバイザリーに従事。2006年に独立して共働き、4児の子育てに10年くらい多くの時間を注いだ後、ガバナンスや投資エグジットに関するサポートを行う。2021年に化粧品会社からカーブアウトした企業の常勤監査役を経て、同社持株会社の社外取締役（監査等委員・指名報酬委員会委員・特別委員会委員）。2023年京都大学エグゼクティブビジネスプログラム修了。医療法人社団の常任理事。日本公認会計士協会 社外役員広報専門委員長。著書に『社外監査役等ハンドブック』（共著。日本公認会計士協会出版局2021年）など。

[企画]
弥永 真生（やなが まさお）

明治大学専門職大学院会計専門職研究科教授。東京大学法学部助手、筑波大学社会科学系講師、同ビジネス科学研究科助教授、同教授を経て現職。2010〜2019年企業会計基準委員会委員、2015〜2025年金融庁企業会計審議会委員。主著：『リーガルマインド会社法』『会計監査人の責任の限定』（以上、有斐閣）、『コンメンタール会社法施行規則・電子公告規則』『コンメンタール会社計算規則・商法施行規則』『監査人の外観的独立性』（以上、商事法務）、『税効果会計（足田浩と共著）』『デリバティブと企業会計法』『会計基準と法』『中小企業会計とその保証』（以上、中央経済社）、『企業会計法と時価主義』（日本評論社）、『会計監査人論』（同文舘出版）、『会計処理の適切性をめぐる裁判例を見つめ直す』『監査業務の法的考察』（以上、日本公認会計士協会出版局）。

会計監査人の業務の理解に役立つ　監査役のためのQ＆A

2025年3月27日　初版発行

監　修
著　者　住田　清芽

著　者　清水　康成　　　　　　Ⓒ

企　画　弥永　真生

発行者　茂木　哲也

発行所　**日本公認会計士協会出版局**
　　　　〒102-8264　東京都千代田区九段南4-4-1　公認会計士会館
　　　　電話　03（3515）1124
　　　　FAX　03（3515）1154
　　　　URL：https://jicpa.or.jp/

Printed in Japan 2025　　　　　　　　　　　　　製版：（有）一　企　画
　　　　　　　　　　　　　　　　　　　　印刷製本：（株）あかね印刷工芸社

落丁、乱丁本はお取り替えします。
本書に関するお問い合わせは、読者窓口：book@sec.jicpa.or.jpまでお願い致します。

ISBN 978-4-910136-29-5 C2034